Principles of Finance

暨南大学会计系列教材

财务学原理

Principles of Finance

熊 剑 罗淑贞 主编

暨南大学出版社
JINAN UNIVERSITY PRESS
中国 · 广州

图书在版编目（CIP）数据

财务学原理/熊剑，罗淑贞主编．—广州：暨南大学出版社，2007.8（2011.6 重印）
（暨南大学会计系列教材）
ISBN 978-7-81079-920-1

Ⅰ．财…　Ⅱ．①熊…②罗…　Ⅲ．企业管理：财务管理—高等学校—教材　Ⅳ．F275

中国版本图书馆 CIP 数据核字（2007）第 132436 号

出版发行：暨南大学出版社

地　址：中国广州暨南大学
电　话：总编室（8620）85221601
　　　　营销部（8620）85225284　85228291　85228292（邮购）
传　真：（8620）85221583（办公室）　85223774（营销部）
邮　编：510630
网　址：http://www.jnupress.com　http://press.jnu.edu.cn

排　版：暨南大学出版社照排中心
印　刷：广东省农垦总局印刷厂

开　本：787mm×960mm　1/16
印　张：22
字　数：414 千
版　次：2007 年 8 月第 1 版
印　次：2011 年 6 月第 3 次
印　数：4001—5000 册

定　价：38.00 元

（暨大版图书如有印装质量问题，请与出版社总编室联系调换）

总 序

教材之于教学，无异于工具之于生产劳动。“工欲善其事，必先利其器”，编写一套高水平的教材，对提高教学质量、培养合格人才具有十分重要的意义。

暨南大学会计学教材的编写，近20年发生了几次变革，大致可以分为3个阶段：

第一阶段是20世纪80年代至90年代初。当时，我国经济体制改革如火如荼，各种所有制形式、各种企业组织相继出现。特别是作为我国改革开放的前沿阵地——广东，三资企业、股份制企业如雨后春笋，蓬勃发展。具有浓厚计划经济特色的会计学教材，难以适应当时的经济环境和改革的需要。为了尽快培养和输送经济改革急需人才，作为广东最早的会计学科，暨南大学会计学系积极尝试，勇于探索，首先采用部分国外原版教材，在消化吸收的基础上，先后编写了《会计学原理》、《中外合资企业会计》、《中外合资企业审计》、《股份制会计》、《西方财务管理》等教材，为我国的经济发展和改革开放培养了大批人才。

第二阶段是1994年后的系列教材。1992年，党的十四大明确了我国经济体制改革的目标是建立社会主义市场经济。与此同时，我国会计改革也迈出了历史性的步伐，“两则”的出台，吹响了会计改革的新号角。在此大背景下，暨南大学会计学系在对会计学科研究内容进行科学分类的基础上，编写了会计学科体系的8门核心课程的教材，包括《基础会计学》、《中级财务会计学》、《高级财务会计学》、《成本会计学》、《管理会计学》、《企业财务管理学》、《审计学》、《会计电算化》。近10年来，这套教材应用范围广，受到了海内外学生的好评。

第三阶段即现在摆在读者面前的最新系列教材。在该系列教材的编写中，我们力图体现以下几个方面的特点：

（1）继承与发展相结合。在本套教材中，我们全面继承了第一、二阶段教材体系的优点和特色，同时对教材体系和内容进行了较大的修改，对部分教材的名称也作了修改，其目的是更好地适应新的经济环境，满足学生获取更多知识的要求。

（2）会计学与财务学两个系列既独立又相容。随着我国资本市场的日益发达、企业管理的不断规范，财务管理的地位和作用日显重要。教育部把财务管理从会计学中单列出来，成为一个新的专业。该专业与会计学是两个不同的学科，在教学内容上存在一定的差异，但二者具有一定的相容关系。为此，我们在教材体系设计中进行了适当的分离。会计学系列核心教材包括《初级财务会计》、《中级财务会计》、《高级财务会计》、《财务学原理》、《企业财务管理学》、《成本会计》、《管理会计》、《会计信息系统》、《审计学》等；辅助教材包括《税务与会计》、《会计制度设计》、《金融企业会计》、《预算会计》等。财务学系列教材中，初、中、高级会计学以及财务学原理与会计系列相同，另外增加了《中级财务管理》、《高级财务管理》、《财务报告与评价》、《理财信息化》等核心教材。

（3）理论与实务并重。会计学与财务学是经济管理科学，实务性很强。教材对两门学科的基本方法和技能，既要讲清楚理论概念，又要设计必要的实例，采用案例教学，培养学生的实操能力。

（4）本土化与国际化相融合。随着中国加入 WTO，中国经济融入世界经济体系是一个不可扭转的趋势，会计国际化与管理国际化也是大势所趋。本教材体系充分借鉴国际标准，吸收西方教材的优点，学习国外行之有效并可以为我所用的经验和方法。同时，我们也充分认识到中国会计和财务管理具有自己的特色，在我们的教材中要得以体现，力争做到本土化与国际化相融合。

会计学与财务学系列教材的改革与建设是一项长期而十分艰巨的任务，近 20 年来，我们为此做了不懈的努力。但由于我国经济改革一日千里，国际会计准则以及我国会计准则也处于变化之中，更由于我们的水平有限，因而本系列教材考虑不周甚至失当之处在所难免，恳请读者批评指正。

暨南大学会计学与财务学系列教材编审委员会

2004 年 8 月

前　言

市场经济的发展依靠资本作支撑，而当代市场经济发展的国际化、规范化，更是以资本运动为纽带、为标志。以资本运动为研究对象的财务管理在市场经济管理与企业经济管理中都具有核心地位，以至于“企业管理应以财务管理为主导”。学习财务知识、做好财务管理、成为理财能手，已是当今企业和社会的热点追求，财务管理专业更是高校人才培养的热门专业。基于此，在参阅国内外近年来出版的财务学教材的基础上，我们结合多年的教学实践经验编写了本教材。

作为高校经管类本科专业基础课教材，本书旨在通俗易懂地阐述企业财务管理最基本的概念、理念与通用性的方法，并力图体现如下两个特色：

第一，易读易懂，由浅入深，循序渐进，尽量通过图表和例题讲解财务学基本原理与方法，培养和树立学生的财务管理理念和运用应用理念理解财务问题的能力。

第二，各章节尽量附有相关的例子或案例，培养学生“举一反三，触类旁通”的能力。

本书是暨南大学会计学系熊剑教授、罗淑贞副教授在教学过程中共同合作的产物。全本书共分为十章，各章编写工作的分工是：第一章、第三章、第六章、第九章和第十章由熊剑负责编写；第二章、第四章、第五章、第七章、第八章由罗淑贞负责编写。另外，暨南大学会计学系的研究生陈凯凡、张然萍、朱燕敏、骆育成、周艳玲等协助做了大量的资料搜集与计算等工作，在此表示感谢。

由于水平、时间有限，书中难免有纰漏与不妥之处，敬请各位读者批评指正。

熊　剑

2007 年 8 月于暨南园

目录

第一章 绪 论

财务是商品货币经济的伴随现象，企业财务管理是对企业的运作资本进行筹划和调度的管理活动，其理论和方法还处于不断完善和发展过程中。但认识和理解企业财务活动、财务关系、资本运动规律、财务管理原则以及财务学基本概念等内容，是财务学入门的前提。通过本章学习，必须理解和掌握：

1. 财务学与财务管理的内涵；
2. 财务学的产生与发展；
3. 财务活动与财务关系；
4. 资本运动规律与财务管理对象；
5. 财务管理的主要原则；
6. 财务学的四对基本概念。

第一节 财务学与财务管理

一、财务与财务学

在商品货币经济社会里，“财务”是一种极为普遍的社会现象，更是一种经济现象，凡属与商品货币经济有关的主体皆有财务问题。因为就字面意思看，财务就是财产（含钱与物）上的事务，而小至个人、家庭、作坊，大至集团、地方政府、国家，都拥有财产，都有钱有物，都需要对它们进行“打理”或“服务”。这样，就必然产生人人、处处都要遇到有关理财的事务——财务。这种口语化的表述虽然易懂、易接受，但站在学科的角度从理论上对“财务”下一个准确、完整的定义，却不是件容易的事，学术界对它的理解与表达多种多样，甚至观点迥异。相关学者从国际国内两方面对此作了总结性归纳*。

---

* 详见：张先治主编．财务学概论．大连：东北财经大学出版社，2006.

1. 国外对财务的解释

“财务”一词是与英语“finance”相对应的。finance 还被翻译为金融，有的将其翻译为财政。我们在研究国外对财务的一般解释时，将财务等同于 finance。关于财务的定义有许多，几种有代表性的主要观点是：

财务是为支出而筹集资本的过程，即将投资者和储蓄者的资本提供给消费者、政府和企业。

财务研究个人、经济实体和其他组织如何在一定期间内分配资源，主要应用经济学的方法来解决分配金融资源的问题，特别强调如何在不确定的条件下进行决策，对资产负债表的右方比较关注。

财务研究一个组织投资什么，投资多少，从哪里取得资本，如何取得资本以及资本市场如何运行。财务主要关注价值——管理决策如何影响公司股东的财富价值以及资本市场如何将资源导向最有价值的用途。

财务是关于资本的科学，包括项目选择（资本预算）、投资选择和融资选择。项目选择通过资本预算考虑是否实施某些项目；投资选择考虑货币投资决策，如投资于银行、股票市场，还是其他方面；融资选择考虑单个经济主体如何为将要实施的项目筹集资本。

财务的上述定义反映了国外对财务的基本共识和两种不同的观点。基本共识是：财务是关于资本的科学，财务与资本运作和管理密不可分；财务是研究个人、经济实体和其他组织资本的科学。关于财务内涵的不同观点：一是认为财务是关于资本筹集的科学；二是认为财务是关于筹资与投资的科学。

2. 我国对财务的解释

我国对财务的解释更多地是从财务对象入手的，而且实际上是与财务管理相联系的，有些教材甚至根本不分财务与财务管理，而是直接采用财务管理的概念。因此，这里关于财务的不同解释是对有明确财务定义的主要观点进行综述。

财务泛指财务活动与财务关系。财务活动是指企业再生产过程中涉及的资本活动，表明财务的形式特征；财务关系是指财务活动中企业与各方面的经济关系，揭示财务的内容本质。

财务是国民经济中各部门财务活动与财务关系的总称。其中，财务活动体现的是人与自然的经济关系，而财务关系则是体现人与人之间的社会关系。

财务是企业或单位生产经营中的货币资本运动，包括货币资本筹集、货币资本使用、货币资本收回和货币资本分配。此乃“货币关系论”，认为财务体现的是人与人之间的货币关系。

财务是企业再生产过程中客观存在的资本运动及其所体现的经济利益关

系。此乃“资本运动论”，认为财务就是资本的运动，具体包括资本的筹集、使用、耗费、收回、分配几个环节。

财务是价值运动及其所反映的生产要素和经营成果的分配关系。此乃“价值分配论”，认为财务是一种价值分配活动，表现为对资本的分配以及对经营活动成果即利润的分配。

财务的本质是企业和经济部门在生产经营过程中的货币收支关系。此乃“货币收支论”，认为财务就是货币的收支活动。

我国关于财务定义的不同观点可归纳为：

第一，从财务范畴看，有的将财务界定为企业财务，有的将财务界定为国民经济各部门财务；

第二，从财务活动看，有的认为是货币收支活动，有的认为是资本运动，有的认为是价值运动；

第三，从财务关系看，有的认为是货币关系，有的认为是经济关系，有的认为是社会关系。

3. 本书对财务的解释

要理解和把握财务的含义，对其下个准确的定义，应首先明确财务、财务学和财务管理之间的关系。目前教科书对财务的定义，有的定义为财务学，有的定义为财务管理，但无论如何，以下四方面的界定是可以首肯的。

①财务与价值紧密相关，这种价值产生并具体体现为资本运动与增值；

②财务表现为对“财”与“物”的管理活动，即对资本的筹集、使用与分配；

③财务活动体现出相关利益者关系，包括所有者、债权人、管理者、员工、政府等的关系。

④财务活动与财务学是实践与理论的关系，是同一领域中同时存在、相互联系又相互区别的两方面，当然前者决定后者。

所以本书认为，如果只是泛泛而问的“什么是财务”，那就应包括财务活动、财务学与财务资料三方面的内涵：

财务活动，也叫财务工作或财务管理实践，是指在再生产过程中协调利益相关者关系、筹划并实施运作资本的管理活动，属于实践的范畴。

财务学，是对财务管理实践之经验和方法进行理论归纳，并探究资本运筹规律与效率的学科，属于理论的范畴，而且财务实践的特性决定了它是社会科学的范畴。

财务资料，是财务管理实践的工作结果（如财务契约、财务报告、财务筹划方案、财务预算方案、财务分配方案、财务分析报告等）与财务理论探讨成果（如有关财务的教材、专著、论文、课题、软件与数据库等）的合称，它是财务活动与财务学研究的共同结晶。

实际中，财务资料必然是财务活动与财务学研究的伴随结果，难以绝对分开，所以，讲财务活动与财务学应都包含它们各自所对应的财务资料。因此，财务的含义主要是指财务学与财务活动，它们是理论与实践的关系。财务学来自财务活动，又高于财务活动，因而可以指导财务活动。

二、财务的三个层次与目标

财务作为再生产中以资本运动为管理对象的社会经济现象，作用于商品货币经济社会的各个单位、各个部门、各个行业、各个政府及各个国家。其作用的空间可宏观、可微观，作用的时间可持续、可阶段，作用的范围可普遍、可个别，作用的方式可直接、可间接。可以说，只要资本渗透到的地方，财务问题就伴随而来。正是由于这种作用的广泛而强大，使得财务具有多样性和复杂性，需要分类分层进行理解和应用；同时因为财务作用于整个社会经济系统之中，而社会经济系统本身所具有的层级与分工决定了财务也具有相互联系又相对独立的内涵。据此，我们将财务分为三个层次：

一是政府财务。它也叫国家财务或社会财务，主要是政府层面组织安排的资本收支与筹划使用活动及其相关研究。其收入主要是由税收形成的财政收入；其支出主要是用于土地资源、基础设施、国防公安、政府行政、科教文卫、社会保障与环境保护等社会公共产品的建设与运行，故也称为公共财政。由于政府财务的收支活动主要服务于社会大众的整体利益和需求，所以其管理活动的最终目标是资本的社会价值（利益）最大化。

二是市场财务。主要是基于金融市场尤其是资本市场的财务活动及其相关研究，包括股票、债券、信贷、信托、租赁等方面的内容，如金融学、投资学、价格学、货币银行学等，主要研究的是市场层面的财务问题。由于市场是资本的“集散地”，资本的所有者（股东）将其拥有的资本（权益）投入市场，其基本目的就是要使自有资本获得尽可能多的增值，所以市场财务的最终目标是股东权益最大化。

三是企业财务。它也叫公司理财，是指在社会和市场大环境下的企业财务活动及其相关研究，包括企业运作资本的筹集、投放、耗用、回收和分配等内容，也就是通常意义上的企业财务管理。企业财务的最终目标是企业（资产）价值最大化，其原因和道理将在第三章作专门论述。

严格地说，财务还有第四层级，即家庭财务（包括个人财务），现在已有这方面的专门论著，主要是研究如何利用已有的财务管理方法和技术来合理配置家庭财产，使之能安全保值和增值，所以也叫家庭安全理财（Family Finance Peace）。由于家庭财务的理念与方法皆在市场财务与企业财务的范畴之内，故财务学并不专门讨论家庭财务问题。本书也是如此，重点讨论第三层级的财务——企业财务，所以有关企业财务管理的基本理念与方法是本书讲解的主要内容。

三、企业财务管理

1. 国外对财务管理的界定

关于财务管理的内涵界定，国外至少有两种解释：

一是将公司理财（corporate finance）定义为财务管理，财务管理被限定在公司的范围之内，非营利组织和金融机构等都不能被纳入到财务管理的范围之中来。此时的财务管理与企业财务的定义相同。

二是将财务管理（financial management）作为财务学或金融学的泛称。在这种观点下，财务管理就不再是简单的微观性质的定义，而应当突破现有公司理财范围的限制，把宏观定义下的财务（金融）也作为研究对象。财务管理不仅是对存在于公司或者各种机构范围内的财务活动进行的管理，也是对机构范围之外的特定金融产品及衍生金融产品进行的管理，更包括对金融市场进行的管理。

2. 我国对财务管理的定义

我国财务界对“财务”和“财务管理”这两个名词往往混杂使用，同时将财务管理与公司理财等同视之。但对财务管理的具体定义和解释却多种多样，总括起来基本可纳归为五种：①对价值的管理；②各财务职能或内容的总和；③对财务活动的管理；④对资本运动的管理；⑤对财务活动和财务关系的双重管理。

3. 本书对财务管理的解释

企业财务管理也叫公司理财，是指对企业的资本进行规划和调度的一项管理活动。更具体地说，它是企业立足于市场，应用恰当的方法筹集和运作资本，并在协调好利益相关者关系的基础上实现财务目标的理财活动。

需要说明的是，作为财务学“原理”，本书是为企业财务管理提供基础性知识，即主要讲解财务基本内容、财务理念和具有通用性及基础性的财务方法，而不介绍具体的、专用性的理财方法和内容。

第二节　财务管理的产生与发展

一、财务活动的产生与发展

从实践意义而言，财务是商品货币经济的伴随现象，它随着商品货币经济的产生而产生，随之发展而发展。财务活动是财务管理的实践活动，已有了几千年的发展历程，从人类活动的奴隶社会开始，财务活动就已经普遍展开。在人类社会的各种实践活动中，我国作为最早的文明古国，有着最为悠久而辉煌的发展历史，在几千年的各朝各代、各州各族中都“演绎”了林林总总的财务管理理念、方法、规则和效果。其实践内容之丰富，不胜枚举，足以傲视全球。但同其他相关学科（如管理学、统计学、会计学等）一样，虽然我国有着很好很多的历史实践，但在学科的理论归纳与探究上却难以望西方发达国家之项背。所以，财务学的产生与发展还得从西方谈起。

二、西方财务学的产生与发展

1. 财务学诞生的标志

财务学孕育并诞生于财务管理实践，这是毋庸置疑的，也是非标志性的泛指。作为对财务管理实践之经验和方法进行理论归纳和探究的财务学，至今只有百余年的发展史，并被公认为产生于19世纪末期的西方发达资本主义国家。在20世纪初以前，财务管理（公司财务）一直被认为是微观经济理论的应用学科，是经济学的一个分支。直到1897年纽约市的审计师托马斯·格林纳（Thomas L. Greene）出版了《公司财务》一书后，公司财务学才逐渐从微观经济学中分离出来，成为一门独立的学科。该书的出版，被大多数学者视为财务学诞生的标志。但也有学者认为，托马斯编写的《公司财务》，是为高级管理人员、金融界人士和工程师等专业人士编写的实务手册，尽管它也代表这个阶段财务教学的特点，但第一本真正意义上的财务管理教科书是1910年出版的由米德（Meade）编写的《公司理财》，这本书是他根据在哈佛大学上课时使用的讲稿编写而成的。此后，Gerstenberg 和 Dewing 也分别于1915年和1919年出版了类似的财务教科书，并成为当时教科书的主流。

作为一门应用性学科，财务学从财务管理实务中产生并不断充实壮大，在百余年里迅速发展成为既融合了多种学科知识又有相对独立性的科学，并指导财务管理在经济管理中扮演着越来越重要的角色。同时，财务管理理念与方法既然是在具体的历史环境中得以应用的，那么它的发展就必然受到特殊的历史背景和经济环境的制约，因而带有明显的时代特征。

2. 20 世纪 30 年代以前：以筹资管理为重心的财务管理阶段

19 世纪欧洲的一些城市，特别是地中海沿岸的不少城市，商业经济发展迅速，开始出现向社会筹集资本用于商业经营的初步筹资形式。19 世纪末叶，股份公司得到发展，企业规模进一步扩大，所需资本大规模增加，财务关系越来越复杂，要求企业的财务人员对资本的筹资、使用以及分配问题有很清晰的认识。20 世纪初，西方资本主义国家新科学、新技术和新发明的出现带动了工业化浪潮的发展，企业规模急剧膨胀，这就促使企业必须尽快筹措到足够的资本以满足生产经营不断扩大的需要。与此同时，金融市场逐步发展，各种各样的证券已经在市场上出现，然而由于资本市场还不成熟，企业与投资者之间存在严重的信息不对称现象。股票买卖经常为少数知情者所操纵，导致股价经常大起大落，投资者缺乏信心，社会资本很难从个人投资者手中转移到企业手中，致使资本市场根本无法解决企业的筹资问题。因此，如何筹集资本便成为这一时期企业财务管理最主要的问题。在这一阶段，筹资理论和方法得到迅速发展，这方面最早的著作有 1897 年格林纳所著的《公司理财》以及 1910 年米德出版的《公司财务》，他们都对企业如何有效地筹集资本进行了研究，为现代财务管理理论的产生和发展奠定了基础。

3. 20 世纪 30 年代至 50 年代初：以资产运营管理为重心的财务管理阶段

20 世纪 20 年代末到 20 世纪 30 年代，西方资本主义世界经历了经济的大萧条，股价暴跌，企业生产经营不景气，资本变现能力差，企业的倒闭与兼并浪潮风起云涌，资本集中且低效现象严重。人们逐渐意识到企业要在激烈的市场竞争中生存与发展，不仅要能筹集到足够的资本，还必须要有科学有效地运用和管理资本、搞好内部控制、最大限度地提高资本使用效果的能力。因此，财务管理的内容也随之发生极大的变化，资本的高效运作、财务能力、效果的分析评价和企业的内部控制成了研究的重点。在这一时期，财务学取得了很大的进步：位于资产负债表左侧的企业资产受到高度重视；企业内部的财务决策被认为是财务管理最主要的问题；逐步形成了财务计划、财务控制和财务分析的基本理论和方法；在资本成本测量和金融资产的定价技术的研究上也取得了一定的突破。1951 年，乔尔·迪安出版的《资本预算的编制》以及 F. 卢茨和 V. 卢茨合著的《厂商投资理论》是这一时期的代表作；用于财务能力综合分析的沃尔评分法与杜邦财务体系，也是在这个时期提出并推广的。同时，为了维持企业的生存和发展，国家加强了对微观经济活动的干预，如美国政府为解决信息失真、财务报告数据虚假等问题，分别于1933年、1934年颁布了《证券法》和《证券交易法》，要求企业公布财务信息。这也对公司财务学的发展起了巨大的推动作用。

4. 20世纪50年代至70年代：以投资管理研究为重心的财务管理阶段

20世纪50年代中期以后，随着第三次科技革命的兴起和发展，科学技术突飞猛进，劳动生产率进一步提高，消费需求日益多样化，产品更新换代速度加快，市场竞争加剧，资本市场逐渐成熟，融资工具和投资方式种类增加，西方经济发展进入黄金时期。为了适应这种新的经济环境，使企业在投资风险不断增加的市场中站稳脚跟，财务管理的重心也转为对投资管理的研究，并且取得了一系列重要的成果。具体表现为：广泛采用考虑货币时间价值的贴现现金流量指标体系作为投资分析评价指标，分析技术也逐步完善；统计和优化理论的数学模型开始用于企业流动资产、固定资产的管理分析，同时由于电脑应用日益普及，各种复杂的处理财务问题的数学模型也应运而生，以协助对资产的投放、运用进行控制，达到创造最大利润、增加企业财富的目的；创立了系统的投资组合理论和资本资产定价模型。

这一时期，涌现出了一批在财务学说史上具有重要影响的伟大人物，他们提出了一批在投资财务管理方面甚至整个财务学领域有重大贡献的研究成果。例如，20世纪50年代前后F. 莫迪里安尼和M. 米勒发表的《资本成本、公司理财和投资理论》，马科维茨于1959年发表的《证券组合选择：有效的分散化》，夏普于1964年发表的《资本资产定价：风险条件下的市场均衡理论》，这三项研究成果都获得了1990年诺贝尔经济学奖；美国哈佛大学教授默顿（R. C. Merton）和斯坦福大学教授斯科尔斯（M. S. Scholes）因创立如何估价股票期权交易和其他金融衍生工具的复杂理论，在金融经济学开创顶新的研究领域，而获得1997年诺贝尔经济学奖，等等。

5. 20世纪80年代至今：财务管理的综合发展阶段

20世纪80年代以后，随着理财环境的新变化及企业财务范围的不断扩展，财务管理进入了综合发展阶段，朝着国际化、精确化、电算化和网络化发展。这主要表现在以下几个方面：

（1）通货膨胀财务研究。

20世纪70年代末期至80年代早期，伴随石油价格的上涨，西方国家出现了严重的通货膨胀，持续的通货膨胀给财务管理带来了许多问题，如何有效地进行财务管理便成为此时的主要矛盾。持续的大规模通货膨胀，使企业资本需求不断膨胀，利率上涨导致有价证券价格下跌，企业筹资日益困难，资本成本不断提高，成本虚降，利润虚增，资本周转困难。因此，西方财务管理把对付通货膨胀方法的研究作为首要目标，在企业筹资决策、投资决策、资本日常调度决策、股利分配决策等方面都根据通货膨胀的程度进行了相应的调整。

（2）国际财务管理。

20 世纪 80 年代中后期，在全球经济化浪潮的推动下，由于信息技术和通信技术突飞猛进的发展，全球企业间竞争的加剧，跨国公司已突破反垄断法的约束，全球并购涉及越来越多的领域，规模也不断扩大，使企业的生产、营销、消费都突破国界而成为全球范围内的活动，资本也在国际流动、重组、转移、分配。在这种全球化经济环境下，国际财务管理应运而生，并且面临着非常严峻的挑战。当然，一国财务管理的基本原理对国际企业也是适用的，但是，由于国际企业涉及多个国家，要在不同制度、不同环境下作出决策，就会有一些特殊问题需要解决，如外汇风险、多国融资、跨国资本预算、国际投资环境的评价、内部转移价格等问题，都和一国财务管理不同。20 世纪 80 年代中期以来，国际财务管理的理论和方法得到迅速发展，并在财务管理实务中得到广泛应用，成为财务管理发展过程中的又一个高潮。随着 21 世纪的到来，国际财务管理将得到更迅速的发展。

（3）知识资本财务管理。

20 世纪 80 年代后，随着计算机的普及，信息在生产经营中的地位越来越高，人们充分意识到知识的重要性，信息、知识、技术以及接受、利用、加工、创造这些信息和技术的员工在整个财富创造过程中的作用日益重要，知识资本和人力资源成为企业价值的主要决定因素。美国经济学家加尔布雷斯（J. K. Galbraith）在这时首先提出了知识资本概念。知识经济改变了传统的以厂房、机器、资本为主要内容的资源配置结构，改变为以知识为基础的知识资本为主的资源配置结构，如何对知识资本进行确认、计量和管理又成为财务管理的一个重要课题。

（4）网络财务管理。

20 世纪 60 年代以来，随着数学方法、应用统计、优化理论和电子计算机等现金方法与手段在财务管理方面的应用，财务管理理论发生了一次次的“革命”，财务分析向精确方向飞速发展。80 年代诞生了财务管理信息系统；90 年代中期以来，计算机技术、电子通信技术和网络技术发展迅猛；随着 21 世纪网络时代的到来和电脑辅助决策系统的出现，管理者能迅速储存、传递以及取出大量资料，由网络和电脑代替人进行各种复杂的数量分析，管理者可以相当准确地估计各种可行方案的结果，在进行决策时有较为客观的数据资料。这时，以电子计算机为主的网络财务管理方式将成为财务管理理论的另一场伟大的革命。

在近一个世纪的时间里，随着企业理财环境和管理要求的不断变化，西方财务管理理论方法的发展异乎寻常，硕果累累。研究方法从简单的描述性阶段到引入经济数学方法，再到统计、计量经济学方法的全面运用，使企业的财务决策具有严格的数据依据；研究内容从单一的筹资管理发展为筹资管理、投资管理、资本日常管理等多方面的管理，从单纯满足于外部发展到注重企业的内部财务条件与外部环境的综合性研究。可见，财务管理已成为企业管理的重要方面，企业财务管理理念与方法会更加科学，必将在全球经济发展中扮演越来越重要的角色。

三、我国财务管理的产生和发展

在我国，财务管理理论的发展受到西方财务管理思想的积极影响。新中国成立后，随着我国经济体制的两次转变，即由计划经济体制向有计划商品经济体制转变，以及由有计划商品经济体制向社会主义市场经济体制转变，我国财务管理的目标、方式、内容等也经历了这几个阶段的重要变化。

1. 计划经济体制下的财务管理

从新中国建立到十一届三中全会前，我国实行的是计划经济体制。国家对企业实行统一计划、统购包销的经济管理体制，企业的人、财、物等各生产经营要素的配置权和产、供、销等经营活动的决策权都集中在国家有关行政管理部门手中，企业属于单纯生产型的经营方式。此时，企业管理的基本目标是完成生产任务，追求产量目标。企业管理中也主要重视实物管理，讲求实物生产率或技术效率，而不重视财务管理。企业的资本由国家供应，资本运用由国家安排，成本费用开支报国家有关部门审核，收入按国家计划分配。企业财务管理的职责是如何按国家财务会计制度规定搞好成本核算，向国家报账；如何按国家财经制度，监督企业领导与内部单位合理使用资本、合法开支费用、及时上交税金与利润，保证完成各项财政上交任务。企业没有筹资权、投资权、分配权等权力，这些权力都集中在国家政府部门的手中。企业财务活动被纳入国家财政计划，所以企业财务被视作国家财政体系的基础环节而包括在财政体系之中。因此，这一时期企业财务管理的重点是成本的核算与控制，以保证资本的安全和降低资本消耗。

2. 有计划的商品经济体制下的财务管理

十一届三中全会以来，我国确立了以经济建设为中心的有中国特色的社会主义建设道路，开始了对经济体制的改革。在确立社会主义市场经济体制之前，我国对经济体制改革的目标进行了长期的探索。在这一阶段中，针对改革目标先后提出过“计划经济为主、市场调节为辅”和“有计划的商品经济”两种模式，企业的管理体制也经历了“放权让利”和“政企分开”两个发展阶段，逐步将全民所有制企业转变为相对独立的商品生产者与经营者。在经济管理上，国家对企业实行指令性计划、指导性计划与市场调节计划相结合的计划管理体制，企业在人、财、物、供、产、销六个方面逐步扩大一些自主权力。企业不再只属于单纯的生产单位而是向生产经营型企业转变，开始重视按经济规律特别是按价值规律办事。企业的目标也不再只是完成生产任务，而是开始追求企业利润、追求资产使用效益。

特别是80年代末90年代初，证券市场在我国建立，我国政府开始发行国库券，筹集资本用于经济建设。此后，股票市场开始慢慢发展，1990年上海证券交易所成立，1991年深圳证券交易所成立，标志着我国股票市场开始正式运作。与这种经济管理体制相适应，在财务管理体制上以分配为突破口，对筹资、投资、成本、收入等方面进行局部性改革：企业的财务管理由纯计划经济体制下的国家统收统支、统负盈亏制逐步改为企业自收自支、利润包干上交制，它的重点是分配管理；企业的财务管理目标发展为追求利润最大化，从而使财务管理工作从原先的成本管理发展到对资产运营和收入分配的管理；随着财务管理的目标进一步发展为不仅要注重企业利润还要注重资本利润率，财务管理的内容扩展到投资管理和一定程度的筹资管理。这时期，虽然企业的经营自主得到了很大的发展，但由于我国经济体制的改革模式仍然是有计划的商品经济，所以企业的财务管理仍然受到国家宏观政策的较大影响。

3. 市场经济体制下的财务管理

党的十四大确定了我国经济体制改革的目标模式是建设社会主义市场经济体制。我国全民所有制企业已经按照“产权明晰、权责明确、政企分开、管理科学”的基本要求进行了深入的改革，建立了现代企业制度。企业对出资者投入的资本金、企业内部积累和债权人借入资本拥有法人财产权，并以法人财产权承担民事责任。在市场经济条件下，企业成为自主经营、自负盈亏的经济实体，在由生产经营型向资产经营型转变的基础上，其经营方式进一步向资本经营型转变。企业经营目标由追求企业利润最大化转化为资本增值。

这一时期，对企业财务管理影响最显著的是资本市场的发展。由于我国企业长期处于计划经济体制下，国家财政拨款不足，企业自有资本比重较低，进入市场经济体制后，企业要自己面向市场去筹集资本，资本长期紧缺等问题非常严重，筹资管理就成为企业财务管理中最突出的问题。随着股票、债券市场的深入发展，迅速扩大的资本市场建设逐步完善，二级市场逐步成熟，宏观监管机制初步形成，比较规范的中国资本市场框架已基本建立。证券市场成了越来越多的企业筹措资本的重要途径。与此同时，企业财务管理，包括投资决策、利润分配决策，以及日常财务管理等，都越来越多地受到证券市场的影响，也越来越多地体现证券市场投资者的利益要求。

同时，为了从不同渠道筹措资本，企业财务管理的重要任务是向各类社会出资者和债权人提供企业目前财务状况以及今后一定时间内的企业盈利能力、偿债能力的财务预测分析报告，提供所筹措资本用以进行投资的可行性分析与决策报告，为社会出资者与债权人向本企业的投资提供真实可信的决策资料。所以，在这一阶段，财务管理的方式是以财务预测与决策为主，企业财务管理已成为企业管理的中心。

第三节　财务活动与财务关系

企业财务管理，是指企业在处理各种财务关系的基础上利用价值形式对所运作的资本进行筹划和协调的财务活动。可见，在企业财务管理实践中，开展财务活动和处理财务关系是其核心内容，对此必须要有清晰的认识。

一、财务活动

1. 企业财务活动存在的客观基础

企业财务活动是指企业筹集资本、运用资本、回收资本和分配资本而产生的资本管理活动。在商品经济条件下，资本运动是客观存在的，而资本运动存在的客观经济基础是商品货币经济。

商品是使用价值和价值的统一，企业再生产过程也就表现为商品使用价值的生产和交换过程与商品价值的形成和实现过程的统一。在这一过程中，一方面，企业运用一定的劳动手段对劳动对象进行加工，生产出新的商品并将其出售，使商品的使用价值得以实现，它表现为商品的运动过程；另一方面，与商品运动过程相对应，企业将生产中消耗的生产资料转移到产品上去，并创造出新的价值，通过商品的出售，使新创价值得以实现。这种价值运动过程可以表示如下：

$$G—W\begin{cases}A\\P_m\end{cases}\cdots P\cdots W'—G'$$

在上式中，G——W 反映了商品的购进过程，同时也是货币资本向商品资本转化的过程；$W\begin{cases}A\\P_m\end{cases}\cdots P\cdots W'$反映了购进的商品与劳动力结合而被生产加工成为一种新的商品的过程，同时也是商品资本转化为生产资本，继而又转化为商品资本的过程，并会伴随着商品形态的转换和价值的增值；W′——G′（即 G＋ΔG）反映了商品的销售过程，同时又是商品资本向货币资本转化的过程。这样，企业的再生产过程既是商品的生产运动过程，同时也是商品的价值运动过程。由于商品的价值运动过程可以用货币形式表现出来，通常又把在再生产过程中，商品价值的货币表现称为资本，进而把商品的价值运动称为资本运动。企业的资本运动构成企业经济活动的一个独立的方面，那就是企业的财务活动。

2. 企业财务活动的内容

企业资本运动过程是通过一定的财务活动表现出来的，一方面通过筹资活动形成权益，另一方面通过投资活动形成资产。其作用过程见图 1－1：

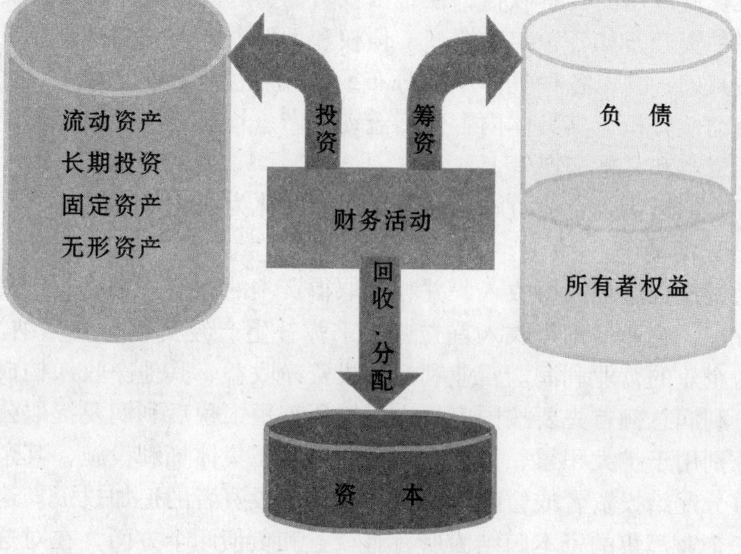

图 1－1 财务活动示意图

（1）筹资活动。

企业的生存和发展离不开资本的筹集。企业从各种渠道以各种形式筹集资本是商品运动的前提，也是资本运动的起点。所谓筹资是指企业为了满足投资和用资的需要，筹措和集中所需资本的过程。在筹资过程中，企业一方面要确定筹资的总规模，以保证投资和用资所需资本；另一方面要通过筹资渠道和筹资方式或工具的选择确定合理的筹资结构，使筹资的代价降低而风险不变甚至降低。

从整体上看，任何企业都可以从不同方面筹资并形成两种性质的资本来源：一是企业的权益资本。它是通过吸收直接投资、发行股票、企业内部留存盈余等方式从投资者那里取得的，投资者可以是国家、法人、个人、外商等。二是企业的债务资本，它是企业通过向银行借款、发行债券、应付款项等方式取得的。无论是权益资本还是债务资本，开始时多数处于货币形态。

（2）投资活动。

企业筹集资本的目的是把资本运用于生产经营活动以便谋求最大的经济效益。企业可把筹集到的资本用于购置流动资产、固定资产、无形资产等形成对内投资，也可以用于购买其他企业的股票或债券或与其他企业联营形成对外投资。无论企业购买内部所需资产还是购买各种证券，都需要支付资本。而当企业变卖其对内投资的各种资产或收回其对外投资时，则会产生资本的收入。这种因企业投资而产生的资本收付，便是由投资而引起的财务活动。投资活动为企业带来各种资产，如各种实物资产、债权和无形资产。它们是企业从事生产经营的物质基础，并以各种具体形态分布或占用在生产经营过程的各个方面。从资产的流动性分析，其具体内容包括流动资产、长期资产、固定资产、无形资产、递延资产和其他资产等。

通过资本的运用，企业资本就从货币形态转化为实物形态。

（3）分配活动。

企业通过投资过程取得收入，并相应取得资本的增值。企业对投资收入应进行合理分配，企业的销售收入首先要用来弥补生产经营耗费并缴纳流转税，其余部分为企业的营业利润。营业利润和投资净收益、其他净收入构成企业的利润总额。利润总额首先要按国家规定缴纳所得税，税后利润要提取公积金和公益金，分别用于扩大积累、弥补亏损和改善职工集体福利设施，其余利润作为投资收益分配给投资者或暂时留存企业或作为投资者的追加投资。这里需要说明的是，企业筹集的资本归结为所有者权益和负债两个方面，在对这两种资本分配报酬时，前者是通过利润分配的形式进行的，即由税后利润支付；后者是通过将利息等计入成本费用的形式进行分配的，即由税前利润支付。二者的相同之处在于，它们被分配后就从企业的资本运动中退出。可以看出，这种因分配而产生的财务收支就是分配中的财务活动。

在资本分配活动过程中，企业的实物（成品资本）形态转化为货币形态。

资本分配是一次资本运动过程的终点，又是下一次资本运动过程开始的前奏。

以上三个方面是企业财务活动的主要组成部分，它们相互联系、相互依存，共同构成了企业财务管理的基本内容。对此更详细的解释见本书第二章。

二、财务关系

企业进行资本筹集、资本运用和资本分配等财务活动，必然与企业上下左右各方面有着广泛的联系。我们把企业在组织资本运动过程中与各利益相关者发生的经济关系称为财务关系。企业的这种财务关系取决于由企业资本运动所钩稽的企业与各利益相关者之间的契约关系，正所谓“企业是各种契约的集合体”。所以，诚信履约是处理好企业财务关系的根本。企业与各利益相关者的关系见图 1－2：

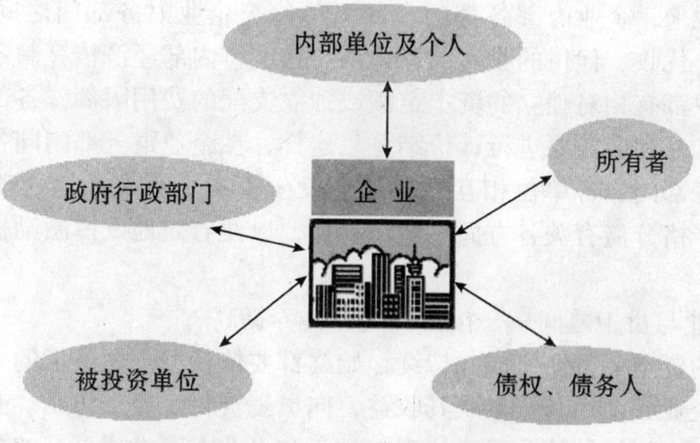

图 1－2 企业与利益相关者关系

具体来说，企业的财务关系主要有以下几方面：

1. 企业与投资者和受资者之间——权益至上、利益共享

企业从各种投资者那里筹集资本，进行生产经营活动，并将所实现的利润按各投资者的出资额进行分配。企业还可将自身的法人财产向其他单位投资，这些被投资单位即为受资者，受资者应向企业分配投资收益。企业与投资者、受资者的关系，即投资与分享投资收益的关系，在性质上属于所有权关系。处理这种财务关系必须维护投资、受资各方的合法权益。

2. 企业与债权人、债务人、往来客户之间——诚信为本、及时还贷

企业由于购买材料、销售产品要与购销客户发生货款收支结算关系，在购销活动中由于延期收付款项要与有关单位发生商业信用—— 应收账款和应付账款。当企业资本不足或资本闲置时，则要向银行借款、发行债券或购买其他单位债券。无论何种原因，一旦形成债权债务关系，则债务人不仅要还本而且要付息。企业与债权人、债务人、购销客户的关系，在性质上属于债权债务关系、合同义务关系。处理这种财务关系，也必须按有关各方的权利和义务，保障有关各方的权益。

3. 企业与政府行政之间——遵纪循规、依法纳税

企业应按照国家税法和规定缴纳各种税款，包括所得税、流转税和计入成本的税金。国家以社会管理者的身份向一切企业征收有关税金，这些税金是国家财政收入的主要来源。企业及时定额地纳税，是生产经营者对国家应尽的义务，必须认真履行此项义务。

4. 企业内部各单位之间——责利分明、团结协作

一般说来，企业内部各部门、各级单位与企业财务部门之间都要发生领款、报销、代收、代付的收支结算关系。在实行内部经济核算制条件下，企业内部各单位都有相对独立的资本定额或独立支配的费用限额，各部门、各单位之间提供产品和劳务要进行计价结算。这样，在企业财务部门同各部门、各单位之间和各部门、各单位相互之间就会发生资本结算关系。处理这种财务关系，要求严格分清有关各方面的经济责任，以便有效地发挥激励机制和约束机制的作用。

5. 企业与员工之间——按劳分配、培养提高

企业的资本运行要完成并持续，始终都要依托于全体员工的辛勤劳动与齐心奉献，企业必须用其资本及其收益，向员工支付工资、津贴、奖金等。这种企业与员工之间的结算关系，体现着员工和企业在劳动成果上的分配关系。合理处理这种财务关系，必须正确执行国家有关的法规和政策，使员工既能得到利益保障，又能有进步发展的机会和空间。

以上种种财务关系都是通过企业日常财务活动来表现和处理的，随着经济多元化、全球化的发展，企业与各利益相关者的联系日益密切和广泛，企业的财务活动和财务关系将越来越复杂，如何处理好这些关系将成为企业生存和发展的关键问题。

第四节 财务管理的规律与原则

一、财务管理的基本规律

在实际中，企业的财务管理体现为日常的财务活动，即是对企业资本的筹集、投入、耗费、收入及其分配的管理活动，它以商品货币经济为前提，并与资本运动相伴随。所以，企业财务管理的基本规律服从或取决于资本运动的内在规律，要认识之，首先必须理解和掌握资本的运行规律。下面以制造业为例，着重分析企业资本运动与财务管理的基本规律和运行轨迹，见图1－3：

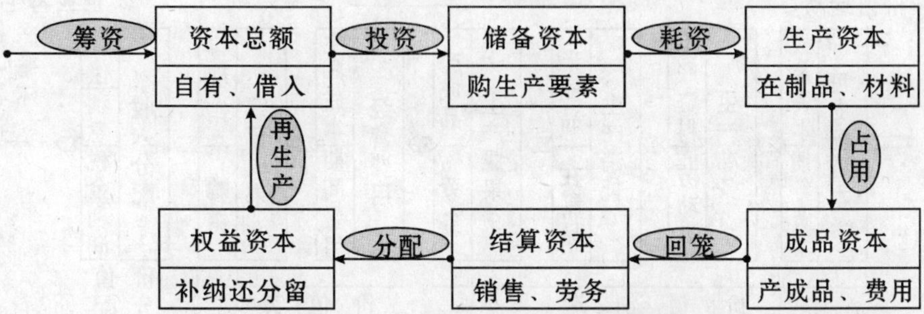

图1－3 企业资本运动与财务管理规律图

通过上图，我们可以归纳为三个方面：

(1) 资本（尤其是货币性资本）的筹集是企业存在和发展的客观基础和运行前提，由此形成的企业资本总量与结构同时也是企业资本运动和财务管理的起点与终点，因而企业的资本运动构成了企业的理财活动。

(2) 资本运动环环相扣，周而复始，而在“周转性”的资本运动中，蕴含着垫支性、增值性与补偿性三大规律。也就是说，资本运动拥有四大规律，其中周转性是基本的，是前提条件。

(3) 从图示中箭头上的标示可以看出，资本运动规律同时展示了企业财务运动过程和财务管理的规律性路径（或轨迹）；在资本运动周转的各个环节上，资本具有不同的表现形态和实物内容，企业财务管理的日常工作就是要将各种形态和内容的资本不断地流动和转化，最终实现货币（现金）形态的资本，并通过分配而进入再生产循环。

所以，财务的本质就是“使”企业的资本在周转中增值。而这个“使”的过程就是理财事务，就是财务管理。

二、财务管理的对象

财务管理的对象就是财务活动所作用的客体，即财务管理管什么。这个问题在学术界有很多的讨论和观点，如货币运动观、资本运动观、价值运动观、财务关系观等。其实，它并没有那么复杂，财务管理的对象完全是由财务管理的基本内容及其形成的基本规律所决定的。它会是什么呢？通过图 1－4 所示，就可看到答案。

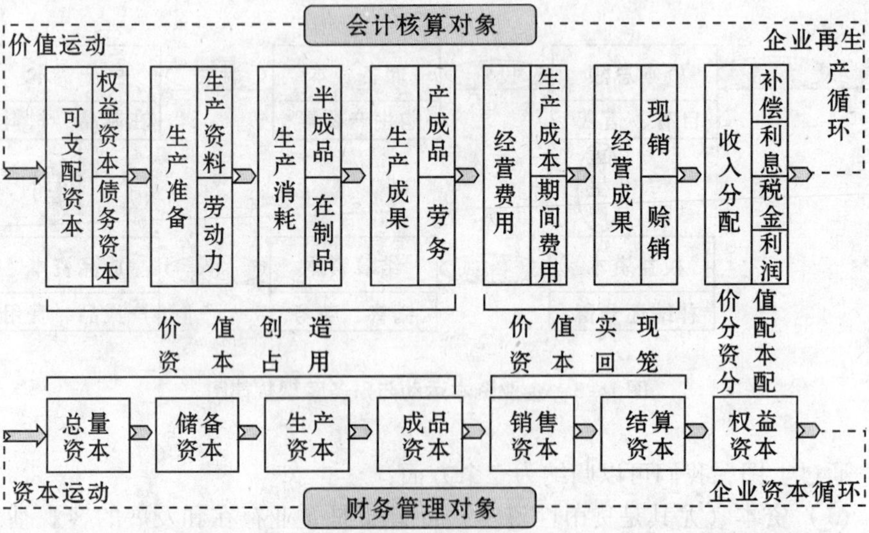

图 1－4　企业资本运动与价值运动对应图

从上面的图示可以看清并理解为三点：

（1）在企业的再生产循环中，同时存在着价值运动和资本运动，也就是说企业的资本循环是建立在企业的再生产循环基础之上的。

（2）在企业再生产的价值运动与资本运动中，先有价值运动，它是客观存在的基础，是企业资本增值的原动力，因为企业是生产劳动的集合地，只要有劳动存在，就有价值产生，劳动永恒，价值永恒；后有资本运动，它是价值运动的一种历史表现形式，即资本运动是价值运动在商品货币经济时代的特有表现形式。

（3）尽管两种运动是不同的，但其内容的现实表现却是一一对应的，而且在价值量上是相等的，即资产等于资本。必须注意的是，各种资产在生产经营中所创造和实现的价值量，是由会计核算来确认和计量的，所以资本运动是会计核算的对象；而与产品价值创造、实现和分配相对应的资本占用（含筹集、投入与耗费）回收和分配活动，则是由财务管理来筹划和实施的，所以财务管理的对象是企业再生产中的资本运动。平时人们说的“会计管账，财务管钱”也就是这层意思。

三、财务管理的原则

明确了财务活动、财务关系、财务规律和财务对象，实际理财时还必须遵守被实践证明是正确的、具有普遍意义的财务原则。财务管理原则是从财务管理实践中总结归纳出来的行为规范，它既反映了企业财务管理活动规范化的本质要求，又体现了理财的基本理念。

1. 资本保值增值原则

这是企业财务管理的目的性原则，因为企业运作资本最基本的目的和任务就是在保持原有资本价值量的基础上使资本增值。企业资本从不同角度可分为财务资本和实物资本。按国际会计准则委员会的界定，财务资本“如同投入的货币或投入的购买力，是企业的净资产或产权的同义词”。实物资本则“如同营运能力，被看做是以每日产量等为基础的企业的生产能力”。所以资本保值有两种含义：一是财务资本保值，即要求所有者投入资本的价值保持完整，表现为期末资本价值等于期初资本价值；二是实物资本保值，即要求所有者投入资本的实际生产能力保持完整，表现为期末实际生产能力等于期初实际生产能力。无论何种资本保值，实际上都与货币计量单位有关，由于货币计量单位可分为名义货币单位和一般购买力单位两种，因此，资本保值就由上述两种演变为四种，即名义货币单位财务资本保值、一般购买力单位财务资本保值、名义货币单位实物资本保值和一般购买力单位实物资本保值。

资本保值增值的关键是保值，因为超过保值的额度才是增值，不能保值就不可能增值。而增值最能代表资本所有者的投资目的和需求，又能体现财务管理水平和绩效。

2. 风险与收益均衡原则

该原则体现了财务管理的风险报酬观念。在市场经济的激烈竞争中，进行财务活动不可避免地要遇到风险。财务活动中的风险是指获得预期财务成果的不确定性。企业要想获得收益，就不能回避风险。风险与收益均衡原则，要求企业在财务活动中不能只顾追求收益，不考虑发生损失的可能，而应全面分析其收益性和安全性，按照风险和收益适当均衡的要求来决定采取何种行动方案，同时在实践中趋利避害，争取获得较多的收益。例如，在资产运作方面，持有较多的现金，可以提高企业偿债能力，减小偿债风险，但是银行存款的利息很低，而库存现金则完全没有收益。在筹资方面，发行债券与发行股票相比，由于利息率固定且利息可在成本费用中列支，对企业留用利润影响很小，可以提高净资产收益率，但是企业要按期还本付息，需承担较大的财务风险。无论是对投资者还是对受资者来说，都要求收益与风险相适应，风险越大，则要求的收益也越高。因此，进行财务管理，应对风险和收益作出全面的分析和权衡，以便选择最有利的方案，特别是要注意把风险大、收益高的项目同风险小、收益低的项目适当地搭配起来以分散风险，使风险与收益平衡，做到既降低风险，又能得到较高的收益。

3. 利益者关系协调原则

该原则体现了财务管理的环境观念。企业财务管理的过程及结果的利益分配，必然要同企业的外部和内部环境发生密切的财务关系，而财务关系主要体现在企业与国家、投资者、债权人以及内部员工等主体之间的利益关系。正确处理企业与内外部利益相关者之间的关系是现代财务管理的必然要求，也是企业长期协调稳定发展的基础。要恰当地处理好财务关系，企业就应该坚持权利与责任均衡的原则；在企业内部的经营管理职能的划分，以及财产权与经营权的划分上体现权利与责任一致的原则；建立起以责任为中心、以权力为保证、以利益为手段的企业内部财务管理责任制，使各方的权益得到保障。

4. 成本效益原则

该原则体现了财务管理的成本效益观念。成本效益原则通常是指在经济活动中应对其投入与产出进行分析比较，从而以尽可能少的投入，取得尽可能多的产出。这是从事任何经济活动都应遵循的一般原则，财务管理也不例外。企业财务管理中的成本效益原则，就是指在企业财务管理中应将财务成本与财务收益相比较，权衡各种财务活动或方式的利弊得失，以尽可能低的财务管理成本，取得尽可能高的财务管理收益。

在企业财务管理中遵循成本效益原则，涉及财务管理的各个环节与各个领域。例如，在筹资活动中，企业有资本成本率和总资产报酬率的对比分析问题；在投资决策中，企业有投资额与各期投资收益额的对比分析问题；在日常经营活动中，有营业成本与营业收入的对比分析问题；在财务管理方式选择中，企业有取得同样产出或收益选择最低成本的财务管理方式问题，也有以一定的资本投入选择使产出或收益最大的财务管理方式等。

5. 收支时间均衡原则

该原则体现了财务管理的时间价值观念。收支时间均衡原则是指资本收支不仅在数量上保持平衡，而且在每一个时点上达到动态的协调平衡。企业只有保持资本的收支时间均衡，才能实现资本的保值增值。企业的资本支出，是资本运动的起点，经过购、产、销阶段，取得资本收入，完成资本的一次循环。因而收支时间均衡，就是要保证企业的购、产、销活动的均衡。企业要对材料采购、生产经营活动以及产品销售活动都给予充分的重视，使之互相衔接，保持均衡。

企业要采取积极措施解决资本运动中存在的矛盾，实现资本的收支均衡。这既要做好营销工作、扩大收入，又要注意节约、降低成本、减少支出。对于那些能够确实带来收入增加的各项支出，在财力许可及收支效益比较的基础上，应该保证资本的及时供应。同时，要做好现金预算控制，保持筹资计划、投资计划和分配计划的综合平衡，有效地控制现金的流转。要做到资本的收支时间均衡，企业还要依靠发达的金融市场，通过短期投资和筹资来实现某时点资本的均衡。

6. 资本合理配置原则

该原则体现了财务管理的杠杆效应观念。企业资本配置情况是通过资产结构和资本配置表现出来的。在资本运用方面，企业形成各种各样的资产结构：有对外投资和对内投资的构成比例，有固定资产和流动资产的构成比例，有有形固定资产和无形固定资产的构成比例，有货币性资本和非货币性资本的构成比例，有材料、在产品、产成品的构成比例等。在资本来源方面，企业资本配置结构有借入（负债）资本和自有（权益）资本的构成比例，长期负债和短期负债的构成比例等。

按照系统论的观点，组成系统的各个要素的构成比例，是决定一个系统功能状况的最基本的条件。系统的组成要素之间存在着一定的内在联系，系统的结构一旦形成就会对环境产生整体效应，或是有效地改变环境，或是产生不利的影响。在财务管理这个系统中也是如此，资本配置合理，从而资源构成比例适当，就能保证生产经营活动顺畅进行，并由此取得最佳的经济效益；否则，就会危及购、产、销活动的协调，甚至影响企业的兴衰。因此，资本合理配置是企业持续、高效经营必不可少的条件，是财务管理的基本原则。

第五节　财务学的若干基本概念

所谓财务学的基本概念，就是在财务的理论研究与实践活动中普遍要用到的通用性概念。对这些概念的理解和掌握，不仅关系到对其他财务概念的理解和应用，而且会影响财务理论各部分与财务实践各环节内容的认知和融通，它们在财务学知识的学习中具有基础性、先导性的作用，是树立财务理念的关键词。所以，在全面展开财务学原理知识之前，我们先详细诠释这些基本概念，为学习奠定基础。在后续各章节中将运用这些概念，除有特别需要外，对这些概念都不再作解释，而是直接应用。

一、财务主体与公司

财务主体，是指具有独立财权、进行独立核算、拥有自身利益并努力使其最大化的经济实体。财务主体既是其财务权的享有者也是自身财务活动的参与者，它对自身的活动享有权利并对其结果承担相应的责任。财务主体可以是一个自然人、企业或者国家，本书所讲的财务主体是指企业财务主体。

1. 财务主体的特征

除了必须满足市场经济条件下市场主体的一般特征外，现代企业财务主体还应具有以下的特征：

（1）独立性。现代企业财务主体必须具有财务权的独立性，财务权的独立性是一个组织能否成为财务主体的根本条件。财务主体应拥有一定数量的独立的人力、物力、财力，能够独立地进行财务活动，处理财务关系，具有会计主体的企业法人资格，拥有独立的财务预决策权并承当相应的民事法律责任。

（2）经济性。现代企业财务主体应是具有独立的经济利益的利益实体，它们在遵循成本效益原则的基础上为追求自身的利益开展财务活动。但是，各种非经济性实体，如各级政府、依靠国家拨款的事业单位，则不能构成财务主体，其从事的财务收支等财务活动只是属于财政收支管理的范畴。

（3）目的性。现代企业财务主体都拥有自身利益，都希望实现自身的利益最大化。

（4）权力性。作为独立的民事主体，现代企业财务主体对自己的财务活动承担相应的责任。要达到权利与义务的平衡，财务主体也应成为一个权利主体。在各种权利中，主要的权利是独立的产权、独立的财权以及生产经营自主权，特别是财务有决策权。不拥有这些基本权力的财务主体难以实现其财务活动的目的，因而无法承担相应的责任。

2. 财务主体的分类

按投资组织形式，企业财务主体可分为独资企业、合伙企业和公司制企业。不同的企业组织形式，其财务活动呈现不同的特点。

（1）独资企业。独资企业是指由一个自然人独自出资、独自经营、独享盈利并独自承担全部风险和债务的经济组织。其最大的特征表现在：①出资人将企业的财产所有权和企业控制权以及经营权集于一身，不存在委托代理关系，因此对治理结构等制度安排没有突出要求。②独资企业的投资人以其个人财产对企业债务承担无限责任。③通常规模较小，社会信用不足，因此开展筹资活动较为困难。

（2）合伙企业。合伙企业是指由两人或两个以上的投资者通过订立合伙契约共同出资、共同经营、共负盈亏、共担风险的经济组织。其特征主要表现为：①虽然投资人不止一个人，但由于企业决策由所有业主共同作出，因此治理结构也相对简单，各合伙人的责权利关系通过合伙人契约得以制度化。②出资人也要承担无限责任。③由于投资人不止一个人，并且要共同作出决策，因此决策较为缓慢，而且，如果各业主的意见或经营目标发生分歧，企业很可能走向解体。

（3）公司制企业。公司制企业是指那些按照法律规定，由法定人数以上的投资者（或股东）集资组成，自主经营、自负盈亏，具有法人资格的经济组织。按其性质的不同，公司可以分为股份有限公司和有限责任公司。公司是两权分离的产物，作为股东的出资人拥有公司财产的终极所有权，但公司作为法人实体拥有完整意义的法人财产权。公司制企业的特征及其对财务活动的影响主要表现在：①公司制企业复杂的委托代理关系，以及利益主体之间的利益冲突和信息的不对称，是制约和影响企业财务活动的制度背景。②公司股东以其出资额为限对公司承担有限责任，同时凭此享有对公司收益的分配权和财产的分配权。③公司制企业的最大优点在于其巨大的融资通过股票和债券的发行，可以迅速获得其经营和发展所需要的资本。而多元化的筹资渠道和筹资方式，使企业筹资活动和决策十分复杂。事实上，现代财务管理的理财理论和方法就是以公司制企业，特别是股份公司制企业为主体和对象开展的。

由于“公司”的固有特征和运作机制，决定了它的财务管理活动是最完整、最系统的，以至人们往往将企业财务管理就叫公司理财，公司成了财务主体的代名词。

二、资本与报酬

1. 资本的定义

所谓资本，是指为再生产能够开展和延续所垫支的“本钱”，它具有在再生产循环中不断增值的价值功能。资本是现代企业生产经营的基本要素，是企业和社会经济发展重要的推动力量。在商品货币经济社会里，谁拥有资本，谁就有取得报酬和利润的机会，当然也有发生损失的风险。资本的最初形态是货币，但资本并不等同于货币，通过货币购买各种生产经营要素，通过生产实现价值的转移和增值，即形成产品，并最终通过销售完成价值的实现，从而使资本在再生产过程中得以不断地循环、周转和增值。

2. 资本的特征

（1）周转性。周转性是资本最基本的特征，资本的其他特征都是在周转性的基础上衍生出来的。资本从最初的货币资本转化为生产资本，再转化为商品资本，最终又回复到货币资本，这不是原垫支资本的简单回复，而是增值后的货币资本，然后经过成本补偿和积累，又开始了规模扩大的再次循环过程，从而形成周转。资本正是在这种循环往复的周转过程中得以不断增值的。

（2）垫支性。资本的垫支性源自资本运动的投资行为，是指企业为了资本增值而用于购买各种生产要素所必须投放的本钱。资本要增值，首先就需要垫支一定数量的“本”，支撑并参与到企业再生产循环之中，即为周转而垫支，有垫支才周转，在周转中资本才会增值。当然，垫支并不意味着资本本身随生产经营中物质的消耗而消耗掉，而是按照耗用的多少计入成本费用，随着企业收入的取得而得以保持和收回，并实现增值。

（3）增值性。所谓增值性，是指资本在再生产循环中能够带来比原有价值更大的价值。增值性是资本最重要的特征之一，也是企业垫支、配置和利用资本的基本目的。现代企业作为投资主体，无论对内投资从事生产经营活动还是对外进行投资活动，除了收回原垫支的资本外，都应带来一个新增加的价值量，从而实现资本的增值。资本的增值与企业经济效益密切相关，它是衡量企业经济效益的重要依据。

（4）补偿性。补偿性是指资本经过一个循环过程后，资本能够得到保全，即增值后的货币资本能够也必须补偿初始的各种投资额，这是再生产得以继续的基本要求。否则，不但不能实现资本的增值，而且还侵蚀甚至摧毁其原有的资本价值，从而导致生产停止、企业倒闭。

资本最主要的特性是周转性，而垫支性、增值性、补偿性都是在周转性的基础上衍生出来的，没有周转性，其他特征就不复存在。

3. 资本的分类

（1）按企业资本的权益特性，可以分为债务资本和权益资本。现代企业取得资本的渠道和方式很多，但无论何种来源的资本，到了企业都可以归为两类：一是债务资本，二是权益资本。

债务资本是债权人投入的资本，反映了企业与债权人之间的债权债务关系。债务资本是企业由过去发生的交易事项引起的现时义务，义务的履行会导致企业经济利益的流出。应当注意的是，企业的义务包括现时的义务和未来的义务，只有现时的义务才构成债务资本，因为现在的义务意味着过去的交易事项已经发生。

权益资本是企业所有者投入的资本，反映了企业与其所有者之间的投资与受资关系。由于债权人对企业资产的要求权在前，所有者的要求权在后，所以，权益资本是一种剩余权益，而且权益资本的成本往往也会高于债权资本的成本。

企业的组织形式不同，权益资本的构成也会不同：在独资企业中，权益资本表现为所有者个人对企业净资产的所有权，企业中的所有权和经营权合二为一，所有者投资和所有者对盈余的派发不存在任何限制，而且，除了债权人以外也没有其他优先求偿权。在合伙企业中，各个合伙人共同出资、共同经营、共负盈亏、共担风险，其权益资本的性质类似于独资企业，但由于各合伙人权益的大小不同，所以，合伙企业的权益资本需要按合伙人权益的大小进行分类，以便反映每个合伙人投资的增减情况。在公司制企业中，权益资本一般按来源分为实收资本（或股本）、资本公积、留存收益。其中，实收资本（或股本）主要反映权益资本的外部来源，留存收益反映企业在经营过程中的内部资本来源，而资本公积既有外部的来源也有内部的来源。企业通过对其取得的资本加以利用，形成企业拥有或控制的各式各样的资产，如流动资产、长期投资、固定资产、无形资产等。

（2）按资本的表现形态可分为有形资本、无形资本、金融资本和人力资本等。

4. 资本的结果：报酬

从经济学的角度来讲，报酬反映的是一定量的投入与产出之间的关系，广义的报酬包括经济报酬和非经济报酬。而在财务学中，报酬就是资本运营的结果，是资本投放于再生产循环中所得到的回报，故也叫投资回报，是资本的伴随概念。讲资本就必然要讲报酬，没有无报酬的资本，只是报酬有大有小、可多可少而已。当报酬超过原有资本额时就是增值；等于原有资本额时就是保本；低于原有资本额时就是亏损。在财务管理中，报酬总是与风险联系在一起，两者都是资本的伴随现象。

三、利率与利息

1. 利率的含义

利率（Interest Rate）又称利息率，是指在借贷期内所形成的利息额与所贷资本额的比率。用公式可以表示为：利息率 = 利息额/本金。利息是借款者为取得货币资本的使用权而支付给贷款者的一定代价，或者说是货币所有者因暂时让渡货币资本使用权而从借款者手中获得的一定报酬。利息作为借入货币的代价或贷出货币的报酬，实际上就是借贷资本的“价格”。利息水平的高低是通过利息率表示出来的。从宏观经济分析的角度看，利率的波动反映出市场资本供求的变动状况。随着市场经济的不断发展和政府宏观调控能力的不断加强，利率，特别是基准利率已经成为一项行之有效的货币政策工具。

2. 利率的分类

根据不同的标准利率，利率可以分为不同的种类：

（1）单利和复利。

单利和复利是计算利息通常采用的两种方法。单利是指在计算利息额时，不论期限长短，均按本金计算利息，所生利息不再加入本金重复计算。复利是指在计算利息时，按一定期限，将所得利息加入本金，逐期滚利，也称“利滚利”。

（2）固定利率和浮动利率。

固定利率是指利息率不随市场借贷资本的供求状况而波动，在整个借款期间都固定不变。其特点是利率不随市场利率变化而变化，易于计算借款成本和利息。浮动利率常常采用基本利率加成计算。在借款期限较短或市场利率变化不大的条件下，常采用固定利率，但是，当借款期限较长或市场利率变动较快的时候，市场的变化趋势很难预测，借贷双方都可能要承受利率变动的风险，因此，对于中长期借款，借款双方都倾向于采用浮动利率。

（3）名义利率和实际利率。

在通货膨胀的情况下，单位货币实际代表的价值量小于应代表的价值量，因此产生了货币的名义价值与实际价值，进而出现了实际利率和名义利率。名义利率是以名义货币表示的利息率，实际利率是名义利率剔除通货膨胀因素影响以后的利息率。

（4）市场利率和基准利率。

市场利率是在借贷市场上，由供求双方通过协商而形成的利率。市场利率随借贷资本供求双方具体情况的变化而变化。

基准利率是反映政府通过货币管理机构（多为中央银行）而确定的各种利息率。

3. 利率的作用

从宏观经济的角度来分析，利率具有筹集资本、分配资本、调节经济、控制资本需求等一系列基本的功能。但从财务学的角度来讲，利率主要是通过利息（本金×利率）额的大小来影响企业决策。对一个企业实体来讲，利息费用是其一项支出，利息费用的增加必然导致利润的减少，因此，在进行筹资、投资等决策（尤其是中长期项目决策）时，企业必然要考虑利率因素的影响。

四、利润与现金流量

1. 利润

利润，是指公司（企业）在一定期间生产经营活动的成果，即收入与费用相抵后的差额，它是反映资本运营成果的最终要素。利润源自企业再生产中的价值创造和实现，是资本运作的结晶，也是资本分配的标的，但其价值量的确认与计量是由企业会计核算来完成的。这样，如果收入大于费用，其净额为利润；如果收入小于费用，其净额为亏损。利润通常包括营业利润、投资净收益和营业外收支净额等几部分：营业利润是反映公司、企业营业活动的财务成果，包括主营业务利润和其他业务利润；投资净收益反映公司、企业投资活动的财务成果，是投资收益和投资损失相抵后的余额；营业外收支净额是反映与公司、企业正常生产经营活动无关的那些活动所形成的收支，是营业外收入和营业外支出相抵后的余额。

显然，利润是以权责发生制为基础计算出来的，即只考虑收入与支出的受益期及其形成结果，而不考虑其形成方式与实际收益的关系：如果其在超过一个期间受益就将收入或支出归属于不同的收益期间，进而得出该期间的利润；同时，只要是当期实现的销售收入，不管是现销还是赊销，都要确认为当期的收入和利润。也就是说，一定时期的利润不一定是企业看得见、摸得着的实际盈利，可能是个账面数据而已。例如，企业通过放宽信用政策，延长信用期限等方法扩大商品销售，增加了企业的应收账款和应收票据，进而增加了企业的销售收入和利润。而这些应收账款和应收票据只不过是企业的债权，是企业未来可能的现金收入，并没有增加企业本期的现金流入。所以，企业可能会出现财务报表中的会计利润为正，而资本周转不顺畅，甚至出现财务危机的情况。因此，财务管理与财务决策以利润为依据是靠不住的，容易产生失误。所以，企业作财务分析和决策时必须引入“现金流量”来弥补会计利润存在的一些弊端。

2. 现金流量

企业的现金流量，是指投资项目周期内由生产经营活动和资本借贷活动而形成的现金流入流出项目间的增量，即一个投资项目引起的公司现金收入或现金支出增加的数量。这里的“现金”不仅包括各种货币资本，而且还包括项目需要投入的企业拥有的非货币资产的变现价值。现金流量主要是通过基于收付实现制的现金流量表来揭示，具体可分为现金流入量、现金流出量和净现金流量。这些概念的系统解释和应用将在本书的第五章中专述。

本章小结

财务包括财务活动（财务管理实践）、财务学（财务理论）和财务资料三方面的含义，它们之间实质上是理论与实践的关系。财务学是研究资本运筹规律与效率的应用性科学；财务活动是指在再生产过程中协调利益相关者关系、筹划并实施运作资本的管理活动。财务包含政府财务、市场财务和企业财务，而企业财务就是企业财务管理，也叫公司理财，是指对企业的资本进行规划和调度的一项管理活动。

财务是商品货币经济的伴随现象，它随着商品货币经济的产生而产生，随之发展而发展。财务学的发展必然受到特殊的历史背景和经济环境的影响，带有明显的时代特征。国际上，财务发展的各个时期都有明显的发展重心和主题。我国财务管理发展也随着经济体制的变革而形成不同的发展阶段和不同的财务管理特点。

企业财务活动是指企业筹集资本、运用资本、回收资本和分配资本而产生的资本管理活动。财务活动必须处理好企业与相关利益者的关系，包括与所有者、债权人、管理者、员工、政府等的关系，而诚信履约是处理好企业财务关系的根本。

企业资本运动的基本规律蕴含着周转性、垫支性、增值性与补偿性四大规律，同时也展示了企业财务运动过程和财务管理的规律性路径（或轨迹）。财务管理的基本原则包括资本保值增值原则、风险与收益均衡原则、利益者关系协调原则、成本效益原则、收支时间均衡原则、资本合理配置原则。

财务学的基本概念包括财务主体与公司、资本与报酬、利率与利息、利润与现金流量，它们在财务学知识的学习中是基础性、先导性的关键词。

主要名词

财务　财务活动　财务学　财务管理　财务关系　资本运动　周转性　财务主体与公司　资本与报酬　利率与利息　利润与现金流量　资本保值增值　收益与风险均衡原则　成本效益原则　资本合理配置原则

复习思考题

1. 试述财务、财务活动与财务学的内涵与关系。
2. 如何理解企业财务管理的概念？
3. 如何理解财务学发展的历史特征？
4. 如何处理企业与利益相关者的关系？
5. 企业资本运动具有哪些规律？其最基本的规律是什么？
6. 财务管理应遵循哪些原则？
7. 如何理解财务管理的对象？
8. 财务学的基本概念有哪些？它们各自有何特征？

第二章　财务管理基本内容

投资是企业发展、成长的源泉，是企业生产经营活动的基本驱动力量，而企业从事生产经营活动又必须要筹集一定数量的资金。企业财务筹资的时效性直接关系到企业的生存及其经营规模的扩充与发展，并直接影响到企业的投资及其收益分配活动。财务分配政策选择的合理与否，会对企业的价值产生影响，同时还会影响企业的财务筹资和财务投资。本章将讨论企业财务筹资的各种渠道、方式及其特点，财务投资的各种方式及其特点，财务分配的原则和内容。

通过本章的学习，需要掌握如下内容：

1. 筹资、投资和分配的原则；
2. 筹资的主要渠道、方式及其优缺点；
3. 权益资本和债务资本筹资的特点；
4. 长期资产投资和流动资产投资；
5. 债券投资和股票投资；
6. 财务分配的内容及基本程序；
7. 股利分配理论与政策。

第一节　财务筹资

财务筹资，是指企业根据生产经营活动对资本的需要，从其内部、外部等各方面筹集所需资本的过程。筹集资本是企业财务管理中一项经常性的重要工作，它需要根据具体的目的，选择合适的渠道和方式，遵循一定的原则进行。

一、财务筹资的原则

财务筹资是一项重要而复杂的工作。企业为了有效地筹集所需的资本，处理好筹资过程中的财务关系，应当遵循下列基本原则。

1. 合理性原则

财务筹资的合理性原则就是要求企业在筹资时，应该考虑自身的生产经营状况和生产规模，采用科学的方法，通过预测和规划，确定一个合理的需要量，使资本的筹集量与需要量达到平衡。

筹集资本的目的就是要确保企业生产经营所必需的资本。如果资本不足，就会影响企业的正常生产经营活动，造成生产停工，资本周转困难，影响企业的生存和发展；如果资本过剩，就可能会影响企业资本的利用效果，造成资本占用过多，不能充分发挥每笔资本的使用效益。因此，企业筹集资本应该确定合理的规模。

2. 效益性原则

财务筹资的效益性原则就是要求企业在筹集资本时，应该认真分析资本的投放项目，综合考察各种筹资渠道及筹资方式的资本成本和筹资风险，以尽可能小的代价实现最大的效益。

不同来源的资本，对企业的收益和成本有不同影响，不同筹资方式下的资本成本也有高有低。因此，企业应从如下几方面着手：①认真研究资本来源渠道和资本市场，合理选择资本来源；②对各种筹资方式进行分析、对比，选择经济、可行的筹资方式；③从多种筹资渠道和方式的结合中找到最佳的筹资结构。只有这样才可以降低资本成本，提高筹资效益。

3. 及时性原则

财务筹资的及时性原则就是要求企业在筹资时，应该根据企业投资的投放时间安排来进行筹划，及时取得资本，使筹资与投资在时间上相协调。

企业筹资不仅要在数量上保证合理需要量，同时还要充分地考虑筹资与用资在时间上相衔接。企业一般都有投放时间上的要求，筹资必须要与此相配合，这样才能避免筹资过早而造成投资前的资本闲置或筹资滞后而贻误投资的有利时机。

二、财务筹资的分类

企业筹集的资本可以按照多种标准进行不同的分类。

1. 按照资本的使用时间分类

按照资本使用时间的长短分类，财务筹资可分为短期筹资和长期筹资。

短期筹资是指企业筹集生产经营中短期内（一般指一年以内）所需要的资本。短期筹资主要用于满足企业流动资金周转的需要，常常利用短期银行借款和商业信用等方式筹集。

长期筹资是指企业筹集生产经营中长期（一般指一年以上）所需要的资本。长期筹资是一种较稳定的资本来源，主要用于厂房、设备的更新，新产品的开发，生产规模的扩大等，通常利用吸收直接投资、发行股票、发行债券、长期银行借款、融资租赁和内部留存利润积累等方式筹集。

2. 按照资本的性质分类

按照资本的性质不同，财务筹资可分为权益性资本筹资和债务性资本筹资。

权益性资本筹资，也称自有资本筹集，是企业依法筹集并长期拥有、自主调配运用的资本来源。权益性资本筹资主要是依靠投资者投入和企业利润的留存积累。

债务性资本筹资，也称借入资本筹集，是企业依法筹集、按期偿还本金和利息的资本来源。债务性资本筹资主要包括企业发行债券、各种长短期借款和日常经营活动中自动形成的商业信用等临时债务。

3. 按照筹资的范围分类

按照筹资的范围不同，财务筹资可分为内部筹资和外部筹资。

内部筹资是指在企业内部通过生产经营获得的利润积累留在企业（即留存收益）而形成的资本来源。内部筹资与红利分配是利润分配问题的两个方面，当企业有一定利润时，如果不分配红利，就形成了企业的内部资本来源。

外部筹资是指从企业以外的单位或个人筹集资本。它主要有从投资者中取得的直接或间接投入的资本，从债权人中取得的借入资本。

三、财务筹资的渠道和方式

企业财务筹资需要通过一定的筹资渠道并运用一定的筹资方式来进行，不同的筹资渠道和筹资方式各有特点和适用性。

（一）财务筹资渠道

财务筹资渠道是指客观存在的企业获得资本的来源方向。企业的资本来源直接受到社会经济结构和国家管理资本的政策和体制影响，认识和了解各种财务筹资渠道，有助于企业充分拓宽和正确利用筹资渠道。目前，我国企业财务筹资主要有下列渠道：

1. 国家财政资本

国家财政资本历来是我国国有企业筹集资本最主要的资本来源渠道。特别是国有独资企业，其资本全部由国家投资形成。现有国有企业的资本来源大部分是过去由国家财政以直接拨款方式形成的，还有些是国家对企业实行“税前还贷”或减免各种税款而形成的。在国家财政资本投入改革后，目前国家财政资本除了上述的原有方式外，还包括有权代表国家投资的政府部门向企业新投资的资本，以及经有权代表国家投资的投资企业、资产经营企业、经济实体性企业等机构向企业新投资的资本等。

2. 银行信贷资本

银行信贷资本，是指我国各专业银行对企业的各种贷款。它是我国目前各类企业最为重要的资本来源之一，因为银行贷款方便灵活，适应企业各种需要。目前，我国的专业银行分为政策性银行和商业银行。政策性银行是不以盈利为目的的，是为了贯彻国家产业政策、区域发展政策而给特定企业提供政策性贷款的金融机构。商业银行是以盈利为目的，从事信贷资本投放、为企业提供各种商业贷款的金融机构。可见，与企业财务筹资关系最为密切的是商业银行。

3. 非银行金融机构资本

非银行金融机构资本，是指各级政府及其他经济组织主办的其他金融机构向企业提供的各种资本。非银行金融机构主要有信托投资公司、证券公司、保险公司、租赁公司和企业集团所属的财务公司等。这些机构资本力量虽然不及银行，融通资本的范围也有一定的限制，但是它们所提供的各种金融服务，既包括信贷资本投放，也包括物资的融通，还包括为企业承销证券等，资本供应方式灵活、方便。

4. 其他企业资本

其他企业资本，是指企业在生产经营过程中暂时闲置的，可在企业之间以各种融资的方式加以调剂使用的资本。这些资本可能是为一定的目的而进行相互投资，也可能是在企业间的购销业务中形成商业信用。随着横向联合和企业集团的发展，企业之间资本联合和资本融通得到了广泛而深入的发展，使其他企业资本成为企业资本的重要来源。

5. 民间资本

企业职工和居民个人的结余货币作为“游离”于银行及非银行金融机构等之外的资本，形成民间资本来源渠道为企业所用。企业可以通过发行债券、股票等方式取得本企业内部职工或社会个人的闲置资本。随着股份制和证券市场的发展，民间资本必将成为企业极具潜力的又一重要资本来源。

6. 企业自留资本

企业自留资本，是指企业通过提取盈余公积和保留未分配利润而形成的资本。这些资本直接在企业内部形成，故也称企业内部资本。随着企业财权的扩大和经济效益的提高，企业内部资本将不断增加。

7. 境外资本

境外资本，是指外国投资者和我国香港、澳门、台湾地区的投资者投入的资本。它是我国外商投资企业的重要资本来源，但随着经济的全球化以及我国加入 WTO，相信境外资本也会成为其他类型企业的资本来源。

（二）财务筹资方式

财务筹资方式是指企业在筹集资本时所采用的具体形式。企业要从资本来源渠道取得资本，必须通过一定的筹资方式才能取得，筹资方式体现着资本的经济性质。筹资渠道与筹资方式有区别：筹资渠道反映取得资本的客观可能性，而筹资方式解决用什么方式将客观可能性转化为现实性的问题。但筹资渠道与筹资方式又有联系：同一渠道的资本往往可以采用不同的方式取得，而同一筹资方式又往往可适用于不同的筹资渠道。

认识筹资方式的种类，了解各种筹资方式的特点及适用性，有利于选择最优化的筹资结构。目前，我国企业财务筹资主要有下列方式：

1. 吸收直接投资

吸收直接投资是指企业以协议等形式吸收国家、法人、自然人等直接投入的资本，形成企业权益资本的一种筹资方式。吸收直接投资不以股票为媒介，适用于非股份制企业，是非股份制企业取得权益资本的基本方式。

2. 发行股票

股票，是股份公司为筹集自有资本而发行的有价证券，是持股人拥有公司股份的凭证，它代表持股人在公司中拥有的所有权。通过发行股票筹集的资本，企业可以永久性占用。发行股票筹资要以股票为媒介，仅适用于股份公司，是股份公司取得权益资本的基本方式。

3. 留存收益

留存收益主要包括从利润中提取的盈余公积和保留的未分配利润两部分。《公司法》规定企业要按净利润的一定比例提取法定公积金，公司可以根据公司章程或股东大会决议提取公益金或任意盈余公积。可以通过红利方式分配的利润如果不分配就是未分配利润。这些成为企业内部筹资的主要方式。

4. 发行债券

债券，是债务人为筹集借入资本而发行的、约定在一定期限内向债权人还本付息的有价证券。发行债券是企业负债筹资的重要方式。

5. 金融机构借款

金融机构借款是指企业根据借款合同向银行或其他金融机构借入的款项。其中银行借款是企业负债筹资的主要来源。企业可向银行取得中长期的投资借款、短期的生产周转借款、贴现借款和抵押借款等。

6. 融资租赁

租赁是承租人在约定期间内向出租人支付租金，以取得某项资产使用权的一种契约性行为。融资租赁也称财务租赁，是一种以融通资本为目的的租赁方式，是企业筹集长期资本的一种有效方式。

7. 商业信用

商业信用是指商品交易中以延期付款或预收货款进行购销活动而形成的借贷关系。商业信用是企业间的直接信用行为，必须以商品交易为基础。作为企业筹资方式的商业信用的主要形式有应付账款、应付票据和预收账款。

上述筹资方式中，以吸收直接投资、发行股票、留存收益等方式筹集的资本属于企业的权益性资本；以发行债券、金融机构借款、融资租赁和商业信用等方式筹集的资本属于企业的债务性资本。

四、权益资本筹资

《公司法》等法规制度规定，企业必须要有所有者投入的自有资本，也就是权益资本，这是对债权人的必要保障。权益资本一般是通过国家财政资本、其他企业资本、民间资本、企业自留资本和境外资本等渠道筹集。

（一）权益资本及其特点

1. 权益资本的概念

权益性资本，是指企业依法筹集并长期拥有、自主调配运用的资本。国际上，权益资本通常包括实收资本（或股本）、超面额股本和保留盈余。根据我国有关法规制度，企业的权益资本由实收资本（或股本）、资本公积、盈余公积和未分配利润组成。

2. 权益资本的特点

权益资本是企业最基本的资本来源，其特点包括：

（1）权益资本的所有权归属于企业的所有者。

企业所有者依法凭其所有权参与企业的经营管理和利润分配，并对企业的债务承担有限或无限责任。因此，它是企业组织生产经营活动和向外举债的基础。

（2）企业对权益资本依法享有经营权。

在企业存续期间，企业有权调配使用权益资本，企业所有者除了依法转让其所有权外，不得以任何方式抽回其投入的资本，因而权益资本被视为企业的永久性资本。

(3) 权益资本能降低企业财务风险。

从企业筹资来看，权益资本为企业永久性使用，没有到期归还的压力，而所有者参与分配的利润也没有强制性。因此，权益资本能降低企业财务风险。

权益资本筹资的方式包括吸收直接投资、发行股票、留存收益等。以下主要介绍吸收直接投资和发行股票（包括普通股和优先股）方式。

（二）吸收直接投资筹资

1. 吸收直接投资的概念

吸收直接投资，是指企业以协议等形式吸收国家、法人、自然人等直接投入资本，形成企业权益资本的一种筹资方式。吸收直接投资不以股票为媒介，无需公开发行股票，企业所有者按出资比例分享利润和承担风险。吸收直接投资既可以是吸收现金投资，也可以是吸收非现金投资。

吸收直接投资主要适用于非股份制企业，如国有企业、合营企业、合伙企业等，而且常常在企业新组建时采用。当然，如果企业在经营过程中出现自有资本不足的情况，也可以采用。

2. 吸收直接投资的优缺点

(1) 吸收直接投资的优点。

①吸收直接投资能提高企业的资信。吸收直接投资筹资属于企业的权益资本（自有资本）筹资，能提高企业的资信和借款能力，同时还能扩大企业经营规模，增强经济实力。

②吸收直接投资能尽快地形成生产能力。吸收直接投资可以直接吸收投资者的先进设备、技术和生产线，能尽快地形成生产能力，提高企业的技术装备水平，尽快开拓市场。

③吸收直接投资可以降低财务风险。吸收直接投资筹集的资本可供企业永久性使用，向投资者支付报酬可以根据企业经营状况多付、少付或不付，比较灵活，因此财务风险较小。此外，吸收直接投资可以减轻企业财务利息的负担，从而降低企业财务风险。

(2) 吸收直接投资的缺点。

①吸收直接投资容易分散企业的控制权。吸收直接投资通常会增加新的投资者，而新的投资者一般会获得与投资资本相应的经营管理权。如果新投资者的投资较多，就可能会分散企业的控制权，这是接受外来投资的代价之一。

②吸收直接投资的资本成本较高。

③吸收直接投资流通性较差，不利于吸引投资者。吸收直接投资不以股票为媒介，无需公开发行股票，不便于产权的交易，流通性较差。因此，这种筹资方式对投资者的吸引力也相对较弱。

（三）发行股票筹资

股票，是股份有限公司为筹集自有资本而发行的有价证券，是公司签发的证明股东所持股份并借以取得股利的凭证，它代表了股东对股份制公司的所有权。

股票可以为其发行者筹集资本，并为其持有者带来一定的收益，当然也具有一定的投资风险，持有者可以通过证券市场自由转让、自由买卖。可见，股票具有流动性、盈利性和风险性等特征。

股票按股东的权利和义务分为普通股股票和优先股股票。

1. 普通股筹资

普通股股票，是股份有限公司依法发行的代表着股东享有平等的权利、义务，不加特别限制的股票。普通股股票是最基本的股票，具备股票的最一般特征，是股份有限公司筹集资本的基本方式。

（1）普通股股东的权利。

普通股股票的持有人称为普通股股东，普通股股东一般具有以下权利：

①经营管理权。普通股股东对公司具有经营管理权。但是，由于公司的股东众多且分散，每个股东不可能直接参与公司的经营管理，特别是大规模的公司。股东只有运用间接的途径参与企业的经营管理。普通股股东的经营管理权体现在董事会选举中，股东有选举权和被选举权，通过选出的董事会代表所有股东对企业进行控制和管理。普通股股东的经营管理权具体表现为：投票表决权，即对企业重大经营和财务决策问题进行投票表决；查账权，即可以委托会计师事务所代表去查账而不是每个股东自由查账；阻止越权的权利，即当公司管理当局越权进行经营时，有权阻止。

②收益分享权。收益分享权是普通股股东的一项基本权利。投资人购买普通股的目的是获得投资收益。公司获得的税后利润按国家规定提取公积金和公益金后，经董事会决定并经股东大会批准发放股利时，普通股股东有权按其所持股份的比例获得股利。

③优先认股权。普通股股东是公司的所有者，也是风险的主要承担者。因此，当公司需要增发新股时，持有同类股票的现有股东享有按其股权比例优先认购新股票的权利，以保证他们对企业的控制权。

④剩余资产分配权。在公司终止营业清算解散时，公司在清偿全部负债后（如果有优先股则还要在优先股之后）的剩余资产，普通股股东享有按其所持股份的比例参与分配的权利。当然，如果资产的清算收入不足以偿还企业的债务及优先股投资，则普通股股东的投入资本也将损失殆尽。

（2）普通股股票筹资的优缺点。

发行普通股股票筹集资本是股份公司最基本也是最主要的筹资方式，与其他的筹资方式相比，有其优点也有其缺点。

①普通股筹资的优点。

第一，普通股筹资没有固定的利息负担。企业如果有盈利，并认为适合分配股利，就可以分配给股东；反之，如果企业盈利较少，或虽有盈利，但是企业资本短缺或存在更有利的投资机会，就可以少支付甚至不支付股利。

第二，普通股筹资没有固定的到期日，不需偿还。利用普通股筹集的资本是永久性的资本，除非企业破产清算才需要根据实际情况清偿，否则在公司经营期内能自行安排使用。这对保证企业最低的资本需求具有重要的意义。

第三，普通股筹资风险较小。由于普通股筹资上述的两个优点，既没有固定的利息负担，也没有固定的到期日，因此，普通股筹资实际上不存在偿付风险问题，筹资风险自然就低。

第四，普通股筹资能增加企业的信誉。企业的股本及其留存收益构成企业对债权人提供债务的保障基础，因而，普通股筹资可以提高企业的信用价值，同时改善了财务结构，也为使用更多的债务资本提供了强有力的支持。

第五，普通股筹资的限制较少。相对于其他的筹资方式如债券，普通股筹资限制少，这对企业经营的灵活性非常重要。

②普通股筹资的缺点。

第一，普通股筹资的资本成本较高。一般来说，普通股筹资的资本成本要高于债务筹资的资本成本。这主要是因为普通股股票的投资风险大，投资者要求的报酬率高；股利要从税后收益中支付，而债务的利息却可在税前扣除；普通股的发行费用也较高。

第二，普通股筹资容易分散控制权。增发普通股往往会使企业增加许多新的股东，可能会使股权分散，造成现有股东控制权的削减。

第三，普通股筹资容易引起每股收益稀释。增发普通股增加了企业的股本，就会降低每股收益，从而可能引起股价下跌，损害原有股东的利益。

2. 优先股筹资

（1）优先股股票的概念及性质。

优先股股票是企业发行的与普通股股票不同的特种股票。优先股股票持有者在股利分配和财产分配上比普通股股票持有者具有优先获得的权利。在法律上，优先股股票持有者同样是企业的股东，优先股筹集的资本也是权益资本，或称自有资本。

优先股股票的主要特征是其股利率固定，并在普通股股利之前从税后利润中支付，所以优先股虽属自有资本，但却兼有债券性质，是介于普通股与企业债券之间的一种有价证券。

企业的不同利益集团，对优先股有不同的认识。普通股的股东一般把优先股看成是一种特殊债券，因为它必须在普通股之前取得收益，分享资产。但是，从企业债权人来看，优先股则属于股票，因为它对债权起保护作用，可以减少债权人投资的风险，属于权益资本。从公司管理当局和财务人员的角度来看，优先股则具有双重性质，因为，优先股虽没有固定的到期日，不用偿还本金，但往往需要支付固定的股利，成为财务上的一项负担。

优先股是西方企业比较常见的筹资方式之一，在我国，虽然目前法律上没有明确的规定或限制，但企业少有发行优先股的。

（2）优先股股东的权利。

优先股的“优先”是相对普通股而言的，这种“优先”主要表现在某些权利上的优先。

①优先分配股利权。优先分配股利的权利，是优先股的最主要特征。优先股通常有固定股利，一般按面值的一定百分比来计算。企业在支付普通股股利之前，必须先保证优先股应获得的股利。但是，无论企业盈利多大，优先股一般无权享受最后剩余盈利的分配（参与优先股除外）。

②优先分配剩余财产权。在企业破产清算时，优先股股东在分配剩余财产方面，位于债权人的求偿之后，但优先于普通股股东。其金额只限于优先股的票面价值和累积未支付的股利。

③部分管理权。优先股股东的管理权限是有严格限制的。通常，在公司的股东大会上，优先股股东没有表决权，但是，当公司研究与优先股有关的问题时有权参加表决。例如，如果讨论把一般优先股改为可转换优先股时，或推迟优先股股利的支付时，优先股股东都有权参加股东大会并有权表决。

可见，优先股在某些权利方面优于普通股，但在基本权利方面则次于普通股。

（3）优先股股票筹资的优缺点。

优先股既有普通股的特性又有债券的特性，所以优先股的优缺点与它们都有相似的地方。

①优先股筹资的优点。

第一，优先股筹资没有固定到期日，不需偿还本金。优先股股票如果没有收回条款，其筹集的资本是永久性的资本，事实上等于使用了一笔无限期的贷款，无偿还本金义务。但大多数优先股又附有收回条款，这就使得使用这种资本更有弹性。当财务状况较弱时发行，而财务状况转强时收回，有利于结合资本需求，同时也能控制企业的财务结构。

第二，优先股筹资股利支付既固定，又有一定弹性。一般而言，优先股都采用固定股利，但固定股利的支付并不构成企业的法定义务。如果财务状况不佳，对于累积优先股可暂时不支付股利，对于非累积优先股则支付股利的压力就更小。而且，优先股股东也不能像债权人一样迫使公司破产。

第三，优先股筹资有利于增强公司信誉。从法律上看，优先股筹集的资本属于自有资本，因而扩大了权益资本基础，可适当增加公司的信誉，加强公司的借款能力。

第四，优先股筹资能保持普通股股东的控制权。优先股股东只有部分管理权，主要是与优先股有关时的表决权。所以，优先股筹资不会导致普通股股东控制企业的权利分散和控制权的削减。

②优先股筹资的缺点。

第一，优先股筹资的资本成本较高。优先股所支付的股利要从税后收益中支付，不同于债务的利息可在税前扣除。而且优先股股票投资的风险也比较大，投资者要求的报酬率会比较高。所以，优先股筹资的资本成本较高。

第二，优先股筹资的限制较多。发行优先股股票，通常有比较多的限制条款。例如，对公司负债的限制，对普通股股利支付上的限制等等。

第三，优先股筹资的财务负担较重。优先股需要支付固定股利，但又不能在税前扣除，所以，当企业盈利下降时，优先股的股利会成为一项较重的财务负担，同时还增大了普通股股东的风险。

五、债务资本筹资

一家企业的建立、运营除了必须要有所有者投入的自有资本外，常常还会依靠借入的资本（也称债务资本），即所谓的“借别人的钱为自己赚钱”。债务资本一般通过金融机构资本、其他企业资本、民间资本和境外资本等渠道筹集。

（一）债务资本及其特点

1. 债务资本的概念

债务资本亦称借入资本，是企业依法取得并依约运用，按期偿还的资本。企业的债务资本一般由银行借款、应付债券、应付账款等组成。债务资本的使用期有长有短。

2. 债务资本的特点

债务资本是借入的资本，与权益资本这种自有资本有着根本的区别，其特点包括：

（1）债务资本体现企业与债权人的债务与债权关系。

债务资本是企业的债务，是企业债权人的债权。企业的债权人有权按期索取债权本息，但无权参与企业的经营管理和利润分配，对企业的其他债务不承担责任。

（2）企业对持有的债务资本在约定的期限内享有经营权，并承担按期付息还本的义务。

在约定的期限里，企业对债务资本享有经营权，同时也负有按期付息、到期还本的义务。一般债务资本不是企业的永久性资本，企业可以使用的时间长短要视乎与债权人约定的期限。

（3）债务资本会加大企业的财务风险。

从企业筹资来看，债务资本不为企业永久性使用，有到期归还的压力，而债权人有权按期索取利息，利息带有一定的强制性。因此，债务资本会加大企业财务风险，当然也会带来财务杠杆效应。

债务资本的筹资方式包括银行借款、发行债券、融资租赁和商业信用等。下面主要介绍长期借款、发行债券、融资租赁等长期负债筹资方式，以及短期借款和商业信用等短期负债筹资方式。

（二）长期借款筹资

1. 长期借款概念

长期借款是指企业向银行或非银行金融机构借入的使用期限超过一年的各种借款。它主要用于购建固定资产和满足长期流动资产的需要。大部分的企业，尤其是国有企业的长期借款都是依赖银行的借款。

企业向银行借入资本，必须向银行提出申请，填写包括借款金额、借款用途、偿还能力以及还款方式等主要内容的《借款申请书》。为了维护借贷双方的合法权益，保证资本的合理使用，企业向银行借入资本时，双方需要签订借款合同。借款合同主要包括基本条款、保证条款、违约条款和其他附属条款四方面内容。

2. 长期借款筹资的优缺点

长期借款与发行股票、债券等长期筹资方式相比，既有优点，也有不足之处。

（1）长期借款的优点。

①借款筹资速度快。企业利用长期借款筹资，一般所需时间较短，程序较为简单，可以快速获得所需资本。而发行股票、债券筹集长期资本，需做好发行前的各种工作，如申请审批、印制证券等，发行也需一定时间，故耗时较

长，程序复杂。

②借款筹资成本较低。利用长期借款筹资，其利息可在所得税前列支，故可减少企业实际负担的成本，因此比股票筹资的成本要低；与债券相比，借款利率一般低于债券利率，而且没有一笔庞大的发行费用，借款筹资成本较低。

③借款筹资弹性较大。在借款时，企业可以根据资本需求与银行等金融机构直接商定贷款的时间、数额和利率等；在用款期内企业如因财务状况发生某些变化，亦可与银行等金融机构再行协商，变更借款数量及还款期限等。因此，长期借款筹资对企业具有较大的灵活性。

④借款筹资可以利用财务杠杆作用。如果企业的资本收益高，贷款的金融机构也只能获取规定的借款利息，更多的收益由股东分享。当然这里也会有负面的作用。

⑤借款筹资不会改变股东的控制权。贷款人是企业的债权人而不是股东，他们没有参与企业经营管理的权利，因此股东不会出于控制权考虑而反对借款。

（2）长期借款的缺点。

①借款筹资风险较高。借款通常有固定的利息负担和固定的偿付期限，企业必须按期还本付息。在企业经营状况不好时，可能会产生不能偿付的风险，给企业带来更大的财务困难，甚至导致破产。

②借款筹资的限制条款较多。长期借款合同中一般都有一些限制条款，如对借款用途、抵押品的保险、再融资等都有严格约束，这可能会影响到企业以后的筹资和投资活动。

③借款筹资数额有限。长期借款的数额通常会受制于贷款金融机构的实力或贷款意愿，金融机构一般不愿借出巨额的长期借款给一家企业。因此，借款筹资一般不如股票、债券那样可以一次筹集到大笔资本。

（三）发行企业债券筹资

企业通过长期负债筹集所需资本，除了有向金融机构借款这种间接的融资方式外，还有发行债券这种直接的融资方式。

1. 企业债券的概念及其基本要素

（1）企业债券的概念。

企业债券，是指企业依照法定程序发行的、承诺按期向债券持有者支付利息和偿还本金的有价证券。债券是一种反映债券持有者与企业之间债权债务关系的书面凭证，债券持有者可以将债券转让、抵押和继承。发行债券是企业筹集资本的重要方式之一。

（2）债券的基本要素。

债券作为一种有价证券，尽管种类繁多，但在内容上都应包含一些基本的要素。

①债券的面值。债券的面值，是指债券的票面价值，是企业对债券持有者在债券到期后应偿还的本金数额，也是企业向债券持有者按期支付利息的计算依据。债券的面值包括债券的币种和票面金额。债券面值的币种可用本国货币，也可用外币，这取决于发行者的需要和债券的种类。债券的票面金额印在债券上固定不变，债券到期必须足额偿还。

②债券的期限。债券的期限，是指从发行债券日起到偿还债券本息日止的时间。企业债券的期限太短，对企业来说偿还债券本金的压力较大；企业债券的期限太长，资本成本高，而且有利率风险，投资人一般不愿意购买期限太长的债券。企业应根据自身资本需求的情况以及外部资本市场的各种影响，制定企业债券的期限。

③债券的利率。债券的利率，是指债券利息与债券面值的比率，也是债券发行企业向债券持有者按期支付资本使用报酬的计算标准。债券的票面利率水平，一般是由发行债券的企业根据自身的资信情况、债券的偿还期限和计息方式以及发行时资本市场上的供求状况和银行利率等分析确定的。一般来说，债券期限越长，票面利率越高；债券期限越短，票面利率越低。分期支付利息，则利率就低；到期一次支付利息，则利率就高。债券的信用级别越高，利率越低；债券的信用级别越低，利率越高。债券上注明的利率一般是年利率，而且一经确定，在发行期内通常是不变的。

作为筹资的一方，发行债券还要确定其发行价格。债券的发行价格是债券投资者认购发行债券时实际支付的价格。债券的发行价格一般有三种：一是平价，即发行价格等于票面金额；二是溢价，即发行价格高于票面金额；三是折价，即发行价格低于票面金额。企业在发行债券时究竟采用哪一种价格，取决于企业的经营情况、市场利率水平和债券票面利率等条件。

2. 企业债券筹资的优缺点

发行企业债券筹资与发行股票筹资相比，既有优点，也有不足之处。

（1）企业债券筹资的优点。

①债券筹资的资本成本较低。发行企业债券筹资的成本往往要比发行股票筹资的成本低。这主要是因为债券的发行费用较低，债券的利息费用在税前支付，可以享受扣减所得税的优惠。

②债券筹资可以发挥财务杠杆作用。不论企业盈利多少，债券持有人除获取利息以外，不能参加企业利润的分配，因此，更多的收益可用于分配给股

东，增加其财富。

③债券筹资可以保证股东的控制权。债券持有人没有投票权和控制权，无权干涉企业的管理事务，因此，可保障企业所有者的控制权。如果现有股东担心控制权旁落，则可采用债券筹资。

（2）企业债券筹资的缺点。

①债券筹资风险高。债券有固定的到期日，并需定期支付利息，企业要承担还本、付息的义务。在企业经营不景气时，向债券持有人还本、付息，无异于釜底抽薪，容易使企业陷入财务困境，甚至导致企业破产。

②债券筹资限制性条款较多。发行债券的契约中往往有一些限制性条款，这种限制可能会影响企业的资本使用和以后的筹资能力。

③债券筹资数额有限。利用债券筹资有一定的限度，当公司的负债比率超过一定程度后，债券筹资的成本会迅速上升，甚至可能会发行不出去而导致筹资失败。

（四）融资租赁筹资

1. 融资租赁的含义及特点

租赁，是指出租人在承租人给予一定报酬的条件下，授予承租人在约定的期限内占有和使用财产权利的一种契约性行为。租赁分为经营租赁和融资租赁。

融资租赁，又叫做财务租赁或资本租赁，它是以融通资本为目的，为缓解资本短缺的矛盾，通过租赁设备，满足企业生产经营的需要。租赁业务在近年来发展很快，已成为企业融资的一个重要来源。

企业通常在资本来源不足，但又必需生产经营的情况下，通过融资租赁方式解决这一矛盾而取得新设备的使用。作为企业长期资本的来源之一，融资租赁有其独有的特点。

（1）融资租赁的租期长。融资租赁的租赁期限通常大于租赁资产的使用寿命期的70%。融资租赁期满后，大部分承租人会要求按较低的价格购买该项租赁资产。

（2）融资租赁合同不可撤销。在融资租赁的租约期间，任何一方不得单方面撤销合同，只有当租赁资产毁坏或被证明已经失去使用效力的情况下，才能经双方协商后中止租约。

（3）融资租赁需承担资产维修保养费。融资租赁的出租人不负担租赁资产的维修及保养费，而是由承租人来负担。

（4）融资租赁的租赁费较大。融资租赁的租赁费包括该项租赁资产的全部价值、利息及应获得的利润，因而租赁费用较高。

由此可见，对承租人来说，融资租赁虽然没有租赁资产的所有权，但实质上是控制了所租赁的资产。因此，融资租赁租入的资产一般要在承租人的资产负债表上反映，一方面反映长期资产（固定资产），另一方面反映长期负债（长期应付款）。

2. 融资租赁筹资的优缺点

融资租赁筹资与其他长期债务的筹资方式相比，有其优点，也有其不足。

（1）融资租赁筹资的优点。

①融资租赁筹资速度快。租赁往往比借款购置设备更迅速、更灵活，因为租赁是筹资与设备购置同时进行，可以缩短设备的购进、安装时间，使企业尽快形成生产能力，有利于企业尽快占领市场，打开销路。

②融资租赁筹资限制条款较少。如前所述，债券和长期借款都定有相当多的限制条款，虽然类似的限制在租赁公司中也有，但一般比较少。

③ 融资租赁筹资的风险相对较小。这主要表现在两个方面：一是设备淘汰风险小。当今，科学技术在迅速发展，企业设备陈旧过时的风险很大，利用租赁筹资可减少这一风险。二是财务风险小。租金在整个租期内分摊，不用到期归还大量本金，这样可以相对减少不能偿付的风险。

（2）融资租赁筹资的缺点。

融资租赁筹资的最主要缺点是资本成本较高。一般来说，融资租赁的租金要比银行借款或发行债券所负担的利息高得多。因为，出租人所订立的租金包括租赁资产的全部价值、利息及应获得的利润。这样，在企业财务困难时，固定的租金可能会构成一项较沉重的负担。

（五）短期负债筹资

企业除了筹集长期资本以外，也需要筹集其生产经营过程中短期周转的资本，如购买原材料等存货、支付职工工资等等。虽然这些短期资本可能在企业资本总额中的比重不是很大，但它在企业资本循环中是不可缺少的一部分。

1. 短期负债筹资的特点

短期资本筹集主要是为了满足企业生产经营过程中短期周转的流动资本需要，它主要是通过短期负债的方式筹集。

短期负债所筹集的资本可使用时间较短，一般不超过一年。与长期负债筹资相比，短期负债筹资有其特点。

（1）短期负债筹资速度快，容易取得。长期负债的债权人为了保护自身的利益，往往要对债务人进行全面的财务调查，因而筹资所需时间一般较长，且审批手续比较严格，不易取得。短期负债在较短的时间内即可归还，对债权人来说风险较小，因此债权人顾虑较少，使筹资企业容易取得资本。

（2）短期负债筹资富有弹性。长期负债的债权人或有关方面经常会向债务人提出很多限制性条款或管理规定，而短期负债的限制性条款少，相对比较宽松，使筹资企业的资本使用较为灵活、富有弹性。

（3）短期负债筹资成本较低。对于债权人来说，短期放款比长期放款的风险要小，债权人要求的报酬率也相对要低，所以，一般短期负债的利率低于长期负债的利率。对于债务人来说，也就是短期负债的筹资成本比长期负债的筹资成本相对要低。

（4）短期负债筹资风险较高。负债需要在短期内偿还，这就要求筹资企业在短期内有足够的资本偿还债务，一旦企业资本安排不当，就会陷入财务危机。此外，财务管理人员要花大量的时间和精力应付即将到期的短期负债的偿还和续借。再则，短期负债利率的波动也可能比较大。因此，对于债务人来说短期负债筹资的风险较高。

短期负债筹资的主要方式有短期借款、商业信用、应付费用等。

2. 短期借款筹资

（1）短期借款的概念。

短期借款是指企业向银行或其他非银行金融机构借入的期限在一年以内的借款。在我国，短期借款是企业筹集短期资本的主要来源之一。

我国目前的短期借款按照目的和用途划分，主要分为生产周转借款、临时借款和结算借款。按照国际通行的做法，短期借款还可以按有无抵押担保，分为信用借款、抵押借款和担保借款。

（2）短期借款筹资的优缺点。

①短期借款筹资的优点。

第一，短期借款筹资效率较高。短期借款在较短的时间内即要归还，对银行来说风险相对较小，因此，银行审批、放款的速度一般都较快，企业能比较及时地借到款项。

第二，短期借款筹资比较灵活。短期借款的限制条款比长期借款少，企业资本使用较灵活；另外，企业如果到期暂时资本周转困难，可以与银行商量延期，这比商业信用等筹资方式稍为灵活。

第三，短期借款筹资成本较低。这主要是相对于长期借款而言的，对银行来说，短期放款比长期放款风险小，所以利率低一些。因此短期借款的筹资成本也低一些。

②短期借款筹资的缺点。

第一，短期借款筹资手续较麻烦。向银行借款需要办理一些相关手续，相对于商业信用由商品交易自动而形成的筹资，手续要稍微麻烦一些。

第二，短期借款筹资风险较大。短期借款要在短期内归还，这要求企业在短期内要有足够的资本，否则就容易陷入危机，特别是在带有一些附带条件的情况下，风险更为加剧。

3. 商业信用筹资

（1）商业信用及其筹资形式。

商业信用，是指在商品交易中以延期付款或延期交货的方式进行购销活动而形成的借贷关系，它是企业间直接的信用行为。其具体形式主要包括应付账款、应付票据、预收账款等。

商业信用产生于日常的商品交换之中，属于一种自动性的筹资。一般来说，企业以赊购的方式向其他单位购入原材料或其他货物，而以应付账款或应付票据的形式在企业账面上反映，这实质上使企业获得了临时性的资本来源；同样，企业以预收货款的方式从购买本企业产品的单位收取预收款，而以预收货款的形式在企业账面上反映，也同样获得了临时性的资本来源。商业信用运用广泛，已成为企业短期筹资的主要来源之一。

（2）商业信用筹资的优缺点。

①商业信用筹资的优点。

第一，商业信用筹资便利、及时。商业信用筹资与商品交易或经营中的其他业务同时进行，属于自动性筹资，不需要做正规的安排和办理正式的筹资手续，筹资便利、及时。

第二，商业信用筹资有时没有成本或成本很低。预收账款、应付账款没有现金折扣，或有现金折扣而企业享受现金折扣，这些筹资方式都没有筹资成本。采用应付票据筹资的成本也比较低。

第三，商业信用筹资的限制条件少。企业采用银行借款的筹资方式，常常会有一些限制条件，而商业信用筹资则限制较少。

②商业信用筹资的缺点。

第一，商业信用筹资有时成本很高。如果企业采用应付账款筹资，有现金折扣而放弃现金折扣，其成本是相当高的。

第二，商业信用筹资的期限较短。商业信用的信用期、折扣期一般都是比较短的，最长的票据期也就6个月，比银行借款等筹资方式的期限短。

第二节 财务投资

财务投资，是指企业为了在未来获取收益而向一定对象投放资本的经济行为。这种行为具有目的性、时间性、收益性和风险性。投资有狭义和广义之分，狭义的投资仅指对外部投出资本；广义的投资包括企业内部的资本投放和使用，以及对外部投出资本。财务投资是指广义的投资。

一、财务投资的特征及原则

（一）财务投资的特征

从财务上说，投资具有下列特征：

1. 财力上的预付性。投资是在实际的经营活动进行之前发生的，具有预付的性质，这种投资的预付款只有在投资形成生产经营能力或投资实际运转后才能收回。

2. 时间上的选择性。投资并非随时进行的，只有客观上存在投资的条件也即投资的可能和必要时，投资时机才真正到来。

3. 空间上的流动性。在投资的过程中，投出的资本不仅会在空间上流动，而且投出资本转化成的实物和证券等也会产生形态上的流动。

4. 目标上的收益性。尽管各个具体的投资在目的上不尽相同，但是这些投资的终极和长远目标都是取得投资收益。

5. 收益的不确定性。投资是为了获取收益，但这些收益是在未来才能获得的，最终收益是多少事先难以知晓，它具有不确定性，也就是风险性。

6. 回收上的时限性。任何投资都必须收回，否则无人进行投资。由于资本时间价值的存在，投资不仅要收回，而且应及时收回。

7. 效果上的综合性。在市场经济下，企业能否把财务资源投放到收益高、回收快、风险小的项目上去，对企业的生存和发展都是十分重要的。企业进行投资是取得利润的基本前提，是发展生产和经营的必要手段，也是降低风险的重要途径。因此，投资是最具综合性的财务决策。

（二）财务投资的基本原则

企业为实现获利、增加企业价值的投资目标，应确立投资的基本原则。

1. 安全性原则。安全性原则是指投资活动应做到保全资本，保证收益，避免过高的投资风险。安全性高低往往与投资风险成反比，企业要追求安全性较高的投资，就需要以放弃一定的风险收益为代价。

2. 流动性原则。流动性原则是指投资应在资产不发生损失的情况下，争取可以随时变换成现金。流动性往往与收益成反比，企业追求投资的流动性，可能要以降低收益为代价。

3. 收益性原则。收益性原则是指投资应以获得股息、利息和经营收益等为目标。投资收益的大小往往与投资风险的高低有着密切的联系，一般情况是风险越高，要求取得的报酬也越高。

从根本上看，这三个原则之间有一致的地方：安全性高，就保障了一定的收益性；收益性和安全性高，易于随时变现，也就有很高的流动性。但是，不同的资产投资，其收益性、安全性和流动性也不一样，同一种资产通常又不会同时兼备高收益性、高安全性和高流动性。这样，在选择对象、安排资产组合时，就会遇到三个原则要求相互矛盾的情况。这就要在收益性、安全性和流动性之间寻求一种动态平衡，即在保证资产安全和流动的前提下，追求最大限度的收益。

二、财务投资的分类

不同的投资项目，其决策的标准及评价方法也会有所差异，因此，应该对投资进行科学的分类。根据不同的分类标准，财务投资可分为不同的种类。

（一）按照投资行为介入的程度分类

按照投资行为介入的程度划分，财务投资可以分为直接投资和间接投资。

直接投资，是指由投资人直接介入的投资行为，即投资者把资本直接投入投资项目，形成生产经营性实物资产或购买企业现有资产，以获取收益的投资。通过直接投资，投资者可以拥有企业全部或部分资产及经营所有权，资本的所有者与资本的使用者统一，直接进行或参与进行企业的经营管理，对被投资企业具有较大的控制力。

间接投资，是指投资者不直接介入的投资行为，即投资者以其资本购买政府债券、公司债券、金融债券或公司股票等，来获取收益的投资。间接投资也称证券投资，资本的所有者与资本的使用者是分离的，一般不直接参与企业的经营管理决策。间接投资的资本运用比较灵活，可以随时调用或更换其他资产。

（二）按照投资的对象分类

按照投资对象的不同划分，财务投资可以分为生产性资产投资和金融性资产投资。

生产性资产投资，是指将资本投向企业生产经营活动所需资产的投资，例如投资厂房、机器设备、存货等。这种投资属于直接投资，在企业内部进行，投资后不改变资本的控制权归属，只是指定了企业资本的用途。生产性资产投资又可进一步分为长期资产投资和流动资产投资。

金融性资产投资，是指将资本投向金融资产（金融产品）的投资，例如投资债券、股票等。这种投资属于间接投资，投资人把资本交给别人支配并换取某种所有权凭证，但失去了对资产的实际控制权。

（三）按照投资的方向分类

按照投资的方向不同，财务投资可分为对内投资和对外投资。

对内投资，是指把资本投放在企业内部，取得供本企业生产经营用的各种资产的投资。对内投资都是直接投资。

对外投资，是指以现金、实物、无形资产等方式或者以购买股票、债券等有价证券方式向其他单位的投资。对外投资主要是间接投资，也可以是直接投资。

（四）按照投资的回收时间分类

按照投资回收时间的长短划分，财务投资可分为短期投资和长期投资。

短期投资，又称流动资产投资，是指在一年内可收回的投资，主要包括对现金、应收账款、存货、短期有价证券等的投资，长期有价证券如能随时变现也属于短期投资。

长期投资，是指一年以上才能收回的投资，主要包括对厂房、机器设备等固定资产的投资，也包括对无形资产和长期有价证券的投资。

（五）按照投资在再生产过程中的作用分类

按照投资在再生产过程中的作用划分，财务投资可分为初始投资和后续投资。

初始投资，是指在建立新企业时所进行的各种投资。它的特点是投入的资本通过建设形成企业的原始投资，为企业的生产、经营创造必要的条件。

后续投资，是指为巩固和发展企业再生产所进行的各种投资，主要包括为维持企业简单再生产所进行的更新性投资，为实现扩大再生产所进行的追加性投资，为调整生产经营方向所进行的转移性投资等。

三、生产性资产投资

生产性资产，是指企业生产经营活动所需要的资产，如厂房车间、机器设备、存货等。这些资产是企业进行生产经营活动的基础条件。将资本投放在生产性资产上，也就是所谓的生产性资产投资（或称项目投资）。生产性资产投资又可进一步分为长期资产投资和流动资产投资。

（一）长期资产投资

长期资产投资，是指将资本投向企业生产经营活动所需的长期资产的投资，包括固定资产投资、无形资产投资和开办费投资等。

1. 长期资产投资的特点

长期资产投资相对于其他投资，具有下列特点：

（1）长期资产投资本额大。

长期资产投资，尤其是战略性扩大生产能力的投资，一般都需要比较多的资本，在资产总额中占有非常大的比重。因此，长期资产投资对企业未来的现金流量和财务状况都会产生重大的影响。

（2）长期资产投资影响时间长。

长期资产投资一般投资期及发挥作用的时间都比较长，对企业未来的生产经营活动，甚至长期的经营活动都将产生深远的影响。

（3）长期资产投资变现能力较差。

长期资产投资一般不准备在一年或一个营业周期内变现，而且投资一旦完成，要想改变就比较困难，要么是无法实现，要么就是代价很大。可见，长期资产投资的变现能力较差。

（4）长期资产投资风险较大。

长期资产投资本额大、时间长和变现能力差，影响未来收益的因素也多，必然造成其风险较大。一旦决策失败，就会给企业带来无法逆转的损失。

2. 长期资产投资的管理程序

投资管理程序及评价应包括下列几个基本步骤：

（1）提出各种投资方案。新产品方案通常来自营销部门，设备更新的建议通常来自生产部门等。

（2）估计方案的相关现金流量。

（3）计算投资方案的价值指标，如净现值、内部收益率等。

（4）价值指标与可接受标准比较。通过比较作出接受或拒绝的决策。

（5）对已接受的方案进行再评价。这项工作很重要，通过事后评价可以知道预测的偏差，改善财务控制的线索，有助于指导未来决策。

3. 长期资产投资评价的基本原理

长期资产投资项目评价的基本原理是：投资项目的收益率超过资本成本时，企业的价值将增加；投资项目的收益率小于资本成本时，企业的价值将减少。这一原理涉及资本成本、项目收益与股价（股东财富）的关系。

（二）流动资产投资

流动资产投资，是指将资本投向企业生产经营活动所需的流动资产的投资，主要包括货币资本、应收款项、存货等。

流动资产是企业生产经营过程中短期置存的资产，是企业资产的重要组成部分。流动资产是相对于固定资产或长期资产而言的，是指可以在一年或超过一年的一个营业周期内变现或耗用的资产，主要包括货币资本、短期有价证券、应收款项、存货等。流动资产投资对企业的影响涉及时间短，因此又称为短期投资。

1. 流动资产投资的特点

流动资产投资与长期资产投资相比，有其特别之处。

（1）流动资产投资回收期短。

流动资产投资一般在一年或一个营业周期内收回，对企业影响的时间比较短。

（2）流动资产投资流动性强。

流动资产在循环周转过程中，要经过供、产、销三个阶段，其占用形态不断地由一种形态转变为另一种形态，即按现金→原材料→在产品→产成品→应收账款→现金的顺序转化。这种转化在企业再生产过程中循环往复，其占用形态也不断变动。这种变动性也就是流动资产的流动性。流动性与变现能力相关，如遇意外情况，可迅速变卖流动资产，以获取现金，用于偿还债务。

（3）流动资产投资具有并存性。

在流动资产循环周转过程中，不断有资本流入，也不断有资本流出，流入和流出总要占用一定的时间。但从供、产、销的某一瞬间看，各种不同形态的（储备资本形态、生产资本形态、成品资本形态）流动资产是同时并存的。否则，全部资本都处在其中的任何一个阶段上，企业的生产经营过程就会中断。因此，保证各种资本形态的合理配置和资本周转的畅通无阻，是生产经营活动顺利进行的必要条件。

（4）流动资产投资具有波动性。

流动资产在企业再生产过程中的投资并非是一个常数，随着供、产、销的变化，资本占用的数量有大有小，起伏不定，具有波动性。季节性生产企业如此，非季节性生产企业也是如此。

2. 流动资产投资管理的基本要求

（1）既要保证满足生产经营需要，又要合理节约使用资本。流动资产投资管理应服务于生产经营，做好资本供应，保证满足企业生产经营的合理需要量。但同时也要注意控制和节约资本，因为过多的资本投放在流动资产上，要付出较多资本成本代价，从而影响投资的收益性。

（2）保证资本使用与物资运动相结合。资本是物资的货币表现，资本使用同物资运动有密切的联系。在流动资产投资管理中，必须把资本使用同物资运动结合起来，尽量做到钱出去、货进来，货出去、钱进来。但由于市场的竞争，企业不可避免地会给客户提供商业信用，这就需要控制好应收账款投资，尽快收回货款，降低坏账损失比率。

3. 流动资产投资评价的基本原理

由于流动资产投资有一个不断投入和收回的循环过程，这一过程没有终止的日期，这就难以直接评价其投资的报酬率。因此，流动资产投资评价的基本原理是：以最低的管理成本满足生产经营周转的需要。

四、金融性资产投资

金融性资产投资是指将资本投向金融性资产（金融产品）的一种投资。金融性资产通常包括：股票、债券、银行存款、外汇等，但其典型的表现形式是股票和债券这些代表一定权利的法律凭证。因此，金融性资产投资也被称为证券投资。

（一）金融性资产投资的特点

生产性资产投资和金融性资产投资都是以盈利为目的，都是以投资的收益性、流动性和风险性相比较为基础进行决策的。但是，由于投资的对象不同，两种投资具有不同的特点。与生产性资产投资相比，金融性资产投资具有下列特点。

1. 具有可分割性和独立性

生产性资产投资具有整体性的特点。投资者不可能建造 2/4 的厂房或购买 1/4 的设备，否则，企业的生产经营活动就不能正常进行。而金融性资产投资则不同，它具有可分割性的特点。投资者可以根据自己的意愿购买某个企业若干份的股权或债券，而没有必要将某企业的股权或债券全部购买下来。这是因为任何一个证券发行企业都将其股本按等额的形式划分成若干份额。金融性资产投资的可分割性特点，决定了金融性资产投资的独立性，也就是说，投资者可以根据需要同时购买若干种证券，而不可能同时投资于多个往往具有互斥性的生产性投资项目。这样，在对金融性资产投资效应进行分析时，可以不考虑规模经济问题，对投资额的大小问题也不必太看重。

2. 流动性强

金融性资产投资的流动性明显高于生产性资产投资。尤其是在发达的金融市场环境下，证券有着活跃的二级市场，转让简便、快捷，绝大多数证券，无论其到期日如何，投资者都可以通过金融市场进行买卖，具有较高的流动性。但是，投资者如果将其资本投资于生产性资产，这些实物性的资产较难找到一个连续的二级市场，变现受到限制，则资本将在一定的时期内受到束缚而不能流动。因此，金融性资产投资可以不考虑时间因素。

3. 投资风险大

金融性资产投资只涉及人与人之间的财务交易，不涉及人与自然界的关系，形成的是无形的、抽象的资产；生产性资产投资涉及人与物、人与自然界的关系，形成的是看得见、摸得着的资产。因此，相对于生产性资产投资，金融性资产投资受人为因素的影响较大，其价值受政治、经济等各种环境因素的影响也较大，具有价值不稳定、投资风险大等特征。

4. 交易成本较低

金融性资产买卖快速、简捷、成本较低，而生产性资产交易过程复杂、手续繁多、成本较高。

由此可见，在金融性资产投资中，现金流量的规模和时间因素并不是最重要的，最重要的是各种金融性资产的相关性以及相应的风险与收益关系。

（二）债券投资

债券投资，是指企业以现金或其他形式购买别的企业的债券的一种投资，其投资对象是各种债券。债券投资可以分为短期债券投资和长期债券投资。

1. 债券投资的目的

企业进行短期债券投资主要是为了配合企业对资本的需求，调节现金余额，使现金余额达到合理水平。当企业现金余额太多时，便投资于债券，使现金余额降低；当现金余额太少时，则出售原来投资的债券，收回现金，使现金余额提高。

企业进行长期债券投资主要是为了获得稳定的收益。

2. 债券投资的收益和风险评价

企业决定是否购买某一种债券，主要是评价其收益和风险，企业的目标是高收益、低风险。

（1）债券投资的收益评价。

评价债券收益水平的指标是债券价值和到期收益率。票面利率通常不能作为评价收益的标准，因为，票面利率相同的两种债券，一种每年付利息，而另一种到期一次还本付息，其实际的经济价值有很大的差别，但从票面利率上却是无法区分的。

债券作为一种投资，现金流出是其购买价格，现金流入是利息和偿还的本金，或者出售时得到的现金。债券未来现金流入量的现值就称为债券价值。如果不考虑风险，那么只有债券价值大于其购买价格时才值得购买。债券价值是债券投资决策时应该考虑的重要因素。

债券的到期收益率，是指购买债券后，一直持有该债券至到期日可以获得的收益率。该收益率是指按复利计算的收益率，它是能使未来现金流入量现值等于购买债券时的现金流出量的折现率。一般情况下，不考虑货币时间价值的各种计算收益的方法，不能作为投资决策的依据。

（2）债券投资的风险评价。

尽管债券的利率一般固定，但是债券投资仍然与其他投资一样，存在风险。债券投资的风险主要包括：利率风险、购买力风险、再投资风险、违约风险和流动性风险。

①利率风险。利率风险是指由于利率变动而使投资者遭受损失的风险。由于债券价格会随着利率变动，即使没有违约风险也会存在利率风险。债券的到期时间越长，利率风险越大，但是长期债券的利率一般比短期债券高。减少利率风险的方法是分散债券的到期日。

②购买力风险。购买力风险是指由于通货膨胀而使证券到期或出售时所获得的货币资本的购买力下降的风险。一般而言，在通货膨胀时，变动性收益的证券（如普通股股票）比固定性收益的证券（如债券）能更好地避免购买力风险。

③再投资风险。再投资风险是指购买短期债券而没有购买长期债券，无法通过再投资而实现预期收益的风险。例如，长期债券的利率为12%，短期债券的利率为10%。为了减少利率风险，投资者购买了短期债券。在短期债券到期收回现金之后，如果利率降低到8%，投资者只能找到收益率为8%的投资机会，就不如当初购买长期债券，现在仍然可以得到12%的收益率。

④违约风险。违约风险是指借款人无法按期支付债券利息和偿还本金的风险。避免违约风险的方法是不购买质量差的债券。

⑤流动性风险。流动性风险是指证券无法在短期内以合理价格出售的风险。减少流动性风险的方法是购买上市的国库券或大公司的债券。

上述的利率风险、购买力风险和再投资风险属于系统风险，即不可分散风险，是由于外部经济环境因素变化引起整个金融市场不确定性增强，从而对市场上所有证券都产生影响的风险。而违约风险和流动性风险属于非系统性风险，即可分散风险，是由于特定经营环境或特定事件变化引起的不确定性，从而对个别证券产生影响的风险。后者可以通过证券投资组合将风险分散。

3. 债券投资的优缺点

债券投资是企业证券投资的一种重要形式，但是，对于投资者来说，债券投资有优点也有缺点。

（1）债券投资的优点。

①投资风险较小。投资风险较小是相对于股票投资而言的。债券投资的本金有法律保护，到期能够收回，也就是说对方具有法定的义务到期偿还这笔债

务所用利息，所以债券投资风险相对较小。即使对方破产清算，债券投资者也能优先于股东收回其投资。

②收入比较稳定。收入比较稳定是指债券投资者每年能收到的利息收入，在购买债券时就已经明确，在购买的债券票面上已经注明，不像股票的股利收入是不确定的，有无股利都不清楚。收入的稳定性是指债券投资者既知道每年能分回债券利息，又知道应分的数额，这一数额是稳定不变的。股利分配既不知道是否有，更不知道有多少。

（2）债券投资的缺点。

①购买力风险较大。在通货膨胀率上升的情况下，企业拥有货币资产会产生购买力损失，承担货币性负债会产生购买力利得。债券投资属于债权性资产，在通货膨胀率较高时，其本金和利息的购买力将不同程度地受到侵蚀，从而产生购买力损失。

②没有对被投资企业的控制权。债券投资者是被投资企业的债权人，不是所有者，他只有按约定分得利息，到期收回本金的权利，不能对被投资企业实施控制。当企业购买债券后，资本已投入被投资企业，不论被投资企业对其资本的使用是否得当，经营管理效果是好是坏，债券投资者都无权干涉，债券投资者也就无法保证其资本的安全合理使用。

③债券投资的收益率一般较低。债券投资的收益比较稳定且明确，风险较小，但是，其收益率较低且固定不变也是债券投资的不足。企业经营的目的是获得较高的收益，企业如果把大量的资本用于债券投资，不可能产生较高的收益，难以实现财务管理的股东财富最大化目标。

（三）股票投资

股票投资是企业以现金或其他形式购买别的企业的股票的一种投资。对股票投资者来说，股票只是一张有价证券，凭着这张证券，他可以分享一定的权利，或者可以将其出售并期望售价高于买价，以获取收益。

1. 股票投资的目的

企业进行股票投资的目的主要有两种：一是获利，即作为一般的证券投资，获取股利收入及股票买卖差价。在这种情况下，企业仅将某种股票作为证券组合的一个组成部分，不会冒险将大量资本投资于某一企业的股票上。二是控股，即通过购买某一企业的大量股票达到控制该企业的目的。在这种情况下，企业集中资本投资于被控企业的股票上，这时考虑更多的不是目前利益，即股票投资收益的高低，而应是长远利益，即占有多少股权才能达到控制的目的。

2. 股票投资的收益和风险评价

企业决定是否购买某一种股票，主要是评价其收益和风险，企业的目标是高收益、低风险。

(1) 股票投资的收益评价。

评价股票收益水平的指标是股票价值和预期收益率，而股票的面值和过去的实际收益率都不能作为评价收益的标准。

股票价值，是指其预期的未来现金流入量的现值，它是股票的真实价值或内在价值。股票的未来现金流入包括每期预期的股利和出售时的价格收入两部分。股票价格，是指股票在市场上买卖的价格。股票的价格主要是由预期的股利和当时的金融市场利率所决定，同时还受整个经济环境变化和投资者心理等复杂因素的影响。评价股票的主要方法是计算其价值，然后与股票市价比较，视其低于、高于或者等于市价，决定买入、卖出或者继续持有。

股票的预期收益率，是评价股票价值使用的收益率，是预期未来的收益率而不是过去的实际收益率。它包括两部分：预期股利收益率和预期资本利得收益率。只有股票的预期收益率高于投资者要求的最低收益率，他才愿意投资。这里的最低收益率是该投资的机会成本，即用于其他投资机会可获得的收益率，通常也可以用市场利率来衡量。

(2) 股票投资的风险评价。

一般来说，普通股投资的收益与风险都会高于优先股投资和债券投资。在企业经济效益较好时，债券和优先股投资者只能分得规定的、固定的利息和股息，更多的企业净收益都为普通股投资者获得；当企业经济效益恶化时，债券投资者最先获得报酬，其次是优先股投资者，普通股投资者可能没有任何可分的利润了。此外，股票投资所支付的本金是不能收回的，如果企业清算，其分配也是按债券投资者、优先股投资者、普通股投资者顺序进行。所以股票投资，特别是普通股股票投资的收益和风险都是较大的。对付风险的最普遍方法就是投资的分散化，即选择若干种证券加以搭配，建立证券投资组合。通过多种证券的收益高低、风险大小的相互抵消，使证券组合在保持特定收益水平的条件下把总风险减少到最低限度，或者在将风险限制在愿意承担的特定水平条件下尽可能使收益最大化。

3. 股票投资的优缺点

随着我国股票市场的发展，股票投资在企业证券投资中将变得越来越重要，它是一种最具有挑战性的投资，既有优点也有缺点。

(1) 股票投资的优点。

股票投资的收益比较高，其优点主要有：

①投资收益高。普通股票的价格虽然变动频繁，但从长期看，优质股票的价格总是上涨的居多，只要选择得当，都能取得优厚的投资收益。

②购买力风险低。普通股的股利不固定，在通货膨胀率比较高时，由于物价普遍上涨，股份公司盈利增加，股利的支付也随之增加，因此，与固定收益证券（如债券）相比，普通股能有效地降低购买力风险。

③拥有经营控制权。普通股股东属股份公司的所有者，有权监督和控制企业的生产经营情况，因此，欲控制一家企业，最好是收购这家企业的股票。

（2）股票投资的缺点。

股票投资的风险比较大，这是其主要的缺点。除此之外，股票投资的缺点还有：

①求偿权居后。普通股对企业资产和盈利的求偿权均居于最后。企业破产时，股东原来的投资可能得不到全额补偿，甚至一无所有。

②价格不稳定。普通股的价格受众多因素影响，很不稳定。政治因素、经济因素、投资人心理因素、企业的盈利情况、风险情况，都会影响股票价格，这也使股票投资具有较高的风险。

③收入不稳定。普通股股利的多少视企业经营状况和财务状况而定，其有无、多寡均无法律上的保证，其收入的风险也远远大于固定收益证券。

第三节 财务分配

财务分配，是指企业将投资经营所获得的收益分给相关的利益者。财务分配有广义和狭义之分，广义的财务分配是指对企业收入和利润的分配；狭义的财务分配则只是指对企业净利润（税后利润）的分配。本章所讨论的是狭义的财务分配，因此财务分配也可称为利润分配。

一、财务分配的原则

企业的财务分配不仅会影响企业的财务筹资和财务投资，而且还涉及企业、投资者、职工等多方面的利益关系，涉及企业长远利益与近期利益、整体利益与局部利益等关系，从而影响企业的价值。因此，企业在进行利润分配时应遵循下列原则。

（一）依法分配原则

依法分配原则是指企业在分配利润时应遵守国家的法律法规。为规范企业利润分配行为，国家制定和颁布了一系列法律法规，如《公司法》等，对企业利润分配的基本要求、一般程序和重大比例等都作了规定。企业应依法进行利润分配，这是正确处理好各方面利益关系的关键。

（二）兼顾各方面利益原则

兼顾各方面利益原则是指企业在利润分配时要坚持全局观念，兼顾各方利益。利润分配是利用价值形式对社会产品的分配，直接关系到有关各方的切身利益。投资者作为资本投入者、企业所有者，依法享有利润分配权。企业的净利润归投资者所有，是企业的基本制度，也是企业所有者投资于企业的根本动力所在。但企业的利润离不开全体职工的辛勤工作，职工作为利润的直接创造者，除了获得工资及奖金等劳动报酬外，还应以适当方式参与净利润的分配——提取公益金，公益金就是用于职工集体福利设施的购建开支。可见，企业进行利润分配时，应统筹兼顾，合理安排，维护投资者、企业与职工的合法权益。

（三）投资与收益对等原则

投资与收益对等原则是指企业在分配利润时应当体现“谁投资谁受益”、受益大小与投资比例相适应。投资与受益对等原则是正确处理投资者利益关系的关键。投资者因其投资行为而享有收益权，且收益权应同其投资的比例相适应。这就要求企业在向投资者分配利润时，应本着平等一致的原则，按照各方投入资本的多少来进行，而决不允许发生任何一方随意多分多占的现象。这样才能从根本上保护投资者的利益，鼓励投资者投资。

（四）分配与积累并重原则

分配与积累并重原则是指企业在进行利润分配时，应正确处理长远利益和近期利益的辩证关系，将两者有机结合起来。坚持分配与积累并重原则，就是要考虑未来发展需要，企业除按规定提取法定盈余公积金以外，还可适当留存一部分利润作为积累。这部分留存收益虽暂时没有分配，但仍归企业所有者所有。这部分积累不仅为企业扩大再生产筹措了资本，同时也增强了企业抵抗风险的能力，提高了企业经营的安全系数和稳定性，从而有利于增加所有者的回报。此外，通过留存一部分利润以供未来分配之需，还可以达到以丰补歉，平抑利润分配数额波动幅度，以达到稳定投资报酬率的效果。因而，企业在进行利润分配时应当正确处理分配与积累的关系。

二、财务分配的内容及基本程序

（一）财务分配的基本内容

企业利润的形式既可是利润总额也可是净利润，但由于税法具有强制性和严肃性，缴纳税款是企业必须履行的义务，从这个角度理解，狭义的财务分配是指企业净利润的分配。按照我国《公司法》的规定，利润分配项目主要包括两项内容：一是盈余公积金。盈余公积金是从净利润中提取形成的，主要用于弥补公司亏损、扩大公司生产经营规模或者转为增加公司资本。盈余公积金分为法定盈余公积金和任意盈余公积金。法定盈余公积金根据《公司法》要求按税后利润 10% 的比例提取，当盈余公积金累计额达到公司注册资本的 50% 时，可不再继续提取；任意盈余公积金的提取由股东大会根据需要决定。二是股利（或利润）。股利（利润）的分配应以各股东（投资者）持有股份（投资额）的数额为依据，一般每一股东（投资者）取得的股利（分得的利润）与其持有的股份数（投资额）成正比。

（二）财务分配的基本程序

按照《公司法》等法律、法规的规定，分配利润应按下列顺序进行。

1. 弥补以前年度亏损

企业是自负盈亏的经济组织，因此，如果以前年度发生了亏损就需要由以后年度的盈利来弥补。这实际上是在计算可供分配的利润，即将本年净利润（或亏损）与年初未分配（或亏损，即以前年度亏损）合并，计算出可供分配的利润。

如果可供分配的利润为正数，则可进行后续分配；如果可供分配的利润为负数（即亏损），则不能进行后续分配。

2. 提取法定公积金

法定公积金按照本年净利润扣除年初累计亏损（即弥补以前年度亏损）后的 10% 提取。提取法定公积金的基数，不是可供分配的利润，也不一定是本年的净利润。只有不存在年初累计亏损时，才能按本年净利润计算应提取数。这关键在于不能用资本向股东（投资者）分派股利（利润），也不能在没有累计盈余的情况下提取盈余公积金。当法定公积金达到注册资本的 50% 时，可不再提取。

3. 提取任意公积金

任意公积金按照公司章程或股东大会决议提取和使用，其目的是控制向股东（投资者）分派股利（利润）的水平以及调整各年利润分配的波动。

4. 向股东（投资者）支付股利（分配利润）

可供分配的利润扣除上述三个项目后就是可向股东（投资者）支付股利（分配利润）的利润（如果有优先股，优先股股利分配在提取任意盈余公积金前），公司应按同股同权、同股同利的原则，向股东（投资者）支付股利（分配利润）。

股份有限公司原则上应从累计盈利中分派股利，无盈利则不得支付股利。

如果公司用盈余公积金抵补亏损以后，为维护其股票信誉，经股东大会特别决议，也可按照不超过股票面值6%的比率用盈余公积金支付股利，但这样支付股利后留存的法定盈余公积金不得低于注册资本的25%。

公司股东会或董事会违反上述利润分配顺序，即在弥补亏损、提取法定盈余公积金之前向股东（投资者）支付股利（分配利润）的，必须将违反规定发放的股利（利润）退还公司。

三、股利分配理论与政策

从财务分配的内容和程序可以知道，有些分配项目是法定的。因此，就股份制企业而言，最值得研究的应该是向股东支付股利，即股利分配。

（一）股利分配理论

股利分配涉及的方面很多，其中最主要的是确定是否发放股利、发放多少股利，即用多少盈余发放股利，用多少盈余留用成为公司内部筹资。长期以来，股利分配对企业价值或股价有无影响的问题一直备受争议，相应地构建了股利分配的基本理论。

在股利分配对企业价值的影响这一问题上，存在着两种截然不同的观点。

1. 股利无关论

股利无关论认为股利分配对企业的价值（或股票价格）不会产生影响。股利无关论的代表是MM理论，该理论由米勒（Miller）和莫迪格莱尼（Modigliani）首先提出。

这一理论建立在一系列的严格假设的基础之上。这些假设是：第一，不存在个人或公司所得税；第二，不存在股票的发行和交易费用（即不存在股票筹资费用）；第三，公司的投资决策与股利决策彼此独立（即投资决策不受股利分配的影响）；第四，公司的投资者和管理当局可同等地获得关于未来投资机会的信息（即信息对称）。

上述假设描述的是一种完美无缺的市场，因而股利无关论又被称为完全市场理论。股利无关论的主要论点是：第一，投资者并不关心公司股利的分配。若企业留存较多的利润用于再投资，会导致企业股票价格上升；此时尽管股利较低，但需用现金的投资者可以出售股票换取现金。若企业发放较多的股利，投资者又可以用现金再买入一些股票以扩大投资。也就是说，投资者对股利和资本利得并无偏好。第二，股利的支付比率不影响企业的价值。既然投资者不关心股利的分配，企业的价值就完全由其投资的获利能力所决定，企业的盈余在股利和留存收益之间的分配并不影响企业的价值（即使企业有理想的投资机会而又支付了高额股利，也可以募集新股，新投资者会认可企业的投资机会）。

2. 股利相关论

股利相关论认为企业股利分配与企业的价值大小或股价高低具有一定的相关性。认同这种理论观点的流派很多，其中比较有代表性的主要有：

（1）“在手之鸟”理论。

该理论也称不确定感消除论，理论称谓来源于英国一句名谚：“双鸟在林不如一鸟在手。”该理论认为，投资者对股利收入和资本利得具有不同的偏好，股利收入比股票价格上涨产生的资本利得更为可靠。这是因为，用留存收益再投资带给投资者的收益具有很大的不确定性，投资风险随着时间的推移将进一步增大，况且股票价格的升降并不完全由公司决定。对于投资者来说，股利收入是现实可得的，可视为投资者的既得利益，好比在手之鸟；企业留利获取将来更大收益，犹如林中之鸟，随时都可能飞走，不一定能得到。因此，从收益的确定性或低风险考虑，投资者更愿意购买派发高股利的股票，从而导致该类股票股价的上涨。

（2）信息传递理论。

该理论认为，投资者和企业管理者存在着明显的信息不对称，管理者对企业未来投资机会和收益的信息，要比投资者了解得更为丰富和具体，企业的股利分配是投资者获取信息的重要途径。支付股利是管理者在向投资者传递企业的某种信息。一般来说，预期未来获利能力强的企业往往通过相对高的股利支付与获利能力差的企业区别开来，以吸引更多的投资者。稳定和增长的股利会向投资者发出收益良好的信号，企业管理者有充分的信心和把握使企业未来创造现金流量的能力不断地增强，该股票就会受到投资者的青睐，股票价格就会上涨；反之，股利的减少就会使人们对企业前景产生怀疑而抛售股票，该股票价格就会下降。此外，股利的派发在一定程度上也是企业获利能力和现金流量充足程度的反映，因为企业的每股收益指标容易被管理者巧妙地操纵和粉饰，而现金流量和股利往往无法加以粉饰。

（3）假设排除理论。

这种理论认为，MM 理论的股利无关论推断是建立在完善的资本市场之上的，其一系列的假设条件在现实中并不存在。完善的资本市场尚未出现，不仅企业要交纳企业所得税，而且投资者个人也要交纳个人所得税；股票的发行需要发生发行费用，投资者进行股票买卖也要发生交易费用；投资者和管理者对企业信息存在着明显不对称性，管理者比投资者对企业的现状、投资机会和未来发展等方面有更深入的了解。因此，如果排除了 MM 理论的假设，股利无关论是站不住脚的，这正好反向证明了股利的相关性，即股利分配与企业的价值大小或股价高低是相关的。

（二）影响股利分配的因素

既然在现实生活中不存在无关论提出的假设前提，企业的股利分配是在种种制约因素下进行的，企业不可能摆脱这些因素的影响，那么，企业应该考虑这些影响因素，根据实际情况选择合适的股利分配政策。

1. 法律因素

法律因素对股利分配的影响主要体现为法律对企业股利发放的限制。这些限制主要包括：

（1）资本保全。

企业不能用资本（包括股本和资本公积）发放股利。这一限制性规定的基本目的在于防止企业任意减少资本结构中股东权益的比例，维护资本的完整，以保护投资者的利益。

（2）资本积累。

企业股利的发放必须以保留必要的积累为前提，即必须按一定比例和基数提足各种公积金后方可向股东发放股利。另外，在分配时还要贯彻“无利不分”原则，即当企业出现年度亏损时，一般不分配利润。除非经股东大会特别决议，可动用以前年度盈余公积金，在一定限度内向股东发放股利。最后，值得注意的是，资本积累在许多西方国家的法律中有“不允许超额”的限制，以此防止企业通过积累利润帮助股东避税，但我国目前还没有此限制。

（3）偿债能力。

企业股利的支付必须以保持偿债能力为前提，也就是说，企业如果要发放股利，就必须要有充分的偿债能力。当企业将现金用于支付股利可能会影响或妨碍企业偿还债务和正常经营时，企业发放现金股利的数额要受到限制。这是法律为保护债权人权益所作的限制性规定。

2. 企业自身因素

企业自身因素主要是指企业在股利分配时受自身投资需要与筹资能力等方面限制的具体情况，主要包括：

（1）盈利的稳定性。

企业的股利分配在很大程度上会受其盈利的稳定性的影响。一般来说，一个企业的盈利越稳定，其股利支付率就越高，而盈利不稳定的公司一般采取低股利政策。对于盈利不稳定的公司来说，低股利政策可以减少因盈余下降而造成的股利无法支付、股票市价急剧下降的风险，还可以把更多的盈利转作再投资，以便提高企业权益资本比重，减少财务风险。

（2）支付能力。

企业在确定是否分配股利、股利的形式以及分配多少股利时，必须考虑的问题是：第一，企业现有支付能力，企业必须在有支付能力的前提下才能向股东支付现金股利；第二，股利分配后企业的支付能力，在支付股利后这种支付能力应仍然得以维持，使企业保持一定的流动性，以保证日常开支和偿债的需要；否则，企业发放现金股利的数额就要受到限制。当然，在评价企业的支付能力时，还应考虑企业的举债能力。不同的企业在金融市场上举债能力各不一样，如果企业以负债融资的能力较强，可以迅速地筹借到所需资本，那么即使现有资产的支付能力不是很强，同样也可以考虑发放股利。

（3）投资机会。

股利分配与企业的资本需要量密切相关。如果企业的投资机会较多，企业筹资需求增大，往往就少发放股利；如果企业的投资机会较少，保留大量现金会造成资本浪费，往往就倾向支付较高的股利。

（4）筹资能力与资本成本。

企业要保持一个合理的资本结构，即债务性资本与权益性资本要保持一个适当的比例，使企业的资本成本尽可能地低，而且又能保持一个合适的财务风险水平，这就要求企业在为投资确定筹资方案时，要考虑自身的筹资能力，合理安排负债筹资和权益筹资之间的比例，使资本成本尽可能降低。例如，具有较强举债能力的企业，因能够及时地筹集到所需要的资本，则有可能采取较为宽松的股利分配方案；又如，如果企业要筹集权益资本，从资本成本考虑，会将利润留在企业用于再投资，因为，留存收益不需花费筹集费用，比发行新股经济。

3. 股东因素

由于企业的理财目标是股东财富最大化，所以股东在控制权、税负、收益等方面的意愿在相当程度上影响着企业的股利分配。

（1）控制权的稀释。

企业支付大量现金股利，就会导致留存收益减少，这就意味着将来再发行新股的可能性增大，而发行新股有可能使现有股东的控制权被稀释。控制企业的大股东们往往是不愿意看到自己的持股比例降低的，当他们拿不出更多的资本购买新股以满足企业的需要时，宁肯不分配股利也反对募集新股，以防止控制权旁落他人。

（2）稳定的收入。

依靠企业发放股利维持生活的股东，通常要求企业支付稳定的股利，如果企业留用较多的利润，将遭到这部分股东的反对。

（3）税负的考虑。

企业的利润在上缴企业所得税后，如分配给股东个人，则股东还要缴纳个人所得税。在许多国家，就股利征收的个人所得税一般要高于资本利得税，并且个人所得税采用累进税制，收入越高，税负越重，因此，高收入的股东为减轻税负而宁愿将利润留在企业里。

4. 其他因素

（1）债务契约约束。

企业以长期借款协议、债券契约、优先股协议以及租赁合约等形式向企业外部筹资时，往往应对方的要求，接受有关现金支付程度的限制条款。这些限制条款主要包括：未来股利只能用贷款协议签订以后的新的收益支付；营运资本低于一定标准时不得支付股利；利息保障倍数低于一定标准时不得支付股利等。限制企业现金股利支付，目的在于促使企业把利润的一部分按有关条款要求的某种形式进行再投资，以扩大企业的经济实力，从而保障债务的如期偿还，维护债权人的利益。

（2）通货膨胀。

通货膨胀会带来货币购买力水平下降，企业资产重置资本来源不足，导致企业往往不得不考虑留用一定的利润以应付物价的持续上涨。在通货膨胀时期，企业股利分配往往偏紧。

此外，股利分配还会受国家经济环境、企业股票价格走势、社会上股份公司股利分配平均水平等因素影响。

（三）股利分配政策

股利分配政策是指在法律允许的范围内，可供企业管理当局选择的有关净利润分配事项的方针及对策。

股利分配政策受多种因素的影响，而且一定程度上不同的股利分配政策对企业价值或股票价格会产生不同的影响。同时，支付给股东的股利与企业的留利之间存在此消彼长的关系。因此，企业在确定股利分配政策时，应综合考虑各方面的影响，结合企业的实际情况，权衡利弊，从优选择。

在股利分配的实务中，企业经常采用的股利分配政策有下列几种类型。

1. 剩余股利政策

剩余股利政策，是指企业的留存收益，首先用于满足按投资额和目标资本结构确定的对权益资本的需求，然后若有剩余才用于分配股利的股利分配政策。

这是一种投资优先的股利分配政策，其依据是：如果企业将留存收益再投资后所得的报酬率超过投资者要求的必要报酬率时，多数投资者愿意将留存收益保留下来并进行再投资，而不愿意企业分配现金股利。

剩余股利政策的优点是能够将股利分配政策与企业投资机会和资本结构决策合理配合，降低企业的资本成本，实现企业价值最大化目标。剩余股利政策的缺点是股利波动不定，容易造成股票价格大幅度变化，给普通股股东造成较大风险。

这种股利分配政策一般适用于企业初创阶段或衰退阶段。

2. 固定股利或稳定增长股利政策

固定股利或稳定增长股利政策，是指企业在较长的时期内将每年发放的股利额固定在某一特定水平上不变，只有当企业对未来利润的增长确有把握，且认为增长是显著的、不可逆转时，才增加股利的发放额，即制定一个合理的股利增长率提高股利的股利分配政策。

这是一种稳定的股利分配政策。不论企业各期盈利状况如何（除非显著、不可逆转增长），向股东支付的每期股利是相同的，保持稳定水平；股利增长也是稳定增长。其依据在于企业的股利分配政策会对企业价值产生影响，股利发放向股东传递着企业的信息，而稳定的股利分配政策传递的是比较正面有利的信息。

稳定股利分配政策的优点是向市场传递企业经营财务状况良好的积极信号，有利于企业树立良好形象，增强投资者信心，稳定股票价格；同时有利于投资者安排收入与支出，尤其是对股利有比较强依赖性的股东。稳定股利分配政策的缺点是股利的支付与盈余相脱节，当盈余较低时仍要支付固定的股利，这可能导致资本短缺，财务状况恶化。

这种股利分配政策一般适用于经营比较稳定或处在成长期且信誉一般的企业。在长期通货膨胀的情况下，企业也应提高股利以抵消通货膨胀的不利影响。

3. 固定股利支付率政策

固定股利支付率政策，是指企业确定一个股利占净利润的比率，并长期从净利润中按此固定比率向股东支付股利的股利分配政策。

这是一种变动的股利分配政策。每年股利的多少会随着经营好坏、净利润的变化而变化。其依据在于企业的股利分配应与企业的盈利状况紧密配合，随经营业绩“水涨船高”，这样才算真正公平对待每一位股东。

固定股利支付率政策的优点是股利与企业的盈余结合，体现多盈多分、少盈少分、不盈不分的原则，不会给企业造成较大的财务负担；同时也体现了投资风险与收益的对称性。固定股利支付率政策的缺点是各年股利额随企业盈利水平上下波动，容易传递企业经营不稳定的信息，从而会对股价产生不利的影响。

这种股利分配政策只适用于稳定发展、财务状况比较稳定的企业。

4. 低正常股利加额外股利政策

低正常股利加额外股利政策，是指企业一般每年都支付固定的、数额较低的正常股利，当企业盈利较多时，再根据实际情况发放额外股利的股利分配政策。

这是一种介于稳定股利政策和变动股利政策之间的折中股利政策。低正常股利加额外股利政策最突出的优点是稳定性与灵活性较好地互相结合，具有较大的弹性。每年给股东发放较低的固定股利，可吸引依赖股利的股东，避免股价下跌；当企业盈余有较大增长时，通过发放额外股利把利益交给股东，可以增强股东对企业的信心，从而利于稳定或提高股价。这种股利分配政策的缺点是额外股利并不固定，可能会时有时无；如果企业较长时期发放额外股利，容易被股东视为正常股利，一旦取消，会产生负面影响。

这种股利分配政策一般适用于利润和现金流量波动较大或处于高速发展阶段的企业。

上述的各种股利政策各有利弊，企业在分配股利时应借鉴其基本决策思想，制定适合自己实际情况的股利政策。

（四）股利支付形式

股利支付的基本形式主要有现金股利和股票股利。

1. 现金股利

现金股利，是指企业以现金的形式发放给股东的股利，它是企业最常见的股利支付方式。

企业采用现金股利形式，必须具备两个基本条件。第一，企业有足够的可分配给股东的利润（未指明特地用途的）；第二，企业必须有足够的现金。

2. 股票股利

股票股利，是指企业以股票的形式发放给股东的股利，即企业分给股东的不是现金而是增发的股票。发放股票股利也称为送股或送红股。

企业采用股票股利形式，不会引起企业资产的流出或负债的增加，只涉及股东权益内部结构的调整。发放股票股利可以将现金留在企业用于追加投资，而且还可以传递企业未来经营业绩的信息，增强投资者对企业未来的信心，便于刺激股价。但是，发放股票股利也会因普通股股数的增加而引起每股收益的下降，每股市价有可能因此而下跌。

除上述两种基本股利支付形式外，还有财产股利，即以现金以外的财产形式发放给股东的股利，如企业持有的证券；另外还有负债股利，即通过建立债务关系来承诺给股东发放股利，如企业的应付票据。财产股利和负债股利目前在我国的实务中很少使用，但并非法律所禁止的。

本章小结

筹资、投资和分配是企业财务管理紧密联系的三大基本内容。投资是企业生产经营活动的基本驱动力量，而企业从事生产经营活动又必须要筹集一定数量的资本。企业收益分配政策的选择又会影响企业的筹资和投资。本章主要阐述的内容有：

财务筹资是企业根据生产经营活动对资本的需要，从其内部、外部等各方面筹集所需资本的过程。财务筹资应遵循合理性、效益性和及时性原则，通过一定的筹资渠道并运用一定的筹资方式来进行，不同的筹资渠道和筹资方式各有特点和适用性。权益性资本是企业组织生产经营活动和向外举债的基础，被视为企业的永久性资本，能降低企业财务风险。债务性资本是借入的资本，企业要承担按期付息还本的义务，不是企业的永久性资本，加大企业的财务风险。

财务投资是企业为了在未来获取收益而向一定对象投放资本的经济行为，这种行为具有目的性、时间性、收益性和风险性。财务投资应遵循安全性、流动性和收益性的基本原则。财务投资可以分为生产性资产投资和金融性资产投资。

财务分配是企业将投资经营所获得的收益分给相关的利益者。财务分配应遵循依法分配、兼顾各方利益、投资与收益对等、分配与积累并重等基本原则。按照《公司法》等法律、法规的规定，分配利润应按弥补以前年度亏损、提取法定公积金、提取任意公积金、向股东（投资者）支付股利（利润）的顺序进行。企业经常采用的股利分配政策有剩余股利政策、固定股利或稳定增长股利政策、固定股利支付率政策、低正常股利加额外股利政策。

主要名词

权益性资本筹资　债务性资本筹资　直接投资　间接投资　债券到期收益率
利率风险　购买力风险　再投资风险　违约风险　流动性风险　股票价值
剩余股利政策　固定股利或稳定增长股利政策　固定股利支付率政策
低正常股利加额外股利政策

复习思考题

1. 财务筹资应遵循哪些原则？
2. 试述财务筹资的渠道和方式。
3. 比较权益资本筹资与债务资本筹资的特点。
4. 普通股股东与优先股股东的权利有何不同？
5. 财务投资应遵循什么原则？如何理解各原则之间的相互关系？
6. 生产性资产投资与金融性资产投资有何区别？
7. 长期资产投资与短期资产投资有何区别？
8. 试述债券投资的风险。
9. 比较债券投资与债券筹资的优缺点。
10. 比较股票投资与股票筹资的优缺点。
11. 财务分配应遵循哪些原则？
12. 财务分配包括什么内容？应按什么顺序进行？
13. 试述影响股利分配的因素。
14. 试比较各种股利分配政策。
15. 股利支付形式有哪些？

第三章　财务管理环境

企业的理财活动不可避免地受到多重环境因素的影响，包括外部环境和内部环境、宏观环境和微观环境等，理财者只有对企业所处的财务管理环境进行充分的了解与分析，才能制定出符合企业自身发展特点的理财目标和财务战略。本章主要从市场的角度对企业财务管理环境进行分类概述和分析，其中包括大市场环境、资本市场环境、税收环境、企业内部环境等，进而提出企业在市场环境观念下的财务管理总目标和具体目标。

通过本章学习，需要掌握如下内容：

1. 企业财务管理环境的类型、作用与特点；
2. 大市场环境的组成；
3. 各种环境对企业理财的影响；
4. 理财环境对财务目标选择的影响；
5. 各种财务目标的利弊分析。

第一节　财务管理环境概述

一、财务管理环境的界定

环境，是指被研究系统之外的且对被研究系统有影响作用的一切因素的总和。财务管理环境，又称为理财环境，是指企业理财过程中所面临的各种影响企业财务活动的客观条件和因素。从企业外部的宏观经济形势、市场状况、法规制度等到企业内部的公司治理、竞争能力、经营手段和管理水平等都对企业财务管理有不同方式和程度的影响，因而都属于财务管理环境的内容。

财务管理环境对企业财务活动既有正面作用也有负面作用。财务管理环境一方面可以为企业财务管理活动的顺利进行提供便利和机遇，另一方面也可能对企业财务运作造成制约和限制。因此，企业财务人员应充分分析企业财务管理所处环境的现实状况和发展趋势，掌握企业财务活动的优势和劣势，为企业进行财务决策提供充分可靠的依据。这有利于提高企业财务工作对环境的适应能力和应变能力，从而更好地实现企业的财务管理目标。

二、财务管理环境的分类

现代企业所处的财务管理环境较为复杂，一般的划分方式主要有三种：一是按照财务管理所处环境性质的不同分为政治环境、经济环境、市场环境、技术环境、社会环境等；二是按照理财环境作用点的不同分为筹资环境、投资环境、成本环境、收入分配环境等。第三种则更为常用，它是根据不同的标准进行分类的：

（一）按照环境的影响面可分为财务管理的外部环境和内部环境。

外部财务管理环境，是指独立存在于企业外部、直接或间接影响企业理财活动的各种因素，如国家在一定时期的政策法律、社会人文、经济形势、发展水平、财政税收等。外部环境的形成及其对企业理财的影响比较复杂，而且往往广泛影响到各个企业，需要理财者认真地调查和搜集相关资料，准确地分析和认识企业在大市场环境中所处的地位以及环境的变化对企业财务管理的影响程度。内部财务管理环境，是指企业内部对企业财务活动与理财行为产生影响的因素，包括企业的管理体制、经营规模、资产结构、技术条件、竞争能力、企业员工素质、产品组合等。相对于外部财务管理环境而言，企业内部财务管理环境对企业理财的影响会更加直接，也比较容易把握和利用。无论是外部财务管理环境，还是内部财务管理环境，都对企业财务管理目标、方法、内容与决策有着重要影响。因此，理财者必须牢固树立企业理财的内外部环境意识，加强对财务管理环境的认识和研究。

（二）按照企业对环境的控制性可分为可控制财务管理环境和不可控制财务管理环境。

可控制财务管理环境，是指企业通过自身努力能够进行调整、改变的环境，企业的内部环境基本上都是企业可以控制的；不可控制财务管理环境，是指企业即使通过努力也无法进行调整、改变的环境，企业的外部环境大部分都是企业无法控制的，如企业所处的政治环境、自然社会环境等。

（三）按照环境的形成与作用方式可分为硬环境和软环境。

硬环境，主要指在时空条件、规模上对企业财务活动产生影响的客观因素，如企业内部生产技术装备水平、生产要素市场、金融市场等；软环境，主要指在观念上对企业理财行为产生影响的客观因素，如国家的法律法规、企业员工素质、企业管理层水平等。

三、财务管理环境的作用

(一) 财务管理环境是企业生存与发展的基本条件

企业的任何财务活动都是在一定的环境下进行的，任何理财工作都要受到特定环境的制约。若企业忽视对财务管理环境的分析，缺乏对所处环境的把握，必将使自身处于劣势，给企业的财务工作造成困境。例如，企业如果不了解客户对产品的需求偏好，生产出来的产品就没有市场；企业如果不能掌握先进、高效率的生产技术，就会在同行业竞争中处于下风；企业如果不了解法律法规的明文规定，就不能运用法律武器维护自身合法权益。可见，研究企业所处的财务管理环境，实际上就是把握各种内外部环境所提供的相关信息，并根据这些信息调整企业的理财活动，为企业生存与发展提供正确的财务管理支持和服务。

(二) 财务管理环境是企业参与市场竞争的大阵地

改革开放给中国的企业带来了机遇，同时也将企业从国内竞争推向国际竞争，给企业理财提出了一系列新问题。在市场经济的今天，筹资渠道和投资主体多样化，全球经济发展一体化，企业必须战胜严峻挑战才能在市场上赢得一席之地。企业要在竞争中取胜，就必须通过环境分析，充分发挥自身优势，尽量回避各种不利因素，明确企业的竞争定位，适时根据环境变化来制定和调整企业财务战略和生产决策，提高企业对环境的适应能力和应变能力。

(三) 财务管理环境是正确开展企业财务管理活动的保障

现代企业的财务管理决策与行为必须从环境分析入手，准确预测各种客观环境因素，并据此对实际工作做出具有指导意义的决策和规划，开展科学的财务管理。可以说，财务管理环境是企业财务决策的出发点，现代企业在进行日常财务管理活动时，必须适当、及时地对理财环境进行科学的分析和评价。

四、财务管理环境的特点

财务管理环境对企业理财的影响往往是联动的、发展的，并且对同时期的不同企业和同企业的不同时期都会有不同的影响，从而形成了普遍性的作用特征。

(一) 系统性

企业财务管理环境中的任何一个组成部分都是相互联系、相互制约的，它们常常是成系统地共同影响着企业的理财行为。例如，企业的外部社会经济环境会影响到税收环境，而税收环境的变化又需要有相关政策、法律环境的支持，它们的联动作用又会引起企业管理理念与策略的变动，进而对企业的财务管理活动产生影响。

（二）动态性

各种环境因素都是在不断地变化之中，对理财环境的影响及其影响力的大小也会不断变化。财务人员在对企业财务管理环境进行分析利用时，必须坚持用动态的观点看问题，做到与时俱进，才能适者生存。例如，在我国改革开放初期，国家为了引进外资和技术，鼓励外商来华投资，对外商投资企业在税收方面给予了很多优惠；现在，国家为了让各类企业有一个公平竞争的市场环境，实行了两税合一，同享较低税率，这样无论外资企业还是内资企业，都会因此而调整财务筹资、投资与分配政策。

（三）差异性

即便是在同样的外部或内部理财环境下，对处于不同行业的企业或不同发展周期的企业，环境因素的影响也会有明显不同，需要区别认识和利用。例如，随着国家整体经济的发展和经济实力的增强，国家本币在国际货币市场的地位也就随之提高，其本币币值及其汇率也往往提高。此时，有出口业务特别是以出口业务为主的企业就会受到制约，而那些有进口业务特别是以进口业务为主的企业就会受到激励。无论哪类企业都要因此改变或修正自身的资本运作策略和理财行为，且修改的方向与程度也会有所不同。

第二节　财务管理的大环境

财务管理的大环境是从宏观角度而言的，主要是指影响企业理财的外部环境，包括国家的政策法律、社会人文、经济形势、资本市场、财政税收等环境。考虑到资本市场与税收环境对企业财务管理的影响更为直接和广泛，故将另辟专节对它们进行阐述，本节将着重介绍财务管理大环境的其他一些方面。

一、财务管理与经济环境

（一）市场经济的构成要素与财务管理

经济环境，是一定社会生产力和生产关系的综合，主要包括经济体制、经济结构、经济资源、经济实力、物价水平等因素。其中，经济体制决定着企业经济权责利的划分、经济资源的配置以及宏观调控的方式，进而影响着企业经济制度和运作管理方式。现阶段，我国经济体制改革的目标是建立和完善社会主义市场经济体制，其中主要有以下要素：

1. 自主的市场主体

市场经济是以商品经济为基础的，任何组织和个人都可以自主地在市场上进行各种商品和劳务的交易活动。这些在市场上从事交易活动的组织和个人就是市场的交易主体，主要包括企业、政府、居民、非盈利机构和中介机构等。

企业作为商品和劳务的生产者、经营者和消费者，是最重要的市场主体；居民一方面为企业生产经营提供劳动力和资本，另一方面又从市场上购买商品和劳务，是商品和劳务的最终消费者；政府作为社会整体经济运行的调控者，维护和保障社会经济的有序运行，同时作为市场交易活动的参与者，政府各部门为社会大众提供国有资本和公共物品，并消费一定的商品和劳务；非盈利机构一般指医院、学校等事业单位，而中介机构主要包括律师事务所、会计师事务所以及资产评估机构等，这些机构为社会提供特殊的服务，在保证市场经济正常运行过程中起着重要作用。

市场经济各主体分工明确，具有独立的经济利益，承担着不同的社会经济责任，也分别享有相应的权力。这些市场经济主体的独立运作是市场经济正常运行的必要前提。

2. 完整的市场体系

现代生产要素主要包括物质资源、财力资源、人力资源、技术资源、信息资源和土地等。相应地，完整的市场体系主要由商品市场、金融市场、劳动力市场、技术市场、信息市场和房地产市场等组成。这些市场各自具备特有的功能，分别在不同程度上影响着企业的理财行为。

（1）商品市场是有形物质的等价交换场所，由参与交换的主体（买卖双方）、可供交换的客体（生产资料、消费资料）和供应双方交换条件三大要素构成。商品市场以商品的价值为尺度，遵循等价交换的原则，促成交易行为的完成。它是市场体系的基础，其他市场都在某种程度上为商品市场服务，相互协调，从而组成一个整体的大市场环境。商品市场主要通过商品的供求数量、价格水平、交换条件等来影响企业资金占用、收入实现、费用开支、资金周转，进而影响企业的经济效益。财务管理的对象——资本运动——就是在商品市场的构成要素与运行规律下展开的。

（2）金融市场是资本供给者和资本需求者进行金融资产交易、融通资本的场所，由资本供给者、资本需求者、信用工具以及信用中介四要素组成。在市场经济中，金融市场主要起到优化资源配置、提高资本利用效率、调控社会资本、调节生产流通等作用。金融市场的存在为企业解决资本困境提供了便利，促使企业注重资本利用效率，提高了企业进行财务预测、决策的科学性和准确性。

(3) 劳动力市场组织劳动力的供应，以满足社会和企业对劳动力的需求，是劳动力进行流动和交流的场所。劳动力市场主要通过调节劳动力供需矛盾来促进人力资源的优化配置，推动人才合理流动，通过人力资源供应的数量、质量、结构和价格来影响企业的生产经营规模、人工成本水平、收入分配、劳动生产率，最终影响企业的经济效益。在企业的各生产要素中，劳动力是最积极、最活跃的因素。劳动力市场、商品市场和金融市场一起构成市场经济体系的三大支柱。

劳动力的素质关系到企业的生产经营、核心能力、综合竞争力等各个方面，随着知识经济的发展，人力资源逐渐成为企业能否在市场竞争中立于不败之地的重要因素之一。从理财角度来讲，企业应从投资回报的基本点出发，研究人力资本可以为企业带来多少回报，根据回报确定人力资本剩余价值的分配量。同时，通过计算人力资本的投资回报情况，制定出企业具有吸引力的工资水平，吸引优秀人才加盟企业，不断提高企业的综合能力，实现企业的理财目标。

(4) 技术市场是技术商品开发、应用和交换的场所。随着科技的发展，科技在经济中得到广泛运用，已成为制约企业生产经营发展的重要因素，技术市场在市场经济中的作用越显重要。技术市场有利于促进科技开发，加快科技成果转化为生产力的进程，促进科技商品价值的实现。科学技术成果的价格水平会影响到企业资产的占用、投资和筹资，科技商品价值的摊销影响企业的成本费用水平，科技商品的质量及利用效果影响企业的产品质量，经济资源的消耗最终会影响企业的经济效益。

高投资是开发和采用高新技术的主要特征，高新技术的合理运用会为企业带来高效益。技术的进步给企业带来的经济效益往往是多方面的，不仅能够节约原材料、人工费用，还可以提高产品价值，增加企业收入，缩短产品生产周期，减少资本占用，加速资本周转。如果在科技进步的年代，企业仍然墨守成规，不引进先进技术，就会给企业带来严重的无形损失，丧失竞争力。技术的日益更新要求企业财务管理手段的科学化，企业财务人员不仅需要懂得运用计算机技术来进行分析与比较财务资料并由此作出各项决策，还必须精通网络财务管理以及电子商务市场运作等，这些均是企业在新环境下生存的必需条件。

(5) 信息市场是信息商品进行交流和交换的场所。当今社会是知识经济高度发展的社会，信息已成为企业生存与发展战略中必不可少的要素之一。企业如能及时获取完备、准确的信息，将有利于企业有效地进行预测、决策和控制，运用这些信息寻求更多的机遇，减少企业不必要的成本消耗。发达的信息市场能够促进信息供求双方的沟通，满足信息需求者的预测决策需要，是企业进行科学管理的必要条件。信息商品的价格水平、质量将直接影响到企业的管理成本、工作效率和经济效果。

（6）房地产市场是房产商品和土地使用权进行交易和转让的场所。房地产是企业的重要生产资料和劳动条件，房地产市场为企业生产、经营、办公提供了便利，保证了企业的运作。房地产市场上确定的价格水平会影响企业的固定资产折旧、成本费用和利润。

3. 健全的市场运行机制

市场的正常运行需要借助市场体系中健全的市场运行机制来实现，健全的市场运行机制包括市场主体利益协调机制、科学的价格机制、灵敏的供求机制和公平的竞争机制。

总体而言，市场经济中的经济主体有着基本一致的经济利益，然而，由于市场经济中各个经济主体的相对独立，又追求着各自的经济利益和财务目标。虽然这有利于推动市场的运行，但这种独立性也决定了各市场主体之间在某些问题上存在着一定的矛盾。市场主体利益协调机制的主旨就是解决各市场主体之间的利益矛盾，它必须通过生产要素的合理流动来协调利益。作为企业财务管理人员，应当密切留意市场需求的变化，及时调整生产要素的流向，实现资源的优化配置。

（二）经济环境的发展状况与财务管理

企业的财务管理与其所处的市场经济环境密切相关，处于不同发展状态的经济环境需要采用不同的财务管理策略，这里列举几点：

1. 经济周期

经济发展大体上呈周期性波动的趋势，往往经历萧条、复苏、上升和繁荣等几个阶段的循环，这一特征也就周期性地影响着企业的财务管理。一般而言，在经济萧条阶段，整个宏观环境不景气，企业资本紧缩，产销量下降。针对这种情况，企业在财务上应注重削减管理费用和存货量，并适当裁员以降低人工费用，减少对外资本投放量；在经济繁荣阶段，由于市场需求旺盛，销量大幅度上升，企业为了扩大生产应该增加投资以添置设备、存货和劳动力，要求财务人员迅速从多方位筹集到所需资本，提高融资规模。面对经济周期，企业财务人员必须根据预测情况及时调整财务政策。

2. 通货膨胀

通货膨胀是指流通中的纸币量超过了商品流通的实际需要量，从而引起纸币贬值、物价上涨的一种货币现象，对企业财务活动有着重要影响。通货膨胀会引起企业资本占用增加，从而增加企业的资本需求；通货膨胀会引起利率上升，增加企业筹资成本；通货膨胀加剧，股票价格持续下跌，会给企业筹资带来困难；通货膨胀引起利润虚增，会造成企业资本流失。为了避免通货膨胀给企业造成损失，企业财务人员应对通货膨胀有所预期，采取相应的防范措施。

3. 技术发展

当今社会科技发展迅速，新技术、新产品的更新周期越来越短，企业为了适应这种趋势就必须筹集足够的资本，增加对新技术、新产品的研发投入，及时更新设备，只有这样，才能不断满足用户日新月异的需求，应对市场激烈的竞争。

二、财务管理与政治环境

政治环境，指一个国家在一定时期的各项路线、方针、政策和整个社会的政治观念。政治环境是社会经济的主要决定力量，它对财务管理的影响相对直接和具体。一个国家政治制度的发展变化和不断完善，可以推动其经济制度的发展和完善，并直接影响到财务管理的完善，促进整个财务管理水平的提高。

经济和政治密不可分。一个国家的政治体制和方针政策会直接或间接地影响企业的财务管理和生产经营活动。这主要表现在：

(1) 国家对于货币投放总量、物价水平、经济结构的宏观调整会直接影响企业在产品结构、生产规模和财务状况等方面的安排；

(2) 国家可以通过贷款倾斜、税收减免等政策实现对某些产业、地区的扶持，而这些经济政策会影响到企业的生产经营方向和财务决策；

(3) 政局稳定是财务管理活动正常进行的基本条件，政局的稳定有利于企业顺利开展生产、筹资和投资活动；

(4) 政企分开有利于执行政府的宏观调控政策，调动企业的积极性和创造性，将决策权集中于主要经济责任人手中。

三、财务管理与法律环境

法律环境，是指企业所处社会的法制建设及其完善程度。完善的法制体系有利于维护市场主体的平等地位和正当权益，规范市场主体的行为，并且保证国家政策的贯彻执行。目前，我国的经济法律形式包括：宪法、法律、行政法规、地方性法规、部门规章、司法解释以及国际条约或协定。

（一）我国的法律体系主要包括以下几个方面：

①市场主体法：《企业法》《公司法》《破产法》等；

②市场主体行为规则法：《物权法》《票据法》《证券交易法》《商标法》等；

③市场管理规则法：《产品质量法》《反不正当竞争法》等；

④生产要素市场规范法：《专利法》《商法》《土地法》《劳动力市场管理法》等；

⑤市场宏观调控法：《银行法》《物价法》《税法》等。

以上这些经济法规组成了我国的经济法律法规体系。企业在进行理财活动时必须严格遵守相关法律法规，否则就会受到行政机关、司法机关的处罚并被市场淘汰。

（二）相关法律法规对企业理财活动的影响

在市场经济条件下，企业在一系列的法律、法规的保护和约束下从事各项经营活动。从企业理财的角度讲，这个法律体系涉及企业的设立、运作、合并、分立以及破产清算等内容，具体表现在以下几个方面：

（1）对企业筹资活动的影响。《企业法》中对企业首次发行股票、申请上市、增发新股的条件都作了明确的规定。如《企业法》规定在企业首次发行股票并申请上市时，其发行前一年度末经审计净资产不得少于企业总资产的30%，无形资产不得超过企业净资产的20%，企业发行股票筹资额不得超过上一年度企业净资产值的两倍等。法律法规中的相关规定是企业筹集资本必须具备的基本条件，企业只有在财务上达到相关指标要求才能进行相应的筹资活动。

（2）对企业投资活动的影响。国家对不同产业、不同性质企业的投资活动都进行了规范。例如，成立中外合资经营企业可以分期缴纳其出资额，而内资企业则实行法定资本制，必须一次缴清。另外，《企业会计准则》对投资收益的确认也进行了规范。投资企业对被投资企业无控制、无共同控制或无重大影响的，长期股权投资应采用成本法核算；具有控制、共同控制或重大影响的，采用权益法核算。企业在理财投资中只有充分研究相关投资政策，才能有效地利用这些政策提高理财效益。

（3）对企业收益分配的影响。企业的收益分配必须遵循有关法律的规定。如《税法》按照征收对象的不同来调节国家、企业和个人利益的分配，而《企业法》和《企业财务准则》也对企业收益分配进行了相关规定，从整体上构成收益分配的法律体系。《税法》《企业法》和《企业财务准则》从不同角度对企业成本费用的开支范围、企业应缴纳的税种及其计算方法、企业税后利润的分配顺序都进行了规范。

从以上分析不难看出，国家有关法律法规的变动不仅会引起企业现金流量的变动，而且对企业的财务状况、企业财务管理部门应该履行的手续提出了要求，它对企业财务的影响和制约是直接的和强制的。

四、财务管理与社会人文环境

社会文化环境包括教育、科学、文艺、理想、信念、道德、习俗，以及在特定的社会环境中形成的同社会制度相适应的习俗观念、道德观念、组织纪律观念、价值观念和劳动态度等。作为人类的一种社会实践活动，财务管理必然受社会文化的影响，只是社会文化诸方面对企业理财的影响程度不尽相同。一定时期的社会文化教育水平影响到财务管理人员的业务水平、职业素质、职业道德和社会地位，影响到财务管理所运用的方法与手段的先进程度，进而影响到财务管理实践的发展和理论的研究，其中对财务管理影响最大的是教育和科学因素。

（1）教育因素。由于财务管理涉及大量的文字表述和数学运算，因此，财务人员应具有一定的文化水平，这是做好财务工作必不可少的条件。在专业教育上，一方面要考虑教育机构和培训人员在数量和质量上是否能够适应需要；另一方面还要考虑到教育的内容和质量是否符合经济发展，对财务管理不断提出新的要求。在我国，随着经济体制的改革，企业财务管理内容越来越丰富，财务管理工作越来越重要，财务管理教育问题也越来越引起人们的重视。

（2）科学因素。它包括自然科学和社会科学两大类，科学的发展有利于完善财务管理理论，对财务管理工作有很大影响。财务管理是一项非常复杂的经济管理工作，要做好这项工作必须有正确的理论作为指导。财务管理理论的发展并不是孤立的，而是以其他学科的发展为条件的。经济学、数学、统计学和会计学等诸多学科领域的发展，在一定程度上促进了财务管理理论的发展。科学的发展为财务管理工作创造了比较好的条件，现代电子技术下的计算机、通信设备的普及和推广，为财务管理提供了先进的技术条件，极大地促进了财务管理方法的改进和创新。

第三节　资本市场环境

一、资本市场的环境功能

资本市场，是指证券融资和经营资本借贷的金融市场，包括股票市场、债券市场、基金市场和中长期信贷市场等，其融通的资本主要作为再生产中的长期使用资源，故而得名。资本市场的参与者主要有银行、企业、证券商及政府机构。资本市场环境则主要指整个资本市场在一定政策和参与者主导下的资本运作机制与状况。作为调节投资与储蓄平衡的重要机制之一，资本市场在国民经济与企业经济的发展中皆具有重要的地位。

（一）资本市场的环境功能

相对于其他各种市场，资本市场具有较强的竞争性和较高的效率，这种有效的竞争使资本价格在价值规律的基础上形成，并易于产生合理的流向与流量。随着资本市场的国际化，资本在国与国之间的流动也日益增强，各种信息在资本市场中传递，代表不同利益的各种力量都汇集到资本市场中来，从而实现国家经济发展所需要的资本融通和供需相对均衡，企业的组织与竞争方式形成多元化、市场化与国际化的格局。因此，资本市场是资本（包括证券）交易所体现的纵横交错的经济关系的总和。就企业财务管理而言，资本市场的环境功能显得非常直接而具体，主要包括以下几点：

（1）资本融通功能。资本市场以其特有的方式，为资本供应部门和资本短缺部门提供了直接融通资本的有效渠道，能够在公平竞争的平台上灵活有效地解决资本供求双方之间的矛盾和资本结构调整的难题。

（2）资本导向功能。资本市场上资本供求双方的竞争形成了资本的价格，资本价格又调节着资本的流向，促使资本在各产业部门之间进行再分配，从利润率较低的部门流向利润率较高的部门，从而促成了各部门利润率的平均化。

（3）资本集中功能。资本市场利用高利率回报、高效率运作、规范性竞争以及对投资权益的有效保护来吸引投资者，在短时间内将各种闲置资本集中起来，投向国民经济建设中有发展前景但又缺乏资本来源的企业和部门。

（4）风险分散功能。资本市场是风险和收益相伴的，在资本市场上不断发行和流通着不同性质、期限、风险和报酬率的证券，投资者可通过持有不同风险的证券以保证一定的投资回报，资本市场为投资者提供了分散和回避风险的可能性。

（5）信息传递功能。资本市场上充斥着国内外各种有关政治、经济、社会的信息，这些信息在资本市场中迅速传递，高度灵敏地影响着市场动态，最终通过证券价格体现出来。因此，证券行市成为反映社会动向的晴雨表。

（二）资本市场对企业理财的影响

资本市场的功能是固有的，对企业理财既有积极的也有消极的影响，每个企业都必须利用它、适应它。但每个企业对它的利用或适应的水平和程度却各有不同，利用得好，适应得当，企业就会在资本市场中壮大；反之，企业就可能衰退甚至消亡。

1. 资本市场对企业理财的积极影响

（1）利用资本调整企业资本结构。企业的经营具有长期性，而资本结构是一种动态的组合，企业的筹资活动会导致资本结构发生变动。建立合理的资本结构，使企业不仅具有适当的流动资本以满足有效营运的需要，而且拥有较高的投资吸引力，促进资本结构的良性循环。利用资本对资本结构进行调整要考虑到企业的历史发展水平、企业前景、融资策略等。例如，企业可以通过发行股票来增加股权资本比例，降低财务杠杆率，也可以通过回购发行在外的股份来降低股权资本比例，以集中对企业的控制权；企业可以及时转换可转债，降低企业的负债比率。

（2）分散和降低投资风险。资本投资会影响到企业的财务风险，因此企业财务管理人员需要采取相应措施降低风险。在资本投资过程中存在着市场风险、利率风险、购买力风险和流动能力风险等。为了防范投资风险，企业可以合理采用资本投资组合，即在同等利润水平下选择风险最小的资本，在同等风险水平下选择利润最大的资本，借此分散风险。企业理财人员在进行投资之前应该对投资项目进行可行性研究，选择投资风险小、投资前景好的项目进行投资。

（3）激励企业治理结构。以股份制为背景，企业可以通过市场手段迫使经理层努力提高企业业绩，如企业的代理权争夺、敌意接管等。由于目前我国股票市场还不具备有效约束经理层的条件，因此可以试图通过给予企业经营者股票期权、建立资本市场退出机制、实行股权减持或增持等途径来发挥资本市场对企业治理结构的积极作用。

2. 资本市场对企业理财的消极影响

（1）资本市场的虚假消息会干扰企业的正常经营活动。尽管资本市场在总体上能为企业提供灵敏而及时的信息，但资本市场上内幕人员利用内幕信息进行秘密买卖、交易所工作人员的舞弊等行为，都有可能造成对某些信息的歪曲反映。如果企业依据这些信息进行决策的话，必然会扰乱企业的正常经营活动，甚至会造成企业的关停、倒闭、破产。

（2）有价证券虚拟资本的过分膨胀会降低企业现实资本的积累增长。投资于证券上的资本是一种虚拟资本，这种虚拟资本具有相对的独立性，在较大程度上脱离了企业的现实资本而运动。因此，企业如果对资本投资规划不进行适当的控制，就可能会造成企业虚拟资本过分膨胀；而在资本总量一定的情况下，现实资本会相对减少，企业的生产经营活动会受到影响，其程度随企业持有证券转让的程度而变化。

(3) 资本市场为一些企业提供新的投机场所而扰乱社会经济活动。资本市场的出现使一些经营行为不端的企业不仅可以在商品市场上进行投机，而且还可以在资本市场上进行资本投机。有的企业利用信用交易、期货交易、期权交易等方式，以资本交易为手段卖空买空，或故意抛售资本以压低资本价格，或故意购买资本以哄抬资本价格，从价格涨落中获取差价利益。因此在建立和开拓资本市场的同时，政府应当制定出相应的法律、法规和资本市场交易规则。

二、股票市场与企业理财

股票，是股份有限公司股东用来证明其在公司投资入股并借以取得股息的一种有价证券，它是股份公司为筹措权益资本而发行的一种权益凭证。作为一种所有权凭证，股票代表着对一定的经济利益的分配权和支配权。由于股票可以为股票持有者定期或不定期地从发行该股票的公司获得一定的股息收入，因此，股票具有价格，可以在资本市场上自由转让、买卖和流通。股票市场是股票发行和交易的场所。股票市场有多种分法，一般来说，根据市场的功能划分，股票市场可分为发行市场和流通市场。发行市场，是通过发行股票进行筹资活动的市场，又被称为“一级市场”。流通市场，是已发行股票进行转让的市场，又称“二级市场”。

股票市场在国民经济运行中发挥着不可或缺的重要作用。作为国民经济的细胞，企业不仅可以从股票市场上融资和将多余的资金投资于股票市场，还可以通过股票市场对其经营者进行监控和发挥市场退出机制的作用。一般来说，股票市场与企业理财活动之间的关系主要体现在以下几个方面：

(一) 财务融资渠道

股票市场的融资功能，是指股票市场作为联系和沟通资金供给和需求的纽带，实现社会闲散资金直接向筹资企业集中的功能。资本要素是经济增长的直接动力，企业发展的关键首先取决于企业的资金筹集能力，即融资能力。通常，企业资金的筹集主要表现为内源融资和外源融资两条途径。内源融资即企业自有资本积累，外源融资则是企业通过各种融资机制从企业外部筹集资金，现代生产的社会化和经济金融的市场化已使外源融资成为企业融资的主要渠道。企业的外源融资有多种渠道，如通过商业银行等金融中介机构集中形成以中转化为特征的间接融资和证券市场上的直接融资等。直接融资包括股票市场融资和债券市场融资，在中国这样一个股权偏好的国家，通过股票融资已经成为众多上市公司主要的融资手段之一。

采用股票融资，一方面，普通股具有永久性，没有固定的到期日，不用偿还，可供企业永久使用；另一方面，如果是普通股筹资且设有固定的利息负担，只有当公司有盈余并有足够的现金时才会派发股利。这些都减轻了公司按期还本付息方面的财务负担，公司面临的财务风险较小。同时，普通股筹资为公司的债权人提供了更多的保障，并且可以使社会公众相信公司实力，从而提高公司的信誉，进一步增加企业的举债能力，或者降低相关的筹资成本，利于增强公司的财务实力。此外，采用股票融资往往不像债券筹资那样，会在契约中规定一系列的限制性条款，这些限制性条款可能会对公司的经营效率或经营灵活性产生重大影响，因此采用股票融资对公司的经营活动影响较小。

但是，采用普通股融资及新股东的加入，往往会分散企业目前股东的控制权，尤其是在公司中存在有控股地位的大股东时，他们往往不愿意采用普通股筹资方式，以免分散他们对公司的控制权。而且，由于外部筹资成本通常高于内部筹资成本，因此采用普通股筹资的资金成本较高。这是因为：①普通股筹资的发行费用较高；②股息不能像利息那样在税前列支；③由于普通股股东承担的风险较高，根据风险和报酬对等的原则，他们对投资报酬率（即普通股的资金成本率）的要求也相应较高。

（二）财务投资场所

流动性是股票最基本的特征之一，出于流动性的考虑，企业往往会将自身多余的资金投放于股票市场。这不仅可以为企业带来一定的收益，更重要的是，在企业流动资金不足时，可以将所投资的有价证券迅速变现，以解决企业生产经营过程中可能遇到的流动性不足问题。此外，企业还可以通过多元化投资来分散投资风险，即遵循“不要将所有鸡蛋放在一个篮子里”的最基本、最重要的投资原则。在运用该原则时，如何研究具有不同预期回报和投资风险的公司，选择一个最佳组合，并根据经济环境的变化及时调整资产组合，在给定的预期回报率约束下，将总体投资风险降到最低是企业面临的首要问题，也是现代资产组合理论的核心所在。因此，企业需要根据经济环境的变化，在给定的预期回报率约束下，及时调整资产组合，以求在总体风险最小的情况下实现收益的最大化。

（三）财务运作监督

两权分离使股份公司内部出现了委托代理关系。委托人和代理人目标利益的非一致性和信息的非对称性可能会使代理人采取旨在谋求自身效用最大化却可能有损委托人利益的机会主义行为，出现代理问题，从而不利于企业实现自身价值的最大化。这就引发了通过改善公司法人治理结构来解决代理问题的一系列内部制度设计。但是随着股权结构的越来越分散化，仅仅依靠公司内部治理已难以有效克服代理问题，股票市场监控机制作为弥补内部法人治理缺陷的外部制度安排，已经成为监控代理人机会主义行为的有效途径。

作为现代企业制度的主导制度形态，股份公司的产权结构已经不再具有单一持有者的私人性，而是典型的“集体产权结构”，成千上万分散的股票持有者是企业的所有者，拥有剩余索取权，但一般无法直接参与企业经营控制管理，只能通过民主程序，以股东代表大会的方式来履行和保障自身对剩余利润的索取权利。经理人员通常拥有企业日常经营决策权，董事主要是选择经理人员并监督经理人员的行为。完善的公司治理有赖于一系列的竞争性市场外部监控，而股票市场作为委托人监控代理人的外部市场之一，在企业监控中发挥着重要作用。在企业内部法人治理结构不健全，股东和出资人难以对经营者实行有效控制的情况下，股票市场对经营者的外部监控作用正日渐显著，以至成为现代公司治理中的关键环节。

但是，这也会增加企业的监督成本。根据代理理论的一系列观点，股东为了防止管理者的短期行为，往往会采取一系列措施来维护投资者利益，如上市公司的年度财务报告必须经过注册会计师的严格审计。这些严格监督所导致的直接或间接的成本最终将由企业来承担。

（四）财务退出机制

股票上市以后，股东出于各种原因的考虑（如转投资等）会对资金进行回笼。这时，股东可以在股票市场上抛售其所持有的股票，退出对该企业的投资。但是另一方面，如果是绝对控股股东退市而公司其他股东购买力有限，可能会使企业面临被收购的风险。股票的上市客观上为股市收购提供了方便，尤其是那些经营业绩欠佳，前景黯淡的公司，当其股价走低的时候，就很容易被其他企业所接管。

对于企业来说，股票市场除了为其提供上述融资、投资、监督和退出机制的功能外，还能够提高企业的知名度，使广大社会公众能够方便地了解企业，认识企业的财务政策和利润分配政策，使社会各界潜在的投资者都能依照股票市场的有关财务信息和非财务信息，对企业发展前景作出判断并进行投资决策。此外，企业可以根据股价波动的信息为改进自身管理提供一定的指导。尽管股价在短期内的变动可能并不是由企业自身所引起的，但是从长期的发展趋势来看，在有效市场的条件下，股价的变动能够反映出企业经营成果的好坏。

三、债券市场与企业财务

债券，是一种债权证书，是社会各类经济主体为了筹措资金，按法定程序向投资者发行的债权债务凭证，承诺在未来的特定日期按事先规定的利率定期支付利息并到期偿还本金。与其他有价证券一样，债券只是一种虚拟资本，而非真实资本，债券的基本特征表现为偿还性、流动性、安全性和收益性。债券市场是发行、转让、买卖债券的市场，属于长期资本市场，是资本市场的一个重要组成部分。

企业债券是与国债、股票相并列的一种基本证券，是企业重要的融资手段。在我国，尽管企业债券的出现比股票早，但从我国十多年的债券发行情况看，我国企业债券市场的发展相当缓慢。我国证券市场的重要缺陷之一就是股票市场和债券市场发展的严重不平衡，企业直接融资主要来源于股票市场，企业债券发展严重滞后。这严重影响了企业的资产运作、投资选择和市场竞争力的提高，也影响了银行等金融机构的资产优化、投融资体制改革和证券市场的规范化建设。因此，加快我国企业债券市场的发展，对于企业融资结构和我国金融市场发展具有重要的现实意义。

(1) 发展债券市场是解决企业融资困境、调整资本结构的重要渠道，有效的债券市场有助于减轻企业的债务负担。据统计，目前我国国有企业的资产负债率在75%以上，其中有80%左右为银行贷款。近几年虽然多次下调利率，却仍未能改变企业利息负担过重的局面。另一方面，借助资本市场补充自有资本金，企业已经把通过股票市场筹集资金的功能发挥得淋漓尽致，但对债券市场却未作充分的利用。过多资金流入股票市场，不但加重了股市的风险，也不利于资本市场结构的改善。债券市场在筹集资金上有股票市场所无法比拟的优越性，大力发展债券市场不仅能促进债券融资，分散银行和股票市场的风险，也能满足市场上稳健性投资者的需要，是企业筹资方案中不可缺少的一部分。

(2) 发展企业债券市场为企业提供了可供选择的长期融资方式。发展企业债券市场有利于企业融资来源多元化，加快发展企业直接融资方式，逐步提高直接融资比例，优化企业资本结构，减轻企业对银行贷款的依赖，改变长期以来我国企业的银行债务融资比例过高、负债率居高不下的状况，尤其是在商业银行深化改革、调整贷款规模、优化贷款结构的背景下，有利于企业的改革与发展。

(3) 企业债券的免税效应可以为企业带来税收节约。企业债券的免税效应来自于债务利息和股利的支出顺序不同，世界各国税法基本上都准予利息支出在税前列支，而股息则必须在税后支付。这对企业而言，相当于债券筹资成本中的相当一部分是由国家负担的，因而负债经营能为企业减少税收支出，从而增加利润。我国企业所得税率为33%，意味着企业举债成本中有将近1/3是由国家承担的，因此，企业举债可以实现合理避税，从而使企业的每股税后利润（EPS）增加。

（4）同股票融资相比，债券融资具有明显的财务杠杆作用。所谓财务杠杆是指企业负债对经营成果具有放大作用。股票筹资可以增加企业的资本金和抗风险能力，但股票筹资同时也使企业的所有者权益增加，其结果是通过股票发行筹集资金所产生的收益或亏损会被全体股东所均摊。债券则不然，企业发行债券除了按事先确定的票面利率支付利息外，其余的经营成果将为原来的股东所分享。如果息税前利润率高于负债利率，负债经营就可以增加税后利润，从而形成财富从债权人到股东的转移，使股东收益增加；反之，如果息税前利润率低于负债利率，负债经营就会使企业由盈利转为亏损并加剧亏损程度。

（5）企业债务融资比股票融资更能激励经理人员的工作积极性和行为选择，从而影响企业未来现金流入和市场价值。当企业股权为100%时，企业经理对资产的自由支配权最小，经理的积极性最低，所以权益资本的代理费用高；而企业通过债务扩大规模时，经理对资产的支配权扩大，积极性提高，这会降低权益资本的代理成本。另一方面，债务融资存在无法偿还债务的财务危机甚至破产风险，经理人员必须作出好的投资决策，努力工作以降低风险。相反，如果不发行债券，企业就会面临较小的破产风险，经理人员对扩大利润的积极性不高，市场对企业的评价也会相应降低。

（6）债务融资能避免道德风险和逆向选择，进而改善企业治理。债务会迫使经理将现金及时分配给投资者而不是挥霍，迫使经理出售不良资产，限制经理进行无效但能增加其权力的投资行为。当债务人无力偿债或企业需要再融资以偿还到期债务时，债权人就会根据债务合同对企业的财务状况进行调查，从而有助于揭示企业的信息并更好地约束和监督经理。

（7）企业债券融资有利于股权控制。企业通过发行债券筹集资金，只要企业按合同归还本息，控制权就仍掌握在原有股东的手中，并不会因为发行债券而使其地位受到威胁。至于债券的投资者，他们只享有按期收回投资本息的权利，而不能参与企业的经营决策和管理，因而不会导致股权的分散，有利于股东对企业经营权和管理决策权的控制。只有在企业无法如期归还本息时，控制权才会受到影响。

可见，较股票融资而言，企业债券融资存在诸多优势。债券融资的增长将有利于企业融资结构的优化和企业市场价值的提升。正如融资优序理论所揭示的，企业的价值会随着负债的持续增加而上升，从融资成本上考虑企业的融资优先顺序应该首先是内部融资，其次是无风险或低风险举债融资，最后考虑发行股票融资。因此，在资本市场中，一般倡导优先发展企业债券市场。

四、金融中介机构与企业信贷

金融中介机构是一个间接的金融市场，资金的供给者不是直接把资金交到资金使用者手中，而是以金融中介机构作为媒介来实现资金的流动。金融中介机构包括银行和非银行中介机构，在市场经济下的银行体系中，除商业银行外，还包括中央银行、政策性银行以及投资银行等各种专业化银行。考虑到商业银行是企业日常经营活动中接触最广泛的金融中介机构，因此，本书将重点探讨商业银行与企业理财活动之间的关系。

（一）商业银行基本职能

商业银行是一个特殊的金融企业，《中华人民共和国商业银行法》明确将商业银行定义为“吸收公共存款、发放贷款、办理结算等业务的企业法人”。虽然当前的商业银行同其他金融机构在业务上的差别已逐渐缩小，但在许多方面仍是其他金融机构所不能替代的。

商业银行是资本市场上很重要的一部分。企业的资金构成分为权益资金和债务资金，而债务资金又包括发行债券和银行借款，可见在企业生存的外部环境中，商业银行发挥着非常重要的作用。从对企业理财的影响来看，商业银行的职能和作用主要体现在以下方面：

（1）信用中介。信用中介是其最基本的职能，其他职能由这一职能派生而来。商业银行克服了直接借贷中供需双方在数量、期限和价格等方面不一致的局限。商业银行通过吸收存款将社会上各种闲置资金集中起来；同时，又通过授信业务将这些货币资金贷放给各个企业使用。这样一来，就给企业筹集资金提供了非常有效的资金来源，并且相对于其他融资方式而言，银行借款的资金成本是比较低的，企业也比较偏好这种融资方式。

（2）资本创造。商业银行的资本创造职能是把社会各阶层的货币收入和积蓄转变为经营资金。个人的货币收入不是营运资金，但是当银行将这些零星的货币汇集起来再贷给企业时，这些非资本的货币就转化为资本，企业再通过利用这些资本进行运营和投资，原本不能增值的资金就变为具有增值能力的资本，既为企业提供了运营的资本，又给资金的拥有者提供了丰厚的回报。

（3）支付中介。商业银行作为货币经营机构，充当支付中介为客户保管、出纳和代理支付货币。商业银行通过账户为企业或个人办理货币结算业务，成为现代社会经济的现金出纳和转账结算中心，从而产生各种债权债务关系。企业的日常经营活动必然伴随着资金的不断流动，如货款的收回与支付、票据的结算、费用的支出等都离不开商业银行这个支付中介。试想一下，如果没有商业银行作为支付中介，企业的一切收支都使用现金，则企业将无法正常运作，资金的控制也将成为企业的一大问题。因此，商业银行支付中介职能的正常发挥既为企业日常经营活动提供了有效保障，也为企业高效运行、资金高速运转提供了条件。

(4) 信用创造。商业银行用吸收来的存款向中央银行上缴一定比例的存款准备金之后，可以将剩余的存款发放贷款，在支票流通和转账结算中，这些贷款又转化成为派生存款。如此反复循环，派生存款的数量在理论上可达到原始存款的 $1/K$ 倍（K 是法定准备金率）。也就是说，因为商业银行的存在，有限的资金可以经过它的信用机制为企业提供达到原始存款 $1/K$ 倍的资金。

（二）商业银行与企业筹资

在市场经济中，企业和银行都是具有独立经济利益并自主经营的经济主体，银行的融资活动随着企业的发展而日趋活跃，其领域不断扩大并对企业发展起着积极的促进作用。企业有资金需求，银行有融资动力，并且在市场约束和双方博弈下形成都能接受的市场条件，从而完成融资交易，这是一个双向选择的过程。

通过银行进行筹资具有灵活、便捷、资金量充足、成本相对较低的优点，这是其他筹资方式所无法比拟的，尤其是在克服道德风险问题上具有相对于证券市场的比较优势。在众多筹资方式当中，银行贷款筹资方式是企业融资的主要方式。

在发达国家中，企业通过银行贷款筹集到的资金占企业外部筹资额的60%以上，而在我国这个比例更高。目前，我国国有商业银行正在进行股份制改造，这一举措同样对企业财务管理工作提出了更高的要求。为了适应这一改变，企业的财务管理人员需要更新观念、拓展思路，充分利用银行信贷为企业的财务管理活动服务。具体来说，包括：

(1) 开拓筹资渠道，积极筹措生产经营资金。为了解决企业资金长期短缺的矛盾，企业应该结合自身对资金需求的时间和数量，在国家法规制度允许的范围内多渠道、多方式地筹集资金。除了发行股票、债券等直接面向社会公众的筹资方式之外，企业也要充分利用商业银行这样的中介机构进行融资，而且，还可以采取融资性租赁、企业联营、内部集资和运用商业信用等方式，保证企业生产经营对资金的需求。

(2) 提高偿债能力，树立良好的商业信誉。因为银行借款有硬性的还款要求，有些企业比较偏向于通过发行股票来筹措高成本的资本，而排斥银行信贷的融资方式。显然，这样不仅会限制企业的资金来源，加大企业的筹资难度，而且也提高了企业的筹资成本。因此，在企业的理财活动中，财务管理人员应该注意分析企业资金占用结构比例，经常保持一定比例的营运资金，确保到期债务能够及时足额地支付，使企业保持良好的信誉，从而保证企业既可以从商业银行也可以从其他渠道及时筹集到经营所需资金，这才是正确的理财理念。

(3) 改善资金来源结构，降低企业财务风险。过度的债务资本容易引发企业的财务危机，完全依靠权益资本又带来高额的资金成本。因此，在新形势下，企业必须努力改善资金结构，保持合理的资产负债率，增加资本金的筹措，通过吸引投资、增加积累变债务资金为资本金，化解企业的债务风险，促使企业逐步走上良性循环的轨道。

(4) 降低资金成本，提高企业经营效益。在理财活动中，企业都希望能选择最优的筹资组合，使资金成本或综合资金成本最低。在已有的筹资方式中，相对于企业集中方式筹资，银行信贷是成本最低的，企业应该充分利用这一比较优势来优化企业资金结构。与此同时，企业也必须强化内部资金管理，加速资金周转，减少不合理的资金占用，提高资金运营能力，增强企业在资本市场上的融资能力。

第四节　税收环境

企业理财的税收环境是宏观理财环境的一个方面，属于外部理财环境的范畴。企业与外部发生的经济关系和企业内部的经济活动都应遵守各种税收法律、法规和条例，这些税收法律、法规和条例及其对企业产生的影响的总和构成了税收环境。随着市场经济体系的不断完善，企业必然运行于全面税收约束和履行纳税义务的市场竞争环境中，即税收是企业财务管理和进行各项财务决策必须考虑的一项重要内容，越来越多的企业通过合理税收筹划来最大限度地增加自身收益。于是，能动地利用税收杠杆，合理合法地纳税，已经成为企业财务筹划的重要方面。

一、税收环境的特性

（一）税收环境具有普遍性

税收环境作为企业理财的外部环境之一，相对独立于企业之外并影响着企业的理财活动。对于大多数一般性企业而言，税收具有普遍的适应性和公平性。市场经济体制下的各个主体都要受到税收制度的约束，这为企业之间的市场竞争创造了一个公平合理的良好环境。税收由国家凭借其政治权力强制实施，借此调整国家与各个纳税主体之间的利益分配关系。随着世界经济的发展，税收环境已明显地超越了国界，许多国际税务处理方法和国际惯例逐渐成为国际经济领域的公认准则，这种国际税收环境有利于国与国之间的经济贸易往来，并且具有普遍适用性。

（二）税收环境具有差异性

任何事物都不可能脱离其特殊性而存在，同样，企业理财的税收环境也有其区别于其他环境的特殊性。税收制度作为税收环境的核心要素，会因地点、行业、纳税主体等因素的差异而有所不同，正是因为经济领域中众多地域、行业、经济主体存在着不一致性，形成了税收环境的特殊性，而这些特殊性的存在也同时给企业提供了众多的选择机会，进而体现出理财税收环境的重要性。

（三）税收环境具有动态发展的特征

随着经济的不断发展，要想形成统一、公平、合理的税收制度，就必须对其进行相应的改革，以满足经济发展的需要。我国 1994 年的税制改革以及为加入 WTO 所进行的税制改善都充分证实了税收环境需要不断发展，而我国也正朝着这一方向努力。又如我国“两税合一”的税制改革，就是紧随我国市场经济的发展而产生的。当然，税收制度的改革并不是毫无依据的变动，税制改革必须相对稳定，否则税收政策的波动必将影响经济的发展。我国 1994 年的税制改革就是在相对平稳的环境下进行的过渡。

（四）税收环境具有制度安排的特征

不同国家具有不同的经济体制和经济政策，随之就会制定不同的税收制度或法规，形成不同的税收环境。市场经济的全球化与竞争的国际化，决定了企业发展集团化与跨国经营已成为必然，这种国际趋势使企业面临着对其财务活动产生影响的外部条件，即理财的国际环境。国际税收环境是其中的一个方面，它的核心要素是国际税制。

税收环境的特殊性决定了国与国之间在税制上存在着差异，尽管这些差异广泛存在，但绝大多数国家的征税原则大体上还是规定一致的。如征税时大多数采用税源地原则、已纳税抵免原则、同等负担原则等。各国行使税收管辖权原则上的差异，导致了对国际企业出现重复征税的问题。为了消除双重征税，联合国关于避免双重征税的协定范本提出了一些基本的方法，主要有以下两种：一种是免税法，即如果本国企业在国外经营或投资所获得的收益已向外国政府纳税，在本国免予征税，本国政府只对其在本国的收益征税；另一种是抵免法，即本国政府允许本国企业在本国税法规定限度内，用已缴外国政府的税额来抵免应汇总缴纳本国政府相应税额的一部分。

在税收的国际环境之下，企业财务人员必须注重国际避税问题，通过合法、合理的手段，充分利用这些差异来减少或免除其纳税义务。另外，我国加入 WTO 后降低了保护性关税，这种关税壁垒的消除给企业理财的税收环境乃至整个企业的发展带来了巨大变革，不容投资者及财务管理人员忽视。

二、税收对企业理财的影响

税收作为企业的一项支出，其数额大小直接影响税后利润的多少。由于财务管理中的筹资决策、投资决策、利润分配决策都与税收问题密切相关，所以企业在理财过程中都会进行税收筹划、税收控制以增加企业收入，提高企业的资本利润率，实现企业的财务管理目标。税收筹划，是纳税人在税收法律许可范围内，通过生产经营和财务活动的安排，为达到纳税最优化（即税后收益最大化）的目标而制定的税收计划或采取的税收决策行为。税收因素影响财务决策，税收筹划成为企业进行财务决策时不可缺少的一环。

（一）税收对企业筹资决策的影响

任何一项决策的作出，均是对其成本和效益均衡的结果。对于筹资决策来说，不仅要求筹集到足够的资本，还应当考虑筹资成本。企业在资本不足时，可以通过两种方式筹集资本，一种是负债融资，另一种是权益融资。两种方式均能达到筹集资本的目的，但所付出的筹资代价不尽相同。

（1）负债筹资到期要还本付息，且利息在税前列支。在税率高时，利息抵税的作用表现尤为明显，实际资本的使用成本较低；以发行股票方式筹集的资本使用起来比较安全，在使用上具有长期性且无固定利息负担，但是要支付股息。股息在缴纳所得税以后的利润中支付，不能像利息支出一样可在税前列支。而出资者获得股息后还要交较高的个人所得税，这意味着对股利存在双重征税的问题。提高利息支付可以减少企业利润，进而减少所得税额，是一种减轻税负的方法。

一般而言，如果企业息税前的投资收益率高于负债成本率，负债比重的增加可提高权益资本的收益水平。然而，负债利息必须固定交付的特点又导致负债筹资可能产生负效应。因此，对两种筹资方式须综合考虑。只有在息税前利润率大于年利息率的情况下，增加负债才可以增加权益资本收益率，而且，此时利用债务融资，既减轻了企业的税负，又符合股东价值最大化的财务管理目标。

(2) 利息扣除标准问题。利息作为费用在有些情况下并不能全额扣除。例如，我国《企业所得税暂行条例》规定，纳税人在生产经营期间向金融机构借款的利息支出，按照实际发生数扣除；向非金融机构借款的利息支出按照不高于金融机构同类、同期贷款利率计算的数额以内的部分准予扣除，超过部分不得在税前扣除。此外，《企业所得税暂行条例》规定，企业从关联方取得的借款金额超过其注册资本 50% 的，超过部分的利息支出不得在税前扣除。因此，即使是利用利息费用化减轻税负，其功效也要受到一定的限制。

可以看出，资本成本的减税功效已经成为企业筹资时需要考虑的一个重要因素，企业在筹资时必须充分考虑投资收益率、负债成本率、财务风险、融资风险及相应税收筹划带来的收益，以此决定筹资方案，确定最佳资本结构。

(二) 税收对企业投资决策的影响

在企业的投资活动中，税收必然会影响企业的投资收益。在进行投资决策时，由于收益的变化，应当作出相应的既定资本成本下的投资决策：

1. 税收影响投资的地域分布

税收环境的特殊性决定了企业投资不同地域会面临不同的税收政策。企业在境内投资，按照税法规定，一般适用正常的税率纳税，但投资于西部、民族自治地方、"老、少、边、穷"地区的企业可以享受一定程度的减税或免税优惠；如果是外商投资企业或者外国企业，受税收政策的地域性影响的空间将会更大；如果投资在我国经济特区、经济技术开发区、沿海港口城市、沿海经济开放区等，可享受 15% 或 24% 的优惠税率；如果进行境外投资，往往还会得到税收抵免从而减轻税额。

2. 税收影响企业的投资规模

在我国，企业的规模直接影响到企业所适用的所得税税率。我国税法所规定的企业所得税税率为 33% （其中 3% 为地方所得税率）。对于小规模企业，其每月的应纳税所得额相对较小。考虑到这些利润水平较低的小规模企业，税法规定了两档照顾性税率征税，即对年应纳税所得额在 3 万元以下（含 3 万元）的企业，暂减为按 18% 的税率征收；年应纳税所得额在 10 万元以下（含 10 万元）至 3 万元的企业，暂减为按 27% 的税率征收。如果企业投资于这些小规模企业，其投资收益额会相对高一些。

3. 税收影响企业的投资方向

税收优惠政策的目的之一便是调整产业结构。在我国，投资于高新技术企业、出口企业、基础设施企业、兴办或扩建先进技术或知识密集型企业均能获得税收上的优惠。例如，我国税法对新办的从事咨询业、技术服务业的企业，自开业之日起实行两年免征所得税的优惠；从事港口码头建设的中外合资经营企业，经营期在15年以上的更可享受五免五减半的优惠政策。由此可见，如果企业投资于这些产业，将减轻其税负，取得较高的投资利润。

4. 税收影响企业的投资方式

企业在确立投资方向后，仍需要对投资方式进行选择，以达到减轻税收负担的目的。如企业准备投资一套生产线，则要考虑是全新购建还是收购一家近几年账面亏损的企业。税法规定，盈利企业收购亏损企业可以合并财务报表，在五年内可以用亏损企业累积亏损来抵消盈利，减少税负，节约现金支出，所以目前许多企业收购、兼并破产亏损企业。假定被购并企业账面有亏损额500万元，被并购之后每年可实现利润200万，则并购企业在第一年、第二年可免征所得税，第三年仅将超出部分纳税，三年共少缴纳所得税165万元（500×33%）。但这种做法也存在着风险，如果企业在限定的时间内没有充足的获利能力，一切风险损失便将完全由自己承担。

5. 税收影响企业的机构设置

当企业发展到一定程度，将会考虑通过设立分企业或子企业来扩展业务。那么，设立分企业或子企业哪个对企业更有利就值得投资者进行深思与权衡，因为这两者在税收处理上是截然不同的。设立分企业相当于设置一个办事处，不具备独立的法人资格，其财务权由总企业控制，一切法律责任由总企业承担。分企业在税收上只就增值税、营业税等流转税在当地交纳，利润要与总企业汇总，由总企业纳税。子企业则具备独立法人资格，与母企业不是从属关系，要完全由自己纳税。例如，一个内资企业计划在高新技术产业开发区设立分支机构，如果预计该机构在一段时间内处于亏损状态，这样应选择设立分企业，参加总企业利润汇总以冲减总企业盈利，达到少交所得税的目的；如果预计该机构将处于盈利状态，则应选择设立子企业，尽可能享受一系列的税收优惠待遇。

（三）税收对经营决策的影响

企业筹集到的资本经过合理的对内对外投资之后，其经济活动进入到经营阶段，企业在这一阶段将开展主要的生产经营活动，而这一层面也受到税收因素的影响。

（1）企业在经营方式上存在较大的选择余地。例如，我国税法将增值税纳税人分为一般纳税人与小规模纳税人，其中一般纳税人可以开具增值税专用发票，而小规模纳税人却不可以，因而从小规模纳税人购进货物的进项税额不得抵扣。所以，企业向一般纳税人和小规模纳税人购进原材料和产品所负担的流转税是不相同的。

（2）我国税法对不同的出口产品分别采取又免又退、只免不退或不免不退的政策，因而在销售商品时，内销与出口产品所负担的税收也不同。

(3) 存货计价不同，应纳税额也会有所不同。企业存货计价方法有先进先出法、后进先出法、加权平均法等数种选择，存货计价方法不同，计算出来的存货价值和成本不同，利润也不相同，进而影响相应的应纳税额。

(4) 资产摊销方法的不同也会影响到应纳税额的多少。对于固定资产折旧、无形资产与递延资产摊销，税法通常只规定了最短的摊销年限或一段可选择的摊销年限区间，如税法规定递延资产的开办费可按照不短于5年的期限分期摊销。对于低值易耗品等资产的摊销，税法规定了几种可供选择的摊销方法，如五五摊销法、一次摊销法，这些不同的摊销方法与摊销年限的选择可以有效地调节企业的利润数额，从而调节应纳税额。

（四）税收对企业的收益及利润分配的影响

税收对企业来说是一种费用，实际上是企业享用社会公共产品或共建社会公益项目的支出，它以一定比率直接从企业的收益中分出一部分上交国家或地方政府财政，体现的是国家或政府代为收取并转而支付给社会公共和公益产品建设或提供单位的分配关系。因此，税额与企业的可分配利润额呈反向变动关系。在一定的收益水平下，如果企业税负重，则可分配利润减少；如果企业税负轻，可分配利润增加。因此，企业的财务人员必须考虑在理财过程中如何合法节税，也就是进行税务筹划。这就要求企业的财务决策者在既定的税法和税制框架内，从多种纳税方案中进行科学、合理的事前选择和规划，使自身税负得以减轻，以合法的方式保护企业的正当权益，从而增加企业经济效益。

（五）税收影响财务杠杆和经营杠杆

税收通过其对筹资的影响间接影响企业的财务杠杆。财务杠杆的决定性因素是息税前盈余和债务利息，其中息税前盈余在决策时可以估计而得，债务利息由其资本结构和个别资本成本决定。一般情况下，只要风险不是很大并能确保盈利时，企业应尽量使用负债筹资，充分利用税收杠杆的作用，提高负债率，降低边际资本成本。这样做虽然会增加企业的债务利息，提高企业的财务杠杆系数，但通过降低经营杠杆系数，仍可保持总杠杆的平衡，使企业的风险程度保持原来的水平。

（六）税收影响企业的现金流量

在现代企业理财中，合理的现金流量是企业日常运营得以正常、安全运转的重要保证。我国税法要求各纳税主体及时上缴货币资本（农业税除外），通常情况下，这种强制性的定时货币支出会增加企业的现金流出量，并影响企业的现金净流量。因此，企业的财务人员应对税金有一个准确的预测，编制出合理、正确、及时的现金预算，及时准备好税款所需现金。另外，适当采用递延税款的合理会计方法，可以从整体上解决与调整依法纳税和保证现金净流量之间的矛盾。

(七) 递延所得税有利于保全企业资本

所谓递延所得税是指企业采用国家允许的会计方法，使应在本会计期间交纳的所得税推迟到以后的会计期间缴纳。作为企业的财务部门，应当尽量采用符合稳健原则的会计方法，如改变计价方法、计提坏账准备金等，使得本期所销商品的成本变大或增加期间费用，尽可能地补偿本期的成本费用，避免虚盈利而实交税，进而达到保全资本的目的。

第五节 企业内部环境

所谓财务管理的企业内部环境，是指存在于企业内部，对企业财务管理活动有影响的各种因素的集合，包括企业组织形式、公司治理结构、企业文化与员工素质、企业竞争能力、企业的生产技术能力、企业管理水平等。

一、企业组织形式

(一) 基本组织形式与财务管理

作为理财主体的企业，其组织形式不同决定了企业的组织结构、财务结构和财务关系也不相同。企业财务管理必须立足于企业组织形式之上，充分考虑到影响企业理财的各个因素，如宏观经济因素和企业的微观经济因素，尤其是经济环境、资本市场环境和法律、税收环境，只有顺应这些环境的变化，才能做好各项财务活动，从而为实现理财目标打下良好的基础。

企业的组织形式主要有独资、合伙和公司制三种形式。不同的企业组织形式，其财务活动呈现不同的特点。独资企业，是由单一的业主出资，并由其控制和经营的企业，其最大特征表现在企业的投资人以其个人财产对企业债务承担无限责任，经营规模小，筹资较困难。合伙企业，是由两人以上的业主共同出资、共同拥有、共同经营的企业，其特征主要表现为出资人也要承担无限责任。公司，是两权分离的产物，公司制企业的特征及其对财务活动的影响主要表现在：公司制企业复杂的委托代理关系，以及各利益主体之间的利益冲突和信息的不对称，成为制约和影响企业财务活动的制度背景；公司股东以其出资额为限对公司承担有限责任，同时凭此享有对公司收益和财产的分配权；公司制企业的最大优点在于其巨大的融资能力。事实上，现代财务管理的理财理论和方法就是以公司制企业，特别是股份公司制企业为主体和对象开展的。

企业组织形式的不同对企业财务管理有重要影响。一定的企业组织形式决定了企业的财务关系、财务结构及财务管理方式。在独资和合伙的企业组织形式下，企业的所有权和经营权合二为一，由于企业的所有者同时也是企业的经营者，财务关系相对简单，企业经营完全可按所有者的利益进行，但所有者对公司风险要承担无限责任，所有者因此承担的风险也比较大。如果企业采取公司制的组织形式，所有权主体和经营权主体就发生分离，这时，公司的财务管理权也相应分属于所有者和经营者两个方面。这就构成了比较复杂的财务关系，尤其是股份有限公司，发行股票使公司与资本市场产生直接的关系，股票交易及价格的波动又直接影响了企业财务决策。由于这类公司的规模一般比较大，因而从多方面增大了企业财务管理的难度和复杂性。通常情况下，公司制企业的所有者不直接对企业的生产经营活动进行决策或参与决策，他们参与和作出的财务决策是企业的重大决策，一般是有关所有者权益或资本权益变动的财务决策；经营者则是对企业的日常生产经营活动作出决策，包括企业一般的财务决策。

但是目前，我国众多的企业中真正符合公司制企业组织模式条件的企业数量占全部企业数量的比重并不是很大。虽然有些企业的名称冠之以公司的头衔，但它实际上不符合《公司法》规定的组建公司的条件。从以上分析可以看出，独资企业、合伙企业这两种组织形式的企业，其组织形式、业务特点等环境决定了其对财务管理的需求及其内容是可有可无的。中国现存的民营企业中，绝大多数也不具备现代公司制企业的组织结构。即使是公司制的企业，也差不多是家族式公司制，容不得家族以外的大股东存在，更别说参与经营管理了。在这样的组织环境下，公司往往采取家族式经营的方式运营，并不需要太多的财务管理工作，如财务预测、财务决策、财务预算、财务分析等，一些日常的传统的理财环节都不见得齐全，更不用说现代的财务预警机制、并购、重组等较为复杂的理财内容了。这些全无风险防范意识的企业一旦遇到生产经营上的风浪，就只能依靠运气来渡过难关了。由此可见，为了中国企业财务管理工作能够全面发展，有所创新，必须摒弃那种小企业的经营组织模式，把大多数的企业转换成公司制企业。

（二）其他组织形式与财务管理

企业组织形式的以上分类方法是中国最基本的划分形式。在《公司法》中按照企业的资本组织形式来划分，又可将企业划分为国有企业、民营企业和外商投资企业。国有企业，是指企业全部资产归国家所有，并按《中华人民共和国企业法人登记管理条例》规定登记注册的非公司制的经济组织，不包括有限责任公司中的国有独资公司。除国有独资、国有控股外，其他类型的企业中只要没有国有资本，所有的非公有制企业均被统称为民营企业。外商投资企业，是指外国投资者经中国政府批准，在中国境内设立的，遵守我国有关法规规定，从事某种经营活动，由一个或一个以上的国外投资方与我国投资方共同经营或独立经营，实行独立核算、自负盈亏的经济实体。外商投资企业通常包括中外合资经营企业、中外合作经营企业、外资企业三类，也称为“三资企业”。

由于中国的特殊经济情况，国有企业、民营企业和外商投资企业因为其资本组织形式的不同，给企业的理财活动带来的影响也有很大差别，主要表现在以下两方面：

1. 筹资方面

任何企业要想高速发展，壮大自己的实力，都必须要融资。国有企业可以通过国家一次投资而完成，外商投资企业对融资的要求不是很高，民营企业则只有完全靠自己，因而民营企业必须要有十分妥当的融资战略。正如经济学家吴敬琏所说，融资难已成为当前阻碍中小企业发展的瓶颈，中国的中小企业至今无法与资本市场结缘。在中国，大部分的银行贷款首先给了国有企业，其次是“三资”企业，最后才轮到民营企业，国有商业银行主要服务于政府项目和国有企业，对民营企业的融资要求，不论企业项目如何，大多都为防范风险而较少介入。民营企业的信息不对称也比国有企业、外商投资企业更加严重，其原因是民营企业大多都有信息不透明问题。民营企业的信息基本是内部化的，通过一般的渠道很难获得。民营企业在寻找贷款和外源性资本时很难向金融机构提供证明其信用水平的信息。由于民营企业对资本和债务要求的规模较小，使得审查监管的平均成本和边际成本较高，金融机构为了避免逆向选择与道德风险，往往不愿向中小企业或民营企业提供贷款。民营企业如果要克服这种筹资难的问题，就必须努力树立良好的自身信誉，提高企业的信息透明度。当然，要改变这种现状，政府的扶持和消除所有制歧视也是很重要的方面。

2. 社会责任方面

企业的社会责任包括经济责任、文化责任、教育责任、环境责任等几方面。就经济责任来说，企业主要为社会创造财富，提供物质产品，改善人民的生活水平。就文化责任和教育责任等方面来说，企业要为员工提供符合人权的劳动环境，教育职工在行为上符合社会公德，在生产方式上符合环保要求。随着市场经济的发展和成熟，企业的社会责任担当意识越来越成为人们衡量一个企业优劣的重要标杆。

国有企业作为一种经济组织，承担着重要的经济责任，要参与市场竞争，提高经营效益和效率。同时，国有企业特别是关系国家安全和国民经济命脉的国有重点骨干企业，是国民经济的重要支柱，是全面建设小康社会的重要力量，承担着重要的社会责任，是承担社会责任的主力军。因此，国有企业在进行理财活动时考虑的因素往往更多。民营企业在社会责任方面的意识普遍比较薄弱，他们更注重企业自身的利益追求，对社会最终目的的重视程度不够，其理财活动通常只是从企业自身的利益出发。在中国的多数外商投资企业十分注重自己的社会责任，遵守法纪和社会经济秩序，承担纳税义务，热心社会公益事业，关心消费者利益，尊重员工权益，保护自然生态环境，谋求股东与雇员、企业与消费者、企业与社会和环境的协调，但也有一些外商投资企业做出违背公司社会责任理念和道德准则的事情，逃避社会责任，甚至在外国能够很好履行社会责任，到了中国则改变行为方式，实行国别歧视措施，弱化在中国的社会责任。

形成这种国有企业比民营企业重社会责任，外商投资企业在国外比在中国更注重社会责任现象的主要原因是，我国对企业的社会责任要求及制度设计方面还很不健全和完善，企业也没有将社会责任内化为企业的财务管理活动的一部分。要改善这种状况，最有效的方法就是要求三种企业按相同的标准，从企业内部做起，将环境责任等引起社会成本的因素转化为企业的成本费用，纳入企业财务管理的一部分，将社会责任的履行情况直接与企业利润挂钩，从而达到从内至外加强企业社会责任的目的。

二、公司治理结构

（一）公司治理结构的概念

所谓公司治理结构，是指在“两权分离”的条件下，为减少由于股东与经营者之间的委托代理关系而产生的代理成本，既使公司的所有者不干预公司的日常经营，同时又使公司的经营者能够以股东的利益和公司的价值最大化为目标，而在公司内部所进行的制度安排。公司治理本质上是公司权力的分配机制。

（二）公司治理对公司理财的影响

公司治理作为公司理财的内部微观环境，对公司理财活动的影响无疑是深刻而全面的。具体可以从以下三个方面来分析：

1. 通过影响公司财务目标进而影响公司理财

关于公司财务目标的表述有几种典型的观点：企业价值最大化、股东财富最大化、企业利润最大化等。这些观点都是奉行这样一个宗旨：经营者必须为股东的利益最大化服务。然而，随着现代公司治理中对经营者、生产者及其拥有的人力资本的重要性的认识程度的提高，现代企业的财务目标正从单纯的股东财富最大化向权衡相关者利益的最大化偏移，企业资本所有者已不再成为企业财务目标的唯一取向，经营者、生产者及各种外部利益相关者也应该纳入企业财务目标的考虑范畴。这样，现代公司治理势必会对传统的公司财务目标产生较大影响，进而又会影响到公司的理财活动。

2. 通过影响公司财务主体进而影响公司理财

公司财务主体，是指公司中从事财务活动的主体，它决定企业包括筹资活动、投资活动及收益分配等活动在内的一切财务活动。同时，企业财务主体又是依存于企业所有权主体而存在的，不同的企业所有权安排，即剩余索取权和剩余控制权（剩余索取权是一项索取剩余的权力，简单地说，是对利润的索取，即经营者分享利润。在实践中，将剩余索取权分配给经营者的一种做法就是在市场经济国家盛行的让经营者持有股份或给经营者分配期权。这种激励方式的主要机理在于，让经营者成为公司的股东或虚拟股东，使经营者与其他股东形成利益共同体，利益取向完全一致。剩余控制权就是对纯利润的控制权，如使用、支配、处置等权利）安排导致企业不同的财务主体，完整的企业财务主体应该体现为企业剩余索取权和剩余控制权的对称分配。公司治理作为一种企业所有权配置机制，正是通过对企业剩余索取权和剩余控制权的配置来规范企业财务主体。同时，企业经营者激励问题及经营者选择问题的解决作为公司治理的两大作用，亦可使经营者获得与其剩余控制权相对应的剩余索取权，从而使财务主体的完整性得以加强。也就是说，企业治理对企业理财的影响可通过其对企业财务主体的影响来得以实现。

3. 通过资本结构对公司理财产生影响

无论是从理论上还是从实践上看，资本结构都是企业治理结构中最重要的一个方面。公司治理结构是否有效在很大程度上取决于企业的资本结构：当企业正常经营并有偿债能力时，所有者和企业经营者就可掌握企业的剩余索取权和控制权，而当企业偿债能力不足时，企业的控制权就会转移到债权人手中。在前一种情况下，股东既可以通过董事会“用手投票”来直接控制经营者，又可以通过股票市场“用脚投票”来间接控制经营者，以解决经营者的激励和约束问题，此时，企业的股东拥有对企业经营者的最终控制权。在后一种情况下，债权人成为实际的剩余索取者，拥有对企业的实际控制权。由以上分析可知，企业控制权是否转移主要取决于企业资本结构，因此，企业在进行财务管理活动的时候，应该选择适合企业自身发展的资本结构，使其对企业理财活动产生积极影响。

三、企业文化与员工素质

企业文化，是指企业这一社会组织在运营过程中，组织内成员通过一定时期的积淀、整合而形成的风俗习惯。这种风俗习惯可以表现为组织内成员共同认定且遵守的行为准则，也可以表现为一种信仰、一个信条。风俗习惯一旦形成，组织内成员便从表面的言行举止、穿着打扮，到危机处理的心态都会受到它的无形影响。

企业文化是企业理财活动中的一种行为道德规范。企业理财活动涉及企业生产经营的各个方面以及每一个部门和全体员工，构建良好的企业理财文化，有利于企业形成统一的理财规范，使企业各部门和每一个员工都能自觉地按统一标准来规范自己的思想行为，从而形成企业良好的群众理财基础。优秀的企业理财文化，可以进一步增强企业的凝聚力，更好地实现企业财务管理目标。企业理财文化强调的是企业群体动机和行为的协调和有效激发。通过良好的企业理财文化的塑造，可在企业内部营造一种融洽的人际关系和团结的工作氛围，对减少企业理财活动中的相互内耗，发挥企业整体理财优势具有积极的作用。

人员素质尤其是领导人的素质往往是决定一个企业兴衰成败的关键。人员素质高，能力强，并能够得到充分发挥，管理水平就越高，企业竞争能力就越强；反之，企业管理水平和竞争能力就很难得到提高和增强。企业内部人员素质可以分为管理人员素质和一般员工素质。企业管理人员的素质是指企业管理人员自身的文化水平、知识结构、经历、经验、胆略、年龄等，包括董事、监事、经理及各级管理人员的素质。如果企业中各级管理人员的综合素质较高，不仅可以充分理解财务人员所提供的决策资料，而且善于抓住机遇，敢于拍板，其财务决策的正确率必然较高，也必然会给企业带来丰厚的收益。反之，如果管理者的综合素质低下，在诸多理财活动的备选方案中，不能择取最优方案，甚至择取错误方案，这将给企业带来损失甚至是巨大的灾难。企业每一项财务制度、财务决策和方案的出台，甚至是每一项理财活动都必须做到公开、透明。企业在进行筹资、投资等重大决策时，要广泛征求全体员工的意见和建议，形成广泛的共识，这对增强员工的合力和凝聚力，减少摩擦，调动广大员工参与企业理财工作的积极性具有重要的意义。重要的是，高素质的员工往往对企业的日常经营活动有更深刻的了解，他们提出的意见往往更具有建设性，这对企业作出正确的理财决策有着深远的影响。

四、企业竞争能力

企业竞争能力，是指使企业超越竞争对手并获得较大利润的能力。企业竞争能力是企业活力的源泉，对企业发展起着决定性的作用。企业核心竞争能力，是指能使企业竞争力独树一帜的能力，它不仅可以表现在技术方面，而且可以表现在生产管理、营销、品质和品牌上。企业要培养自身的核心竞争能力，既要重视内部竞争资源的完善，又要重视外部竞争资源的整合和市场重组，着眼于在价值链某些特定的战略环节上培养竞争优势。企业核心能力是市场竞争优势的基础，是企业持续竞争优势的源泉。

企业的理财能力是企业能力体系中不可或缺的组成部分，它对企业的持续发展有着极为重要的作用。企业可持续竞争优势的获得是以稳定的资金流为保障的，如果企业的资金流动不能正常运行，企业的持续竞争优势就会丧失殆尽，以至于使企业面临破产甚至是倒闭。企业拥有的核心能力是企业持续竞争优势的源泉，积累、保持和运用核心能力是企业生存和发展的根本性战略，也是企业经营管理所追求的永恒目标。企业的计划、组织、协调、控制等各类管理职能都应该围绕企业核心能力而展开，财务、生产、营销等各个管理领域都应该以企业核心能力为中心。

拥有较强竞争能力甚至是核心竞争能力的企业往往拥有较强的理财能力。如果企业的理财能力不能适应企业自身发展的需要，企业所获得的持续竞争优势就会失去支撑力。较强的理财能力不仅要求企业拥有良好的财务营运能力，还要有良好的财务管理能力和应变能力。财务营运能力包括筹资能力、投资能力和收益分配能力以及资本营运能力四个方面。财务营运能力是企业财务的一种基本的自然生存能力，是形成和培育企业核心竞争能力的前提。企业只有生存下来了，才能够有资源和能力去发展财务管理能力和应变能力，进而形成主导适应能力，最终培育形成企业的核心能力。

筹资能力。筹资是企业资金运动的起点，是投资的必要前提。企业要不断培育持续的竞争优势，就需要拥有高超的筹资技能，通过对资金来源进行合理谋划和安排，可以保证企业以其他企业无法达到的方式增长。

投资能力。投资是企业资金运动的中心环节，是决定企业获得可持续竞争优势的先天性条件。核心竞争力要求企业拥有出色的投资能力和保证资本效率的技能，能够使企业在一些至关重要的投资项目上取得巨大的成功。充分利用资本不仅可以增加单个项目的预计回报，而且能够将企业的一部分财力解脱出来用于其他投资项目。

收益分配能力。收益分配是企业财务管理的重要内容之一，也是企业实现可持续发展的战略途径之一。能够保持持续竞争能力的企业将会维持适当的收益分配能力，既会使公司股东的经济利益得以维护，又会为企业未来长远的发展积累资金。

资本营运能力。资本营运是现代企业培育核心能力的一种重要途径，是企业为了有效整合外部资源所采取的复杂的管理行为，包括收购、兼并、分拆、上市等。企业的资本营运能力能够为企业从外部寻求持续竞争优势提供可能。

财务管理能力是企业核心竞争能力的有机组成部分，是协调、控制企业财务管理循环过程，整合完整的财务管理工作体系的能力。财务应变能力是指为培育、维护企业核心竞争能力，企业财务不断适应环境变化的能力，它能为企业核心能力的形成提供有力的保障。因此，企业要想获得持续的竞争优势，就必须不断提高自身的财务营运能力、财务管理能力和财务应变能力，从而提升自己的理财能力。相应地，企业理财能力的提高将会为企业持续竞争优势的保持提供有力的保障。

总之，影响企业财务管理的内部环境不仅包括上述的企业组织形式、公司治理结构、企业文化与员工素质和企业竞争能力四个方面，还包括企业的生产技术能力、管理水平等一系列因素。因此，企业财务管理人员在进行财务活动的时候，不但要充分考虑企业所处的外部环境给企业理财活动带来的影响，更要立足于企业内部，充分理解本企业的实际情况，作出符合企业自身发展需要的财务决策。

第六节　基于环境观念的理财目标

一、企业目标与理财目标

企业是以盈利为目标的经济组织，其经营管理的总目标及其相应的财务管理目标就是要使其运作的资本增值获利。企业在市场竞争中始终处于生存与倒闭、发展与落后的矛盾之中，为了使自己立于不败之地，企业必须根据市场的需求，有效地运用有限资源开展生产经营活动，提高生产经营效率，确保投资者投入资本的保值、增值，在发展中求生存。所以，企业管理的目标就是生存、发展、获利。

理财目标，又称为财务管理目标或财务目标，是企业目标在财务管理上的集中概括，是评价企业财务活动是否合理的标准，并决定财务管理的基本方向，企业财务活动应围绕财务目标展开。从实质上看，理财目标体现了内部环境与外部环境、管理者与所有者、计划与实施等一系列矛盾的相互作用，是对这些矛盾体的调节。

重要的是，企业财务管理必然在一定的环境中进行，站在不同环境的角度，其理财的视野以及所考虑到的利益相关者利益就会不同，进而其理财的目标与方式也会有所不同。长期以来，人们对理财目标争论不休，形成了多种观点和提法（下文将专门介绍），其实它们都与理财环境有关。但无论企业理财目标如何确定，总体上都应具备以下要求：

（1）普遍性。理财目标应适用于各种类型、各种规模的企业，具有较大的兼容性，不能将某类企业排除在外。

（2）适应性。理财目标必须科学、严密，既符合企业自身的发展要求，又兼顾企业相关者利益和社会整体效益，即能适应内外环境与社会发展的需要，具有可持续发展性。

（3）可行性。理财目标应明确易懂，既可用来指导企业的理财活动，又可作为评判理财活动合理与否、经营业绩优劣的标准。这就要求理财目标含义明确、易于量化。

二、企业财务管理的总目标

总体而言，企业财务管理目标主要有利润最大化、每股盈余最大化、股东（企业）财富最大化和利益相关者财富最大化四种类型，它们的出现有着各自的历史背景。利润最大化出现得最早，然后是每股收益最大化，再就是企业财富最大化，最近出现的是利益相关者价值最大化。之所以如此，是因为它们分别是各自的历史背景和环境利益的选择。

（一）利润最大化

第一次世界大战之前，西方的企业多为私人筹资、独资经营，单个企业扩大规模的主要方式是利润转化为资本。因此，利润最大化是那个时期企业财务管理的目标。

利润最大化观点认为在企业投资预期收益确定的情况下，利润总额越大越好，应以利润作为评价和分析企业行为及经营业绩的标准。利润最大化是西方微观经济学的理论基础，这种观点最早在亚当·斯密、大卫·李嘉图和马歇尔的古典经济理论思想中得以体现。在我国，随着计划经济向市场经济的转变，企业也逐步以利润作为评价经营业绩的主要指标。

利润是企业在一定期间全部收入和全部成本费用的差额，投资者出资创办企业就是为了获取利润。企业只有获利才能实现股东投资回报、满足员工利益，从而体现企业的经济效益，为企业扩大经营规模提供资源。企业为了实现利润最大化，就必须注重资源配置、成本控制、技术更新等。采用这一观点作为理财目标容易为人们所理解和接受，因此，从一定意义上而言，以利润最大化作为企业理财目标是比较合理的。

但是，一般情况下，对于以利润最大化作为理财目标存在的缺陷有下面几种看法：

（1）利润最大化没有考虑利润发生的时间，忽略了货币时间价值，不利于利润取得时间不同的投资方案间的比较，很可能作出错误的决策。

（2）利润最大化没有考虑企业所获利润与投入资本额的关系。利润是一个绝对指标，不利于投资资本额不同的投资方案间的比较。

（3）利润最大化没有考虑所获利润应承担的风险问题。一般情况下，收益与风险是成正比的。如果不考虑风险，一味追求高利润，有可能导致企业在财务决策中过度追求高收益而选择高风险项目，一旦累积风险爆发将使企业陷入困境。

然而，以上观点仍然存在偏颇和不足，并没有真正指出利润最大化目标的缺陷所在。就第一和第三个观点而言，由于财务管理两个最基本的观念就是“资本时间价值”和“风险报酬”，作为企业的经营者和财务管理人员，在进行财务决策和财务管理的目标定位时，首先就会考虑到资本的时间价值和风险问题。因此，无论是财务管理理论工作者还是企业财务管理人员，他们所提出的“利润最大化”观点本身就包含了对资本时间价值和风险问题的考虑，包括会计核算利润的原则（如配比原则与谨慎性原则）也都考虑了“时间”与“风险”因素。其实，只要稍微具备一点财务管理和财务会计知识的人，都会对若干年以后一定数额的利润和现在相同数额的利润的价值大小作出正确判断。利润最大化所要求的就是在每个经营期间争取最大额度的利润。

而第二个观点指出利润最大化没有考虑到投入资本额，这也只是理论上的一种推断。例如，一个方案投资 50 万元，每年获利 10 万元，另一个方案投资 100 万元，每年获利 8 万元，这样，任何人都能比较出两个方案的好坏。因此，以上这些理由并不足以说明以利润最大化作为财务目标的不当之处。

本书认为，利润最大化财务管理目标的缺陷应为以下几个方面：

（1）一定时期利润数额的大小，并不代表企业主营业务状况的好坏。利润主要包括经营利润和资本利得两部分。如果企业在一定时期利润总额很大，但该利润总额主要由投资收益和营业外收支净额构成，而经营利润只占一小部分的话，这个企业的利润状态也不是投资者所希望见到的，以这种方式取得的最大化利润无法体现企业财务管理的合理性。

（2）以利润最大化作为企业财务管理的目标并不意味着企业经营者能处理好企业和各方面的利益关系。如果一个企业实现了利润最大化，而没有很好地解决企业与投资者、员工、债权人等利益相关者之间的利益关系，将会影响到企业利润最大化的持久性。如果企业在利润分配过程中，没有充分顾及投资者的投资回报或员工的薪酬，将会直接影响投资者和员工的积极性，进而影响企业以后时期的经营活动和利润最大化目标的实现。

（3）企业在追求自己的目标时，能够满足社会需求并解决社会就业问题，使社会从中受益。然而，如果以利润最大化作为企业的财务管理目标，容易导致企业行为的短期化倾向，只顾追求当前利润的增长，使企业在追求利润最大化的过程中，忽视企业的实际需求和长远发展，忽视企业的社会责任与企业获利之间的关系。单方面强调利润最大化可能会使企业目光短浅，为获得短期利润而放弃长远利益，如生产假冒伪劣产品、无视工人的健康和利益、污染环境等，最终使社会利益受到损害。

（4）利润是一个会计概念，受许多主观因素影响。在实际工作中，利润的增减会受会计政策以及当事人主观意愿的影响，如折旧方法中的直线折旧法和加速折旧法、坏账准备的计提比例、存货的计价方法都有多种选择，不同的选择将会影响企业利润的大小和真实性。

（二）每股盈余最大化

每股盈余，又称每股利润，是一定时期税后利润与普通股股数的对比值。每股盈余最大化主要是将企业实现的税后利润与其所投入的资本相比较。所有者作为企业的投资者，其投资目标是取得资本收益，具体表现为税后净利润与出资额或股份数（普通股）的对比关系。这种观点的优点就在于把企业实现的利润额和股东投入的资本联系起来对比，既能反映企业的盈利水平和发展前景，又便于投资者凭其评价企业经营状况的好坏，分析不同企业盈利水平的差异，确定投资方向和规模。这样就克服了利润最大化的缺点，能够说明企业的盈利率，并反应盈利水平的差异。

然而，同利润最大化目标一样，每股盈余最大化仍然存在以下缺点：

（1）没有考虑货币时间价值，不利于决策。

（2）没有考虑获取每股盈余的风险性。这点在利润最大化的观点中已经进行了分析，需要指出的是，每股盈余与股本额呈反比，如果企业盲目追求每股盈余最大而降低股本增加负债，可能会导致企业资本结构失衡，财务状况恶化。

（三）股东财富最大化

随着西方股份制企业的出现和发展，企业的所有者和经营者分离，两者的目标有着一定的差别。所有者的目标是资产增值，由于经营者与所有者是一种委托代理的关系，目标是提高报酬，因而在不同的利益驱使下不免存在为了自己的个人利益损害股东权益的做法。在股东“保值资产，增值资产”的呼声日益高涨时，企业的财务管理目标转变为“股东财富最大化”，要求管理者在生产活动中选择能使未来支付给股东的权益最大而不确定性最小的方案。

股东财富最大化也就是企业财富最大化，是指企业通过财务上的合理经营为股东带来最多的财富，在保证企业长期稳定发展的基础上使股东财富总价值达到最大。在股份经济条件下，股东财富包括获得股利和出售其股权换取现金，因此股东财富必须通过股票市场价格才能表现出来。当股票价格达到最高时，股东财富达到最大。在一定条件下，股东财富最大化目标可以理解为实现股票市场价格最大化。

这一理财目标体现了现代企业制度的要求，相比前两个指标有其积极的方面：

（1）股东财富最大化考虑了货币时间价值和风险因素，因为股价的高低受风险大小的影响；

（2）股东财富最大化在一定程度上能克服追求短期利益的倾向，因为股票的价格不仅受当前利润的影响，还需要考虑到对未来利润的预期值；

（3）通过股票价格反映股东财富和企业价值，体现了资本和获利之间的关系；

（4）股东财富最大化目标比较容易量化，便于考核和奖惩。

当然，以股东财富最大化作为理财目标也存在一些缺点。有学者认为股东财富最大化目标超越了中国企业的实情，在实际操作上存在困难，因而至今不能被所有财务人员认同。其主要缺点表现如下：

（1）该目标过分强调股东的利益，忽视了企业其他利益相关者如经营者、企业员工等的利益；

（2）股票价格受到多种因素的共同作用，包括内部和外部、可控和不可控的因素，企业不可能控制和预期所有因素；

（3）非股份制企业在我国占大部分，股份制企业也多为国有控股，所以这一目标不能代表我国企业的整体特征；

（4）这一目标大多通过股票价格来反映，而我国的证券市场还不完善，股票价格的波动还存在许多不合理的地方，对股东财富的衡量缺乏客观合理的依据。

（四）利益相关者财富最大化

在“企业的契约性质”这一理论的推动下，人们逐渐认识到企业是一个由不同的生产要素所有者等利益相关者组成的契约，企业的经营者在以企业的名义从事经营活动时除了应该考虑股东的利益外，还应考虑其他利益相关者的利益并受到他们的监督，这包括股东、债权人、供应商、经营者、员工、社区及政府。在股东（企业）价值最大化目标中，股东与债权人的关系问题实际上已被考虑，因为企业价值是股权价值与债权价值之和，但员工、社区（公众）等的利益仍然处于企业价值计量系统之外。因此，利益相关者财富最大化目标越来越为人们所接受，逐渐替代了企业理财的股东财富最大化目标。

利益相关者财富最大化是指通过企业财务上的合理经营，采用最优的财务政策，充分考虑资本的时间价值和风险与报酬的关系，在保证企业长期稳定发展的基础上使企业总价值达到最大。这一目标将企业长期的稳定发展摆在首位，强调在企业价值增长中满足各方利益，有利于克服信息非对称条件下经营者行为的监控问题，保证企业治理结构的主体之间平等、独立的关系。与股东财富最大化的财务管理目标相比，利益相关者财富最大化目标同样充分考虑了不确定性和时间价值，而且更具有优越性：

（1）实现利益相关者财富最大化应该是一个动态过程；

（2）有利于协调股东之间的利益关系；

（3）考虑到企业职工的利益，有利于培养员工的认同感和主动性；

（4）有利于加强和协调与债权人的联系；

（5）考虑到客户的利益，从客户角度出发不断满足客户的需求；

（6）掌握政府政策的变化，并严格遵照执行；

（7）有利于培养企业信誉，优化企业形象等。

另一方面，在现实经济活动中，股东往往只关心资本市场上的获利机会，忽略了企业的生存发展，忽视了企业履行社会责任的财务要求。近年来的环保、社区就业的社会舆论实际上使这部分相关利益要求表面化、市场化。如今多数企业都意识到企业要生存发展就必须维持长期稳定的具有创造力和竞争力的员工队伍，但是一旦遭遇经济衰退，大多数企业又会大幅裁减员工以节省支出，这势必引发就业与社区利益等问题，即企业保证就业的社会责任问题。环境保护问题也是如此，一些企业一味追求自身利益，大量排放污水、废气，导致环境的严重污染。

从利益相关者的角度出发，企业既要考虑资本投入者的财务要求，又要兼顾企业履行社会责任的财务要求，把企业的社会责任纳入财务管理目标体系是“利益相关者”合作的必然选择。当前，企业与社会的联系更加广泛而深入，从而也就要求企业更加重视其社会责任。只有大环境好，小环境才能生存。例如，企业只有如实缴纳税金，才能促进该区的基础设施建设，促进该区各项事业的发展。这样既有助于企业实现其目标，也有助于其在社会公众中树立良好的形象，使企业与社会达到双赢的状态。

经营者们开始意识到单纯考虑股东和债权人的利益是不够的，因而开始考虑将理财目标转向利益相关者财富最大化。随着社会的进步和企业的发展，物质资本所有者要想获得更多的投资收益，就必须依赖有才干的经营者和忠实的员工给予支持。股东本位的企业治理理念必然被现实状况所淘汰，只有当其他利益相关者的利益得到保护和满足时，才能够实现企业价值的最大化，股东的财富才能增加。一旦企业价值实现了最大化，各利益相关者的利益都能有所增加；只有在利益相关者共同参与的治理逻辑下，企业财务管理才能实现良性循环；只有当参与企业的各方的利益都实现最大化时，资源的配置才达到最优，社会财富才能达到最大。

当然，利益相关者财富最大化的目标也存在一些需要克服和解决的问题。首先是股东财富及利益相关者利益的测量问题。我们难以确定一个量化的标准来衡量股东财富或是债权人利益，也很难判断经营者管理企业的质量与效率。其次，在利益相关者财富最大化的目标之下，财务人员关注的焦点不能限制在股票价格上，还应该考虑到工资、利息、优先股股利等对企业效益的影响，对各方面进行综合考虑。

为了表达得更为直观，本书将上述四个理财目标用下图表示出来。

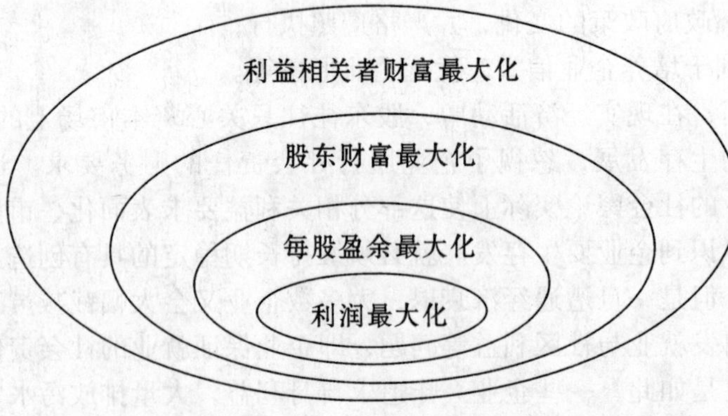

图 3－1　不同企业理财目标的关系

如图 3－1 所示，每一个理财目标均是在前一个理财目标的基础上考虑了更多因素总结而来的。可以说，这四个理财目标在根本上并没有好坏之分，只是因市场环境的变迁、企业理财方向和发展战略的不同而有所不同，因而有赖于经验丰富的理财人员和管理人员根据企业发展的需要制定合理的企业理财目标。

三、具体理财目标

以上我们提到了企业财务管理的总目标，在确定了总目标之后，我们所要做的是将这些总目标贯彻到企业理财活动的各个环节中去，这需要通过企业财务管理的具体目标来实现。企业财务管理的具体目标是站在财务系统自身的立场上，根据财务管理工作自身的特点或财务管理工作对企业管理工作所做的特殊贡献而对财务管理工作提出的基本要求。企业的财务活动包括筹资活动、投资活动、营运资本管理、利润分配等，因此应该根据这些具体财务活动设定相应的具体财务目标。

1. 企业筹资目标

企业为了保证其生产经营活动的正常开展，必须具备一定数量的资本，这些资本可以通过多种渠道、多种方式来筹集。不同的资本来源，其筹资成本、资本可使用期限、资本风险以及附加条件的限制等都不尽相同。所以，企业在筹资时应充分考虑企业生产经营的实际需要，在保障该需要的前提下选择筹资成本较低、筹资风险较小的最佳筹资方案。

2. 企业投资目标

企业进行筹资是为了投资，这包括将资本使用在企业自身和对外投资两方面，无论是对内还是对外，进行投资的根本目的都是获取利润。由于企业可用于投资的资本受到筹资规模和资本成本的限制，企业的投资必须确保投资收益大于筹资成本。但是企业所投资项目的成功几率、收益水平都是不确定的，也即投资具有风险。因此，企业在进行投资决策时，必须权衡投资收益和投资风险，以较少的投资、较低的风险获取较多的投资收益。

3. 企业营运资本管理目标

营运资本是流动资产与流动负债之间的差额，是企业为了保证日常生产经营活动所需垫支的资本。在一定时期内，企业营运资本周转速度越快，意味着企业能够利用相同数量的资本生产获得更多收入，这相当于扩大资本投入，增强企业盈利能力。所以企业在管理营运资本时应合理使用资本，提高资本使用效率，以较少的资本保证企业生产经营的正常进行。

4. 企业利润分配目标

利润分配是指企业将其税后利润在企业与投资者之间进行分配，分配政策的选择会影响企业未来的发展和股东的利益。一般而言，当企业分配给投资者较高的股利时，会增强投资者对企业的信心，提升企业的市场评价，但利润的大量分配也会形成企业的财务负担，影响企业的财务安全及长远发展；当企业的分配政策向企业倾斜时，企业可获得更多的资本用于经营发展，但同时会损害到股东的利益，造成股东的不满。由此可见，企业利润分配要同时兼顾股东利益和企业长远发展两方面的需求，在这两者之间进行权衡，选择合理的利润留成比例及分配方式，确保企业近期利益和财务稳定，同时不断提高企业的总价值，真正实现股东财富最大化。

企业财务人员在理财过程中必须注意的一点是，企业财务管理的具体目标是基于企业财务管理的总目标来确定的。因此，在实施过程中，企业的具体目标必须与企业的总目标相结合、贯通，切不可脱离总目标而为之。

四、案例分析

在市场和政策的疾风暴雨中痛苦寻找出路的上海白象电池有限企业

面临困境

上海白象天鹅电池有限企业，是在整合上海原有的电池生产企业的基础上，于1999年成立的国有独资企业。企业继承了计划经济时期在国内负有盛名的“白象”和“天鹅”两大电池，尤其是“白象”，更是一个具有八十多年历史的老品牌。

在2002年之前，企业内外贸销售以年平均15%的速度增长，2002年企业税前利润达到了一千万。在企业的收入构成中，毛利达16%的出口占总收入的65%，出口成为企业利润的主要来源。企业出口的主要目标市场为西非和东非，销往这两个地区的是“天鹅”品牌的一次性糊式电池，该产品在当地市场有较强的影响力。由于原材料价格稳定，企业长期享受17%的出口货物增值税退税率，企业管理层对企业前景一片看好。

然而，天有不测风云，2003年4月企业管理层发现企业陷入了市场和国家政策变化引起的一系列风暴之中。

首先发生变化的是原材料的价格——从2003年下半年开始，企业生产电池用的锌、锰、铁、铜以及黑粉等原材料价格全面上涨。原材料价格上涨令企业的利润率受压，但好在价格的上涨有一个逐步的过程，企业尚可通过降低成本和小幅提高产品售价，部分抵消原材料价格上涨给企业带来的压力。但接下来发生的另一变化，却是白象天鹅无法招架的。为兑现加入 WTO 时的承诺，2003 年 10 月，财政部和国家税务总局宣布自 2004 年 1 月 1 日起，全面调整出口货物的退税率，电池的出口退税率被列为调整对象，由原来的 17% 下调至 13%。白象天鹅 2004 年出口总额达两千万美元，由于出口退税下降四个百分点，仅此一项就令企业当年损失了约 650 万元的利润；外加原材料价格大幅上涨给企业造成的数百万元的影响，尽管企业当年的收入仍达 2.5 亿元，但利润已所剩无几。

在企业近年来遭遇的一系列打击中，原材料价格的上涨和出口退税的下降只是其中的一部分。2005 年 7 月 21 日，人民币对美元升值 2%，对于每月出口收入达 350 万美元的白象天鹅，这一汇率变动意味着每月蒙受人民币 50 多万元的汇兑损失。企业总经理预计在不久的将来，人民币币值还会上升 5%～8%。与此同时，在原材料方面，价格上涨给企业造成的压力至今仍在持续，仅 2005 年上半年，生产电池所用的原材料的价格又上涨了 20%。

面对外部运营环境的急剧变化，白象天鹅被迫开始苦苦思索应对策略。面对日益迫近企业的生存危机，企业总经理表示：“对于国家政策的变化，企业是没有办法改变的。企业只能适应当前的形势，增强应对能力，否则只能走向死亡。”

挣扎求生

对于原材料价格上涨和出口退税调整给企业成本造成的压力，企业主要采取了三方面的措施——提高产品售价、扩大销售规模和开拓国内市场。可是，囿于企业的财力和市场竞争态势，企业在实施应对措施的过程中，只能量入为出，见缝插针，结果各个措施产生的收效也就不尽相同。

尽管出口退税和本币币值压缩了企业出口产品的利润率，但从实际效果看，企业仍然得依靠国外市场维持生存，调价成为最简单有效的方法。然而，因国内市场竞争激烈，内销的“白象”牌电池和同类产品相比又居高价位，已无提价空间。允许企业提价的唯有出口产品。好在“天鹅”牌电池在非洲市场享有较高的知名度，企业得以逐步上调价格，缓解成本压力。

同样，扩大销售规模可以降低单位产品的成本，但因为企业能用于营销的投入有限，这个目标也只能通过增加出口来实现。由于在无汞电池的生产技术上，国内企业与国外厂商相比没有太大差异，白象天鹅计划重点开发欧美、日本和南非等发达地区的市场。

在国内的电池市场，激烈的竞争推高了销售费用。白象天鹅虽然有心拓展，无奈资本实力有限，过去三年只能稍作尝试。企业营销的重点仍然是自己的老"根据地"——上海。企业产品在上海市场高达38%的份额，远高于国内其他品牌。通过在电台和公交车车厢投放广告以及赞助上海本地高校的活动等，企业力图保住这一市场份额。在国内其他地方，管理层试图突破华东一些重点城市，但由于投入有限，一番努力的结果却是企业2003年的国内销售总额反比2002年还低。

穷则思变

虽然企业的运营陷入了困境，但管理层对国内电池行业的前景却一致看好。企业总经理张洵说："电池生产是一个传统产业，但绝不是夕阳产业。随着电器用量越来越大，电动产品越来越多，电池的用途也越来越广。只要技术不落后，价格上有优势，电池生产这个行业是相当不错的。"中国电池协会的一位人士指出，和国外电池厂商相比，国内电池生产企业拥有明显的比较优势——"我们的电池价廉物美，不但价格低，而且性能、质量也不逊色。"除少数高端产品，在大多数产品方面，中国电池生产企业的技术也不比国外同行落后。

"在上海，生产像我们这样的工业产品没有优势，因为生产成本、劳动力、地价，什么都贵。"企业总经理指出。鉴于此，企业管理层认为解决方案应该是通过品牌管理和现场管理，让国内其他企业为白象天鹅做贴牌生产，这样可以大幅降低成本。

然而，推行此方案意味着企业的许多工人将被裁员。作为一家国有企业，企业不可避免地要承担维护社会稳定等社会职能。电池生产在中国虽然已经成为一个充分竞争的行业，但是，计划经济的历史留下的诸多包袱，特别是如何解决现有职工出路的问题，每每成为白象天鹅这家国营电池生产企业应对突变的市场风云时的巨大障碍。在过去两年里，企业也和国内外的一些电池生产商商讨过并购的意向，但由于企业方面认为对方开出的条件过于苛刻——比如说零收购，而且不愿意承接现有的员工等，商谈并无实质进展。

虽然暂未找到其他改革方案，但企业总经理认为企业目前每年有100人左右退休，大致再过2~3年，将能够在白象天鹅实施上述解决方案。但问题是，国内电池行业的竞争日趋白热化，白象天鹅能坚持到那一天吗？

本章小结

企业的财务管理环境又称为理财环境，是指企业理财过程中所面临的各种影响企业财务活动的客观条件和因素。影响企业理财环境的因素有多种，包括外部环境和内部环境、宏观环境和微观环境等。本章主要从内外两个方面对企业财务管理环境进行阐述，其中外部环境包括经济环境、资本市场环境、政治环境、法律环境、税收环境、社会人文环境等，而内部环境包括企业组织形式、公司治理结构、企业文化与员工素质、企业竞争能力等，并进一步提出企业在市场环境观念下的财务管理总体目标和具体目标。

主要名词

财务管理环境　市场环境　宏观环境　微观环境　资本市场环境　税收环境
理财目标　利润最大化　每股盈余最大化　股东财富最大化
利益相关者财富最大化

复习思考题

1. 通过案例分析，分析企业理财面临的环境。
2. 通过案例分析，提出解决企业财务困境的应对之策。
3. 企业理财环境的界定与功能。
4. 试分析资本市场环境和税收环境对企业理财的影响。
5. 除了本文所提到的几种财务管理环境，企业理财还会受到哪些环境因素的影响？
6. 评价你认为最适合中国企业发展的财务管理目标，并阐述原因。

第四章　财务的时间价值观

任何企业的财务管理活动，都是在特定的时空进行的，货币时间价值是客观存在的经济范畴。离开了货币时间价值因素，就无法正确计算不同时期的财务收支，也无法正确评价企业报酬的高低。本章将讨论货币时间价值的概念及其各种计算。

通过本章的学习，需要掌握如下内容：

1. 货币时间价值的概念及作用；
2. 复利终值和复利现值计算；
3. 年金终值和年金现值计算；
4. 不等额系列收付款项终值和现值的计算；
5. 折现率和计息期数的推算。

第一节　货币时间价值概述

财务的时间价值观就是指通常所说的货币时间价值观念。货币在不同的时点上，其价值是不一样的，即一年后的100元和两年后、三年后的100元是不同的，不能简单地相加或比较，需要进行换算，这就是最基本的货币时间价值观念。

一、货币时间价值的概念

货币时间价值，是指货币经历一定时间的投资和再投资所增加的价值。

在商品经济中，有这样一种现象：现在的10元钱和一年后的10元钱其经济价值不相等，现在的10元钱比一年后的10元钱经济价值要大一些，即使不存在通货膨胀也是如此。为什么会这样呢？我们可以看一个简单的例子：现在将10元钱存入银行，假如存款利率为2%（不含通货膨胀补贴和风险报酬），一年后可得到10.20元。这10元钱经过一年时间的投资增加了0.20元，这就是货币的货币时间价值。

企业资本循环和周转的起点是投入货币资本，企业用它来购买所需的资源，然后生产出新的产品，产品出售时得到的货币量大于最初投入的货币量，实现货币增值。每完成一次循环，货币就增加一定数额，周转的次数越多，增值额也就越大。可见，货币之所以具有货币时间价值，根源在于其在再生产过程中的运动和转化。所以，货币时间价值的实质是资本投入周转使用而形成的增值。

货币时间价值从量的规定性来看，是没有风险和没有通货膨胀条件下的社会平均资本利润率。由于竞争，市场经济中各部门投资的利润率趋于平均化，致使每个企业的投资项目至少要取得社会平均利润率，否则，就会投资于其他项目或其他行业，因此，货币时间价值也就成为评价投资项目的基本标准。

货币时间价值可以有两种表现形式：一是绝对数表现形式，即货币时间价值额，是指资本在周转使用中产生的真实增值额；二是相对数表现形式，即货币时间价值率，是指扣除风险报酬和通货膨胀贴水后的社会平均资本利润率。它与一般的利率是有差别的，只有在没有风险和没有通货膨胀的情况下，货币时间价值率才与利率相等。为了便于介绍，本章以此假设为前提，以利率代表货币时间价值率。

二、货币时间价值的作用

不同时间单位货币的价值是不相等的，所以，不同时间的货币收入不宜直接进行比较，需要把它们换算到相同的时间基础上，然后才能进行大小的比较和比率的计算。在企业财务管理中，筹资、投资的决策，经济效益的评价等，货币时间价值都起着重要的作用。

1. 货币时间价值是正确进行财务决策的基本依据

货币时间价值是扣除风险报酬和通货膨胀等因素后的社会平均资本利润率，作为投资方案至少应取得社会平均资本利润率水平，否则，该项目就是不成功的。在投资决策中，可以根据货币时间价值原理，把不同时点的投资额和不同时点的投资收益额换算成同一时点上的现值，作出科学的可行性分析。在筹资决策中，也可以根据货币时间价值原理，计算比较各种筹资方案的成本，选择最优的资本结构。

2. 货币时间价值是衡量企业经济效益的基本依据

货币时间价值问题实际上是资本使用的经济效益问题。企业作为盈利性的组织，其主要财务目标是实现企业价值最大化，不断增进股东财富。因此，企业经营者必须充分调动和利用各种经济资源去实现预期的收益，而评判这些资源是否充分有效使用的一个重要标准就是货币时间价值。货币时间价值，即社会平均资本利润率应是企业资本利润率的最低限度。

目前，我国仍然有不少企业在财务管理中，不注意货币时间价值，决策比较盲目，从而造成很大的经济损失。我们必须明确货币时间价值存在的客观必然性，认识利用货币时间价值的重要意义，树立货币时间价值观念，并运用到财务管理当中。

第二节　一次性收付的货币时间价值计算

货币有一次性收付和系列收付两种形式，所以，货币时间价值的计算可分为一次性收付的货币时间价值计算和系列收付的货币时间价值计算。一次性收付是指在某一特定时点上一次性收取（或支付），经过一段时间后再相应地一次性支付（或收取）的款项。

一、单利终值和现值的计算

由于货币随时间的增值过程与利息的增值过程在数学上相似，因此，在计算货币时间价值时广泛使用了计算利息的各种方法，而利息又有单利和复利两种方法。

在计算货币时间价值时，通常使用以下符号：

P：本金，又称期初金额或现值；

i：利率，通常指每年利息与本金之比；

I：利息，本金乘以利率之积；

F：本金和利息之和，又称本利和或终值；

n：计息期数，通常以年为单位；

A：年金。

（一）单利终值的计算

单利是计算利息的一种方法，即只就本金计算利息，在规定期限内获得的利息均不加入本金中计算利息。

1. 单利利息的计算

单利利息的计算公式为：

$$I = P \times i \times n$$

[例1] 某人存入银行1 000元，存期2年，假设存款年利率为2%，则到期时利息为：

$$I=1\ 000\times 2\%\times 2=40\text{（元）}$$

除非特别说明，在计算利息时，一般给出的利率为年利率，对于不足一年的利息，按一年360天来折算。

2. 单利终值的计算

单利终值就是一定数量的本金在一定的利率下，按照单利的方法计算出的若干时期以后的本利和。

单利终值计算公式为：

$$F=P+P\times i\times n=P\times(1+i\times n)$$

[例2] 仍用 [例1] 数据，两年后，该张存单的终值为：

$$F=1\ 000\times(1+2\%\times 2)=1\ 040\text{（元）}$$

（二）单利现值的计算

单利现值的计算就是确定未来终值的现在价值，是单利终值的逆运算。由终值计算现值称为折现，利率也可称为折现率。

单利现值计算公式为：

$$P=F/(1+n\times i)$$

[例3]] 某人欲于5年后有5 500元支付学费，假设存款年利率为2%，则现在此人需存入银行的本金为：

$$P=5\ 500/(1+2\%\times 5)=5\ 000\text{（元）}$$

二、复利终值和现值的计算

复利也是计算利息的一种方法，即除了本金计算利息外，还将每一期利息分别加入下期本金中一起计算利息，逐期滚算，俗称“利滚利”。货币时间价值通常是按复利计算的。

（一）复利终值的计算

复利终值就是一定数量的本金在一定的利率下，按照复利的方法计算出的若干时期以后的本利和。其形式如图4－1所示。

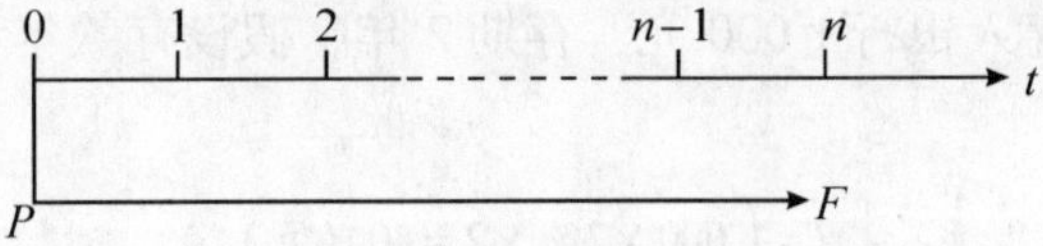

图 4-1　复利终值示意图

复利终值的计算公式为：

$$F=P(1+i)^n$$

这是计算复利终值的一般公式，其中的 $(1+i)^n$ 通常被称为复利终值系数或一元复利终值，用符号（F/P, i, n）表示。例如：（F/P, 2%, 2）表示利率为 2%、计息期数为 2 的复利终值系数。为了便于计算，可编制“复利终值系数表”（见附录的附表一）。该表的第一行是利率 i，第一列是计息期数 n，相应的 $(1+i)^n$ 值在其纵横相交处。通过该表可查出（F/P, 2%, 2）= 1.040 4。在货币时间价值为 2% 的情况下，现在的 1 元和 5 年后的 1.040 4 元在经济上是等效的，根据这个系数可以把现值换算成终值。

[例 4] 某人存入银行 1 000 元，存期 2 年，若存款年利率为 2%。

一年后的本利和为：

$$F=P+P\times i=P(1+i)=1\,000\times(1+2\%)=1\,020\text{（元）}$$

二年后的本利和为：

$$\begin{aligned}F&=[P(1+i)]\times(1+i)=P(1+i)^2\\&=1\,000\times(1+2\%)^2\\&=1\,000\times1.040\,4=1\,040.40\text{（元）}\end{aligned}$$

可见，现在存入 1 000 元，2 年后可得 1 040.40 元。

（二）复利现值的计算

复利现值是指未来一定时间的资本按复利计算的现在价值，或者说是为取得将来一定本利和而现在所需要的本金。它是复利终值的逆运算。其形式如图 4-2 所示。

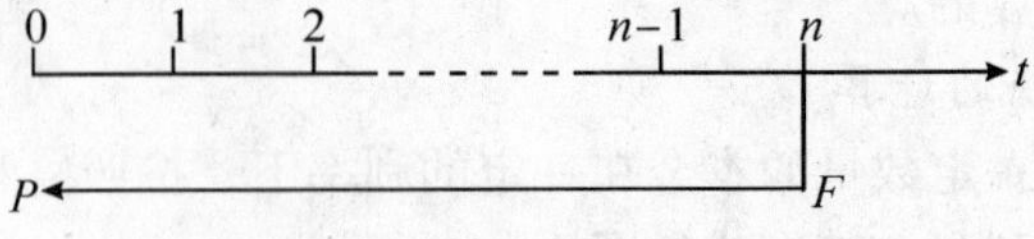

图 4—2　复利现值示意图

复利现值计算公式为：

$$P=\frac{F}{(1+i)^n}=F\times(1+i)^{-n}$$

上式中的 $(1+i)^{-n}$ 是把终值折算为现值的系数，称复利现值系数或一元的复利现值，用符号（P/F，i，n）来表示。例如，（P/F，2%，5）表示利率为2%、计息期为5的复利现值系数。为了便于计算，可编制“复利现值系数表”（见附录的附表二）。该表的使用方法与“复利终值系数表”相同。

［例5］某人欲于5年后有5 500元支付学费，假设存款年利率为2%，则现在此人需存入银行的本金为：

$$P=\frac{F}{(1+i)^n}\frac{5\,500}{(1+2\%)^5}=\frac{5\,500}{1.104\,1}=4\,981.43\text{（元）}$$

或：$P=F\times(P/F,\ i,\ n)$

$=5\,500\times(P/F,\ 2\%,\ 5)$

$=5\,500\times0.905\,7=4\,981.35$（元）

（与上面结果的差异是计算中四舍五入而导致的）

可见，只有现在存入4 981.35元，5年后才能够有5 500元。

（三）复利利息的计算

1. 复利利息的计算

复利利息的计算公式为：

$$I=F-P=P(1+i)^n-P=P[(1+i)^n-1]$$

［例6］某人存入银行1 000元，存期5年，若存款年利率为4%，则其本利和与复利利息分别为：

$F=1\,000(1+4\%)^5$

$=1\,000\times1.216\,7$

$=1\,216.70$（元）

$I=1\,216.70-1\,000=216.70$（元）

或 $=1\,000(1.216\,7-1)=216.70$（元）

2. 名义利率与实际利率的换算

上述讨论的有关计算均假定利率为年利率，每年复利一次。但实际上，复利的计息期不一定总是一年，有可能是半年、季度、月份或日。如有的债券半年计息一次，有的抵押贷款每月计息一次。当一年内复利的次数超过一次时，这样给出的年利率叫做名义利率，而实际利率则需要通过换算求出。只有每年复利一次的利率才是实际利率。

对于一年内多次复利的情况，可采取两种方法计算货币时间价值。

第一种方法是先将名义利率调整为实际利率，然后按实际利率计算货币时间价值。

实际利率与名义利率之间的关系是：

$$i = (1 + r/m)^m - 1$$

式中：i：实际利率；

r：名义利率；

m：每年复利次数。

［例 7］某人购买某公司债券 1 000 元，该债券期限 5 年，年利率为 4%，每半年计息一次，债券到期时可得的本利和是多少？

$$\begin{aligned} i &= (1 + r/m)^m - 1 \\ &= (1 + 4\%/2)^2 - 1 \\ &= 4.04\% \end{aligned}$$

$$\begin{aligned} F &= P \times (1 + i)^n \\ &= 1\,000 \times (1 + 4.04\%)^5 \\ &\approx 1\,219\ (\text{元}) \end{aligned}$$

可见，5 年后债券到期的本利和为 1 219 元。当一年内复利的次数超过一次时，实际利率比名义利率高，复利的次数越多，实际利率越高。

第二种方法是不计算实际利率，而是相应调整有关指标，即利率变为 r/m，期数相应变为 $m \times n$。

［例 8］仍利用［例 7］中的有关数据，用第二种方法计算本利和。

$$\begin{aligned} F &= P\ (1 + r/m)^{m \cdot n} \\ &= 1\,000 \times (1 + 4\%/2)^{2 \times 5} \\ &= 1\,000 \times (1 + 2\%)^{10} \\ &= 1\,000 \times 1.219 = 1\,219\ (\text{元}) \end{aligned}$$

或：$F = 1\,000 \times (F/P,\ 2\%,\ 10)$

$= 1\,219$（元）

可见，查表中的期数不一定理解为年，可理解为是一种等间隔的时间段（如年、季、月）。

第三节 系列收付的货币时间价值计算

系列收付是指一定时期内多次收付的款项。根据每次收付的金额是否相等，系列收付可分为等额系列收付和不等额系列收付。

一、等额系列收付款项终值和现值的计算

等额系列收付，是指等金额、等时间间隔的系列收付，也称为年金（以 A 表示）。

在实际工作中，分期收付利息、分期收付款、分期偿还贷款、发放养老金等，都属于年金收付形式。年金按照收付的次数和支付的时间不同，可分为普通年金、预付年金、递延年金和永续年金。

（一）普通年金终值和现值的计算

普通年金，又称后付年金，是指一定时间内每期期末等额系列收付的款项。

1. 普通年金终值

普通年金终值就如零存整取的本利和，它是一定时期内每期期末收付款项的复利终值之和。

(1) 普通年金终值的计算。

普通年金终值的计算方法如图 4－3 所示。

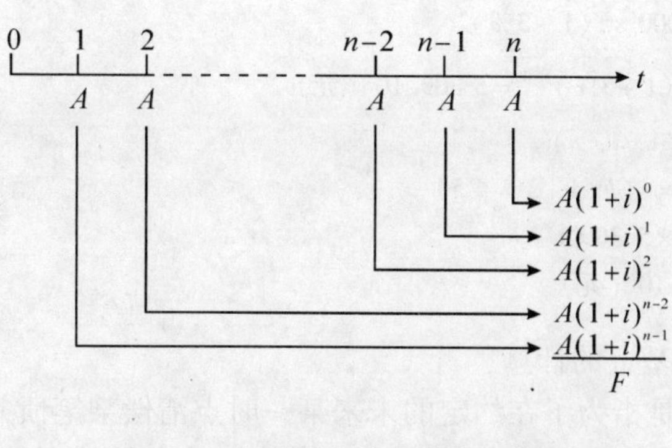

图 4－3 普通年金终值计算示意图

由图 4－3 可知，普通年金终值的计算公式为：

$$F = A(1+i)^0 + A(1+i)^1 + A(1+i)^2 + \cdots + A(1+i)^{n-2} + A(1+i)^{n-1}$$
$$= A\sum_{t=1}^{n}(1+i)^{t-1} \quad ①$$

将①式两边同时乘上（1+i）得：

$$F(1+i) = A(1+i)^1 + A(1+i)^2 + A(1+i)^3 \cdots + A(1+i)^{n-1} + A(1+i)^n \quad ②$$

将②式减去①式得：

$$F \cdot i = A(1+i)^n - A$$
$$= A[(1+i)^n - 1]$$
$$F = A\frac{(1+i)^n - 1}{i}$$

上两式中$\sum_{t=1}^{n}(1+i)^{t-1}$和$\frac{(1+i)^n-1}{i}$通常称作普通年金终值系数或一元普通年金终值，用符号（$F/A, i, n$）表示。可编制“普通年金终值系数表”（见附录的附表三），便于直接查表计算。

普通年金终值的计算公式也可写为：

$$F = A(F/A, i, n)$$

［例 9］某人在 5 年里，每年年末存入银行 1 000 元，若存款年利率为 3%，则第五年末可以得到多少本利和？

$$F = 1\,000 \times (1+3\%)^0 + 1\,000 \times (1+3\%)^1 + 1\,000 \times (1+3\%)^2 + 1\,000 \times (1+3\%)^3 + 1\,000 \times (1+3\%)^4$$
$$= 1000 \times \sum_{t=1}^{5}(1+3\%)^{t-1} = 5\,309.10 \text{（元）}$$

或：$F = A(F/A, i, n)$
$$= 1\,000 \times (F/A, 3\%, 5)$$
$$= 1\,000 \times 5.309\,1$$
$$= 5\,309.10 \text{（元）}$$

（2）年偿债基金的计算。

偿债基金，是指为了在约定的未来某一时点清偿某笔债务或积聚一定数额的资本而必须分次等额储存的款项。每次等额储存的款项就是年金（A），可以获得按复利计算的利息，未来的债务或需积聚的资本实际上等于年金终值（F）。

偿债基金的计算实际上是年金终值的逆运算。其计算公式为：

$$A = F\left[\frac{i}{(1+i)^n - 1}\right]$$

式中$\frac{i}{(1+i)^n - 1}$是年金终值系数的倒数，通常称作偿债基金系数，用符号（A/F，i，n）表示，可编制“偿债基金系数表”直接查阅，或通过年金终值系数的倒数推算出来。

偿债基金的计算公式也可写为：

$$\begin{aligned} A &= F(A/F, i, n) \\ &= F[1/(F/A, i, n)] \end{aligned}$$

［例 10］某人欲于 5 年后有 5 500 元支付学费，从现在起每年年末存入银行一笔款项，假设存款年利率为 2%，他每年年末应存入的金额是多少？

$$A = 5\,500 \times \left[\frac{2\%}{(1+2\%)^5 - 1}\right] = 1\,056.88\text{（元）}$$

$$\begin{aligned} \text{或} A &= 5\,500 \times [1/(F/A, 2\%, 5)] \\ &= 5\,500 \times (1/5.204\,0) \\ &\approx 1\,056.88\text{（元）} \end{aligned}$$

2. 普通年金现值

普通年金现值，是指一定时期内每期期末收付款项的复利现值之和。

（1）普通年金现值的计算。

普通年金现值计算方法如图 4－4 所示。

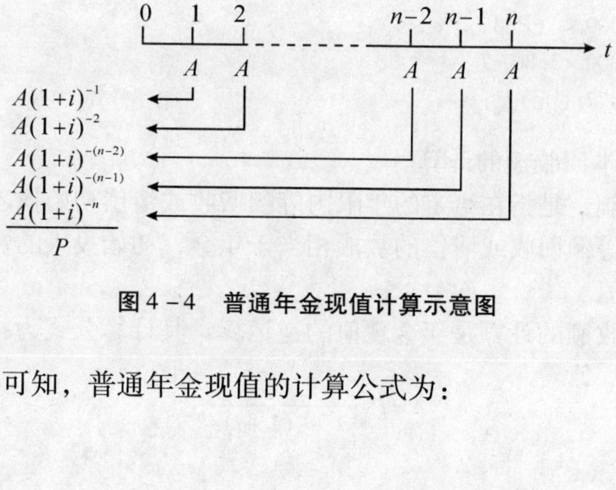

图 4－4 普通年金现值计算示意图

由图 4－4 可知，普通年金现值的计算公式为：

$$P = A(1+i)^{-1} + A(1+i)^{-2} + \cdots + A(1+i)^{-(n-1)} + A(1+i)^{-n}$$

$$= A\sum_{t=1}^{n}\frac{1}{(1+i)^{t}} \quad ①$$

将①式两边同乘（1+i）得：

$$P(1+i) = A + A(1+i)^{-1} + \cdots + A(1+i)^{-(n-2)} + A(1+i)^{-(n-1)} \quad ②$$

将②式减去①式得：

$$P \cdot i = A - A(1+i)^{-n}$$

$$= A[1-(1+i)^{-n}]$$

$$P = A\left[\frac{1-(1+i)^{-n}}{i}\right]$$

上两式中的$\sum_{t=1}^{n}\frac{1}{(1+i)^{t}}$和$\frac{1-(1+i)^{-n}}{i}$通常称作普通年金现值系数或一元普通年金现值，用符号（P/A，i，n）表示，可编制“普通年金现值系数表”（见附录的附表四），直接查表计算。

普通年金现值的计算公式也可写为：

$$P = A(P/A, i, n)$$

［例11］某人出国4年，请你代付房屋租金，每年年末需要支付房屋租金10 000元，假设存款年利率为2%，他现在应给你在银行存入多少钱?

$$P = 10\,000 \times (1+2\%)^{-1} + 10\,000 \times (1+2\%)^{-2} + 10\,000 \times (1+2\%)^{-3} + 10\,000 \times (1+i)^{-4} + 10\,000 \times (1+i)^{-5}$$

$$= 10\,000 \times \sum_{t=1}^{5}\frac{1}{(1+i)^{t}} = 38\,077 \text{（元）}$$

或：$P = 10\,000 \times (P/A, 2\%, 4)$

$= 10\,000 \times 3.807\,7$

$= 38\,077$（元）

（2）年资本回收额的计算。

资本回收额，是指在给定的年限内等额回收或清偿初始投入的资本或所欠的债务。每次等额回收或清偿的数额相当于年金，初始投入的资本或所欠的债务就是年金现值。

年资本回收额的计算是年金现值的逆运算。其计算公式为：

$$A = P\left[\frac{i}{1-(1+i)^{-n}}\right]$$

式中$\frac{i}{1-(1+i)^{-n}}$是年金现值系数的倒数，通常称作资本回收系数，用符号（A/P，i，n）表示，可编制“资本回收系数表”直接查阅，或利用年金现值系数的倒数求得。

年资本回收额的计算公式也可写为：

$$A = P\ (A/P,\ i,\ n)$$
$$= P\ [1/\ (P/A,\ i,\ n)]$$

［例 12］某企业以年利率 5% 借得 100 万元投资某项目，企业要在 3 年内还清贷款本息，每年回收额至少是多少？

$$A = 100\left[\frac{5\%}{1-(1+5\%)^{-3}}\right] = 36.72\ （万元）$$

$$或 A = 100 \times [1/\ (P/A,\ 5\%,\ 3)]$$
$$= 100 \times (1/2.7232)$$
$$\approx 36.72\ （万元）$$

（二）预付年金终值和现值的计算

预付年金，又称先付年金，是指一定时期内每期期初等额系列收付的款项。预付年金与普通年金的区别仅在于付款时间的不同。

1. 预付年金终值的计算

预付年金的终值是一定时期内每期期初收付款项的复利终值之和。n 期预付年金终值与 n 期普通年金终值之间的关系可以用图 4－5 加以说明。

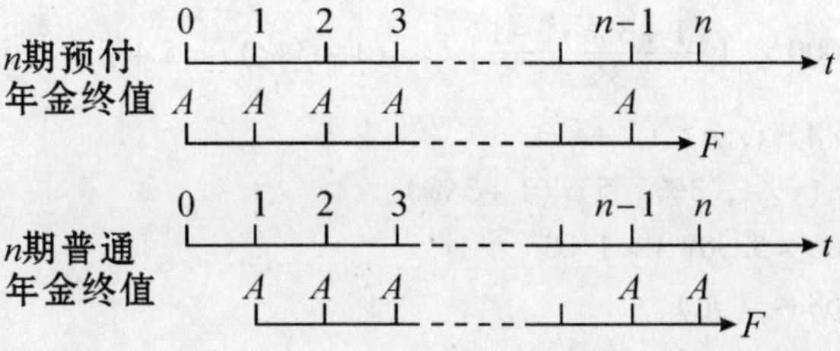

图 4－5 预付年金终值与普通年金终值计算比较图

从图 4－5 可以看出，n 期预付年金与 n 期普通年金的付款次数相同，但由于其付款时间不同，n 期预付年金终值比 n 期普通年金终值多计算一期利息。因此，在 n 期普通年金终值的基础上乘上（$1+i$）就是 n 期预付年金的终值。

预付年金终值的计算公式为：

$$F = A\ (F/A,\ i,\ n)\ (1+i)$$

此时，可以直接查 n 期、利率为 i 的普通年金终值系数表求出普通年金终值，再乘上 $(1+i)$ 就可求出预付年金的终值。

此外，预付年金终值的计算也可以是：

$$F = A\left[\frac{(1+i)^n-1}{i}\right](1+i)$$

$$= A\left[\frac{(1+i)^{n+1}-(1+i)}{i}\right]$$

$$= A\left[\frac{(1+i)^{n+1}-1}{i}-1\right]$$

式中 $\frac{(1+i)^n-1}{i}-1$ 称作预付年金终值系数或一元预付年金终值，它与普通年金终值系数 $\frac{(1+i)^n-1}{i}$ 相比，是在普通年金终值系数的基础上，期数加 1、系数减 1 所得的结果，用符号 $[(F/A,\ i,\ n+1)\ -1]$ 表示。这样，可以通过查“普通年金终值系数表” $(n+1)$ 期的系数值，然后减去 1 便可得到 n 期的预付年金系数值。

这时预付年金终值的计算公式为：

$$F = [(F/A,\ i,\ n+1)\ -1]$$

[例 13] 某人在 5 年里，每年年初存入银行 1 000 元，若存款年利率为 3%，则第五年末可以得到多少本利和？

方法一：$F = 1\,000 \times \left[\frac{(1+3\%)^5-1}{3\%}\right] \times (1+3\%) = 5\,468.4$（元）

或 $F = A \times (F/A,\ i,\ n)\ (1+i)$

$= 1\,000 \times (F/A,\ 3\%,\ 5)\ (1+3\%)$

$= 1\,000 \times 5.309\,1 \times 1.03$

$= 5\,468.4$（元）

方法二：$F = 1\,000 \times \left[\frac{(1+3\%)^{5+1}-1}{3\%}-1\right] = 5\,468.4$（元）

或 $F = A \times [(F/A,\ i,\ n+1)\ -1]$

$= 1\,000 \times [(F/A,\ 3\%,\ 5+1)\ -1]$

$= 1\,000 \times [(F/A,\ 3\%,\ 6)\ -1]$

$= 1\,000 \times (6.468\,4 - 1)$

$= 5\,468.4$（元）

2. 预付年金现值的计算

预付年金的现值是一定时期内每期期初收付款项的复利现值之和。n 期预付年金现值与 n 期普通年金现值之间的关系可用图 4－6 加以说明。

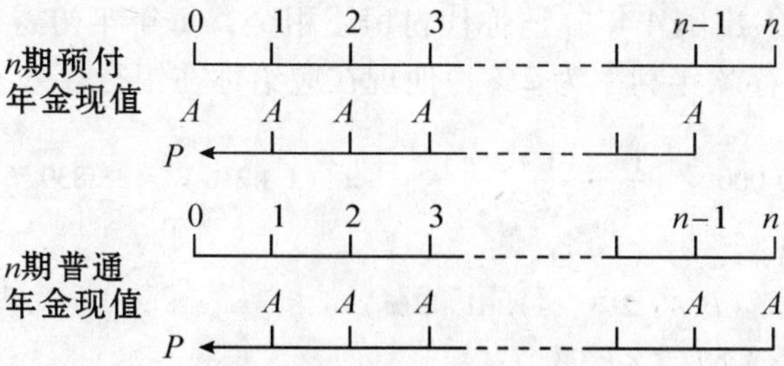

图 4－6　预付年金现值与普通年金现值计算比较图

从图 4－6 可以看出，n 期预付年金现值与 n 期普通年金现值的期限相同，但由于其付款时间不同，n 期预付年金现值比 n 期普通年金现值多折现一期。因此，在 n 期普通年金现值的基础上乘上 $(1+i)$，便可求得 n 期预付年金的现值。

预付年金现值的计算公式为：

$$P=A\ (P/A,\ i,\ n)\ (1+i)$$

此时，可以直接查 n 期、利率为 i 的普通年金现值系数表求出普通年金现值，再乘上 $(1+i)$ 就可求出预付年金的现值。

此外，预付年金现值的计算也可以是：

$$\begin{aligned}P&=A\left[\frac{1-(1+i)^{-n}}{i}\right](1+i)\\&=A\left[\frac{(1+i)-(1+i)^{-(n-1)}}{i}\right]\\&=A\left[\frac{1-(1+i)^{-(n-1)}}{i}+1\right]\end{aligned}$$

式中 $\frac{1-(1+i)^{-(n-1)}}{i}+1$ 称作预付年金现值系数或一元预付年金现值，它与普通年金现值系数 $\frac{1-(1+i)^{-n}}{i}$ 相比，是在普通年金现值系数的基础上，期数减 1、系数加 1 所得的结果。用符号 $[(P/A,\ i,\ n-1)+1]$ 表示。这样，通过查“普通年金现值系数表”$(n-1)$ 期的系数值，然后加 1，便可得

出 n 期的预付年金现值系数的值。

这时预付年金现值的计算公式为：

$$P=A\ [\ (P/A,\ i,\ n-1)\ +1]$$

［例 14］某人出国 4 年，请你代付房屋租金，每年年初需要支付房屋租金 10 000 元，假设存款年利率为 2%，他现在应给你在银行存入多少钱？

方法一：$P=10\ 000\times\left[\frac{1-(1+2\%)^{-4}}{2\%}\right]\times(1+2\%)\approx 38\ 839$（元）

或 $P=A\ (P/A,\ i,\ n)\ (1+i)$

$=10\ 000\times(P/A,\ 2\%,\ 4)\ (1+2\%)$

$=10\ 000\times 3.807\ 7\times 1.02$

$\approx 38\ 839$（元）

方法二：$P=10\ 000\times\left[\frac{1-(1+2\%)^{-(4-1)}}{2\%}+1\right]\approx 38\ 839$（元）

或 $P=A\ [\ (P/A,\ i,\ n-1)\ +1]$

$=10\ 000\times[\ (P/A,\ 2\%,\ 4-1)\ +1]$

$=10\ 000\times[\ (P/A,\ 2\%,\ 3)\ +1]$

$=10\ 000\times(2.883\ 9+1)$

$=38\ 839$（元）

（三）递延年金终值和现值的计算

递延年金，是指第一次收付款发生时间不在第一期末，而是隔若干期后才开始发生的系列等额收付款项。它是普通年金的特殊形式。

1. 递延年金终值的计算

递延年金终值是自若干时期后开始每期等额系列收付款项的复利终值之和。

递延年金终值的大小与递延期无关，所以计算方法和普通年金终值相同。

2. 递延年金现值的计算

递延年金现值是自若干时期后开始每期等额系列收付款项的现值之和。其计算方法有两种。

第一种方法，是把递延年金视为 n 期普通年金，先计算出递延年金在递延期（m）期末的现值，然后再把它折现到第一期期初。其计算方法如图 4－7 所示。

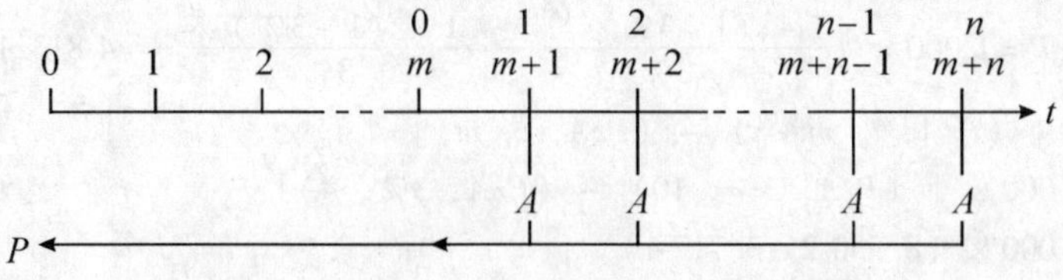

图 4－7 递延年金现值计算方法一示意图

从图 4－7 可知，递延年金现值计算公式为：

$$P = A\left[\frac{1-(1+i)^{-n}}{i}\right](1+i)^{-m}$$
$$= A\ (P/A,\ i,\ n)\ (P/F,\ i,\ m)$$

第二种方法，是假设在递延期中也有等额系列收付款项，先计算出（$m+n$）期的普通年金现值，然后减去实际没有收付的递延期（m 期）的普通年金现值。其计算方法如图 4－8 所示。

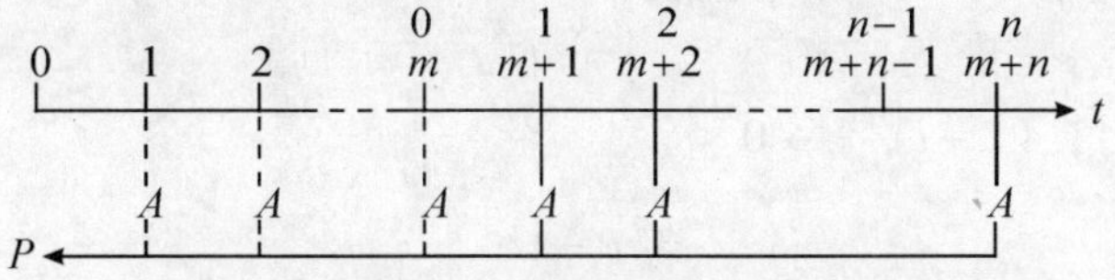

图 4－8 递延年金现值计算方法二示意图

从图 4－8 可知，递延年金现值计算公式为：

$$P = A\left[\frac{1-(1+i)^{-(m+n)}}{i} - \frac{1-(1+i)^{-m}}{i}\right]$$
$$= A\left[(P/A,\ i,\ m+n) - (P/A,\ i,\ m)\right]$$

［例 15］某人拟在年初存入一笔资本，以便能在第 5 年年末起每年取出 1 000元，至第 10 年末取完。假设存款年利率为 3%，此人应在最初一次存入银行多少钱？

方法一：$P = 1\,000 \times \left[\frac{1-(1+3\%)^{-6}}{3\%}\right] \times (1+3\%)^{-4} \approx 4\,813.18$（元）

或 $P = A\ (P/A,\ i,\ n)\ (P/F,\ i,\ m)$

$= 1\,000 \times (P/A,\ 3\%,\ 6)\ (P/F,\ 3\%,\ 4)$

$= 1\,000 \times 5.417\,2 \times 0.888\,5$

$\approx 4\,813.18$（元）

方法二：$P=1\,000\times\left[\frac{1-(1+3\%)^{-(6+4)}}{3\%}-\frac{1-(1+3\%)^{-4}}{3\%}\right]\approx 4\,813.1$（元）

或 $P=A[(P/A,\ i,\ m+n)-(P/A,\ i,\ m)]$

$=1\,000\times[(P/A,\ 3\%,\ 10)-(P/A,\ 3\%,\ 4)]$

$=1\,000\times(8.530\,2-3.717\,1)$

$\approx 4\,813.1$（元）

（四）永续年金终值和现值的计算

永续年金，是指无限期的等额系列收付的款项，也是普通年金的特殊形式，即期限趋于无穷的普通年金。如存本取息、优先股股利等。

1. 永续年金终值的计算

由于永续年金持续期无限，没有终止的时间，因此无法计算其终值。

2. 永续年金现值的计算

永续年金是期限趋于无穷的普通年金，所以，可通过普通年金现值计算公式推导出永续年金现值的计算公式。

$$P=A\left[\frac{1-(1+i)^{-n}}{i}\right]$$

当 $n\to\infty$ 时，$(1+i)^{-n}\to 0$

$$P=A/i$$

［例16］某人准备设立一个永久的奖学金基金，每年拿出5 000元奖励品学兼优的学生。假设存款利率为4%，这个人现在应存入基金多少钱？

$P=A/i$

$=5\,000/4\%$

$=125\,000$（元）

二、不等额系列收付款项终值和现值的计算

不等额系列收付，是指一定时期内多次收付，而每次收付的金额是不相等的款项。在财务管理中也常常需要计算这些不等额收付的终值和现值，尤其是计算现值。

（一）不等额系列收付款项终值的计算

不等额系列收付款项终值的计算方法如图4－9所示。

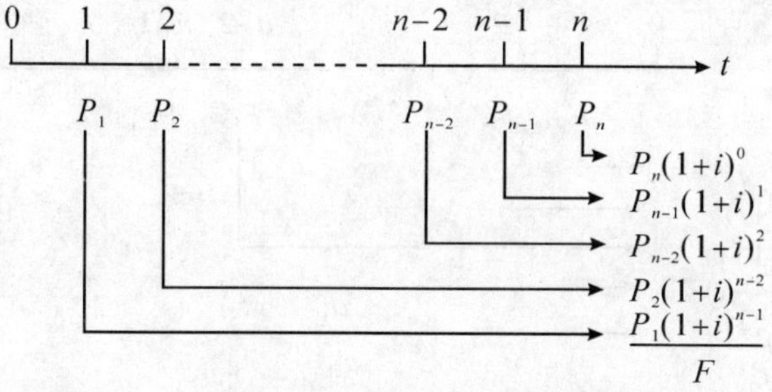

图4-9 不等额系列收付款项终值计算示意图

由图4-9可知，不等额系列收付款项终值的计算公式为：

$$F = P_n\ (1+i)^0 + P_{n-1}\ (1+i)^1 + P_{n-2}\ (1+i)^2 + \cdots + P_2\ (1+i)^{n-2} + P_1\ (1+i)^{n-1}$$

$$= \sum_{t=1}^{n} P_t\ (1+i)^{t-1}$$

可见，不等额系列收付款项终值等于每期收付款的终值之和。

［例17］某人存钱的计划是：第一年末存1 000元，第二年末存1 500元，第三年末存1 800元，如果年利率为2%，那么在第三年末可以得到的本利和是多少？

$$F = 1\ 000 \times (1+2\%)^{3-1} + 1\ 500 \times (1+2\%)^{3-2} + 1\ 800 \times (1+2\%)^{3-3}$$
$$= 1\ 000 \times (1+2\%)^2 + 1\ 500 \times (1+2\%) + 1\ 800$$
$$= 1\ 000 \times 1.040\ 4 + 1\ 500 \times 1.02 + 1\ 800$$
$$= 4\ 370.4\ (\text{元})$$

或：$F = 1\ 000\ (F/P,\ 2\%,\ 2) + 1\ 500\ (F/P,\ 2\%,\ 1) + 1\ 800$

$$= 1\ 000 \times 1.040\ 4 + 1\ 500 \times 1.02 + 1\ 800$$
$$= 4\ 370.4\ (\text{元})$$

（二）不等额系列收付款项现值的计算

不等额系列收付款项现值计算方法如图4-10所示。

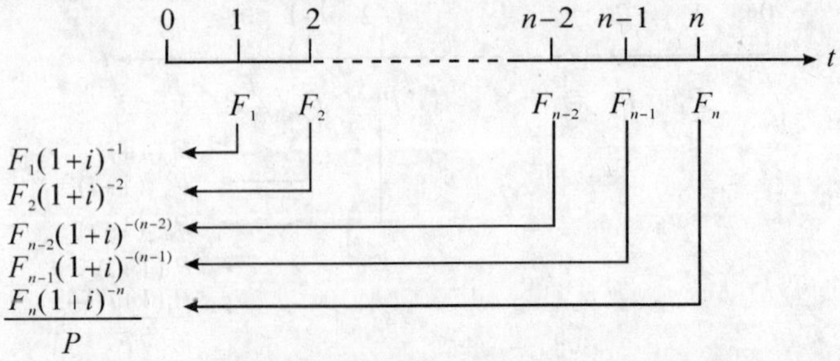

图 4-10　不等额系列收付款项现值计算示意图

由图 4-10 可知，不等额系列收付款项现值的计算公式为：

$$P = F_1\ (1+i)^{-1} + F_2\ (1+i)^{-2} + \cdots + F_{n-1}\ (1+i)^{-(n-1)} + F_n\ (1+i)^{-n}$$
$$= \sum_{t=1}^{n} F_t \frac{1}{(1+i)^t}$$

可见，不等额系列收付款项现值等于每期收付款现值之和。

［例 18］某人现在想存一笔钱进银行，希望在第一年末可以取出 1 000 元，第二年末可以取出 1 200 元，第三年末可以取出 1 500 元，第四年末可以取出 1 800 元，第五年末可以取出 2 000 元。如果年利率为 3%，那么他现在应存多少钱在银行？

$$P = \frac{1\ 000}{(1+3\%)^1} + \frac{1\ 200}{(1+3\%)^2} + \frac{1\ 500}{(1+3\%)^3} + \frac{1\ 800}{(1+3\%)^4} + \frac{2\ 000}{(1+3\%)^5}$$
$$= \frac{1\ 000}{1.03} + \frac{1\ 200}{1.060\ 9} + \frac{1\ 500}{1.092\ 7} + \frac{1\ 800}{1.125\ 5} + \frac{2\ 000}{1.159\ 3} \approx 6\ 799.2\ (\text{元})$$

或：$P = 1\ 000\ (P/F,\ 3\%,\ 1) + 1\ 200\ (P/F,\ 3\%,\ 2) + 1\ 500\ (P/F,\ 3\%,\ 3) + 1\ 800\ (P/F,\ 3\%,\ 4) + 2\ 000\ (P/F,\ 3\%,\ 5)$

$= 1\ 000 \times 0.970\ 9 + 1\ 200 \times 0.942\ 6 + 1\ 500 \times 0.915\ 1 + 1\ 800 \times 0.888\ 5 + 2\ 000 \times 0.862\ 6$

$\approx 6\ 799.2$（元）

如果在一定时期的系列收付中，既有等额的系列收付，又有不等额的系列收付，计算终值和现值时，就需要将上述的方法灵活运用。

第四节　利息率（折现率）、计息期数的推算

前面所讨论的都是已知利息率（折现率）和计息期数求终值、现值或年

金，但在财务管理中，有时也会遇到已知终值、现值、年金、利息率（折现率）或计息期数，而需要求计息期数或求利息率的问题，如计算项目投资的回收期或内部收益率。

一、利息率（折现率）的推算

1. 永续年金利息率（折现率）的推算

根据永续年金现值计算公式可得：

$$i = A/P$$

2. 一次性收付款项利息率（折现率）的推算

根据复利终值（或现值）的计算公式可得：

$$i = (F/P)^{1/n} - 1$$

因此，若已知 F、P、n，便可直接计算出一次性收付款项的利息率（折现率）i。

当然，一次性收付款项，也可以用查复利终值系数表或复利现值系数表的方法求 i。其原理与下述普通年金折现率推算的原理相同，此略。

3. 普通年金利息率（折现率）的推算

普通年金利息率（折现率）的推算比较复杂，一般需要利用有关的系数表，有时还需要使用内插法才能求得。

根据普通年金终值 F 和普通年金现值 P 的计算公式，可推算出普通年金终值系数和普通年金现值系数分别为：

$$F/A = (F/A,\ i,\ n)$$

$$P/A = (P/A,\ i,\ n)$$

若 F、A、n 已知，则可通过查普通年金终值系数表，找出等于 F/A 的系数值，其对应的 i 即为所求的 i；若 P、A、n 已知，则可通过查普通年金现值系数表，找出等于 P/A 的系数值，其对应的 i 即为所求的 i。若找不到完全对应的 i，则需要运用内插法来求。

可见，利用普通年金终值系数表和普通年金现值系数表求 i 的基本原理和步骤是一致的。

以普通年金现值为例，即在已知 P、A 和 n 的情况下，推算利息率（折现率）i 的基本方法和步骤为：

①计算出 P/A 的值，假设 $P/A=\alpha$。

②查普通年金现值系数表。沿着已知 n 所在的列横向查找，若恰好能找到某一系数值等于 α，则该系数值所在的列相对应的利率便为所求的 i 值。

③若无法找到恰好等于 α 的系数值，就应在表中 n 行上找与 α 最接近的两个左右临界系数值，设为 β_1、β_2（$\beta_1>\alpha>\beta_2$，或 $\beta_1<\alpha<\beta_2$）。读出 β_1、β_2 所对应的临界利率，然后进一步运用内插法。

④在内插法下，假定利率 i 同相关的系数在较小范围内线性相关，因而可根据临界系数 β_1、β_2 和临界利率 i_1、i_2 计算出 i。

其计算公式为：

$$i=i_1+\frac{\beta_1-\alpha}{\beta_1-\beta_2}(i_2-i_1)$$

［例 19］某公司于第一年年初借款 450 000 元，每年年末还本付息额均为 60 000 元，分 10 年还清。问借款利率为多少？

$(P/A,\ i,\ 10)=P/A=450\ 000/60\ 000=7.5$

即 $\alpha=7.5$

查普通年金现值系数表。在 $n=10$ 一行横向查找，无法找到恰好为 7.5（α）的系数值，于是在该行上找大于和小于 7.5 的临界系数值，分别为：$\beta_1=7.721\ 7>7.5$，$\beta_2=7.360\ 1<7.5$。同时读出临界利率为 $i_1=5\%$，$i_2=6\%$。则：

利率　　　　　　年金现值系数

$$1\%\left\{\begin{array}{l} x\%\left\{\begin{array}{l}5\%\\ i\end{array}\right.\\ \quad 6\%\end{array}\right. \qquad 0.361\ 6\left\{\begin{array}{l} 0.221\ 7\left\{\begin{array}{l}7.721\ 7\\ 7.5\end{array}\right.\\ \quad 7.360\ 1\end{array}\right.$$

$\frac{x}{1}=\frac{0.221\ 7}{0.361\ 6}$

$x\approx0.61$

$i=5\%+0.61\%=5.61\%$

或直接用公式计算：

$$\begin{aligned} i&=i_1+\frac{\beta_1-\alpha}{\beta_1-\beta_2}(i_2-i_1)\\ &=5\%+\left[\frac{7.721\ 7-7.5}{7.721\ 7-7.360\ 1}\right]\times(6\%-5\%)\\ &\approx5.61\% \end{aligned}$$

同理，也可以按照上述方法和步骤，利用普通年金终值系数表求 i。

4. 预付年金利息率（折现率）的推算

预付年金利息率（折现率）的推算同样可按照上述方法。先求出 F/A 的值，令 $\alpha = F/A + 1$，然后沿（$n+1$）所在的列横向在普通年金终值系数表中查找；若恰好找到等于 α 的系数值，则该系数值所在行所对应的利率便为所求的 i，否则便查找临界系数值和对应的临界利率，应用内插法求出利率 i。

二、计息期数的推算

计息期数 n 的推算，其原理和步骤与利息率（折现率）i 推算同理。

以普通年金为例，即在 P、A 和 i 已知情况下，推算计息期数 n 的基本步骤如下：

①计算出 P/A，设为 α。

②查普通年金现值系数表。沿着已知 i 所在的列纵向查找，若能找到恰好等于 α 的系数值，其对应的 n 值即为所求的计息期数值。

③若找不到恰好为 α 的系数值，则查找最为接近 α 值的上下临界系数 β_1、β_2 以及对应的临界计息期数 n_1、n_2，然后应用内插法求 n。

其计算公式为：

$$n = n_1 + \frac{\beta_1 - \alpha}{\beta_1 - \beta_2}(n_2 - n_1)$$

［例 20］某企业于第一年年初向银行借入 700 000 元，借款利率为 5%，预计每年年末归还本息额均为 100 000 元，几年后可全部还清本息？

$(P/A, 5\%, n) = 700\,000/100\,000 = 7$

即 $\alpha = 7$

查普通年金现值系数表，在 $i = 5\%$ 的列上纵向查找，无法找到恰好为 7（α）的系数值，于是在该列上查找大于和小于 7 的临界系数值：$\beta_1 = 6.463\,2 < 7$，$\beta_2 = 7.107\,8 > 7$，对应的临界计息期数 $n_1 = 8$，$n_2 = 9$。则：

计息期数　　　　年金现值系数

$$1\left\{\begin{array}{l} x\left\{\begin{array}{l}8\\ n\end{array}\right.\\ \quad 9\end{array}\right. \qquad 0.644\,6\left\{\begin{array}{l}0.536\,8\left\{\begin{array}{l}6.463\,2\\ 7\end{array}\right.\\ \qquad\quad 7.107\,8\end{array}\right.$$

$$\frac{x}{1} = \frac{0.536\,8}{0.644\,6}$$

$x \approx 0.83$

$n = 8 + 0.83 = 8.83$（年）

或直接用公式计算：

$$n = n_1 + \frac{\beta_1 - \alpha}{\beta_1 - \beta_2}(n_2 - n_1)$$

$$= 8 + \frac{6.4632 - 7}{6.4632 - 7.1078} \times (9 - 8)$$

$$\approx 8.83（年）$$

本章小结

货币时间价值既是客观存在的经济现象，也是财务管理的重要基本观念，它贯穿于财务管理的始终，在企业财务管理中必须注意考虑货币时间价值，方可做出科学的、合理的选择。本章阐述的主要内容有：

货币时间价值是指货币经历一定时间的投资和再投资所增加的价值。货币时间价值的实质是资本投入周转使用而形成的增值，从量的规定性来看，是在没有风险和没有通货膨胀条件下的社会平均资本利润率。在企业财务管理的财务筹资、财务投资及经济效益评价等方面，货币时间价值都体现出重要的作用。

货币时间价值通常是按复利计算的，包括计算一次性收付的复利终值、现值，系列不等额收付的复利终值、现值，系列等额收付的普通年金终值、现值，预付年金终值、现值，递延年金终值、现值和永续年金现值。在此基础上，还可以推算利息率、计息期数等。

主要名词

货币时间价值　年金　普通年金　预付年金　递延年金　永续年金　偿债基金　资本回收额

复习思考题

1. 如何理解货币时间价值的概念？
2. 货币时间价值在财务管理中有什么作用？
3. 普通年金终值与预付年金终值、普通年金现值与预付年金现值的计算有何区别与联系？

4. 递延年金现值应如何计算？

5. 永续年金有什么特点？

习题

1. 现有三种期限均为五年、到期还本付息的债券，若你有一笔钱欲购买债券，你会选择哪一种？

（1）票面利率为6%，不计复利；

（2）票面利率为5%，每年计息一次；

（3）票面利率为4%，每半年计息一次。

2. 某人于年初存入银行20万元，在年利率为2.4%，每月复利一次的情况下，到第5年末可以取得本利和多少元？

3. 某厂5年后需现金90 000元购买设备，如每年年末存款一次，在年利率为5%的情况下，该厂每年年末应存入多少现金，才能保证购买设备的款项？

4. 某人现在存入银行现金20 000元，在银行存款利率为3%的情况下，今后10年内每年年末可提取现金多少元？

5. 某人现在存入银行一笔现金，计划从第8年年末开始，每年年末从银行提取现金6 000元，连续提取10年，在利率为4%的情况下，现在应存入银行多少元？

6. 南辉公司欲购置一台设备，设备供应商有四种销售方式：

（1）从现在起，每年年末支付22 000元，连续支付10年；

（2）从现在起，每年年初支付20 000元，连续支付10年；

（3）从第5年开始，每年年末支付25 000元，连续支付10年；

（4）一次性付清设备款150 000元。

假设年利率为5%，请帮助南辉公司作出付款决策。

第五章　财务的现金流量观

现金流量是影响企业价值的直接因素。在财务管理中，企业重视的应该是现金流量而不是会计利润。只有合理地分析和规划现金流量，维持企业的偿债能力，才能实现企业目标。本章将介绍现金流量及其构成和现金流量的规划原理。

通过本章的学习，需要掌握如下内容：

1. 现金流量与利润的比较；
2. 现金流量的重要性；
3. 现金流量的构成；
4. 现金流量的规划原理。

第一节　现金流量与利润

企业只能用现金而不是会计利润去支付，因此，在财务管理中关注企业的现金流量尤重于会计利润。

一、现金流量与利润

（一）现金流量和利润的概念

现金流量，是指企业的现金流动及其以货币计量的数额，它是现金流入量和现金流出量的统称。企业在经营过程中，每项活动最终都会引起现金的流入或流出，其数额是以收付实现制来确定的。

利润，是指收入与费用配比相抵后的差额，是企业在一定期间的经营成果。利润包括营业利润、投资净收益和营业外收支，它是以会计的权责发生制来计算的，所以也称会计利润。

（二）现金流量与利润的比较

以收付实现制确定的现金流量与以权责发生制计算的利润，其基础就不相同，因此二者必然存在差异，这些差异主要表现在如下几个方面：第一，购置固定资产时付出大量现金，但不计入成本；第二，将固定资产的价值以折旧的形式逐期计入成本，但不需要付出现金；第三，计算利润时不考虑垫支的流动资本（流出）及其回收（流入）；第四，只要销售行为已经确定，就计算为当期的销售收入，而不管是否于当期收到现金；第五，以现金的形式回收的固定资产残值没有在计算利润时反映。

尽管现金流量与会计利润有许多差异，但就经营活动产生的现金流量而言，主要是来自于销售商品、提供劳务的收入的流入，以及采购商品、支付工资或经营费用等的流出。因此，现金流量与利润有一定的联系。

二、现金流量的重要性

企业在建立时需要解决两大问题：一是规划，二是现金。没有现金，规划无法实现，不能开始运作。企业建立后，现金变为各种经营资产，在运营中又陆续变为现金。企业必须规划安排好现金流量，否则，一个企业也许有利可图，但仍会由于现金流量不足以偿还到期债务而倒闭，可见现金流量之重要。

在财务管理中重视现金流量而非会计利润，其主要原因有两点。

1. 有利于科学地考虑时间价值因素

企业的财务筹资和财务投资都应认真考虑货币时间价值，这就要求在决策时一定要弄清每笔预期收入款项和支出款项的具体时间，因为不同时间的货币具有不同的价值。而利润是以权责发生制为基础的，并不考虑货币收付的时间。因此，在财务决策中要考虑货币时间价值的因素，就应该采用现金流量而不应是会计利润。

2. 使财务决策更符合客观实际情况

在财务决策中，应用现金流量能更科学、更客观地评价财务方案的优劣。这是因为：第一，会计利润的计算没有一个统一的标准，在一定程度上要受存货估价、费用摊配和折旧计提等不同方法的影响，因此，利润的计算比现金流量的计算有更大的主观随意性，作为决策的主要依据不太可靠；第二，会计利润反映的是某一会计期间“应计”的现金流量，而不是实际的现金流量，以未实际收到现金的收入作为收益，具有较大风险，缺乏一定的科学性和合理性。

第二节 现金流量的构成

企业的现金流量是现金流入量和现金流出量的统称，所以，现金流量包括现金流入量、现金流出量以及两者的差额——现金净流量。

一、现金流量的内容

（一）现金流入量

企业筹集资本如发行股票、发行债券、向银行借款等，企业销售产品、提供服务、出售资产等，最终都会引起现金流入，给企业带来现金流入量。

（二）现金流出量

企业进行固定资产投资，购买股票、债券，企业采购材料，支付员工工资，上缴各项税款，偿还各种债务及向股东支付现金股利等，最终都会引起现金流出，从而产生现金流出量。

对于正常经营的企业来说，现金流入与现金流出循环往复，川流不息，称为现金流量循环。企业的现金流量循环如图5－1所示。

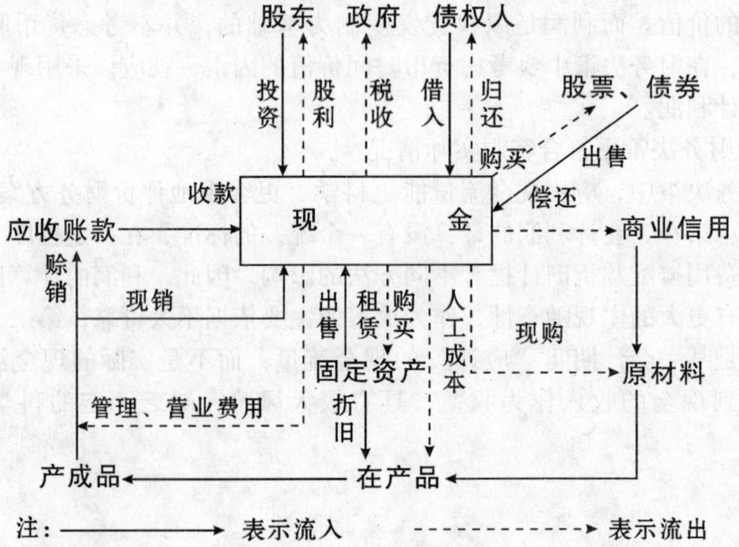

图5－1 现金流量循环示意图

（三）现金净流量

现金净流量，是指一定期间现金流入量和现金流出量的差额。流入量大于流出量时，净流量为正值；反之，净流量为负值。

二、现金流量的分类

现金流量可以根据不同的标准作不同的分类。

（一）按照循环周期长短分类

根据循环周期的长短，现金流量可以分为短期现金流量和长期现金流量。

1. 短期现金流量

短期现金流量，是指循环周期在一年以内的现金流量。企业的短期现金流量主要有：①采购原材料，经加工变为产成品或直接采购商品，销售并收回货款；②支付企业职工工资；③支付经营、管理费用；④从银行等方面取得短期借款，到期偿还债务本息；⑤交纳税款；⑥当现金暂时闲置时购买股票、债券等有价证券，当现金短缺时出售股票、债券等有价证券取得现金。

2. 长期现金流量

长期现金流量，是指循环周期在一年以上的现金流量。企业的长期现金流量主要有：①通过长期借款或发行长期债券筹得长期资本，并按规定期限偿还债务本息；②通过发行股票取得长期资本，并按期支付股利；③通过购买或租赁获得固定资产，并通过计提折旧而逐步收回固定资产投资；④为实现长期投资目的的股票和债券买卖。

（二）按照财务活动性质分类

根据企业财务活动性质不同，现金流量可以分为筹资活动现金流量和投资活动现金流量两大类。

1. 投资活动现金流量

投资活动现金流量，是指企业为了在未来获取收益而投放以及收回的现金流量。广义的投资活动现金流量包括企业内部的长短期资本投放和回收，以及对外部投出资本和回收。企业投资活动现金流量主要有：①采购原材料，经加工变为产成品或直接采购商品，销售并收回货款；②支付企业职工工资；③支付经营管理费用；④交纳税款；⑤购买和处置固定资产、无形资产等长期资产；⑥买卖股票、债券等与投资有关的现金流量。

在财务会计里，上述投资活动现金流量中的①～④称为经营活动现金流量，即指企业内部的短期资本投放和回收；企业内部的长期资本投放和回收，以及对外部投出资本和回收才称为投资活动现金流量，即⑤和⑥。

2. 筹资活动现金流量

筹资活动现金流量，是指企业根据需要，从各方面筹集所需资金以及为筹资而偿付的现金流量。企业筹资活动的现金流量主要有：①通过借款或发行债券筹得资本，并按规定期限偿还债务本息；②通过发行股票取得长期资本，并按期支付股利。

支付股利在财务管理上也属于分配活动，但实际上它也是再筹资活动，因为企业决定了股利的支付额，剩余的留在企业的盈利也就是内部的筹资来源。

第三节　现金流量的规划

现金流量规划，通常也称现金收支计划，是企业在整个计划期内预计现金流入和现金流出的数量规划，是企业搞好现金流量管理的有效工具。

一、现金流量规划的意义

合理制定现金流量规划是企业财务管理工作中的重要组成部分。现实中有不少利润较高的企业，由于货款不能及时收回等原因，造成企业现金严重短缺，从而无法购买材料，支付各种费用，甚至不能偿还到期的债务而导致破产。还有一些企业，货款能够及时收回，但由于缺乏计划，造成大量的资本闲置，大大降低了资本的周转速度，从而减弱了企业的获利能力。

所以，制定现金流量规划的目的在于合理处理影响企业现金流量的各项业务，有效调度资本，以保证企业的现金流动能够保持正常循环，其意义重大。

第一，通过制定现金流量规划，企业可以事先预计到计划期的资本短缺，并及早安排借款事宜，从而可以大大避免现金短缺情况。

第二，通过制定现金流量规划，企业也可以预见到计划期内的资本暂时闲置情况，从而可以预先做好短期投资决策，以便使现金余额处于合理水平。

第三，通过制定现金流量规划，财务人员可以对企业的偿债能力及盈利质量等方面进行筹划，以便改善企业的未来财务状况和经营成果。

二、现金流量规划原理

现金流量规划的手段主要有两个，一是编制现金预算，二是编制预计现金流量表。

（一）现金预算

现金预算是财务预算的一个组成部分，它反映各预算期的现金流入和现金流出，实际上是其他预算有关现金收支部分的汇总，以及收支差额平衡措施的具体计划。它的编制要以其他各项预算为基础，其目的在于当资本不足时筹措资本，资本多余时及时处理现金余额，并提供现金收支的控制限额，可以发挥现金管理的作用。

现金预算原理及其与其他预算之间的关系如图5－2所示。

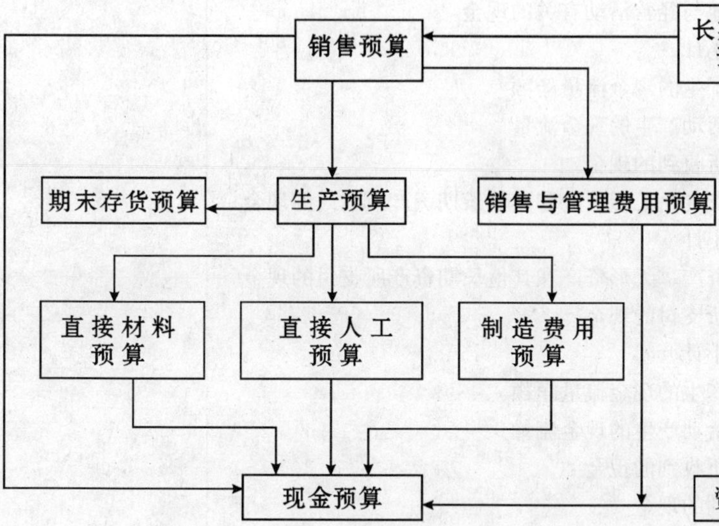

图5－2 现金预算原理及其与其他预算关系图

（二）预计现金流量表

预计现金流量表是规划未来企业现金流量的重要工具。编制预计现金流量表的目的在于了解计划期内企业的资本流转状况和企业经营能力，尤其是一些长期的资本筹集与使用方案对计划期内企业的影响。

预计现金流量表的编制可以直接利用上述现金预算的结果。预计现金流量表一般包括预计经营活动产生的现金流量、预计投资活动产生的现金流量和预计筹资活动产生的现金流量三大部分，其格式如表5－1所示。

表 5-1　　　　预计现金流量表　　　　单位：元

项 目	金 额
一、预计经营活动产生的现金流量	
销售商品、提供劳务收到的现金	
现金流入小计	
购买商品、接受劳务支付的现金	
支付给职工以及为职工支付的现金	
支付的所得税款	
支付的其他与经营活动有关的现金	
现金流出小计	
经营活动产生的现金流量净额	
二、预计投资活动产生的现金流量	
收回投资所收到的现金	
处置固定资产、无形资产和其他长期资产所收回的现金	
现金流入小计	
购建固定资产、无形资产和其他长期资产所支付的现金	
购买债券所支付的现金	
现金流出小计	
投资活动产生的现金流量净额	
三、预计筹资活动产生的现金流量	
发行股票所收到的现金	
借款所收到的现金	
现金流入小计	
偿还债务所支付的现金	
分配股利所支付的现金	
现金流出小计	
筹资活动产生的现金流量净额	
四、预计现金及现金等价物的净增加额	

三、项目投资现金流量的估算

从上述分析可见，企业的投资活动、筹资活动、分配活动（再筹资）都会产生现金流量，而企业的这些活动是密切相关的。例如，生产性资产投资（项目投资）需要现金，它们要依靠筹资（包括再筹资）实现，因此，投资额

(即现金流出量)其实也就是筹资的需要量(现金流入量)。投资的回收则依靠经营产生的现金净流量,资本的归还或股利分配(现金流出量)也来源于此。

所以,项目投资现金流量的估算方法应该是企业现金流量中比较有代表性的估算方法,而且估计项目投资的预期现金流量是投资决策的首要环节,实际上它也是分析投资方案时最重要、最困难的一个步骤。

(一)项目投资现金流量估算的基本原则

项目投资现金流量,是指投资项目从筹划、设计、施工、投产直至报废(或转让)为止的整个期间,由项目引起的各年现金流入与现金流出的增加额。这里的"现金"是广义的现金,它不仅包括各种货币资本,而且还包括投资项目涉及的非货币资产的变现价值。例如,一个投资项目需要使用原有的厂房、机器设备和材料等,则相关的现金流量是指它们的变现价值,而不是其账面成本。

在估算与投资项目相关的现金流量时,应遵循的基本原则是:只有增量的现金流量才是与投资项目相关的现金流量。所谓增量现金流量,是指接受或拒绝某个投资项目后,企业总现金流量因此而发生的变动。只有实施某个投资项目引起的现金流入增加额,才是该项目的现金流入量;只有实施某个投资项目引起的现金流出增加额,才是该项目的现金流出量。

(二)项目投资现金流量估算应注意的问题

为了正确估算项目投资的增量现金流量,需要正确判断哪些支出会引起企业现金流量总额的变动,哪些支出不会引起企业现金流量总额的变动。在进行这些判断时,要注意以下几个问题:

1. 区分相关成本与沉没成本

相关成本,是指与特定决策有关的、在分析评价时必须加以考虑的成本;沉没成本,是指那些由于过去的决策所引起的,并已经发生的费用支出。由于沉没成本不能由现在或将来的投资决策所改变,它属于决策无关成本,因而在进行投资决策时不必加以考虑,即不应把沉没成本计入投资方案的现金流出量。

例如,某企业在2004年拟新建一个车间,并请咨询公司做了可行性研究,已支付专家咨询费10万元,后因经费紧张此项目停了下来。2005年拟重新上马,在进行投资分析时,这10万元是否仍是相关成本呢?答案是否定的。因为这笔支出已经发生,属于沉没成本,不管企业是否新建这个车间,它都已无法收回,与企业未来的现金流量总额无关。

如果将沉没成本纳入投资项目的总成本,则一个有利的投资性能可能因此而变得不利，一个较好的投资项目可能变成较差的方案，从而造成决策的失误。

2. 不应忽视机会成本

在投资项目的选择中，如果选择了某一个投资项目，就必然要放弃投资于其他项目的机会。其他投资项目可能取得的收益是实施被选择项目的一种代价，也就是该投资项目的机会成本。机会成本尽管不是我们通常所说的“成本”，并不构成实际的现金流出，但它减少了收益的机会，因此也是项目相关的成本。

机会成本总是针对具体项目的，离开了被放弃的项目就无从估算。机会成本以现实重置成本为计价基础。例如，上述企业新建车间的投资方案，需要使用企业拥有的一块土地。在进行投资分析时，必须考虑这块土地的其他用途所能带来的收益，即利用土地建车间的机会成本。假设这块土地出售可得 30 万元，那么，新建车间的机会成本就是 30 万元。值得注意的是，不管这块土地当时是以 25 万元还是 40 万元购买的，都应以现行市场价格作为该土地的机会成本。

机会成本在项目投资决策中的意义在于它有助于全面考虑可能采取的各种项目，以便为既定而有限的资源寻求最为有利的使用途径。

3. 要考虑投资项目对企业其他部门的影响

当我们采纳一个新的投资项目后，该项目可能对企业的其他部门造成有利或不利的影响。例如，如果新建车间用于生产受市场欢迎的 A 产品，据预测，A 产品投产后，每年可带来现金流入（收入）50 万元，但公司原来生产的 B 产品会因此受到影响，每年现金流入（收入）由原来的 100 万元降低到 80 万元。在进行投资项目现金流量估算时，不仅应将新车间的现金流入量作为增量现金流入量来处理，而且应扣除其他部门因此而减少的现金流入量。因此，与新建车间相关的现金流量为 30 万元［50－（100－80）］。

当然，也可能发生相反的情况，新产品上市后将促进其他部门的销售量增长。这主要看新项目与原有部门是竞争关系还是互补关系。诸如此类的交互影响，事实上很难准确计量，但决策者在进行投资项目分析时，仍然要将其考虑在内。

4. 要考虑对营运资本净额的影响

营运资本净额，是指增加的流动资产与增加的流动负债之间的差额。

一般情况下，企业在开办一项新业务并使销售额扩大后，对于存货和应收账款等流动资产的需求也会增加，企业必须筹措新的资本，以满足这种额外需求。另一方面，企业扩充也会使应付账款与一些应付费用等流动负债同时增加，从而降低企业流动资本的实际需要。所以，在估算投资项目的现金流量时，需要考虑营运资本净额增加的需要。但是，当投资项目的寿命期快要结束时，企业将与项目有关的存货出售，应收账款变为现金，应付账款和应付费用也随之偿付，营运资本净额也就会恢复到原有的水平。

（三）项目投资现金流量的内容及其估算

项目投资现金流量的估算，在实务中更重视按时间划分来进行。因此，项目投资现金流量估算就分为初始现金流量估算、营业现金流量估算和终结现金流量估算。

1. 初始现金流量的内容及其估算

初始现金流量，是指投资时发生的现金流量，也称为建设期现金流量。一般包括：固定资产投资、垫支流动资本（指营运资本净额）、原有固定资产变价收入。

固定资产投资，是反映项目按拟定建设规模、产品方案和建设内容进行建设所需的费用，它包括建筑工程费、设备购置费、安装工程费、工程建设其他费用和预备费用（包括基本预备费，即不可预见费和涨价预备费）。固定资产投资是最重要的一项现金流出，主要应当根据项目规模和投资计划所确定的各项建筑工程费用、设备购置成本、安装工程费用和其他费用来估算，常常以有关技术管理部门的预算及其与工程承建单位的合同等作为现金支出估计的依据。

垫支流动资本，是投资项目投产后业务或销售扩大需要追加的现金、应收账款、存货及其相关的应付账款等，这些资本一经投入，便在整个投资项目寿命期里围绕着企业的生产经营活动进行周而复始的循环周转，直至项目终结时才退出收回。垫支流动资本的估算首先应根据与项目有关的经营期每年流动资产需用额和该年流动负债需用额的差额来确定本年流动资本需用额，然后用本年流动资本需用额减去截至上年末的已经投入的流动资本累计数确定本年的流动资本增加额。

原有固定资产的变价收入，主要是指固定资产更新时原有固定资产变卖所得的现金收入。主要根据市场的情况估计其售价以及清理费用。

为简化分析，通常假设固定资产投资在建设期一次或分次在年初投入，垫支流动资本在建设期期末（即营业期期初）投入。原有固定资产的变价收入在固定资产更新时获得。

2. 营业现金流量的内容及其估算

营业现金流量，是指投资项目投入使用后，在其寿命周期内由于生产经营所带来的现金流入和流出的数量。主要包括营业现金收入，付现成本和交纳的税金，这种现金流量一般以年为单位进行估算，而且计算的是假设在年末发生的净流量。

营业现金收入，是指产生现金流入量的销售收入，它与会计学权责发生制下的销售收入不同。营业现金收入包括以前各期实现销售在本期产生现金流入量和本期实现销售在本期产生现金流入量的销售收入，但不包括本期实现销售在本期没有产生现金流入量的销售收入。只有本期发生的赊销额与收回的前期应收款相等，营业现金收入才与会计销售收入相同。为简化分析，一般假设本期发生的赊销额与收回的前期应收款大体相当。

付现成本，是指需要支付现金的销售成本，同样地，它也不是会计学意义上的销售成本，而是为销售产品而发生的一切成本费用，包括产品制造成本和各项营业费用和管理费用。而销售成本中不需要支付现金的主要是折旧费，所以付现成本可以用销售成本减折旧来估计。其计算公式为：

付现成本 = 销售成本 - 折旧

根据以上分析，年营业现金净流量可用下列公式计算：

每年营业现金净流量 = 每年营业收入 - 付现成本 - 所得税

或：每年营业现金净流量 = 销售收入 - （销售成本 - 折旧） - 所得税

= 净利润 + 折旧

可见，投资后每年增加的现金净流量来自两部分：一部分是利润形成的货币增值；另一部分是以货币形式收回折旧。

营业现金流量的估计最为关键，同时也最为复杂。在市场经济环境中，营业现金流量的估计，无论是数量还是价格，都应注意与市场对接，还必须预计所得税因素及其变动对营业现金流量的影响，它需要企业各有关部门的参与。例如，销售部门负责预测售价和销量，涉及产品价格弹性、广告效果、竞争者动向等；生产和成本部门负责估计制造成本，涉及原材料采购价格、生产工艺安排、产品成本等；财会部门则为销售、生产等部门的预测建立共同的基本假设条件，如物价水平、贴现率、可供资源的限制条件等，并协调参与预测工作的各部门人员，使之能相互衔接与配合，防止预测者因个人偏好或部门利益而高估或低估收入和成本。

对于老产品，估计收入和成本可建立在对相关历史资料及其变动趋势的分析基础上。但对于新产品，预期收入必须建立在细致的市场调研基础上，充分考虑市场需求和市场现有的供给数量、质量、价格等因素，而且应就试产期、投产期等不同阶段分别进行预测分析；成本的估计则需要建立在有关生产、技术部门进行充分的生产和技术分析的基础上。

3. 终结现金流量的内容及其估算

终结现金流量，是指投资项目完结时所发生的现金流量，主要包括：投资固定资产报废时的残值收入，垫支流动资本的回收。

投资终结时的现金流量的内容较少，估算相对简单。通常可以根据财会部门的净残值率及其对项目相关的垫支流动资本预算等进行估计。一般在投资项目终结期期末一次收回固定资产清理净值和各年垫支的流动资本合计数。

［例 1］某企业准备进行项目投资，预计项目建设期为 2 年，固定资产投资 1 000 万元分两次于每年年初投入，固定资产的使用寿命 10 年，预计期满有 50 万元净残值，按直线法计提折旧。项目建成投产开始时需要垫支流动资本 100 万元，并于项目终结时一次收回。投产后每年相关的营业收入和付现成本分别为 600 万元和 205 万元，该企业的所得税税率为 33%。试计算该项目的现金流量。

第一步，计算年折旧额和年营业现金净流量。

$$年折旧额 = \frac{1\ 000 - 50}{10} = 95（万元）$$

$$年营业现金净流量 = （600 - 205 - 95）\times（1 - 33\%）+ 95 = 296（万元）$$

第二步，将项目有关的各年现金流量编制为现金流量估算表，如表 5－2 所示。

表 5－2　　**投资项目的现金流量估算表**　　单位：万元

项目计算期	建设期			营业期									
(t)	0	1	2	3	4	5	6	7	8	9	10	11	12
一、初始现金流量													
1. 固定资产投资	−500	−500											
2. 垫支流动资产			−100										
二、营业现金流量				296	296	296	296	296	296	296	296	296	296
三、终结现金流量													
1. 固定资产残值													50
2. 流动资本回收													100
四、各期净现金流量	−500	−500	−100	296	296	296	296	296	296	296	296	296	446

本章小结

在财务管理中，有“现金至上”的名句，也就是说企业重视的应该是现金流量而不是会计利润，应该树立现金流量的观念。本章阐述的主要内容有：

现金流量是指企业所收到并可以用于投资的现金，其数额是以收付实现制来确定的；会计利润是收入与费用配比相抵后的差额，是以会计的权责发生制来计算的，不是手头可以动用的现金。显然两者之间存在差异。

现金流量是现金流入量和现金流出量的统称，对于正常经营的企业来说，现金流入与现金流出应该是循环往复、川流不息的。企业的现金流量包括经营活动、投资活动和筹资活动产生的现金流量。

企业要搞好现金流量管理就应该合理制定现金流量规划，现金流量规划的手段主要有两种——编制现金预算和编制预计现金流量表。在现金流量规划中，比较有代表性的是项目投资现金流量的估算，估算时应该遵循只有增量的现金流量才是与投资项目相关的现金流量的基本原则，要区分相关成本与沉没成本而不应忽视机会成本，要考虑投资项目对企业其他部门及对营运资本净额的影响。在实务中，项目投资现金流量更重视按时间划分来估算，分为初始现金流量估算、营业现金流量估算和终结现金流量估算。

主要名词

现金流量　现金净流量　现金流量规划　现金预算　沉没成本　机会成本营业现金流量

复习思考题

1. 现金流量与利润有何区别与联系？
2. 为什么在财务管理中要树立现金流量观念？
3. 试述企业现金流量的内容。
4. 为什么要合理制定现金流量规划？
5. 项目投资现金流量估算的基本原则是什么？估算时应注意哪些问题？
6. 初始现金流量应如何估算？
7. 营业现金流量有什么内容？应如何估算？

习题

1. 某企业准备购置一台设备以扩充生产能力，固定资产投资100万元，垫支流动资本50万元，全部在开始时（建设起点）一次投入。该设备使用期5年，预计到期残值收入5万元，按直线法计提折旧，全部流动资本于终结点一次回收。设备购置回来就可以使用，使用后预计年营业收入将增加90万元，第一年总成本费用（包括折旧，下同）增加50万元，以后随着设备的陈旧，还将逐年增加修理费2万元。企业所得税税率33%。

要求：（1）计算每年营业现金净流量；

（2）将项目有关的各年现金流量编制为现金流量估算表。

2. 某企业计划进行项目投资，建设期1年，固定资产投资120万元于建设开始时一次投入，建设期结束时（投产开始）投入垫支的流动资本80万元。该项目使用寿命5年，预计到期固定资产残值收入8万元，固定资产按直线法折旧。全部流动资本于终结点一次回收。预计投产后，每年相关的营业收入170万元，付现成本80万元。企业所得税税率33%。

要求：（1）计算每年营业现金净流量；

（2）将项目有关的各年现金流量编制为现金流量估算表。

第六章　财务的风险与报酬

风险与报酬贯穿于企业筹资活动、投资活动以及收益与分配活动。企业理财的基本目的就是要取得理想的报酬，但同时也伴随着风险。风险与报酬之间的权衡是财务学的基本理念与原则。通过本章的学习，需要掌握如下内容：

1. 风险的定义、特征与分类；
2. 单个项目的报酬测量、风险的测量与判断；
3. 投资组合的基本思想（如报酬测量、风险的测量与判断）；
4. 风险与报酬的关系；
5. 资本资产定价模型；
6. β 系数的含义、经济性质。

第一节　风险的含义与类型

风险无处不在，无时不有。在市场经济条件下，任何报酬的获得都伴随着风险的产生，成功的财务管理人员只有敢于承担并善于分散风险，才能实现企业的目标。风险与企业的报酬关系，即投资的风险价值，被认为是现代财务学的基本概念之一，所以在这里有必要对风险的定义、特征、类型进行阐述。

一、风险的定义

财务学中的风险（Risk）是指某一经济事项预期报酬的波动程度，其中报酬波动的根源是影响事项经济价值的不确定性因素。风险的产生主要是源于客观世界的复杂性和人们主观认识的局限性。

鉴于风险这个词在财务学与日常理财中的重要性，我们有必要将财务学中的风险与日常用语中的风险区分开来。一般认为，汉语中的“风险”是指遭受损失、伤害、失败或毁灭等不利后果的可能性，它对于主体来说是坏事而绝非好事。在国外也一样，例如《韦伯斯特词典》把“风险”解释为：“危险；面对损失与伤害。”也就是在实际生活中，人们更加注重事物不利的一面，认为风险是不利事件发生的可能性。值得关注的是，投资者对意外损失的关切和感觉，往往比对收益要强烈得多，因此人们在研究风险时总是侧重于减少损失，主要从不利的方面来考察风险，经常将风险视为不利事件发生的过程与后果。所以在日常生活中，风险被认为是无法预料的不利因素发生的机会及其对事项经济价值的影响程度。

在大多数的财务学书籍中，往往会强调要注意区分“风险”与“不确定性”，认为风险与不确定性是一对既有联系又有区别的概念。不确定性（uncertainty）指市场环境某些因素的不可预见性。不确定性会给企业带来意外的收益，也有可能给企业带来损失。不确定性会带来风险，是导致风险的基本因素；风险是指某一经济事项未来预期报酬的波动程度，其中报酬波动的根源是影响事项经济价值的不确定因素。在市场经济环境中，不确定性因素很多，并不是每一项不确定因素都会影响事项的预期经济价值。如果某一不确定性因素对事项的经济价值没有影响，该不确定性因素就不构成该事项的风险。因此风险总是与经济事项联系在一起，而不确定性因素总是与市场环境联系在一起。在实务中往往对风险与不确定性不加区分，如果企业的活动有多种可能的结果，其将来的财务结果是不确定的，通常人们把这种可以测定的不确定性称为风险。

无论风险与不确定性是否有区别，有一点却是肯定的，即风险不仅意味着损失，还意味着收益，它是指某事项预期报酬的波动程度。

例如，假定某投资者拥有 $ 2 000，准备投资于股票或债券等金融资产（Financial Assets），而且有两种方案可供选择：

（1）将 $ 2 000 全部用于购买利率为 10%、1 年后到期的政府债券；

（2）将 $ 2 000 全部用于购买一家刚成立的石油钻井公司的股票，预期年投资报酬率为 20%。

若投资者选用方案（1），则他几乎可以准确地估计出，当 1 年期政府债券到期后，他的投资报酬为 10%，我们通常将此种投资称为无风险投资。若选择方案（2），他就很难精确地估计出投资报酬率，如果石油钻井公司发现了大油田，则投资报酬率可能高达 1 000%；相反，如果石油钻井公司没有发现大油田，该投资者就可能失去所有的钱——即 1 年后的投资报酬率为 -100%。在仔细研究了各种可能发生的情况后，该投资者可能得出下述结论：就统计学的意义而言，方案（2）的预期投资报酬率为 20%，但是 1 年后的实际报酬率可能高达 1 000%，也可能低到 -100%。也就是说，尽管方案（2）的预期报酬率是方案（1）的两倍，但是如果投资者真正选用方案（2），他失去全部的投资资本的可能性也比较大；而选用方案（1），则他可以确定地得到10%的报酬率。故相对而言，方案（2）的风险就很高。

二、风险的特征

尽管财务学中对风险的界定有不同的观点与表达，但在对风险所固有的特征上认识却是一致的，主要有：

（一）风险是客观存在的

风险的成因是客观事物及其未来所处环境因素的变化。唯物辩证法告诉我们，世间万物皆处于运动与变化中，这种客观规律就是风险存在的客观基础。这是因为影响未来事物发展变化的因素有的是确定的，有的是不确定的，确定是相对的，不确定是绝对的，尤其在市场经济瞬息万变的情况下，不确定的因素很多，有的还很难预料。这就决定了客观事物的发展变化及其产生的结果也带有不确定性。在事物的发展中，只要有不确定因素存在，风险就在所难免。在企业生产经营和财务活动中，风险的存在是客观的，不以人的意志为转移的，又是难以回避的。例如，企业某种产品的未来销售量的变动、市场价格的波动、利率的变动趋势，政治环境、社会环境、自然环境的变迁等均带有很大的不确定性。

（二）风险具有相对性

风险往往不是存在于事物的表面，而是存在于事物发展的普遍联系的矛盾之中，而且它随着客观环境的变化而不断地发生变异。风险的发生难以捉摸，虽然总体风险可以通过概率计算，但是某一特定风险何时发生、怎样发生是难以预计的。这就是说，不同的空间，不同的时间，风险的内容也是不同的；即使是面对同一风险，不同的承受主体对其的认识和感知也是不同的。

（三）风险具有可测性

风险是不确定的，不是说人们对它毫无主动认识能力。风险具有可测性是指对企业生产经营活动和财务活动中可能存在的风险，可以根据同类事件发生的历史统计和影响其变动的未来环境条件的预测资料，对事件发生的概率和企业可能的收益或损失，作出定量性的主观判断和估计。风险的可测性为人们对风险的控制和防范提供了依据。

（四）风险具有收益性

风险与报酬总是相伴的，有的情况下还具有对称性，即风险大时，如果成功则收益大，如果失败则损失大，反之亦然。所以，财务学中具有“高风险，高报酬；低风险，低报酬”的总结，即要想赚大钱，必冒大风险，这就是风险与报酬同存。但是“风险与报酬同存”是对整个资本市场而言的，对于单个投资者的单个投资项目则不尽然。只有对风险进行有效的控制，使不确定事项朝着有利态势发展，才会获得收益。相反，如果企业对影响生产经营和财务活动变化的因素的不确定性估计不足或对风险没有实施有效的控制措施，那么企业就会发生损失。在这种情况下，往往是小风险造成小损失，大风险造成大损失，严重的情况是企业倒闭、投资者失去所投入的全部资本。一般而言，出于维护自身利益的考虑，人们更加关心风险可能带来的损失，常将风险作为损失、伤害的代名词。但事实上，风险的收益性正是风险的魅力所在，如果风险没有收益（报酬）相伴随，世界上就不会有人去冒风险了，也无需研究它了。

（五）风险具有可控性

风险对不同的人来说是不一样的，它取决于风险的具体内容和人们因收益追求而选择风险的偏好。由于风险的相对性和可测性，企业经营者和管理者总是希望通过一定手段（如方差计算和分析）来测度和控制风险，将风险分散掉或控制在可接受范围内，实现风险规避。

三、风险的分类

世界与事件的多样性决定了风险的发生、表现与影响都“千姿百态”，只能按不同的标准将它们归类。

（一）按照财务活动的基本内容分类

按照财务活动的基本内容可将风险分为筹资风险、投资风险、资金回收风险、收入分配风险、资金运筹风险五类。

1. 筹资风险

筹办一个企业或项目，其财务活动的首要环节是筹集资金。一般来说，企业筹集资金主要是为了及时足额地满足企业生产经营的需要，对于借入的资金，还要考虑借款本息的偿还问题，以便为再筹资奠定基础。筹资风险就是企业在筹资过程中由于多种因素影响而产生的实现预定筹资目的的不确定性。影响实现企业筹资目的的不确定性因素主要有筹资决策水平、市盈率、证券发行、外汇汇率、企业财务状况和投资收益等。筹资决策所确定的筹资规模过大，时间过早或过迟都有可能使筹资目的达不到；票面利率与市场利率不一致时，采用溢价或折价发行会影响筹资的速度和规模；采用非承包方式发行证券存在发行风险；筹资风险集中表现为不能如期偿还债务而带来的风险，该风险又分为收支性风险和现金性风险。收支性风险，是指企业由于收不抵支，发生亏损而造成企业不能到期偿债以致破产的风险，是企业终极的风险，它不仅源于理财不当，更主要是源于经营不当。现金性风险，是企业在特定时点上现金流出量超过流入量，以致不能如期偿还债务的风险，它主要是由于理财不当所造成的现金流入和流出在时间上和金额上发生了错位。

2. 投资风险

投资是筹资的直接目的，是取得收益、实现收入分配目的的前提条件。投资的直接目的是取得预期收益，间接目的是保证债务本息的偿还和投资者投资目的的实现。投资风险是企业在资金投放和使用过程中由于多种因素影响而产生的实现预定投资目的的不确定性。投资风险包括资金投放风险和财务风险两大内容。资金投放是将取得的资金投放于特定的资产形成生产经营和获利能力的过程。这种风险分为投资结构风险、项目投资风险和投资组合风险。投资结构风险，是指企业在安排所有的资产时，由于流动资产与长期资产、流动资产内部各项目、长期资产各项目之间的比例不当而造成的流动性风险。投资项目风险，是指投资于某一具体项目不能产生收益或产生的收益低于预期收益。投资组合风险，是指选择不同证券组合而带来的风险。由于资金投放而产生投资风险的主要原因有三类：①投资方向的决策正确与否；②资产决策建造期间，影响资产建成形成生产经营能力的各种不确定性因素，如各种经济资源供应的不确定性、生产活动的不确定性等都会影响工期如期建成，从而影响预期收益的取得；③投资后实际可能产生的效益的不确定性，投资后达不到预期收益就会给企业带来一定的损失。投资后形成的企业资产都是企业的财产。可能给企业带来财产损失的不确定性因素主要有自然灾害（水、风、地震等）的发生、资产使用不当、保管不善、无形损耗、通货膨胀等。这些因素若发生的，将导致企业财产受损，生产经营规模缩减，获利能力下降。

3. 资本回收风险

资本回收是企业收入的实现过程。从数额上看，它包括原垫支资金的收回和生产经营过程中新创造的价值的实现。从收入实现的过程看，它包括提货销售商品、办理货款结算和取得货币收入三大环节。资金回收的风险是在销售过程中发生的，表现为企业销售收入收回的不确定性。影响资金回收的不确定性因素主要有五大类：①商品因素，如商品的质量好坏、价格高低、花色品种齐备情况；②市场因素。主要市场的供求关系的变化情况，供大于求不好销，反之好销；③企业的促销能力。竞争对手的对策变化；④企业的信用政策和结算能力。信用期限长，结算能力差，回收可能产生损失；⑤购货方的资信高低，财务情况的好坏等。

4. 收入分配风险

收入分配风险是由于多种因素影响而产生的实现预定的收益分配目的的不确定性。收益分配风险是指收益分配可能给企业今后的生产经营活动带来的影响。它包括收益确认风险和收益分配行为的分配风险。前者是指如果收益确认不当，则必然带来收益超分配。后者是指对投资者股利分配的时间、形式和金额把握不准而产生的风险以及各种收益分配的次序和比例不当而产生的风险。影响收入分配的不确定性因素主要有：①成本费用因素。成本费用变动是影响收益变动的主要因素，成本费用提高，补偿基金扣除的就多，可供分配的收益就少，投资收益和债权人的投资目的就有可能达不到。②税金因素。国家增减税种，提高税率会减少可供分配的税后收益。③收益分配政策和制度的科学性和合理性。收入分配政策科学，制度合理，执行严格，各投资者的投资目的可以达到，企业各方面的财务关系就协调，对企业未来的生产经营就会产生积极影响；反之，将对企业的未来生产经营产生不利影响。

5. 资金运筹风险

资金运筹是使筹资、投资、资金回收、收入分配有机结合的综合性财务管理工作。资金运筹的风险也就是筹资风险、投资风险、资金回收风险、收入分配风险的综合性动态表现，它具体表现在企业资金（现金）流量的不确定性和资金周转指标的不确定性上。

这种分类有利于推行财务风险分管责任制，使财务风险的管理和正常的财务管理工作紧密结合起来，实现风险和收益的统一。

（二）按照风险产生的原因分类

按照风险产生的原因可分为自然风险、社会风险、政治风险、经济风险和技术风险五类。

1. 自然风险

自然风险是指自然界的各种因素变化所产生的风险，如风灾、水灾、雪灾、火灾、地震、火山爆发、湿度等原因所引发的风险。自然风险多有一定规律可循，其结果绝大多数情况下不会产生收益，大都会给企业的财产和经营造成一定的损失。

2. 社会风险

社会风险，是由于人的变动所引发的风险，如罢工、暴动、抢劫、盗窃等均会给企业带来一定的损失。社会风险具有突发性、反常性和难以预测性的特征，其结果往往给企业带来损失。

3. 政治风险

政治风险，是由于政治势力之间的冲突所引发的风险，例如战争、叛乱、宗教斗争等。政治风险有国际和国内两方面。国际方面，旧的世界格局已不复存在，但是新的世界格局尚未形成，国际政治风云莫测，企业涉外经营可能受到有关国家政局变动的影响。例如，在国外开办的企业由于东道国发生暴力动乱遭受损失，或者由于东道国政府实行征用、限制利润汇出等遭受损失。在国内政治方面，企业应该了解国家在不同时期的政策，尤其要明确国家限制什么，鼓励什么，及时调整企业战略，减少风险损失。政治风险具有突发性、不可抗性，其结果往往使企业蒙受不同程度的损失。

4. 经济风险

经济风险，是由于经济政策变动，市场环境、企业经营等经济因素变动所产生的风险。例如，国家推行紧缩的财政金融政策可能会给企业的筹资带来风险；原料供不应求，产品销售渠道不畅，市价的升降，竞争对手对策的调整，都有可能给企业带来一定影响；企业决策失误，生产经营调度不灵，违反经济合同，分配不同，通货膨胀，利率变动，汇率变动，经济周期变动等都有可能给企业带来损失。经济风险具有多发性、不确定性、投机性，有可能给企业生产带来损失，也有可能带来收益。

5. 技术风险

技术风险，是由科学技术进步给企业带来的风险。例如，高效率的新设备可给企业旧设备带来无形损耗，一种新产品的出现将使老产品失去竞争力等。技术风险有一定的规律可循，但预测难度较大，如果能跟上科技前进的步伐，也可以给企业带来收益。

这种分类有利于针对不同的风险原因，采取相应的措施，有效地控制风险。

（三）按风险的影响面分类

按风险的影响面可分为市场风险和公司特有风险。

1. 市场风险

市场风险，又称系统风险，是指那些对所有的投资主体都会产生影响的因素引起的风险，如战争、经济衰退、通货膨胀和利率变化等。这类风险涉及所有的投资主体和对象，不能通过多元化经营予以分散，因此又称为“不可分散风险”。例如，一个人投资于股票，不论他购买何种股票，都要承担市场风险，经济发生变化时，各种股票的价格都将受到影响。同时，这类风险源于公司之外，在其发生时，所有公司都受影响，表现为整个市场平均报酬率的变动。由于这些风险来自企业外部，是企业无法控制和回避的，因此又称“不可回避风险”。市场风险包括经济周期风险、利率风险、购买力风险、战争风险等。

2. 公司特有风险

公司特有风险，又称为可分散风险或非系统风险，是指那些发生于个别企业的特有事件而引起的风险，如某企业的职工发生诉讼、罢工等重大事件，试制新产品的失败，没有争取到重要的合同等。这类事件只与个别企业有关，并非整个市场上所有企业面对的，它们的发生是随机的，并可以通过多角化投资来分散，也就是说，一家企业的有利事件可以抵消自己或另一家企业的不利因素。

从公司本身的角度来说，公司特有风险又可以分为经营风险和财务风险。

经营风险，是指公司在未来获取经营利润的过程中，由于存在不确定性而产生的风险。经营风险主要是在生产经营活动中产生的，其原因有：①市场销售。由于市场需求的变化、市场价格的波动，造成企业生产数量的变化，这种产销量的不确定性使企业的风险增大。②生产成本。由于原材料的供应和价格、工人的劳动积极性、机器的生产率、工人的工资和奖金具有不确定性，因而产生风险。③生产技术。设备发生事故，产品发生质量问题，新技术取代旧技术等，这些事情的出现很难估计，从而会产生风险。④其他。由于天灾、经济不景气、通货膨胀等外在环境的变化而产生的风险。

财务风险，是公司因借债而形成的风险。公司财务风险的大小取决于负债的总额。债务实际上是公司在未来一定要履行的一种义务，债务越多，公司不能如期偿还的可能性就越大，企业所承担的风险就越高。

值得强调的是，将风险分为市场风险（系统风险）和公司特有风险（非系统风险），在财务学中是非常重要和通用的，因为任何财务主体所面临的总风险都可以归为这两类，即总风险 = 系统风险 + 非系统风险；而且，财务学与投资学中讲风险与报酬也都是就此种分类概念而展开的。

（四）按风险产生的根源分类

按风险产生的根源可以分为：利率风险、汇率风险、购买力风险、流动性风险、违约风险、道德风险和政治风险等。

1. 利率风险

在完全市场经济条件下，利率取决于货币市场的供求情况。资本供大于求，利率下降，反之，利率上升。利率上升会减少消费和投资，利率下降会刺激消费和投资。在现实的市场经济社会中，政府往往干预利率的升降，把其作为调控国民经济的货币政策工具。货币市场的供求关系常因种种原因而经常变动，再加上政府干预的因素，市场利率经常会发生变化，其变化有时难以预见，会给企业带来风险。例如，用 20 000 元购买债券，债券的利率为 10%，10 年到期还本。三年后的今天，因为市场利率已提高到 14%，在这时发行的债券，其利率自然不能低于 14%，否则无人购买。这就是说，企业现在购入同样质量的债券，可以得到 14% 以上的利息，可是因为企业三年前买入该债券，只能获得 10% 的利息，实际上遭受了损失。这项损失与债券本身的质量无关，它是由企业无法控制的货币市场的变化造成的，是由利率变化造成的。

2. 汇率风险

汇率风险，是指在一定时期内由于货币汇率变动可能导致的经济损失。国家货币之间的兑换率决定于外汇市场的供求关系，供求状况变化多端，汇率随之变化，产生风险。例如，某企业向德国出口一批价值 1 000 万元人民币的货物，签约时一个月的远期汇率为 100 马克等于 550 元人民币，则该企业到期时将收汇 1 818 182 马克。如果届时外汇市场上 100 马克兑换 555 元人民币，则该企业只能收汇 1 801 802 马克，即少收 16 380 马克。在我国已加入 WTO，企业对外经济交往日益增多的情况下，汇率风险切不可低估。

3. 购买力风险

购买力风险，是指通货膨胀风险，通货膨胀风险使物价上涨，同样多的货币只能购买比以前少的物品。在债务人和债权人之间，通货膨胀一般有利于债务人。因为借款利息预先已定，当发生了未预期到的通货膨胀时，债务契约不能更改，从而实际利息率下降，使债务人得利，债权人吃亏。如果企业是债权人，如买了某种长期债券，那么它的受损可能性是很大的。

4. 流动性风险

流动性风险，是指企业资产变现的难易程度，或者资产变现企业可能遭受的损失。例如，企业为了及时还债，可能低价卖出设备，造成损失。

5. 违约风险

违约风险，是经济合同的一方违反合同的有关规定给另一方造成损失的风险。尽管有赔偿条款，但是“十赔九不足”的事情时有发生，企业签订合同时应认真考虑这一情况。

6. 道德风险

该词源于保险业务，其最初含义是指：一个人由于参加保险而降低了它防止风险的努力程度。例如，当一个人投了火灾保险之后，就可能不会采取积极的措施去防火，甚至会故意放火以骗取保险金。这种道德风险的存在，会增加保险公司的成本，减少保险公司的利润。一般企业界中所指的道德风险，是指在企业所有权与经营权分离之后，企业的经营者可能滥用所有者的信任，为了自己的目的而损害所有者的利益。

（五）按风险发生的形态分类

按风险发生的形态可分为静态风险和动态风险。

1. 静态风险

静态风险，是由于自然力的不规则作用和人们的错误判断及错误行为所招致的风险，例如，自然灾害等不可抗力、经营不善、呆账、欺诈等不道德行为所造成的影响。

2. 动态风险

动态风险，是由于人们的欲望的变化，生产组织、生产技术及生产方式的变化而带来的风险，如市场供求、物价、社会购买力等变化与科学技术进步造成的风险。

第二节 财务风险测度与判断

风险的客观存在，广泛地影响着企业的经营活动和财务管理。财务学中讲风险，绝不只是要知道企业的财务活动中广泛存在风险并有负面影响，更重要的是了解如何测算、分析和判断风险，进而在理财中正确控制和把握风险。事实上，正视风险的存在并将风险程度予以量化，进行较为准确的衡量和判断，已经成为企业理财的一项重要的工作。

一般而言，我们若能对未来情况作出准确估计，则无风险。对未来情况估计的精确程度越高，风险就越小；反之，风险就越大。财务风险的测度与判断有定性的方法，这主要决定于理财者的敏感性和经验，因人而异，没有固定的范式和套路。财务风险测度与判断的定量方法则更具普遍性、方法性和可靠性，因而科学可信。迄今为止，比较多用且易行的财务风险测度方法，主要是采用统计学中的标志变动度指标（如标准差和离散系数）来进行差异计算与分析。这主要是因为，财务管理运作资本的根本目的是要取得报酬，而报酬的发生具有不确定性和波动性，不确定性和波动性越大，取得某个期望报酬的可能性就越小，运作资本的风险就越大；反之情况则相反。描述和评估不确定性和波动性的最常用且有效的指标就是标志变动度。

一、财务风险测度的方法基础

就方法论而言，反映风险的标志变动度指标受三个因素的影响，即变量、概率与概率分布。这些都是统计学的基础知识，必须掌握。这里仅对它们作总结性回顾，为讲述风险的测度方法作知识铺垫。

（一）概率

在经济活动中，某一事件在相同的条件下可能发生也可能不发生，这类事件成为随机事件。概率就是用来表示随机事件发生的可能性及出现某种结果的可能性大小的数值。概率就是指某个事件出现的机会。一般认为概率必须符合以下两个要求：

（1）所有的概率即 P_i 都在0和1之间，即 $0 \leqslant P_i \leqslant 1$；

（2）所有的结果的概率之和为1，即 $\sum_{i=1}^{n} P_i = 1$。

（二）概率分布

1. 非连续分布

有些随机变量，它全部可能取得的值是有限个或可列无限多个，这种随机变量叫做离散型随机变量。离散型随机变量的概率分布是非连续分布。

[例1] A公司准备投资购买B公司或C公司的普通股股票，根据市场预测，三种不同状况的预计报酬率和概率分布如表6－1：

表6－1　　三种状况下预期报酬与概率分布

经济情况	发生概率	各种情况下的预期报酬率	
		B公司	C公司
繁荣	0.3	100%	60%
正常	0.4	45%	45%
衰退	0.3	－30%	10%
合计	1	—	—

在这里，概率表示每一种项目实施情况出现的可能性，同时也就是各种不同投资报酬出现的可能性。例如，投资B公司情况好的可能性是0.3。假如这种情况真的出现，投资B公司可获得100%的报酬率，也就是说投资B公司获利100%的可能性是0.3 。当然，投资报酬率作为一个随机变量，受很多因素影响。为了简化，假设其他因素都相同，只有项目实施情况一个因素影响投资报酬率。

如果我们将上表的每一种经济情况发生的概率分别乘以各种情况下的预期报酬率（K_i），再将其所得结果求和，则我们得到一个加权平均结果——我们将其定义为综合预期报酬率（或简称为预期报酬率，以后无特别指明的预期报酬率即指此概念），以 K 表示。

其计算公式为：

$$\text{预期报酬率 } K = \sum_{i=1}^{n} P_i \cdot K_i$$

式中：P_i 为第 i 种可能结果出现后的预期报酬率；

K_i 为第 i 种可能结果出现后的预期报酬率；

n 表示所有可能的结果的数目。

根据上述资料可计算出 B 公司的预期报酬率为：

$$K = P_1 \cdot K_1 + P_2 \cdot K_2 + P_3 \cdot K_3$$
$$= 0.3 \times 100\% + 0.4 \times 45\% + 0.3 \times (-30\%) = 39\%$$

同样地我们可以计算出 C 公司的预期报酬率为：

$$K = P_1 \cdot K_1 + P_2 \cdot K_2 + P_3 \cdot K_3$$
$$= 0.3 \times 60\% + 0.4 \times 45\% + 0.3 \times 10\% = 39\%$$

我们可以将其用图表示（见图 6－1）：

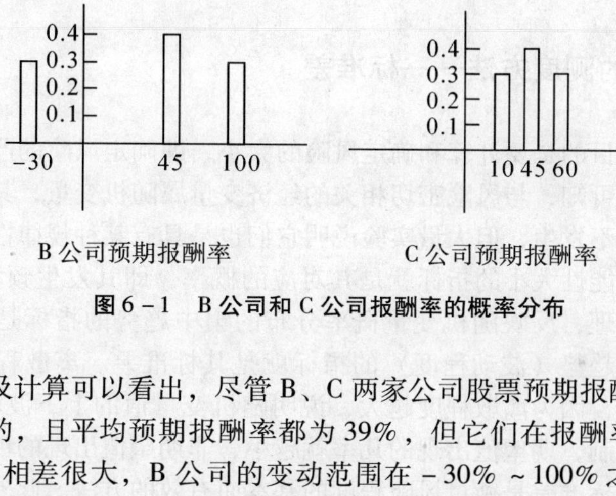

图 6－1　B 公司和 C 公司报酬率的概率分布

由上图及计算可以看出，尽管 B、C 两家公司股票预期报酬率达到 45% 的几率是一致的，且平均预期报酬率都为 39%，但它们在报酬率之间的变异性（variability）相差很大，B 公司的变动范围在 －30% ～100% 之间，而 C 公司则在 10% ～60% 之间。

2. 连续概率分布

上面我们的讨论假定只有三种可能的经济情况出现，这就是经济繁荣、经济正常与经济衰退。实际上，经济情况的出现远不止三种，从经济迅速发展到大萧条之间，有无数种可能的情况出现。如果对每一种可能的经济情况赋予一个概率（这些概率的总和仍为 1），并且在每一种经济情况下对两种股票都测定一个报酬率，然后再进行类似的计算，则各种概率的结果可用图 6－2 所示的连续曲线来估计。

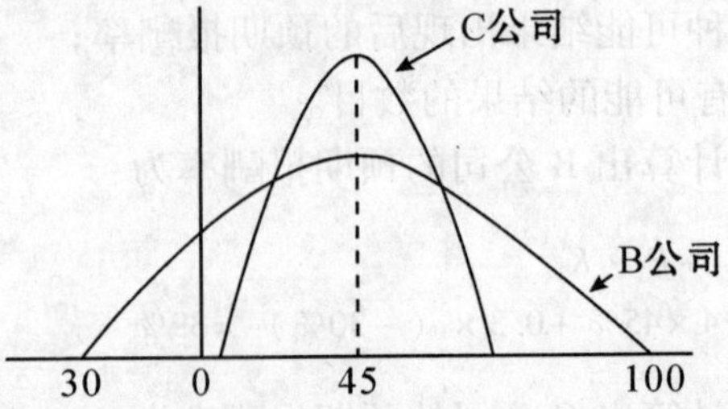

图 6－2 B 公司和 C 公司的报酬率的连续概率分布

一般来说，概率分布愈集中，或者说，分布图形的峰形程度越高，股票的风险就越低。因为概率分布愈集中，实际的结果就会愈接近期望值，而实际的报酬率远低于预期报酬率的可能性就愈小。

二、风险的测度方法——标准差

风险测度的目的是要计算和确定风险的大小，即确定风险的严重程度。由财务风险的定义可知，与风险密切相关的经济变量属随机变量，其本质特征是可能发生也可能不发生，但大量实验说明它们也是具有某种规律性的。反映某随机事件发生可能性大小的指标就是其对应的概率，即其发生频率的稳定值。根据数理统计原理，反映随机变量概率分布的集中趋势的指标是其数学期望值，反映其离中趋势（波动程度）的指标就是其标准差。离散程度的大小可以反映风险大小，因为离散程度越大，说明随机变量值的上下波动幅度越大，其值就越难以控制，期望值出现的几率就越小，非期望值出现的可能性也就越大。可见，计算标准差是衡量风险程度的基本而有效的方法。此外，衡量风险大小的指标还有离散系数，它用来反映不同总体的相对离散（波动）程度，往往在比较不同项目的风险大小时被采用。

（一）期望值

期望值，是随机变量的各个取值以相应的概率为权数的加权平均数，也叫随机变量的预期值，它反映随机变量取值的平均水平。其计算公式为：

$$期望值\ K=\sum_{i=1}^{n}P_i\cdot K_i$$

本章［例 1］中也提到这点，只不过［例 1］中只是指报酬率的预期值。所以在这里需要说明三点：①我们这里只是以报酬率为研究对象，实际上在财务管理中，不仅报酬具有风险，而且几乎所有财务要素都具有不确定性，如成本费用、销售量、现金流量、股票价格等，它们都可以作为风险研究的对象。②报酬率作为一种随机变量受多种因素影响，这里为了方便起见，假设只有经济情况影响报酬率。③此例中概率分布呈离散型，即随机变量取值为有限数个，并且对应的每个值都有确定的概率。在现实生活中，概率分布可能呈连续分布，即随机变量的取值为无数多个，也对应着无数个相应的概率，如正态分布就是一种常见的连续分布。

在［例1］中，B公司和C公司的预期值分别为：

$$
\begin{aligned}
K_B &= P_1 \cdot K_1 + P_2 \cdot K_2 + P_3 \cdot K_3 \\
&= 0.3 \times 100\% + 0.4 \times 45\% + 0.3 \times (-30\%) \\
&= 39\% \\
K_C &= P_1 \cdot K_1 + P_2 \cdot K_2 + P_3 \cdot K_3 \\
&= 0.3 \times 60\% + 0.4 \times 45\% + 0.3 \times 10\% \\
&= 39\%
\end{aligned}
$$

A公司对B公司和C公司投资的预期报酬率一致，即从平均程度来看，对两家公司普通股投资的报酬率是相等的，但A公司对两家公司投资的报酬率分布不同，从直观上看，显然对B公司投资的报酬率分散程度大，受经济影响而大起大落，风险比对C公司投资的风险大。

（二）离散程度

离散程度是用于衡量风险大小的统计指标。一般说来，离散程度越大，风险越大；离散程度越小，风险越小。

反映随机变量离散程度的指标包括平均差、方差、标准差、标准离差率和全距等，其中应用比较多的是方差、标准离差和标准离差率三个指标。

1. 方差

按照概率论的定义，方差是各种可能的结果偏离预期值的差异平方总和，是反映离散程度的一种变量。方差用随机变量离差平方的数学期望值表示，其计算公式如下：

$$
方差\ (\sigma^2) = \sum_{i=1}^{n} (K_i - K)^2 \cdot P_i
$$

σ^2 表示方差，其他各字母代表的含义如前。

2. 标准差

标准差是方差的平方根。在实务中一般使用标准离差而不是方差来反映风险的大小程度。对同一组变量值（同一总体的同指标的值）来说，预期值是相同的，此时，标准离差越小，风险也就越小；反之，标准离差越大，则风险越大。标准差的计算公式如下：

$$标准差(\sigma)=\sqrt{\sum_{i=1}^{n}(K_i-K)^2\cdot P_i}$$

从而，求标准差的步骤如下：

（1）计算预期报酬率（或期望值）：

$$K=\sum_{i=1}^{n}P_i\cdot K_i$$

（2）计算每一种可能结果预期报酬率的差：

$$第\ i\ 种可能结果的离差=K_i-K$$

（3）将每一组差异平方，再乘以其有关结果发生的概率，然后加总起来，得到的就是概率分布的变异数（variance），即方差。

$$方差(\sigma^2)=\sum_{i=1}^{n}(K_i-K)^2\cdot P_i$$

（4）将方差开方后，我们就可以求出其标准差：

$$标准差(\sigma)=\sqrt{\sum_{i=1}^{n}(K_i-K)^2\cdot P_i}$$

根据上述步骤，将A公司对B公司的投资报酬率的标准差计算如表6-2：

表6-2　A公司对B公司的投资报酬率的标准差

K_i-K	$(K_i-K)^2$	$(K_i-K)^2\cdot P_i$
100-39	3 721	3 721×0.3=1 116.3
45-39	36	36×0.4=14.4
-30-39	4 761	4 761×0.3=1 428.3

$$标准差(\sigma)=\sqrt{\sum_{i=1}^{n}(K_i-K)^2\cdot P_i}=\sqrt{2\ 559\%}=50.587\%$$

同样，我们可以计算C公司的标准差=18.421%

从数值上看，对B公司投资的风险标志$\sigma=50.587\%$，远大于对C公司的投资风险标志$\sigma=18.421\%$。由于A公司对B公司和C公司投资的预期报酬率一致，故对C公司投资的风险也远低于对B公司投资的风险。

需要注意的是，有些情况下，某方案的标准差比另一方案的标准差小，但投资者会选择标准差大的方案，这似乎不符合标准差大，风险就大，我们应该选择标准差小的方案（即风险小的方案）。其实这是期望报酬不同所致。

[例 2] 某公司准备在甲、乙两个投资方案之间选择，根据市场预测，三种不同状况的预计报酬率和概率分布如下表：

表 6-3　　三种状况下预期报酬与概率分布

经济情况	发生概率	各种情况下的预期报酬率	
		甲方案	乙方案
繁荣	0.3	20%	80%
正常	0.4	15%	50%
衰退	0.3	10%	20%
合计	1	—	—

首先计算甲、乙两方案的期望报酬率：

$$K_{甲}=0.3\times20\%+0.4\times15\%+0.3\times10\%=15\%$$
$$K_{乙}=0.3\times80\%+0.4\times50\%+0.3\times20\%=50\%$$

再比较甲、乙两方案的标准差：

$$\sigma_{甲}=\sqrt{0.3\times(20-15)^2+0.4\times(15-15)^2+0.3\times(10-15)^2}\times100\%\approx3.873\%$$
$$\sigma_{乙}=\sqrt{0.3\times(80-50)^2+0.4\times(50-50)^2+0.3\times(20-50)^2}\times100\%\approx23.237\%$$

如果仅仅看标准差，因为 $\sigma_{甲}<\sigma_{乙}$，所以我们不选择可以获得较高报酬的乙方案，而是选择甲方案。其实这样选择是不明智的，因为无论市场情况好坏，乙方案至少可获得 20% 的报酬率，而甲方案至多才获得 20% 的报酬率；如果我们把标准差和报酬率综合起来考虑，我们就知道乙方案比甲方案优，故该公司应该选择乙方案。

其实，我们要在风险判断的基础上作出投资方案的取舍，必须将投资的风险与报酬联系起来，这样才能作出正确的选择。因为风险与报酬是一对矛盾，不可脱离风险来谈报酬，否则我们就会只看到客观的报酬，而忽视了潜在的风险。同样，我们也不能脱离报酬去谈风险，这样会使我们因畏惧风险而裹足不前，从而失去获得报酬的好机会。因此，我们应在风险与报酬之间权衡，作出正确的选择，而权衡所依据的指标主要是标准离差率。

3. 标准离差率（或离散系数）

在进行不同方案的风险比较时，二者的标准差不相同，数学期望值也未必相同，此时单纯用标准差这个绝对数进行风险评价就不能说明问题，为了比较不同方案下投资报酬期望值的风险程度，通常使用标准离差率（或称离散系数）来衡量。

标准离差率（或离散系数）是标准差与期望值之比值：

$$V=\sigma/K$$

由此公式可知，离散系数（V）是一个相对指标，它是标准差和随机变量数学期望值的比率。该指标考虑了变量的取值水平（期望报酬率 K）对变量离散程度（风险）的影响，反映了变量离散的相对程度，即不同报酬率水平下的相对风险，因此比较科学合理，便于各种不同方案的风险比较。显然，离散系数与风险成正比关系，离散系数越大，说明风险越大；反之，风险越小。

［例 3］H 公司准备在甲、乙两个投资方案之间选择，根据市场预测，三种不同状况的预计报酬率和概率分布如表 6－4：

表 6－4　三种状况下预期报酬率与概率分布

经济情况	发生概率	各种情况下的预期报酬率	
		甲方案	乙方案
繁荣	0.3	50	60
正常	0.4	40	50
衰退	0.3	30	40
合计	1	—	—

首先计算期望报酬率：

$$K_{甲}=0.3\times50\%+0.4\times40\%+0.3\times30\%=40\%$$
$$K_{乙}=0.3\times60\%+0.4\times50\%+0.3\times40\%=50\%$$

再计算甲、乙两个方案的标准差：

$$\sigma_{甲}=\sqrt{0.3\times(50-40)^2+0.4\times(40-40)^2+0.3\times(30-40)^2}\times100\%\approx7.745\%$$
$$\sigma_{乙}=\sqrt{0.3\times(60-50)^2+0.4\times(50-50)^2+0.3\times(40-50)^2}\times100\%\approx7.745\%$$

最后计算甲、乙两个方案的离散系数：

$$V_{甲}=\frac{\sigma_{甲}}{K_{甲}}=\frac{7.745\%}{40\%}\approx 0.194$$

$$V_{乙}=\frac{\sigma_{乙}}{K_{乙}}=\frac{7.745\%}{50\%}\approx 0.155$$

从上面的计算结果可知 $V_{甲}>V_{乙}$，故甲方案的风险大于乙方案，因此应选择较优的乙方案。

同样将离散系数这一测量风险的方法运用于［例1］中，则有

$V_B=50.587\%/39\%=1.2971$

$V_C=18.412\%/39\%=0.4721$

因此可知，A 公司对 B 公司投资的风险要大于对 C 公司投资的风险。

但是将离散系数运用到［例2］中则不适合，因为

$$V_{甲}=\frac{\sigma_{甲}}{K_{甲}}=\frac{3.873\%}{15\%}\approx 0.258\ （［例2］）$$

$$V_{乙}=\frac{\sigma_{乙}}{K_{乙}}=\frac{23.237\%}{50\%}\approx 0.465\ （［例2］）$$

从离散系数来看，因为 $V_{甲}<V_{乙}$，所以应该是甲方案优于乙方案；但是我们根据［例2］的分析可知乙方案优于甲方案。所以运用离散系数作投资判断时，也要将其与报酬联系起来考虑，此时要考虑的是报酬的分布（离散）特征。

根据数理统计学原理，在正态分布的情况下，实际报酬率落在预期值 ±1 个标准差范围内的概率为 68.27%，落在预期值 ±2 个标准差以及 ±3 个标准差范围内的概率分别为 95.46% 和 99.74%（见图 6－3）。

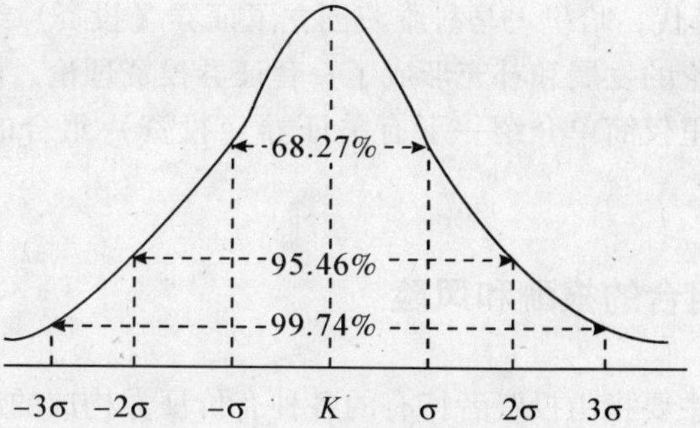

图 6－3 正态分布的概率图

4. 置信区间和置信概率

人们把"期望值±X个标准差"称为置信区间，把相应的概率称为置信概率，它表明随机变量出现某一个置信区间的可能性的大小。

［例1］中，A公司对C公司投资的报酬率出现在39%±18.421%，即11.579%～57.421%的可能性为68.26%，而出现在39%±2×18.421%，即2.579%～75.842%的可能性为95.46%。置信区间与置信概率之间的关系可以通过查表查到，可在已知置信区间的情况下，求出置信概率，也可以在已知置信概率的情况下求出置信区间。A公司对B公司投资的报酬率出现在－28.413%～89.587%的范围内［39%±50.587%］的可能性也只有68.26%。很显然，前者结果较为确定，风险较小；后者的结果较不确定，风险较大。近年来，那些在纽约证券交易所上市的公司，标准差为30%。

续［例1］，假设报酬率符合正态分布，计算投资于B公司的盈利（0～∞）的可能性有多大。

先计算0～39%（期望值）的面积。该区间含有标准的个数为：

$$X = 39\% \div 50.587\% = 0.77$$

查表可知，$X=0.77$对应的面积为0.282 3。投资于B公司盈利的置信区间为0～∞。它包括两部分：其一是0～39%，对应的面积为0.282 3；其二是39%～∞，对应的面积为0.5，所以投资于B公司的盈利可能性为28.23%＋50%＝78.23%。

第三节　投资组合的财务风险

20世纪50年代，哈里·马科维茨创立了证券（投资）组合理论，之后夏普等人对这一理论的发展和补充形成了一套证券投资理论。由于本书论述财务学原理，所以这里仅简单介绍一下有关证券（投资）组合的基本原理，略去相关公式证明。

一、投资组合的报酬和风险

投资组合，主要指由投资者持有的各种有价证券构成的组合，投资组合是投资者投资分化的结果。投资分散化（diversification）（多样化或多角化）是指投资者在其投资活动中总是投资于两种或两种以上的有价证券，就构成了资产组合，目的是分散投资风险，实现投资者的预期报酬。在新古典经济学理论中，人们认为投资者的投资活动完全是由市场机制自动调节的，投资者在追求预期报酬收益最大化的过程中，其资本可以自动地转换为企业组织的资产。J. Tobin（1958）在仔细分析了投资者的资本行为后发现，投资者既要投资在风险比较高、预期收益比较高的证券上，又要投资在风险较低、预期收益比较低的证券上，这是为什么呢？这说明投资者的投资行为并不是简单地受市场给定的各项资产预期收益的调节，而是受投资者的预期报酬的调节，他们必须在各种风险性证券之间进行选择，以分散投资的风险，实现投资的预期报酬，投资者这种投资选择的结果便形成了资产组合。

那么，投资者如何选择风险性有价证券以形成投资组合呢？选择的依据应该是资产组合风险与报酬之间的关系。很明显，投资者依然偏好预期报酬比较高、风险相对较低的投资组合，这就涉及资产组合风险和报酬的计量问题。由于投资者持有投资组合的目的是分散风险，同时，构成投资组合各有价证券的相互关系也不相同，所以投资组合的风险不是构成投资组合各有价证券标准差的简单相加。下面结合具体实例说明投资组合的风险和报酬的计量问题。

（一）投资组合的预期报酬

投资组合的预期报酬，是指资产组合中各有价证券预期报酬按照投资比重加权的平均值，也就是，资产组合中各有价证券的预期报酬具有可加性，它们之间呈线性关系。

$$K_p = \sum_{j=1}^{m} K_j W_j \qquad (6.3-1)$$

其中 K_p 是投资组合的预期报酬率，K_j 是证券 j 的预期报酬率，W_j 是证券 j 在总投资中所占的比重，m 是组合中证券个数。

［例4］某投资组合包含4种股票，其预期报酬率分别为 $K_1 = 10\%$、$K_2 = 12\%$、$K_3 = 11\%$、$K_4 = 14\%$，而这4种股票投资价值的相应权数分别是 $W_1 = 0.20$、$W_2 = 0.25$、$W_3 = 0.30$、$W_4 = 0.25$，计算该投资组合的预期报酬率。

该投资组合报酬率为：

$$K_p = \sum_{j=1}^{4} K_j W_j = 0.2 \times 10\% + 0.25 \times 12\% + 0.30 \times 11\% + 0.25 \times 14\% = 11.8\%$$

当然，1年后个别股票的实际报酬率可能不会与预期报酬率一样，而且投资组合的报酬率也会如此，但是后者的稳定性已大大增加，这可以从下面对投资组合的风险问题的讨论中得到证实。

（二）投资组合的风险

有价投资组合的风险可不是将各证券的标准差进行简单的加权平均就行了。有价投资组合的风险不仅取决于各个组成证券的风险，还与其相互关系有关。通过选择相互几乎没有关联的证券，投资者能够减少相关风险。我们用图6－4来说明将多种投资组合起来以减少相应的风险的多角化方式。这里证券A的收益随经济环境有着周期性变化，而证券B则平缓，且呈现反周期性。向两种证券投资相等的数额将减少总投资收益的离散程度。

在下面涉及弱周期行为的例子中，两种证券在三种可能的情况下的预期报酬率如表6－5所示：

表6－5　三种状况下预期报酬率与概率分布

状态	此状态发生的概率	A证券报酬率（%）	B证券报酬率（%）
繁荣	0.25	28	10
正常	0.50	15	13
萧条	0.25	－2	10

根据表6－5，我们可以计算出证券A的预期报酬率为14.0%、标准差为10.7%，证券B的预期报酬率为11.5%、标准差为1.5%。

若对两证券等额投资，则投资组合的预期报酬率为：

$$14.0\% \times 0.5 + 11.5\% \times 0.5 = 12.75\%$$

各个证券标准差的加权平均值为：

$$10.7\% \times 0.5 + 1.5\% \times 0.5 = 6.1\%$$

但这并不是投资组合的标准差。将资金等量投资到两种证券上的投资组合收益见表6－6：

表6－6　三种状况下预期报酬与概率分布

状态	此状态发生的概率	投资组合报酬率（%）
繁荣	0.25	19
正常	0.50	14
萧条	0.25	4

其中投资组合的收益是单个证券收益的加权平均值，则投资组合在繁荣、正常和萧条三种状态下的报酬率分别为 19%、14% 和 4%。投资组合的预期报酬率为：

$$19\% \times 0.25 + 14\% \times 0.50 + 4\% \times 0.25 = 12.75\%$$

与前面相同。但是组合标准差为：

$$[(0.19 - 0.1275)^2 \times 0.25 + (0.14 - 0.1275)^2 \times 0.5 + (0.01 - 0.1275)^2 \times 0.25]^{1/2} = 5.4\%$$

可见，组合的标准差小于单个标准差的加权平均值 6.1%。其中原因是投资组合标准差忽略了两个证券报酬间的关系，即协方差。所以，我们不能用各种证券标准差的加权平均值作为投资组合收益的标准差，但是我们可以用下式来求出投资组合可能收益的概率分布的标准差：

$$\sigma_p = \sqrt{\sum_{j=1}^{m}\sum_{k=1}^{m} W_j W_k \sigma_{jk}} \tag{6.3-2}$$

其中 m 为投资组合中证券数目，W_j 为投资于证券 j 的资金比例，W_k 为投资于证券 k 的资金比例，σ_{jk} 为证券 j 和证券 k 的可能报酬的协方差。

这里的两个 $\sum$ 符号表示考虑到投资组合中所有证券两两组合的协方差。例如，m 为 4 时，所有两两组合的协方差的矩阵为：

$$\begin{matrix} \sigma_{11} & \sigma_{12} & \sigma_{13} & \sigma_{14} \\ \sigma_{21} & \sigma_{22} & \sigma_{23} & \sigma_{24} \\ \sigma_{31} & \sigma_{32} & \sigma_{33} & \sigma_{34} \\ \sigma_{41} & \sigma_{42} & \sigma_{43} & \sigma_{44} \end{matrix}$$

在左上角的组合是 1 和 1，表示当 $j = k$ 且考虑证券 1 时的方差。此时式（6.3－2）中的 $\sigma_{11} = \sigma_1^2$ 就是标准差的平方。沿对角线向下看，共有四个 $j = k$ 的情况，我们将考虑这四个方差。第一行的第二组合是 σ_{12}，表示证券 1 和证券 2 的可能回报的协方差。也就是说，我们对证券 1 和证券 2 的协方差计算了两次。同样地，凡不在对角线上组合的协方差都被计算了两次。式（6.3－2）中两次加总的标志只意味着我们把矩阵中所有可能两两组合的方差和协方差加在了一起。在我们的矩阵中，有 16 个组合，包括 4 个方差加上双重计算的 6 个协方差。

两种证券决定的可能回报的协方差是对它们一起变化而非各自单独变化的一种量度。正规地说，（6.3－2）中协方差定义为 $\sigma_{jk} = \gamma_{jk}\sigma_j\sigma_k$。这里 γ_{jk} 是预

期的证券 j 和 k 的可能回报的相关系数，σ_j 和 σ_k 分别表示证券 j 和 k 的标准差。证券 j 和 k 的可能回报的概率分布的标准差按前一节所采用的方法计算。式（6.3－2）中，当 $j=k$ 时，相关系数则为 1，$\sigma_{jk}=\sigma_j^2$，这种情况只在矩阵对角线上发生。

注意协方差是表示两种证券相关程度的绝对值，而相关系数是表示两种证券相关程度的相对数。

协方差的计算公式为：

$$\sigma_{AB}=E\left[\left(X_A-E\left(A\right)\right)\left(X_B-E\left(B\right)\right)\right]$$
$$=\sum_{i=1}^{n}\left(X_{Ai}-E\left(A\right)\right)\left(X_{Bi}-E\left(B\right)\right)P_{ABi} \quad (6.3-3)$$

式中的 σ_{AB} 为 A 和 B 两种证券间的协方差，X_A 为证券 A 报酬变量，X_{Ai} 为证券 A 在各种情况下的实际报酬，X_B 为证券 B 报酬变量，X_{Bi} 为证券 B 在各种情况下的实际报酬。P_{ABi} 为投资组合 AB 在各种情况下的概率。

另外，协方差和可以通过下式计算出

$$\sigma_{AB}=\rho_{AB}\sigma_A\sigma_B \quad (6.3-4)$$

式中的 ρ_{AB} 为证券 A 和 B 间的相关系数，σ_A、σ_B 分为证券 A 和 B 的标准差。通过式（6.3－4）和式（6.3－2）可得：

$$\rho_{AB}=\frac{\sigma_{AB}}{\sigma_A\sigma_B}=\frac{\sum_{i=1}^{n}\left(X_{Ai}-E\left(A\right)\right)\left(X_{Bi}-E\left(B\right)\right)P_{ABi}}{\rho A\rho B} \quad (6.3-5)$$

既可以先计算出相关系数，再计算协方差；也可以先计算协方差，再计算相关系数。

式（6.3－2）阐述了一个基本观点，有价投资组合的标准差不仅依赖单个证券的方差，而且还依赖于不同证券两两组合的协方差。有价投资组合中的证券种类越多，协方差对方差的影响就越重要。这点可以从矩阵上看出来，在包含两种证券的组合中，对角线上有两个独立的方差 σ_{11} 和 σ_{12}，还有两个协方差 σ_{12} 和 σ_{21}。包含四种证券的有价投资组合，有 4 个独立方差和双重计算的 6 个协方差。所以对于大规模的有价投资组合，全部方差中的协方差占主导地位，如一个包含 25 个有价投资组合，它的矩阵中有 25 个独立方差，以及双重计算的 300 个协方差，当一个证券的有价组合扩展到包含所有有价证券时就只有协方差重要了。

相关系数的值总是在 －1 到 1 之间。相关系数为 1 意味着一种证券的报酬增加将带来另一种证券报酬同比例增加，报酬减少时也一样。相关系数为 -1 意味着一种证券的报酬增加带来另一种证券的报酬同比例减少，反之亦然。相关系数为0表示两者无关系，一种证券回报的变化独立于另一种。但是，多数证券的回报有一起变化的趋势，所以两种证券的相关系数通常是正的。

为了说明如何确定包含两种证券的组合参数，我们假定甲公司的预期报酬率为12%，标准差为11%；乙公司的预期报酬率为18%，标准差为19%，两者相关系数为0.2。对它们进行同比例投资，则此投资组合的预期报酬率为 $K_p = 12\% \times 0.5 + 18\% \times 0.5 = 15\%$。显然，这是一个简单的加权平均值。

如果我们用加权平均值的方法计算标准差，它的值就是15%，这实际上是两种股票相关系数为1.0时投资组合的标准差。然而，式（6.3-2）告诉我们，当相关系数比1.0小时，标准差也要小一些。相关系数为0.2时，标准差应为 $\sigma_p = [(0.5)^2 \times (1.00) \times (0.11)^2 + (2) \times (0.5) \times (0.5) \times (0.20) \times (0.11) \times (0.19) + (0.5)^2 \times (1.00) \times (0.19)^2]^{1/2} = 11.89\%$

从式（6.3-2）可知，由两种证券决定协方差要计算两次。因此，我们用2乘以协方差。当 $j=1$ 且 $k=1$ 时，对股票1的投资比例（0.5）要平方，标准差（0.11）也一样。此时的相关系数显然为1.0。当 $j=2$ 且 $k=2$ 时，对股票2亦相同处理。需要掌握的重要原则是：只要两种证券的相关系数小于1.0，投资组合的标准差就会小于两种证券标准差的加权平均数。

二、投资组合与风险分散

投资者如果不是进行单一证券的投资，而投资于由两种以上证券构成的投资组合，我们说投资是多角化的。投资组合理论认为，如果构成投资组合的证券不是完全正相关（即相关系数不都是 +1），那么投资组合就会降低风险，即投资组合回报率的方差小于个别证券回报率的方差，也小于均方差组合的平方。在前面讲的投资组合风险中的具体例子也使我们了解到这一点。为什么投资多样化可以降低（或分散）风险呢？因为各构成证券回报率的变化可能是不同向的，或者即使是同向的但变化幅度不同步，这就减少了投资组合回报率的变差性，从而减少了其风险。当然，这里的风险是公司特有风险，而不是系统风险。

投资组合的风险，当用均方差（即标准差）表示时，小于风险的组合；当用方差表示时，小于构成证券的风险中最大者。Stephen A. Ross 的《公司理财》讲到，在投资组合中，各证券的方差会因为组合而被分散并消失，但是各证券的协方差不会因为组合而被分散并消失。投资组合不能分散和化解全部风险，而只能分散和化解部分风险。但无论如何，系统风险是共有的、不可分散的；非系统风险则随着投资组合证券（项目）的增加而减少。此种关系可图示如下：

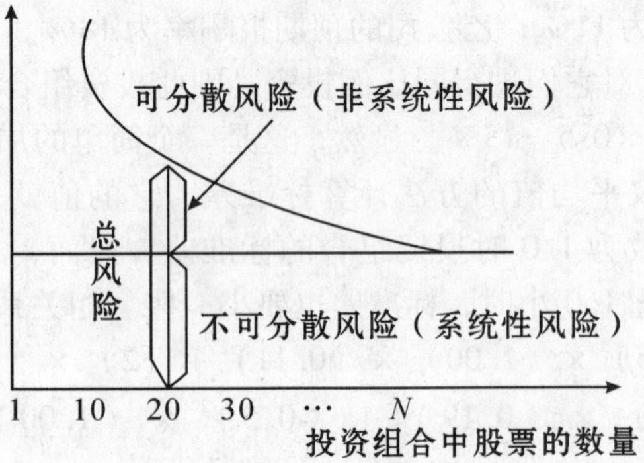

图 6－4 风险与投资组合关系图

我们应该注意的是，虽然投资多样化可以分散非系统风险，但并不意味着我们在做投资选择时不作分析，随意挑选几种证券就可以了。原因有：

第一，在投资额一定、两种证券通常正相关的情况下，你在选择了一种高风险证券后，为了降低风险，另外选的证券风险必须较低，这样才能使风险降低，否则会更高。因为投资组合的标准差只是小于标准差最大的那种证券，没有说小于任何构成证券的标准差。

第二，虽然理想状态是投资组合包括市场上所有证券，那样就可以分散掉所有的非系统风险。但哪个投资者会有那样的资本来投资市场上所有的证券并承担市场上所有的系统风险呢？这样不仅该投资者只是获得无风险报酬，而且要管理这么多证券的确是很困难的。所以，“投资多样化可以降低风险”不是意味着我们可以不假思索地进行任意投资组合，而是要求投资者在进行投资分析的基础上，做出最优投资组合，以便在降低风险的同时，获得高的收益。“不要把您的鸡蛋放在一个篮子里”，在投资中我们要学会用多样化投资来降低风险，但是我们不要用得过激过泛。例如，把你的20个鸡蛋放在20个篮子里，这样要花费大量的管理成本和交易成本，可能篮子本身成本比鸡蛋还高。因此实际投资中我们不要将我们有限的资本进行过多的分散。

三、多种投资组合的风险分析

图6-5是机会集合的一个例子，这个集合建立在某投资者主观的概率判断之上，它反映了投资者所能想象的全部可能的证券集合。阴影内的每一点都代表一种可能的投资组合。当可投资的证券种类增加时，两种和多种投资组合的数量将呈几何级数增长。

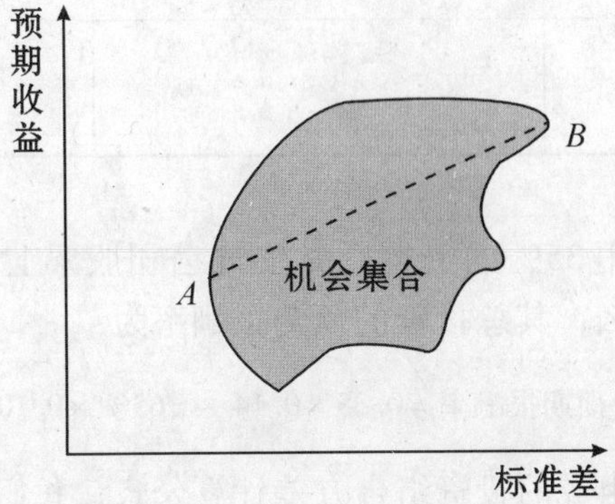

图6-5 机会集合

（一）有效集合

靠曲线最左边的投资组合叫做最小方差组合（minimum variance portfolio），它是改变证券的混合比例所能获得的最小方差。图6-5中最左边的点*A*即是最小方差投资组合，它有最小的标准差，没有人会选择比最小方差组合提供的回报率更低的投资组合。图6-5中，机会集合区域的边缘有一段像回弯曲的部分，它的出现原因是多角化所产生的降低风险的作用。在机会集合的上缘连接点*A*和点*B*的弧线是有效集合，或称作有效边界。它从最小方差投资组合延伸到拥有最大期望报酬率的投资组合。

按照马科维茨的观点，投资者会在有效集合上寻找一种投资组合。如果还有一种组合能够提供较高的回报率和较小的标准差，或者相同的标准差和较高的回报率，或者相同的回报率和较小的标准差，那么目前这种投资组合就不是有效的。如果你的投资组合不是有效的，你可以改用有效边界上的一个投资组合，以增加回报而不增加风险，或减少风险而不减少回报，或增加回报的同时减少风险。可见，有效集合是由对投资者来说最有利的投资组合确定的。多角化投资带来风险的减少，使得多种投资的组合通常优于单个投资。

（二）无风险借贷

在图 6－6 中我们假设有效投资组合是由风险性证券构成的，事实上，投资者也可以将风险性证券和无风险性证券结合组成一个投资组合。例如，H 投资者正考虑投资 M 公司的股票，同时也在考虑按照无风险利率借入或贷出资本。有关数据如下：

表 6－7

	M 公司股票	无风险证券
预期报酬	14%	10%
标准差	0.20	0

假设投资者选择用 35% 的资本投资在 M 公司股票上，用 65% 的资本投资在无风险资产上，那么，其总投资的预期报酬率为：

$$\text{资产组合预期报酬率} = 0.35 \times 0.14 + 0.65\% \times 0.10 = 0.114$$

根据风险性证券组成的投资组合方差计算公式，我们也可以得到该资产组合的方差：

$$\sigma^2 (K_P) = W_M{}^2 \sigma^2 (K_M) + W_{R_f}{}^2 \sigma^2 (K_{R_f}) + 2W_M W_{R_f} \sigma_{M,R_f}$$

因为无风险证券没有方差，所以，无风险证券的方差及其与 M 股票的协方差均为零，投资组合的方差计算公式可简化为：

$$\sigma^2 (K_P) = 0.35 \times 0.35 \times 0.2 \times 0.2 = 0.0049$$

投资组合的标准差为：

$$\sigma (K_P) = \sqrt{W_M{}^2 \sigma^2 (K_M)} = W_M K_M = 0.35 \times 0.2 = 0.07$$

含有无风险证券的投资组合预期报酬率和方差之间的关系见图 6－6，与图 6－5 有所不同，图 6－6 中可供投资者选择的投资组合集是一条直线，因为投资者在一种风险性证券和一种无风险证券之间的不同选择呈线性函数。假设投资者将无风险利率贷款投资在 M 股票上，借入资本占原有资本的 20%，这样，他投资在 M 股票上的总资本是原有资本的 120%，预期报酬为：

$$\text{借入资本投资的投资组合预期报酬} = 1.2 \times 0.14 + (-0.2) \times 0.10 = 14.8\%$$

借入资本以后的投资组合预期报酬大于 M 股票的预期报酬（14%），原因在于借入资本的利率是 10%，而投资的股票（M）大于借款利率（10%）的预期报酬，借入资本以后的投资组合的标准差为：

借入资本投资的证券的标准差 = 1.20 × 0.2 = 0.24

借入资本后资产组合的标准差大于 M 股票的标准差（0.2），因为借款增加了投资的风险，从而使资产组合的标准差有所提高。

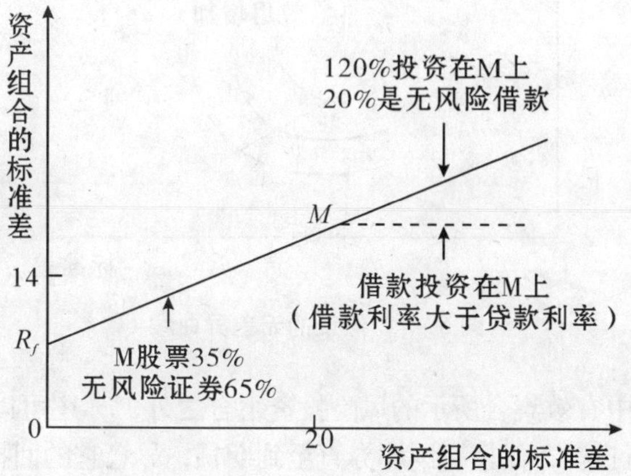

图 6－6 风险性证券和无风险性资产的资产组合预期报酬率和标准差

到目前为止，我们一直假设投资者的借款利率等于贷款利率。如果我们考虑借款利率大于贷款利率的情况，可供投资者选择的证券资和集如图 6－6 中的虚线。这条虚线在正常投资组合集的下面，呈水平直线，因为过高的借款利率刚好抵消投资者预期报酬的增加，这表明，资产组合的风险在增大，而其预期报酬一直保持不变。

（三）效用函数与投资者的选择

拥有最佳预期报酬和标准差的有价投资组合的选择，依赖于投资者效用函数。如果你是一个视风险为预期收益对立面的风险厌恶者，你的效用函数将如图 6－7 所示。坐标的纵轴表示预期收益，横轴表示标准差。图中的曲线叫做无差异（indifference）曲线。每条特定的曲线上任何一种预期收益与标准差的组合对于投资者来说都是无差异的。或者说，这样一条曲线是由能产生固定水平的预期效用的所有预期收益和标准差的组合所组成的。

无差异曲线的斜率越大，投资者就越不愿意承担风险。我们在图 6－7 中向左移动，每条相继的曲线都代表一个更高的效用水平。重要的一点是，对于不同的投资者，无差异曲线的形状是不同的，因此存在多种不同的曲线形状。作为一名投资者，你将在最高效用的无差异曲线上选择有价投资组合。

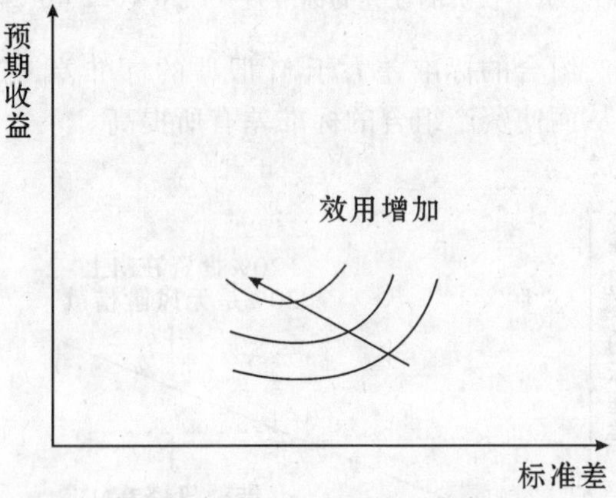

图 6－7　假设的无差异曲线

除了图 6－5 中有效集合所示的风险投资组合之外，你还可以对有固定回报率的无风险证券进行投资，如持有国库券直至到期日，尽管它的回报率相对于其他证券可能低一些，但回报是完全确定的。现在假定你不但能以无风险利率贷出，也能以此利率借入。为了在这样的条件下求出最优的投资组合，我们首先从纵轴上表示无风险利率的点出发，作出一条与机会曲线相切的线，如图 6－8 所示。

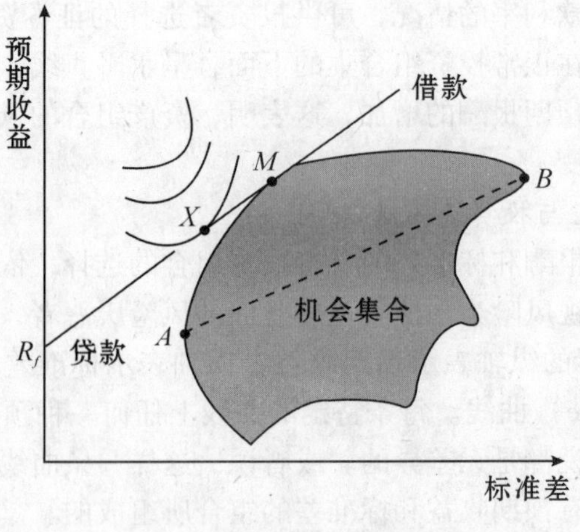

图 6－8　当存在无风险资产时最优组合的选择

这条线就形成了有效边界。请注意，现在只考虑了一种风险证券的投资组合——m 点。它现在优于包括机会集合有效边界在内的其他任何一种投资组合。

直线上任何一点都表示风险投资 m 和无风险利率借贷所占的比例。在 M 点以左，你将同时拥有无风险证券和风险投资组合 M；M 点以右，你只拥有投资组合 M，并且为了增加对它的投资，你还借了款。越往右，借款数额就越大。总体期望报酬率 = W（风险投资的预期报酬率）+（$1-W$）（无风险回报率）。其中 W 代表全部投资中投资组合 M 所占的比例，$1-W$ 则是无风险资产所占的比例。如果向外贷款，W 将小于1.0；如果发生借款，W 将大于1.0。总体的标准差就是 W 倍的风险投资组合的标准差。因为无风险资产的标准差为0，所以不用考虑。

最优的投资方案由图6-8中的直线与最高的无差异曲线之间的切点所决定，如图所示，这点是投资组合 X。它包含以无风险利率向外贷款和对风险投资组合进行投资。如果不容许借款，则有效边界不再是一条直线，而是包含 R_fMB 的曲线。最优投资组合的决定同上，就是有效边界和最高无差异曲线的切点。

如果市场的参与者具有相似的期望，那么在市场均衡中，点 M 代表市场上所有可获得的证券按其相应市场价值占总市场价值的比例加权的投资组合。这种加权平均的投资组合定义为市场投资组合（market portfolio）。图中直线部分描述的是持有不同的无风险证券与市场投资组合所带来的预期收益与风险的选择。由此引出了两个价值：时间价格与风险价格，前者可由纵轴上的截距描述，所以无风险利率可以认为是等待的回报。直线的斜率代表风险的市场价格。它告诉我们，预期收益的增加将伴随着标准差的增加。

第四节 风险与报酬的关系

一、风险与报酬

风险与报酬的关系，取决于人们对风险与报酬的态度以及市场竞争的态势。一般的财务学教材都认为，投资者对风险的态度，大致有三种类型：喜欢冒风险并以此为乐的人属喜好风险型（desire for risk）；尽量回避风险，能不冒风险的地方就尽量求稳妥的人属于厌恶风险型（aversion to risk）；第三种人处于前两种类型之间，他们既不追求风险，也不刻意回避风险，认为风险大的项目与风险小的项目没有差别，属于漠视风险型（indifference to risk）。

在财务管理中，大多数情况下的理财者（投资者）是厌恶风险的，也就是说风险相同时，人们选择报酬率高的项目；报酬率相同时，人们选择风险低的项目。由于市场上投资者的这种心态和决策准则，使得风险小的投资在市场竞争的作用下报酬率下降，而风险高的投资项目往往“潜伏”着高报酬，否则没有人投资；低报酬的项目也必须风险低，否则也没有人投资。人们对风险的厌恶态度和市场竞争规律的作用，使风险与报酬的基本关系成为：风险越大，要求的报酬率越高。

但是我们应注意通常所说的“高风险，高报酬；低风险，低报酬”是对整个市场而言的，而对个别投资者投资于某个具体的项目时却不一定成立。某投资者投资的某具体项目，高风险仅仅意味着该投资者可能获得高报酬，而不是一定能获得高的报酬，他还可能获得较低的报酬，也可能是发生重大亏本（损失）。低风险仅仅意味着该投资者可能获得较低的报酬，但他也有可能获得较高的报酬，他还可能亏本。投资者必须明白这一点，只有这样才能在投资时认真作出分析和判断，选择出自己能够接受的项目，即能够接受该项目的风险和该项目可能带来的报酬或者损失。

按照资本资产定价模型（CAPM）理论，投资报酬率由两部分构成，即

$$预期投资报酬率 = 无风险报酬率 + 风险投资报酬率 \quad (1)$$

无风险报酬率就是到期一定能获得的报酬率。如购买国库券，基本上不存在风险，到期都能收回本息。如果不考虑通货膨胀，风险报酬率就是前面章节中讲到的货币的时间价值。风险报酬率是对投资者冒风险的一种额外报酬率，它是风险程度（标准差、离散系数等表示）的函数，风险程度越大，风险报酬率也就越高。我们可以用图 6-9 来表示这种关系。

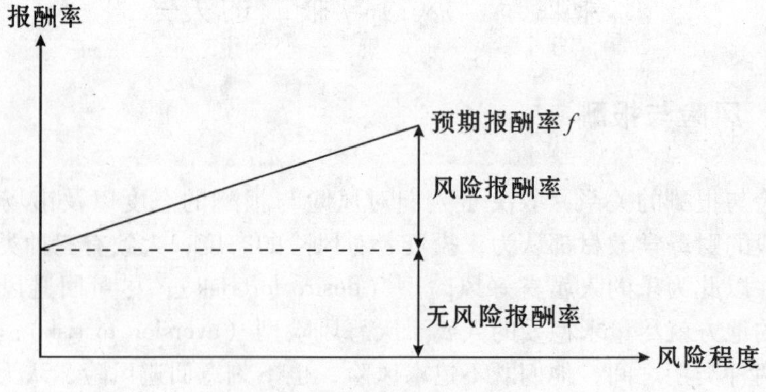

图 6-9　投资报酬率构成图

在本章第二节讲述的标准差和离散系数虽然能测量风险程度的大小，但是不能说明风险大小给企业带来的报酬或者损失的数额和水平，要想知道企业所冒风险大小给企业带来的损益，必须计算风险报酬。所谓风险报酬是指投资者承担风险所（可能）取得的收益或者损失，通常用相对数表示，即风险报酬率。根据报酬与风险同规律，风险报酬率的大小与离散系数成正比关系，但是二者并不相等，决定二者关系的是风险报酬系数，此三者的关系可用公式表示：

$$风险报酬率 = 风险报酬系数 \times 标准离差率 \quad (2)$$

根据投资报酬率等于无风险报酬率加上风险报酬率的关系［由式（1）可知此关系］，我们还可以根据下式计算风险报酬率：

$$风险报酬率 = 预期投资报酬率 - 无风险投资报酬率 \quad (3)$$

根据式（1）和（2）相等的关系，风险报酬系数可按如下公式计算：

$$风险报酬系数 = \frac{预期报效报酬 - 无风险投资报酬率}{标准离差率}$$

而投资风险报酬额可用以下公式计算：

$$投资风险报酬额 = 投资额 \times 投资风险报酬率$$

应当指出的是，许多财务学教材都认为，风险报酬率的高低和风险报酬额的大小主要取决于投资者对风险的态度，以及对获得收益的欲望等主观因素。喜好风险型投资者一般对获得收益的欲望大，投资多投向风险高、收益也可能高的项目，且投资数额较大，因此计算出的风险报酬率就高，风险报酬额也就大。厌恶风险型投资者因厌恶风险，获得高收益的欲望较小，多把资金投向风险小、收益稳定的项目，因此计算出的风险报酬率较低。此种观点是值得商榷的，这里不展开论述。

二、基于投资组合风险与报酬的资本市场线（CML）

在本章第三节中讲到，引入无风险资产后投资组合的有效边界是一条从无风险利率出发并与马科维茨边界相切的射线，如图 6-10 所示。

这条由无风险报酬率（R_F）和市场投资组合（M）决定的射线叫资本市场线（Capital Market Line，简称 CML）。Z 点在理论上没有极限，M 点是所有风险证券的最优组合。

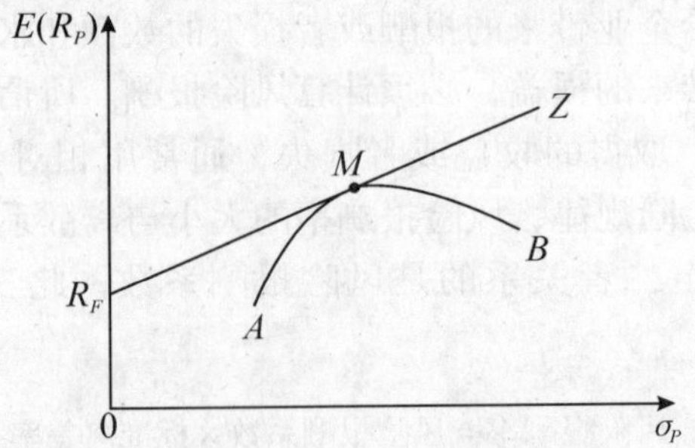

图 6－10　资本市场线（CML）

资本市场线实质上是允许借贷条件下的有效投资组合线，在这条线上，投资者可作出下列选择：

（1）按照无风险利率 R_F 贷放其所有资金，即 R_F 点；

（2）按照无风险利率贷放其部分资金，而将剩余资金投资于市场投资组合 M 上，即直线 R_FM，故 R_FM 上的任何一点均称为“借出组合”；

（3）将其全部资金投资于市场投资组合 M 上，即 M 点；

（4）按照无风险利率 R_F 借入资金连同其原有资金投资于市场投资组合 M 上，即直线 MZ，故 MZ 上的任何一点均称为“借入组合”或“杠杆投资组合”，利用杠杆投资组合，投资者可获得超过单纯用自己的资金能够投资的报酬率，但必须承担大的风险。

资本市场线 R_FMZ 说明了线上的投资组合（有效投资组合）的预期报酬率与其所承担的风险之间存在一种线性关系。资本市场线（CML）的纵截距 R_F 通常视为即期消费的成本。例如当 $R_F=7\%$ 时，则一个人当用即期消费来代替明年的消费时，他必须牺牲 7% 的消费。或者换句话说，若等到明年消费，他可以比即期多得 7% 的消费。资本市场线的斜率为风险价格，即每一单位的风险的额外报酬，可用公式表示为：

$$\lambda=\frac{E(R_M)-R_F}{\sigma_M-0}=\frac{E(R_M)-R_F}{\sigma_M}$$

式中的 λ 为 CML 的斜率；$E(R_M)$ 为市场投资组合的预期报酬率；R_F 为无风险利率；σ_M 为市场投资组合预期报酬率的标准差。

投资组合的预期报酬率等于无风险利率加上其所承担的风险（用标准差表示）与 CML 斜率的乘积，用公式表示为：

$$E(R_P)=R_F+\frac{E(R_M)-R_F}{\sigma_M}\sigma_P$$

式中：$E(R_P)$ 为投资组合 P 的预期报酬率；σ_P 为投资组合预期报酬率的标准差。

由于 CML 经过 (R_M, σ_M) 点，在均衡时 $\lambda=\frac{E(R_M)-R_F}{\sigma_M}$，所有的有效投资组合，包括最优投资组合预期报酬率均位于 CML 上，即与必要报酬率相等，故有：$E(R_M)=R_F+\lambda\sigma_M$，$E(R_P)=R_F+\lambda\sigma_P$

如图 6－11 所示：

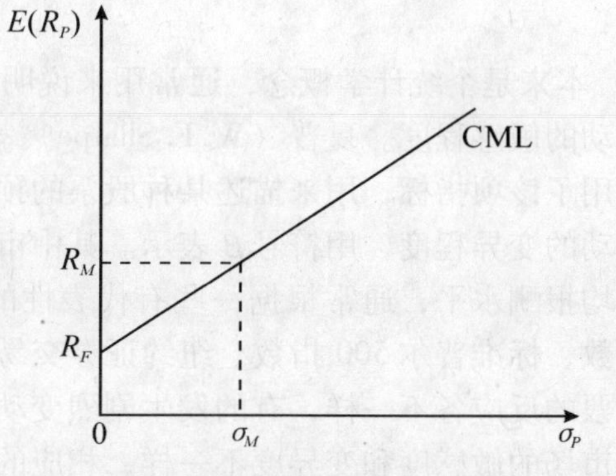

图 6－11　资本市场线图

综上所述，资本市场线是由无风险资产和风险资产所构成的资产组合的有效边界，它说明了有效投资组合的风险与其必要报酬率的均衡关系，通过 CML 线的计算公式，我们可以测算出某一有效投资组合的必要报酬率，从而作出相应的决策。

［例 5］已知无风险利率为 7%，某投资组合的标准差为 0.4，市场投资组合的预期报酬率及其标准差分别为 15% 和 0.2，则该投资组合的必要报酬率为：

$$E(R_P)=R_F+\frac{E(R_M)-R_F}{\sigma_M}\sigma_P$$

$$=7\%+\frac{15\%-7\%}{0.2}\times 0.4$$

$$=7\%+40\%\times 0.4$$

$$=23\%$$

三、系统风险与贝它系数（β）的实质

前面所讲的风险、风险分散、风险与报酬的关系，主要都是针对公司特有风险（非系统风险）而言的，而事实上任何财务主体所面临的风险都是由系统风险和非系统风险两部分构成的，且无论何种风险都会影响企业的投资报酬。所以在理财时必须同时考虑到这两部分风险的存在，即不仅要掌握和防范公司特有风险，还要了解自身所处市场环境中的系统风险。财务学中对系统风险的测度与反映一般是采用贝它系数（β），并由此产生了经典的理财模型——资本资产定价模型（CAPM），所以有必要认识贝它系数（β）的真实含义与功能。

贝它系数（β）本来是个统计学概念，通常用来说明一个统计指标随着另外一个统计指标变动的敏感程度。夏普（W. F. Sharpe）教授1964年在有价证券风险的研究中引用了该项指标，用来描述某种股票的预期报酬率随着市场组合的预期报酬率波动的变异程度，用符号β表示。其中市场资产组合的预期报酬率代表股票的平均报酬水平，通常根据一些有代表性的股票市场指数计算，如道·琼斯工业指数、标准普尔500指数、纽约证券交易所指数等；在整个股市变动时，个别股票的反应各不一样，有的发生剧烈变动，有的只发生较小变动，即各种股票对市场的敏感度和变异度不一样，相应的β值也就不一样。

现代财务学将夏普教授的研究作了扩展性应用，将β作为个别投资（风险性资产）或投资组合的报酬率对整个资本市场报酬率变动之反应的一种度量标准，用以衡量个别投资项目的市场风险。这样，公司持有的某项证券（或某投资项目）的β取决于此项证券收益的标准差（反映此项证券的风险程度）以及此项证券与市场上全部证券的收益相关性。根据风险与收益的关系，可得：

$$y = \alpha + \beta x + \varepsilon$$

式中：y为某项证券的报酬率；x为市场平均报酬率；α为直线与y轴的交点，其实际含义是某项证券报酬率的基础值或起点值，往往取决于无风险报酬率；β为回归线的斜率，其实际含义是某项证券报酬率与全部证券平均报酬率的相关方向与程度；ε为随机因素产生的剩余收益。根据x和y的历史资料，可以求出α和β的数值，一般都用最小二乘法（OLS）计算。这里，贝它系数β不是某种证券的全部风险，而只是与市场有关的那部分共有风险，即系统风险；ε则是与企业本身活动有关的风险，即非系统风险；当某项证券的预

期报酬率和系统风险确定后，α 与 ε 是负相关的。

[例6] 某投资收益的标准差为14%，与市场收益的相关系数+0.7，此项投资的风险可划分为：

系统风险 = 0.14 × 0.7	= 0.098
非系统风险 = 0.14 ×（1 - 0.7）	= 0.042
总风险 =	0.14

假如一种股票的 β 等于1，则它的风险与整个市场的平均风险相同，这就是说，市场风险上升10%，这项证券的风险也上升10%，下降亦然。如果一种股票的 β 小于1，譬如0.5，则此项证券的变动性只相当于市场变动性的一半，也就是说，市场报酬率上涨10%，这项证券的报酬率只上涨5%；如果一种股票的 β 大于1，譬如1.5，则这种证券的变动性是市场变动性的1.5倍，其风险程度是股票市场的平均风险的1.5倍。假设数据如表6-8所示。

表6-8

年份	证券报酬率（%）			
	高风险（$\bar{K}_a$）	一般风险（$\bar{K}_b$）	低风险（$\bar{K}_c$）	市场风险（$\bar{K}_m$）
第一年	5	5	5	5
第二年	20	12.5	10	12.5
第三年	-20	-7.5	0	-7.5

根据上述资料，分析3年中各类风险的证券报酬率变动幅度，并与市场变动幅度比较如下：

$\bar{K}_m$	12.5% -（-7.5%）	幅度20%	与市场幅度之比
$\bar{K}_a$	20% -（-20%）	幅度40%	2∶1
$\bar{K}_b$	12.5% -（-7.5%）	幅度20%	1∶1
$\bar{K}_c$	10% -0	幅度10%	0.5∶1

因此，可得出证券A的 β 为2，证券B的 β 为1，证券C的 β 为0.5。以上数据见图6-12。

从上面的分析可以看出，3种证券的变动方向和市场的变动方向是一致的。但是 β 高的证券（证券A）的变动幅度是最大的，而 β 低的证券（证券C）的变动幅度是最小的，小于市场的变动幅度。β 为1的证券（证券B）的变动幅度与市场是一致的。

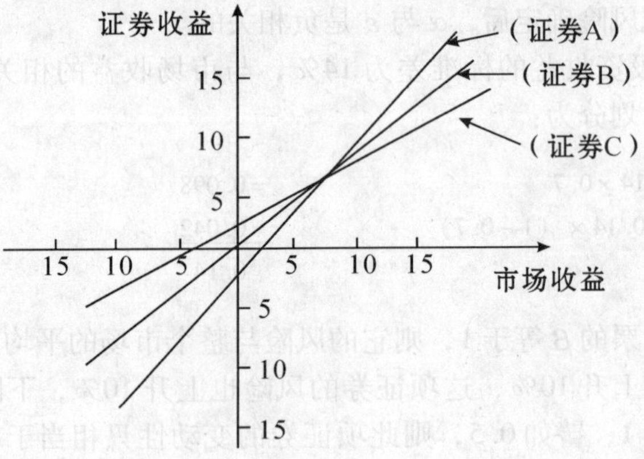

图 6-12

对 β 值的历史数据稳定性所做的实证研究表明，过去的 β 值对预测未来的 β 值是有用的，但是预测的能力要视投资组合的大小而定。投资组合中的证券种类越多，β 值的稳定性就越好。即使是单个的股票，过去的 β 值对于合理的预测也是有价值的。此外，研究跨越的时间越长，β 值所显示的稳定性就越强。

贝它系数（β）的含义是以风险的分类为基础的。我们知道，按照风险的影响面和可分散性，有价证券的风险可分为系统风险和非系统风险。在市场资产组合中公司特有风险（即非系统风险）被分散掉，剩下系统风险构成有价证券的相对风险贡献。既然贝它系数（β）反映股票预期报酬随市场资产组合预期报酬变动而变动的敏感程度，那么，它就是计算证券市场风险的恰当指标，也就是计量资产组合中有价证券相对风险贡献的恰当指标。如果在贝它系数（β）为 +1 的资产组合中加进贝它系数（β）大于 +1 的证券，该资产组合的风险就会提高，反之，如果加进贝它系数（β）小于 +1 的证券，该资产组合中各种有价证券的相对风险贡献方面还是比较有效。

综上所述，我们可以把贝它系数（β）的基本含义归纳如下：

第一，按照风险的可分散性分类，有价证券的风险可分为系统风险和非系统风险。在资产组合中，非系统风险可以通过投资组合来分散化，是可分散风险，而系统风险不可以通过投资组合而分散掉，是不可分散风险。

第二，所有投资者承担的不可避免的风险是有价证券的不可分散风险，即系统风险，它们要求获得补偿的风险也就是这部分风险，因此，市场风险是资产组合风险计量的基本内容。

第三，贝它系数（β）反映了一种股票的预期报酬随着市场资产组合预期报酬波动的变动程度，主要用来计量有价证券的市场风险，是计量有价证券的系统风险的恰当指标，也是计量资产组合中各有价证券相对风险贡献的恰当指标。

第四，市场资产组合的平均风险通常设为1，当

$\beta=0.5$，表示该有价证券的市场风险只有市场平均风险水平的一半；

$\beta=1.0$，表示该有价证券的市场风险与市场平均风险水平相等；

$\beta=2.0$，表示该有价证券的市场风险是市场平均风险水平的两倍。

四、基于定义的证券市场线（SML）

资本市场线（CML）所揭示的有效资产组合预期报酬率及其标准差之间的均衡关系，对个别风险证券或非有效资产组合的情况并不一定成立，而证券市场线（Security Market Line，简称 SML）正是要描述任何证券或投资组合的预期报酬率及其风险之间的关系。这种关系的确立是基于定义下的资本资产定价模型的建立。

在20世纪60年代，美国经济学家夏普（Sharpe）、林特纳（Linter）和莫辛（Mossin）几乎同时开发研究出资本资产定价模型（Capital Asset Pricing Model），简称为CAPM。该模型是用来计量市场资产组合中有价证券风险和报酬之间数量关系的一种理论模型。资本资产定价模型的分析对象是市场资产组合中有价证券的风险和预期报酬，其基本理论特征是市场均衡定价，其基本理论创新是有价证券的风险计量，即贝它系数（β）风险计量方法。

（一）模型的基本假设

为了使投资者的有效资产集限定在市场资产组合上，以实现对有价证券的市场均衡定价，资产定价模型首先有如下基本假设：

第一，投资者是理性投资者（rational investor），他们投资的基本目的是使其财富最大化，他们选择资产组合的基本依据是有价证券的预期报酬率、方差和协方差，所有投资者都是风险回避者（risk aversion）。

第二，投资者可以按照市场给定的无风险利率无限制地借入和贷出资本，借入利率和贷出利率相等，并且，对有价证券的抛空（short-sale）没有限制。

第三，所有投资者都有同样的有效边界，也就是说所有投资者对资产的预期报酬率、方差和协方差有同样的预期。

第四，所有资产都可以上市交易（marketable），都是完全可分的（perfectly divisible），都具有均值—方差有效性（mean-variance efficiency），并且，它们在市场中的供给规模是固定的。

第五，没有交易成本（transaction cost）。

第六，没有税金，并且，对有价证券交易没有限制。

第七，所有投资者都是价格接受者（price-taker），他们获得相关交易信息的成本为零，他们在市场中的投资行为不会影响有价证券的市场价格。

第八，投资者总是使期间末的财富最大化，所以，资本资产定价模型是一个单一期间模型（single-period model）。

上述假设实际上是对投资者、交易市场和交易资产三个方面进行了限定，以满足对有价证券市场均衡定价的需要。

（二）β 的定义与 CAPM 推导

根据期望报酬与风险的关系，再考虑市场投资组合，可得到公式：

$$E(R_i)=R_F+\frac{E(R_M)-R_F}{\sigma_M^2}\sigma_{i,M}$$

式中：R_i 为证券 i 或投资组合 i 与市场投资组合的预期报酬率；$\sigma_{i,M}$ 为证券 i 或投资组合 i 与市场投资组合 M 的协方差。此公式表明任何一种投资或投资组合的预期报酬率与协方差之间的线性关系，这是资本资产定价模型 CAPM 的核心内容。可见资本资产定价模型在“$\sigma_{i,M}\sim E(R_i)$”平面上是一条直线，这条直线的斜率为$\frac{E(R_M)-R_F}{\sigma_M^2}$，表示当协方差每增加一个单位，证券的期望报酬率就会增加$\frac{E(R_M)-R_F}{\sigma_M^2}$个单位，所以就可以把证券报酬率与市场报酬率 R_M 的协方差 $\sigma_{i,M}$ 理解为证券投资的风险。

如果定义 $\beta=\frac{\sigma_{i,M}}{\sigma_M^2}$，那么上面的公式就变为：

$$E(R_i)=R_F+\beta\left[E(R_M)-R_F\right]$$

此公式正是资本资产定价模型，它在“$\beta\sim E$”平面上仍是一条直线（如图 6－13 所示），揭示了任何一种证券或证券组合的期望报酬率与风险的关系，不过这里的风险是以 β 度量的，说明的是任何一种证券或证券组合相对于市场所有证券整体组合的相对风险，是市场所共有的系统风险。实际上就是以市场证券组合的平均报酬波动水平 σ_M^2 为基础，通过比较个别证券或证券组合的报酬率波动 $[R_i-E(R_i)]$ 与市场平均报酬率波动 $[R_M-E(R_M)]$，来说明个别证券或证券组合的风险比市场平均风险大（$\beta>1$）还是小（$\beta<1$）。

据此模型，可以图示出证券市场线 SML（图 6－13），其中 R_F 为纵截距，表示时间价值；SML 的斜率为 $[E(R_M)-R_F]$，表示单位风险的价格，这里的风险以 β 来衡量。证券投资的预期报酬与贝它系数（β）线性相关，当贝它系数（β）增加时，投资者对证券的预期报酬也会增加。

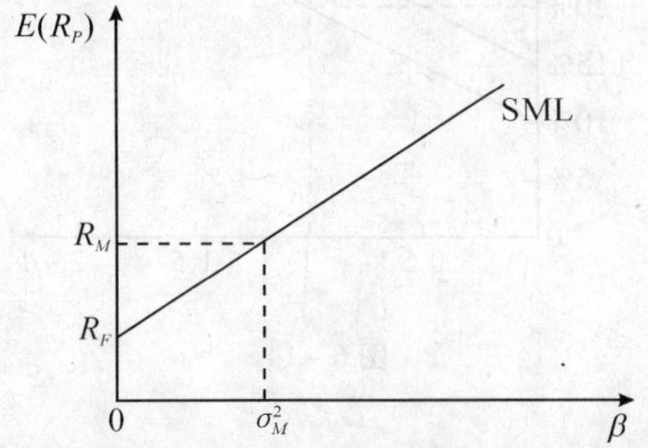

图 6－13

［例 7］假设无风险报酬率为 6%，市场组合预期报酬率为 13%，某投资组合的 β 系数为 1.2，则投资组合的预期报酬率为：

$$6\% + 1.2 \times (13\% - 6\%) = 14.4\%$$

SML 表示证券价格的均衡水平，在市场均衡情况下，根据 CAPM 模型，任何资产的预期报酬率都是系数的线性函数。

（三）影响证券市场线变动的因素

影响证券市场线变动的风险性因素主要有两个，即通货膨胀和投资者对风险的态度。

1. 通货膨胀的影响

根据 SML 的计算公式，投资预期报酬率的组成部分之一是无风险报酬率 R_F，实际上 R_F 由两部分组成，即实际报酬率（R）和通货膨胀溢价（IP），由此 $R_F = R + IP$。一旦发生通货膨胀，R_F 中包含的 IP 将会上升，并由此导致 SML 的平行移动，其截距增加，但斜率不变。如图 6－14 所示：在 SML 中 R_F 为 10%，其中真实报酬率（即真实意义上的时间价值）为 5%，市场投资组合的报酬率为 20%，假设通货膨胀率上升 5%，则 R_F 上升 15%，则 SML1 平移到 SML2，市场投资组合的报酬率为 25%，而增加的恰好是通货膨胀率上升的部分，系统风险仍为 10%。

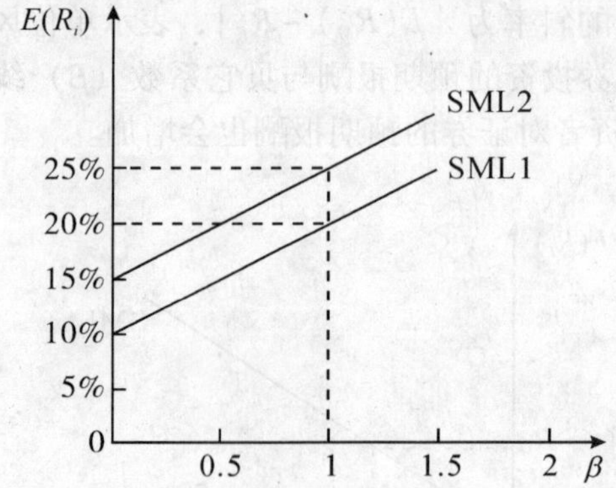

图 6-14

2. 投资者对风险的态度

证券市场线 SML 的斜率 $[E(R_M)-R_F]$ 反映了投资者对风险的态度即人们对风险回避的态度。人们对风险越重视，越回避风险，则 SML 的斜率越大；反之，SML 的斜率越小；若投资者丝毫不回避风险，SML 则为一条水平线。投资者对风险的态度会随经济环境的变化而变化，从而通过 SML 斜率的变动改变 SML 的位置，如图 6-15 所示。

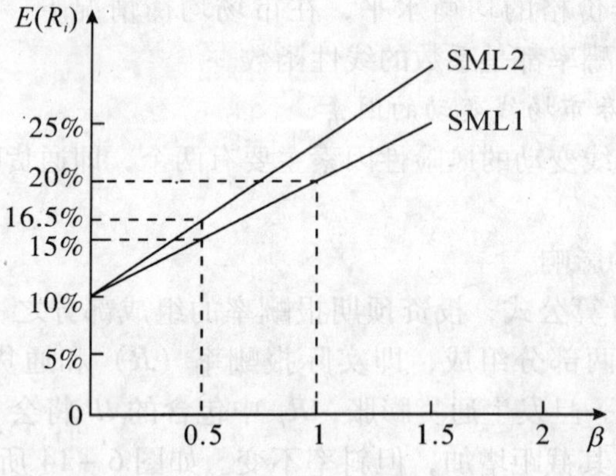

图 6-15

由图 6-15 可见，随着人们对风险的态度趋于谨慎，SML 的斜率加大，市场投资组合的风险报酬率由 SML 的 10% 增加到 13%，R_F 仍为 10%；而与此同时，β 系数为 0.5 的投资组合的必要报酬率只增加了 1.5%，即由原来的

15%上升为16.5%；假定某投资组合的β系数为2，那么在SML2上，其相应的必要报酬率为36%，而原来的必要报酬率为30%。

此外，当SML的位置既定时，某一证券报酬率在该线上的位置伴随其系数的变动而变动，如公司的资本结构、资产重组等因素的变化均会对β系数产生影响。例如，图6-15中β系数由0.5上升到1，则该证券必要报酬率将从20%上升为23%。

本章小结

财务学中的风险是指某一经济事项预期报酬的波动程度，其中报酬波动的根源是影响事项经济价值的不确定性因素。风险的产生主要是源于客观世界的复杂性和人们主观认识的局限性。风险具有客观性、相对性、可测性、收益性和可控性的特征。风险可以按不同的标准进行分类。离散程度是用于衡量风险大小的统计指标。一般说来，离散程度越大，风险越大；离散程度越小，风险越小。人们对风险的厌恶态度和市场竞争规律的作用，使风险与报酬的基本关系成为：风险越大，要求的报酬率越高。

财务管理理论中有一套证券（投资）组合理论，这是由哈里·马科维茨创立，夏普等人不断发展和补充形成的。由此建立的资本资产定价模型，将资本的投资回报归结为无风险报酬、系统风险与风险报酬线性集合，由其演绎的资本市场线和证券市场线，又进一步解释了投资与投资组合的风险与报酬的关系。

主要名词

风险　系统风险　非系统风险　经营风险　财务风险　预期报酬　标准差离散系数　置信区间　有效边界　无差异曲线　协方差　相关系数　β系数　投资组合　风险分散　资本市场线　证券市场线

复习思考题

1. 什么是风险？风险如何衡量？
2. 什么是系统风险？什么是非系统风险？
3. 什么是财务风险？什么是经营风险？
4. 试述衡量风险的基本程序。

5. 试述无差异曲线的特征。
6. 试述最优投资组合的确定方法。
7. 试述 CAPM 模型的基本假设。
8. 在资本市场线（CML）上，投资者可作出哪些选择?
9. 试述β系数与证券风险及其报酬的关系。
10. 有关因素如何导致证券市场线的变动?

习题

1. A、B 两个投资项目的有关数据如下表所示。

经济情况	概率	预计报酬率	
		A 项目	B 项目
良好	0.3	20%	35%
一般	0.4	10%	12%
较差	0.3	5%	−5%

要求：(1) 比较两项目的预期报酬率；

(2) 比较两项目的风险大小。

2. 资料如下表所示：

概率 (p)	A 证券报酬率 (%)	B 证券报酬率 (%)
0.2	−10	0
0.5	10	5
0.3	25	10

要求：(1) 计算 A、B 证券的相关系数；

(2) 计算 A、B 证券的协方差；

(3) 若 A、B 投资组合中 A 为 70%，B 为 30%，该组合的标准差为多少?

3. 假定无风险借贷款利率均为 5%，风险证券期望报酬率为 10%，标准差为 5%。W_A 为风险证券的比重，W_B 为无风险证券借贷比重。

要求：(1) 计算完成下表；

(2) 根据计算结果作图。

投资组合	投资结构	$E(R_P)$	σ_P
A	（0，1）		
B	（0.25，0.75）		
C	（0.5，0.5）		
D	（0.75，0.25）		
E	（1，0）		
F	（1.25，-0.25）		
G	（1.5，-0.5）		
H	（1.75，-0.75）		
I	（2，-1）		

4. 某投资的期限报酬率为8%，期望方差为0.005，市场组合的报酬率为10%，其标准差为0.25，无风险报酬率为6%。

要求：（1）判定该投资的可行性；

（2）作出资本市场线。

5. 根据CAPM原则，如果证券j有如下属性，且市场投资组合的信息如下，那么证券j的预期收益为多少？

证券j的标准差	0.20
市场投资组合的标准差	0.05
市场组合的预期报酬率	0.14
证券j与市场组合可能收益之间的相关系数	0.06
无风险利率	0.08

要求：（1）如果证券j标准差更高一些，要求的报酬率将如何变化？

（2）如果相关系数小一些会有什么影响？

（3）证券j的收益与市场风险之间的函数关系如何？

第七章　财务的成本效益

企业要在激烈的市场竞争中占有一席之地，并得到不断发展，成本是关键要素之一。树立成本效益观念，开源节流、增收节支才能保证企业经济效益，实现企业目标。本章将讨论资本成本与产品成本的比较以及资本成本的计算。

通过本章的学习，需要掌握如下内容：

1. 资本成本与产品成本的概念及其比较；
2. 成本按成本习性分类；
3. 资本成本的作用及其影响因素；
4. 资本成本的计算。

第一节　成本概述

一般来说，成本是指为了达到特定目的所失去或放弃的资源。人们常在不同意义上使用成本这个词，它在会计学、管理学中有不同的概念。

一、成本与目标

企业的财务目标是利润最大化或企业价值最大化，而利润、企业价值与成本之间是此增彼减的关系。只有加强成本控制，节约生产耗费，不断降低生产经营成本，才可能增加利润；只有树立成本效益观念，使投资收益率高于筹资的资本成本，才可能增加企业价值，实现财务目标。

树立成本效益观念，认真做好成本计算，可以为财务决策提供重要的信息，改善决策；同时也有利于计划、控制和业绩评价。

二、生产经营成本与资本成本

（一）生产经营成本

企业的生产经营过程同时也是资产的耗费过程。生产经营成本，是指为生产经营活动而发生的各种物化劳动和活劳动耗费的货币表现。生产经营成本包括产品生产成本、营业费用和管理费用。

产品生产成本简称产品成本，是可以计入存货价值的成本，包括按特定目的分配给一项产品的总和；营业费用和管理费用属于期间成本，是不计入产品成本的、“不可储存的”经营成本，在发生时就转为费用，故也称为期间费用。

从会计理论成本看，利息是纯收入的分配，不属于成本，但在我国现行的财务会计制度中，财务费用（包括借款利息）也属于期间费用，而股利是利润分配，不属于成本范畴。

（二）资本成本

企业的全部经济活动应分为生产经营活动、筹资活动和投资活动。从财务管理的角度看，成本不应仅有生产经营活动的成本——生产经营成本，还应有筹资活动的成本——资本成本。

资本成本，是企业为取得和使用资本而支付或负担的各种费用，它包括资本筹集费和资本使用费两个部分。资本筹集费，是指取得资本而发生的费用，例如，企业向银行支付的借款手续费，因发行债券、股票而支付的发行费用等。资本使用费，是指企业在生产经营、投资过程中因使用资本而付出的费用，例如，企业向债权人支付的利息，向股东支付的股息等。

资本成本是一个重要的经济范畴，是资本使用者向资本所有者和中介人支付的资本使用费和资本筹集费。因此，资本成本是市场经济条件下资本所有权和资本使用权分离的结果。

（三）资本成本与产品成本比较

1. 资本成本具有一般产品成本的基本属性

资本成本和产品成本的基本属性相同，都属于经济资源的耗费，都是企业的一种支出，是为获得一定利益而发生，并且需要获得补偿的经济代价。

2. 资本成本有不同于一般产品成本的特性

资本成本区别于产品成本的主要表现为：首先是资本成本的补偿有其自身特点，从理论上看，每个项目投资都要求其取得的最低收益率足以补偿该项目所筹集使用资本的成本，即由息税前利润补偿；产品成本的耗费直接由产品收入补偿。其次是资本成本的不确定性，资本成本作为财务决策的经济指标，受未来众多不确定的复杂因素影响，其计算既以会计资料为基础，又需要考虑未来的有关资料，所以，资本成本不是精确的会计核算结果，而是预测的估算值；产品成本是通过会计核算确定的成本，是用于确定产品价值和产品价格的基础。

资本成本除了与产品成本有联系和区别外，与货币时间价值也是既有联系又有区别的。货币时间价值是在没有风险和没有通货膨胀条件下的社会平均资本利润率，是资本成本的基本组成部分，是计算资本成本的基础。但两者在数量上又不是一致的，资本成本不仅包括货币时间价值，还包括投资风险价值和发行费用等。

三、成本按习性分类及息税前利润计算

（一）成本按习性分类

成本习性，是指成本总额的变动与业务量之间的依存关系。这里的“业务量”可以是企业生产经营活动水平的标志量，如产出实物量、投入实物量或时间量、货币量等，也可以是企业经营活动成果，如经营利润（息税前利润）。

研究成本与业务量之间的依存关系，是研究杠杆问题的基础，对正确地进行财务决策，具有十分重要的意义。

按照成本习性，成本可分为固定成本、变动成本和混合成本三类。

1. 固定成本

固定成本，是指在一定时期和一定业务量范围（即相关范围）内，其成本总额不随业务量增减变动影响而变动的成本。例如，生产经营活动成本中的固定资产折旧费、管理人员工资、办公费等项目，产销量在一定范围内变动，它们保持不变；又如筹资活动资本成本中的利息、融资租赁租金、优先股股利，经营利润（息税前利润）变动通常不会引起它们的变动。

由于固定成本在相关范围内总额保持不变，因而，业务量的增加意味着固定成本将分配给更多数量的产品或经营利润，也就是说，每单位固定成本将随业务量的增加而逐渐减少。

固定成本的上述属性可用下列公式表示：

$$FC = a$$

$$UFC = a/x$$

式中：FC：固定成本，常数；

UFC：单位业务量所负担的固定成本；

x：业务量。

固定成本的上述属性也可用图表示，如图 7－1。

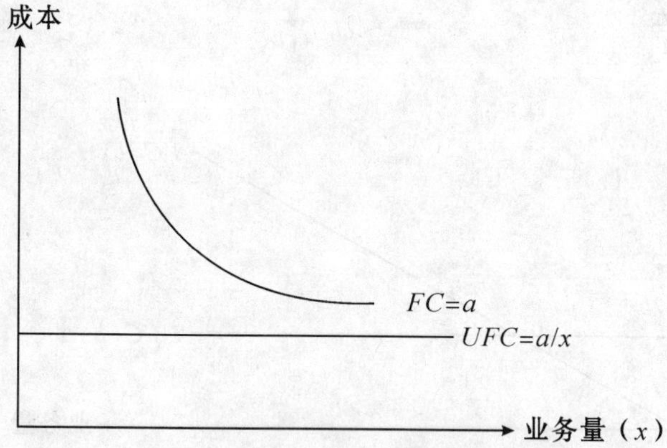

图 7－1 固定成本与业务量的关系

图 7－1 显示固定成本就其总额而言，不受业务量变动的影响，与业务量的变动无关，而单位业务量所负担的固定成本随业务量的增加而减少。

2. 变动成本

变动成本，是指在一定时期和一定业务量范围（即相关范围）内，其成本总额与业务量变动成正比例变动的成本。例如，生产经营活动成本中的直接材料成本、直接人工成本等项目，产销量在一定范围内变动，它们随之成正比例变动；又如筹资活动资本成本中的普通股股利，通常随着企业盈利水平变动而变动。但在相关范围内，单位变动成本与业务量的变动无关，而是保持在一个固定的水平上。

变动成本的上述属性可用下列公式表示：

$$VC = bx$$

$$UVC = b$$

式中：VC：变动成本；

UVC：单位业务所负担的变动成本，常数；

x：业务量。

变动成本的上述属性也可用图表示，如图 7－2 所示。

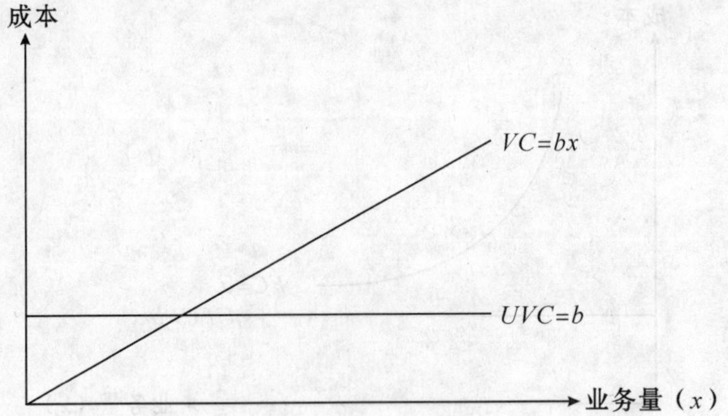

图 7－2　变动成本与业务量的关系

图 7－2 显示变动成本就其总额而言，与业务量的变动成正比例关系，而单位业务量所负担的变动成本则保持不变。

3. 混合成本

混合成本，是指随着业务量变动而变动，但不成正比例变动，不能简单地归入变动成本或固定成本的那部分成本。混合成本按其与业务量的关系又可以分为半变动成本和半固定成本。

（1）半变动成本。半变动成本是混合成本的基本类型，它通常有一个初始量，类似于固定成本，在这个初始量基础上随业务量的增长而增长，又类似于变动成本，如电话费等。其图示见图 7－3。

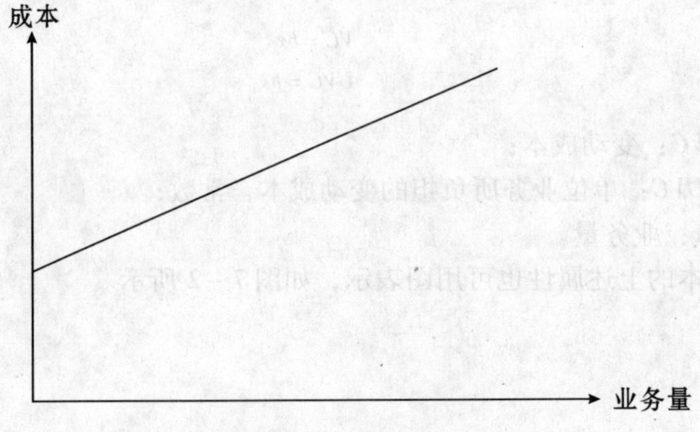

图 7－3　半变动成本示意图

（2）半固定成本。半固定成本是指随业务量的变化而成阶梯形增长的成本。业务量在一定限度内，这种成本不变，当业务量增长到一定限度后，这种成本就跳跃到一个新水平，如化验员、质检人员的工资等。其图示见图7－4。

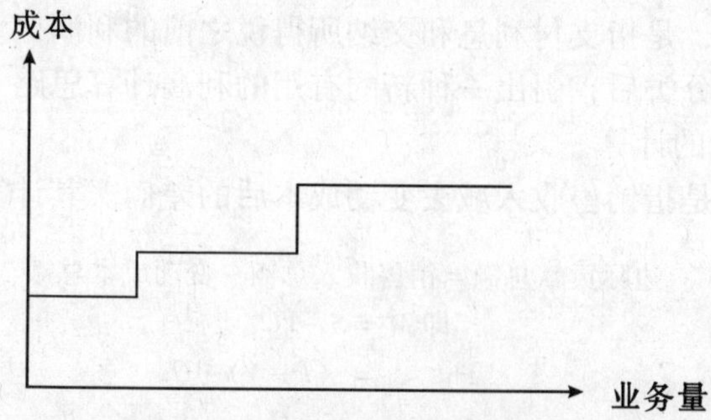

图7－4 半固定成本示意图

混合成本同时具有固定成本和变动成本两个因素，可以按一定的方法将其分解为固定成本和变动成本两部分。

（二）总成本习性模型

从上述分析可以知道，成本按习性最终都可以分为变动成本、固定成本两部分。因此，总成本习性模型可用下列公式表示：

$$TC = a + bx$$

式中：TC：总成本。

总成本习性模型也可用图表示，如图7－5所示。

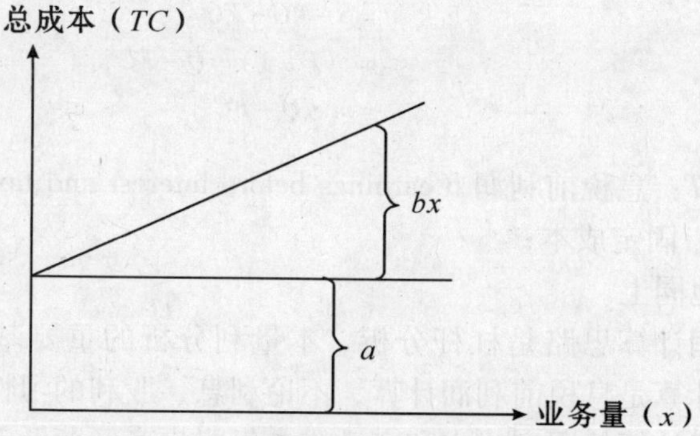

图7－5 总成本习性模型图

显然，若能求出公式中 a 和 b 的值，就可以利用这个直线方程来进行成本预测、成本决策和其他短期决策，所以，总成本习性模型是一个非常重要的模型。

（三）息税前利润的计算

息税前利润，是指支付利息和交纳所得税之前的利润，主要是企业经营利润。成本按习性分类后，引出一种新的有用的利润计算思路。

1. 边际贡献的计算

边际贡献，是指销售收入减去变动成本后的差额。其计算公式为：

$$边际贡献总额 = 销售收入总额 - 变动成本总额$$

$$\begin{aligned} 即\ M &= S - VC \\ &= (P - V) \cdot Q \\ &= m \cdot Q \end{aligned}$$

式中：M：边际贡献总额；

S：销售收入总额；

VC：变动成本总额；

P：销售单价；

V：单位变动成本；

Q：产销数量；

m：单位边际贡献。

2. 息税前利润的计算

在边际贡献的基础上计算息税前利润，其计算公式为：

$$息税前利润 = 边际贡献总额 - 固定成本$$

$$\begin{aligned} 即\ EBIT &= M - FC \\ &= S - VC - FC \\ &= (P - V) \cdot Q - FC \\ &= m \cdot Q - FC \end{aligned}$$

式中：$EBIT$：息税前利润（earnings before interest and tax）；

FC：固定成本；

其他同上。

这样的利润计算思路是杠杆分析、本量利分析的重要基础。值得注意的是，上述利润计算是息税前利润计算，不论利息、股利的习性如何，都没有包括在内，即上述计算的固定成本和变动成本仅指生产经营活动的成本，不包括筹资活动的资本成本。

第二节 资本成本的计算

企业财务筹资渠道和方式的选择需要以比较资本成本的大小为决策的依据，而财务投资决策分析通常也以资本成本为参考标准。

一、资本成本的作用

资本成本是企业筹资、投资决策的主要依据，也是评价企业经营成果的依据。只有当投资项目的投资报酬率高于资本成本时，资本的筹集和使用才有利于提高企业价值。资本成本在许多方面都可加以应用。

（一）资本成本是企业选择资本来源、拟定筹资方案的依据

不同的资本来源，具有不同的成本。为了以较少的支出取得企业所需资本，就必须分析各种资本成本的高低，并加以合理配置。资本成本对企业财务筹资的影响主要表现在下列几个方面。

1. 资本成本是影响企业筹资总额的一个重要因素

随着筹资数量的增加，资本成本不断变化。当企业筹资数量很大，资本的边际成本超过企业承受能力时，企业便不能再增加筹资数额。因此，资本成本是限制企业筹资数量的一个重要因素。

2. 资本成本是选择资本来源的依据

企业的资本可以从许多方面来筹集，就长期借款来说，可以向商业银行借款，也可向保险公司或其他金融机构借款，还可向政府申请借款。企业究竟选用哪种来源，首先要考虑的因素就是资本成本的高低。

3. 资本成本是选用筹集方式的标准

企业可以利用的筹资方式是多种多样的，例如，负债筹资可以是向银行借款，也可以是发行债券。在选用筹资方式时，需要考虑的因素很多，但也必须考虑资本成本这一经济标准。

4. 资本成本是确定最优资本结构所必须考虑的因素

不同的资本结构，会给企业带来不同的风险和成本，从而引起股票价格的变动。在确定最优资本结构时，考虑的因素主要有资本成本和财务风险。

值得注意的是，资本成本是财务筹资时需要考虑的一个首要因素，但并不是唯一的因素。企业财务筹资还要考虑财务风险、资本期限、偿还方式、限制条件等。但资本成本作为一项重要的因素，直接关系到企业的经济效益。

（二）资本成本是评价投资项目可行性的主要经济标准

企业在分析投资项目的可行性时，通常以资本成本作为主要的经济标准。

1. 在利用净现值指标进行决策时，以资本成本作折现率

当净现值为正时，投资项目可行；反之，如果净现值为负，则该项目就不可行。因此，采用净现值指标评价投资项目时，离不开资本成本。

2. 在利用内部收益率指标进行决策时，以资本成本作为基准率

只有当投资项目的内部收益率高于资本成本时，投资项目才可行；反之，当投资项目的内部收益率低于资本成本时，投资项目则不可行。因此，国际上通常将资本成本视为投资项目的“最低收益率”或是否采用投资项目的取舍率，以此作为比较、选择投资方案的主要标准。

（三）资本成本可以作为评价企业经营成果的依据

资本成本可以促使资本的使用者充分挖掘资本的潜力，节约资本的占用，提高资本的使用效益。因为，借入资本的利息是利润前的一项扣除，如果投资报酬率低于或大致等于利息率，企业就没有利润。同样，对于所有者投入的资本，企业要以投资利润加以回报，如果投资利润率低于投资的资本成本，就会大大降低投资者的信心。因此，资本成本可以反映各个部门工作的绩效，能够作为衡量企业经营成果的尺度。

二、影响资本成本的因素

在市场经济环境中，影响资本成本高低的因素是多方面的，主要有总体经济环境、证券市场条件、企业内部经营及筹资状况、项目筹资规模等。

1. 总体经济环境

总体经济环境决定了整个经济中资本的供给和需求，以及预期通货膨胀的水平。总体经济环境变化的影响，反映在无风险报酬率上。显然，如果整个社会经济中的资本需求和供给发生变动，或者通货膨胀水平发生变化，投资者也会相应改变其所要求的收益率。

具体地说，如果货币需求增加，而供给没有相应增加，投资人便会提高其投资收益率，企业的资本成本就会上升；反之，则会降低其要求的投资收益率，使资本成本下降。如果预期通货膨胀水平上升，货币购买力下降，投资者也会提出更高的收益率来补偿预期的投资损失，导致企业资本成本上升。

2. 证券市场条件

证券市场条件影响证券投资的风险。证券市场条件包括证券的市场流动难易程度和价格波动程度。如果某种证券的市场流动性不好，投资者想买进或卖

出证券相对困难，变现风险加大，要求的收益率就会提高；或者虽然存在对某证券的需求，但其价格波动较大，投资的风险大，要求的收益率也会提高。

3. 企业内部经营及筹资状况

企业内部经营及筹资状况指经营风险和财务风险的大小。经营风险是企业投资决策的结果，表现在资产收益率的变动上；财务风险是企业筹资决策的结果，表现在普通股收益率的变动上。如果企业的经营风险和财务风险大，投资者便会有较高的收益率要求。

4. 项目筹资规模

项目筹资规模是影响企业资本成本的另一个因素。企业的融资规模大，资本成本就高。例如，企业发行的证券金额很大，资本筹集费和资本占用费都会上升，而且证券发行规模的增大还会降低其发行价格，由此也会增加企业的资本成本。

三、资本成本的计算

在市场经济条件下，企业不可能无偿地使用资本，而是要付出代价的，对于从不同来源以不同方式筹集的资本，企业所付出的代价是不同的。

资本成本计算可以用绝对数表示，也可以用相对数表示。在财务管理中，为了便于分析和比较，资本成本通常以相对数表示。资本成本中的资本筹集费通常在筹资时一次性支付，可视为筹集资本额的一项扣除，所以，资本成本可表示为企业使用资本所负担的费用与筹集的资本净额之比。它的一般表达式为：

$$资本成本=\frac{年资本使用费}{筹集的资本额-资本筹集费}\times 100\%$$

资本成本是一个预测的估计值，而不是精确的计算值。因为据以计算资本成本的各项因素都不是按过去实现的数字确定的，而是根据现在和未来的情况确定的，今后也可能会发生变动。

资本成本按其用途不同，可以区别为个别资本成本、加权平均资本成本、边际资本成本三种不同概念。

（一）个别资本成本计算

个别资本成本，是指各种长期资本筹资方式成本，用于比较各种筹资方式，是计算加权平均资本成本的基础。个别资本成本主要包括债券成本、银行借款成本、优先股成本、普通股成本和留存收益成本。

1. 债券成本

企业债券通常要事先约定利率，利息作为企业的费用在税前利润中列支，使企业实际少缴一部分所得税，相应地，企业实际所负担的资本使用费也减少。

$$\text{发行债券年实际使用费} = \text{年利息} \times （1 - \text{所得税税率}）$$

另外，企业在筹资的过程中还会发生一些资本筹集费用，筹集费用的发生使企业实际取得的资本减少了一部分。筹集费一般按筹资额的一定比例估算。

$$\text{发行债券实际得到的资本} = \text{债券筹资额} \times （1 - \text{筹集费率}）$$

所以，债券成本的计算公式为：

$$\text{债券成本} = \frac{\text{年利息}（1 - \text{所得税税率}）}{\text{债券筹资额} \times （1 - \text{筹集费率}）} \times 100\%$$

$$\text{即} \quad K_b = \frac{I（1-T）}{B_0（1-f）} \times 100\% = \frac{B \cdot i \cdot （1-T）}{B_0（1-f）} \times 100\%$$

式中：K_b：债券成本；

I：债券年利息；

B_0：债券筹资额，按发行价格计算；

B：债券面值；

i：债券票面利率；

f：筹集费率，下同；

T：所得税税率，下同。

［例1］B企业发行长期债券，债券面值1 000万元，票面利率为7%，印刷、推销等筹集费率为3%，企业所得税税率为25%。如果债券按面值发行，则该债券的资本成本计算如下：

$$K_b = \frac{1\,000 \times 7\% \times （1-25\%）}{1\,000（1-3\%）} \times 100\% \approx 5.41\%$$

［例2］沿用［例1］资料，如果债券按1 020万元溢价发行，计算债券的资本成本。

$$K_b = \frac{1\,000 \times 7\% \times （1-25\%）}{1\,020（1-3\%）} \times 100\% \approx 5.31\%$$

2. 长期借款成本

长期借款成本的计算与债券成本的计算基本一致。长期借款利息也可以在税前支付，具有节税作用，但是长期借款本金没有债券发行的溢价、折价问题。

所以，长期借款成本的计算公式为：

$$\text{长期借款成本}=\frac{\text{年利息（1－所得税税率）}}{\text{长期借款筹资额}\times\text{（1－筹集费率）}}\times 100\%$$

$$\text{即}\quad K_l=\frac{I\ (1-T)}{L\ (1-f)}\times 100\%$$

$$=\frac{L\cdot i\cdot\ (1-T)}{L\ (1-f)}\times 100\%$$

$$=\frac{i\cdot\ (1-T)}{(1-f)}\times 100\%$$

式中：K_l：长期借款成本；

I：长期借款年利息；

L：长期借款筹资额，按发行价格计算；

i：长期借款利息率。

由于长期借款的手续费比较低，上式中的f常常可以忽略不计，则上式可以简化为：

$$K_l=i\ (1-T)$$

［例3］B企业从银行取得一笔长期借款2 000万元，年利率6%，手续费等筹集费率为0.15%，企业所得税税率为25%，则该笔借款的成本计算如下：

$$K_l=\frac{6\%\times\ (1-25\%)}{(1-0.15\%)}\times 100\%\approx 4.51\%$$

如果筹集费忽略，则：$K_l=6\%\times\ (1-25\%)\times 100\%=4.5\%$

3. 优先股成本

企业发行优先股，既需要支付一定的筹集费，也需要定期支付股利。优先股股利率一般是固定的，但与发行债券支付利息不同的是，股利在企业税后利润支付，这样，股利的支付不能抵减所得税，企业实际所负担的资本使用费也就不能减少。

所以，优先股成本的计算公式为：

$$\text{优先股成本}=\frac{\text{优先股年股利}}{\text{优先股筹资额}\times\text{（1－筹集费率）}}$$

$$\text{即：}K_P=\frac{D_P}{P_P\ (1-f)}\times 100\%$$

式中：K_P：优先股成本；

D_P：优先股年股利；

P_P：优先股筹资额，按发行价格确定。

［例4］B企业按面值发行优先股1 500万元，筹集费率为3.5%，股利率为8%，则该优先股的成本计算如下：

$$优先股成本=\frac{1\ 500\times 8\%}{1500\times(1-3.5\%)}\times 100\% \approx 8.29\%$$

4. 普通股成本

如果普通股股利是固定的，则普通股成本的计算与优先股成本的计算原理基本相同。但普通股股利也可能是不固定的，如逐年增长，因此计算成本相对要复杂些（通常可以利用股票估价模型）。

所以，普通股成本的计算要分两种情况。

（1）普通股股利固定。

如果股利固定，则普通股成本的计算公式为：

$$普通股成本=\frac{普通股年固定股利}{普通股筹资额\times(1-筹集费率)}\times 100\%$$

$$即\ K_C=\frac{D_C}{P_C(1-f)}\times 100\%$$

式中：K_C：普通股成本；

D_C：普通股每年固定股利；

P_C：普通股筹资额，按发行价格确定。

［例5］B企业发行普通股1 000万股，每股发行价格3元，预计每股股利0.36元并将保持不变，筹集费率为4%，则该普通股的成本计算如下：

$$K_C=\frac{1000\times 0.36}{1\ 000\times 3\times(1-4\%)}=\frac{0.36}{3\times(1-4\%)}=12.5\%$$

（2）普通股股利按固定比例增长。

如果股利按照固定比例 g 增长，则普通股成本的计算公式为：

$$普通股成本=\frac{预计普通股第一年股利}{普通股筹资额\times(1-筹集费率)}\times 100\%+股利增长率$$

$$即\ K_C=\frac{D_1}{Pc(1-f)}+g$$

式中：D_1：预计第一年普通股股利，即上一年股利 D_0（$1+g$）。

［例6］某企业发行普通股1 000万股，每股发行价格3元，预计第一年每股股利0.30元，股利年增长率为5%，筹资费用率为4%，则该普通股的成本计算如下：

$$K_C=\frac{0.30}{3\times(1-4\%)}+5\% \approx 15.42\%$$

5. 留存收益成本

一般企业不会把全部的收益都以股利形式分给股东，总会留存部分收益用于再投资，因此，留存收益也是企业财务筹资的重要方式。从表面上看，企业只要不把收益分给股东，就可以筹集到资本，似乎没有什么费用。但实质上，股东同意将这部分收益留存在企业，是对企业追加投资，与以前缴给企业的股本一样，也要求有一定的收益。这一期望收益构成企业留存收益的成本。

留存收益也属于普通股权益，其成本的计算与普通股成本计算基本相同。但留存收益不像普通股那样需花费印刷、发行手续费等筹集费用。因此，计算留存收益成本时不需考虑筹集费。

留存收益成本计算和普通股成本计算一样要分两种情况。

（1）普通股股利固定。

如果股利固定，则留存收益成本的计算公式为：

$$\text{留存收益成本}=\frac{\text{普通股年固定股利}}{\text{普通股筹资额}}\times 100\%$$

$$\text{即 } K_e=\frac{D_C}{P_C}\times 100\%$$

式中：K_e：留存收益成本。

［例7］沿用［例5］的资料，计算留存收益成本如下：

$$K_e=\frac{0.36}{3}=12\%$$

（2）普通股股利按固定比例增长。

如果股利按照固定比例 g 增长，则留存收益成本的计算公式为：

$$留存收益成本=\frac{预计普通股第一年股利}{普通股筹资额}\times 100\%+股利增长率$$

$$即 K_e=\frac{D_1}{P_C}+g$$

[例8] 沿用 [例6] 的资料，计算留存收益成本如下：

$$K_C=\frac{0.40}{5}+6\% \approx 14\%$$

（二）加权平均资本成本计算

加权平均资本成本（Weighted Average Cost of Capital，WACC）是指以各种来源的资本所占的比重为权数，对个别资本成本进行的加权平均的成本，也称综合资本成本，用于企业筹资和投资决策。

加权平均资本成本的计算公式为：

加权平均资本成本 = Σ（某种资本占全部资本的比重 × 该种资本的成本）

$$即 WACC=\sum_{j=1}^{n}W_jK_j$$

$$其中，\sum_{j=1}^{n}W_j=100\%$$

式中：$WACC$：加权平均资本成本；

W_j：第 j 种资本占全部资本的比重（即权数）；

K_j：第 j 种的个别资本成本；

n：企业资本来源的种类数。

正确计算企业加权平均资本成本的关键之一是确定各种资本在全部资本中所占的比重，即权数。计算权数的基础可以是企业资产负债表上列示的账面价值，也可以是从资本市场中获得的市场价值，还可以是预计的目标价值。

[例9] B企业长期资本的总账面价值为8 000万元，其中企业债券1 000万元、长期借款2 000万元、优先股1 500万元、普通股3 000万元、留存收益500万元；各种资本的成本分别为5.41%、4.51%、8.29%、12.5%和12%。试计算该企业加权平均资本成本。

①计算各种资本占全部资本的比重：

$$企业债券占全部资本的比重 W_b=\frac{1\,000}{8\,000}\times 100\%=12.5\%$$

$$长期借款占全部资本的比重 W_l=\frac{2\,000}{8\,000}\times 100\%=25\%$$

优先股占全部资本的比重 $W_p = \frac{1\ 500}{8\ 000} \times 100\% = 18.75\%$

普通股占全部资本的比重 $W_c = \frac{3\ 000}{8\ 000} \times 100\% = 37.5\%$

留存收益占全部资本的比重 $W_e = \frac{500}{8\ 000} \times 100\% = 6.25\%$

②计算加权平均资本成本：

加权平均资本成本（WACC）$= 12.5\% \times 5.41\% + 25\% \times 4.51\% + 18.75\% \times 8.29\% + 37.5\% \times 12.5\% + 6.25\% \times 12\% \approx 8.796\%$

该例的加权平均资本成本也可以列表计算，如表 7－1 所示。

表 7－1 企业加权平均资本成本计算表

资本种类	账面价值（万元）	比重（%）	个别资本成本（%）	加权平均资本成本（%）
企业债券	1 000	12.5	5.41	0.676
长期借款	2 000	25	4.51	1.128
优先股	1 500	18.75	8.29	1.554
普通股	3 000	37.5	12.5	4.688
留存收益	500	6.25	12	0.75
合计	8 000	100	—	8.796

上例加权平均资本成本计算，各种资本占全部资本的比重，即权数是以账面价值确定的。其资料容易取得，计算较方便简单，从企业的事后评价角度来看比较合适。但当资本的账面价值与市场价值差别较大时，如股票、债券的市场价格发生较大变动，计算的加权平均资本成本会与实际筹资成本有较大差距，从而影响企业作出正确的决策。

各种资本占全部资本的比重以市场价值计算就是指以债券、股票的市场价格确定权数，也称市场价值权数。这样计算的加权平均资本成本能反映企业目前的实际情况，就企业决策的相关性而言比较合适。但企业资本的市场价值确定有一定难度，如果资本市场价值不能代表其真实的价值就可能使决策产生偏离。

各种资本占全部资本的比重以目标价值计算就是指以债券、股票预计未来的市场价值确定权数，也称目标价值权数。这样计算的加权平均资本成本能体现期望的资本结构，而不是过去的或现在的资本结构。从理论上说，每个企业都有一个合理权衡风险与收益的资本结构，即企业的目标资本结构，并以保持实际资本结构与目标资本结构一致的方式筹集新的资本。因此，从企业的预测性评价角度来看，按目标价值权数计算的加权平均资本成本相关性更强。然而，未来市场的变化趋势难以预测，客观合理地确定目标价值不是件容易的事情。

本章小结

企业的筹资、投资、效益评价都离不开成本，树立成本效益观念，开源节流、增收节支才能保证企业经济效益，实现企业目标。本章主要阐述的内容有：

从会计核算看，生产经营成本是指为生产经营活动而发生的各种物化劳动和活劳动耗费的货币表现，包括产品生产成本、营业费用、管理费用和财务费用。从财务管理看，除了产品生产成本、营业费用、管理费用外，更侧重于筹资的资本成本，资本成本就是企业为取得和使用资本而支付或负担的各种费用，它包括资本筹集费和资本使用费两个部分。资本成本是选用筹集方式、评价投资可行性的标准，也是评价企业经营成果的依据。这些成本都可以按照成本习性分类，分为固定成本和变动成本，这也是研究杠杆问题的基础。

资本成本是一个预测的估计值，而不是精确的计算值，通常以相对数表示。个别资本成本用于比较各种筹资方式，是计算加权平均资本成本的基础。个别资本成本计算主要包括债券成本、银行借款成本、优先股成本、普通股成本和留存收益成本的计算，其中债券和银行借款的利息有节税作用，计算成本时应注意考虑。加权平均资本成本是以各种来源的资本所占的比重为权数，对个别资本成本进行的加权平均的成本，用于企业筹资和投资决策。

主要名词

生产经营成本　产品成本　资本成本　成本习性　固定成本　变动成本
混合成本　加权平均资本成本　目标价值权数

复习思考题

1. 试比较资本成本与产品成本。
2. 成本按成本习性如何分类？由此引出怎样的利润计算思路？

3. 试述资本成本的作用。
4. 影响资本成本的因素有哪些?
5. 留存收益筹资有没有成本? 为什么?
6. 试排出正常情况下各种筹资方式成本从高到低的顺序并说明理由。
7. 加权平均资本成本计算的权数有哪些? 各有何优缺点?

习题

1. 某企业发行长期债券，其面值总额为1 000万元，年利率为9%，每年付息一次，到期一次还本。筹集费率为0.4%。企业所得税率为25%。

要求：(1) 如果按面值发行，请计算债券的资本成本。

(2) 如果分别按1 100万元、900万元的价格发行，请重新计算债券的资本成本。

2. 某公司拟发行优先股1 500万元，年股利率为10%，预计筹集费用60万元。

要求：计算该优先股的资本成本。

3. 某公司普通股每股市价8元，现拟增发普通股5 000万股，预计筹集费率为5%，第一年每股发放0.48元，股利增长率为3%。

要求：计算本次增发普通股的资本成本。

4. 某企业拟筹资5 000万元。其中发行债券2 000万元，筹集费率2%，债券年利率为9%，所得税率为25%；优先股500万元，年股息率7%，筹集费率为3%；普通股2 500万元，筹集费率为4%，第一年预期股利率为10%，以后各年增长4%。试计算该筹资方案的加权平均资本成本。

第八章　财务的杠杆效应

杠杆一词来自于物理学中的力学概念。财务管理学借用物理学的“杠杆”一词，说明在财务管理中，由于存在支点（固定费用），当业务量发生较小变动时，收益会产生较大变动，它在一定程度上衡量了企业风险的大小。本章将讨论杠杆与风险的问题。

通过本章的学习，需要掌握如下内容：

1. 经营杠杆的计量、作用；
2. 经营风险与经营杠杆的关系；
3. 财务杠杆的计量、作用；
4. 财务杠杆与财务风险的关系；
5. 联合杠杆与企业风险的关系。

第一节　经营风险与经营杠杆

在企业的经营活动中，风险无处不在，无时不有。从企业本身来看，风险按其形成的原因，一般可分为经营风险（商业风险）和财务风险（筹资风险）。

一、经营风险

经营风险，是指因生产经营活动的不确定性而引起的风险，它会使企业的经营利润（息税前利润，EBIT）变得不确定。经营风险是任何商业活动都有的，因此也称为商业风险。

经营风险不仅因行业而异，即使是同一行业差别也很大。在市场经济中，决定经营风险的发生及大小的因素很多。

1. 市场对产品需求的变动性

市场对企业产品的需求越稳定，产品需求弹性越小，则企业的经营利润越稳定，经营风险越小；反之，市场对产品需求变化越波动，则企业的经营利润越不稳定，经营风险越大。

2. 产品销售价格的变动性

在市场竞争的条件下，如果产品能保持相对稳定的销售价格，则企业的经营利润相对稳定，经营风险较小；反之，销售价格随竞争形势而波动，则企业的经营利润不稳定，经营风险也较大。

3. 投入生产要素价格的变动性

在生产经营活动中所消耗的原材料、燃料、工资等生产要素价格的高低直接影响企业的生产经营成本，从而影响经营利润。投入生产要素的价格越稳定，生产经营成本越稳定，则企业的经营利润越稳定，经营风险较小；反之，投入生产要素的价格变动越大，企业的经营利润越不稳定，经营风险越大。

4. 调整销售价格的能力

随着投入生产要素价格的变动，如果企业有较强的相应调整销售价格的能力，将生产经营成本的波动转移到销售价格上，从而消除对经营利润的影响，那么经营风险就小。这种能力在通货膨胀环境中抵御经营风险的作用尤其显著。反之，如果企业在投入生产要素价格变动时，没有能力相应地调整产品销售价格或受国家价格政策的限制而无法调整产品销售价格，则经营风险会加大。

5. 固定成本占全部成本的比重

固定成本是不随产销量变动而变动的成本，在企业的全部经营成本中，固定成本占的比重越高，一旦需求下降而产销量减少，这部分固定成本不能随之减少，企业承担的损失也越大；当然，一旦需求上升而产销量增加，这部分固定成本不会随之减少，企业获得的利润也越大，因而经营风险就越大。反之，固定成本占的比重越低，企业承担的损失或获得的利润越小，即经营利润波动越小，经营风险就越小。这种固定成本的影响，正是财务管理决策所要研究的内容。

二、经营杠杆

（一）经营杠杆的概念

如果没有固定成本，所有成本都是变动的，那么边际贡献就是息税前利润，它的变动率与销售量的变动率是一致的。但是，如果存在固定成本，在其他条件不变的情况下，销售量的增加不会改变固定成本总额，却会降低单位固定成本，从而提高单位利润。反之，销售量的减少会提高单位固定成本，从而降低单位利润。可见，销售量是影响息税前利润的重要因素之一，但二者之间并非正比例关系。如果销售量增长，息税前利润的增长率大于销售量的增长率；反之，如果销售量下降，息税前利润的降低率也大于销售量的降低率。

[例1] 现有乙和丙两家企业，乙企业属于劳动密集型产业，丙企业属于技术密集型产业。乙企业和丙企业的成本结构不同，其他条件一样。有关资料如表8-1所示：

表8-1 乙、丙企业基本信息表

项目	乙企业	丙企业
基期销售数量（件）	200 000	200 000
单位销售价格（元）	10	10
单位变动成本（元）	6	4.5
固定成本（元）	300 000	600 000

根据表8-1资料，基期乙企业和丙企业的息税前利润计算如下：

乙企业息税前利润 = 200 000（10 - 6）- 300 000 = 500 000（元）
丙企业息税前利润 = 200 000（10 - 4.5）- 600 000 = 500 000（元）

假设销售数量增长10%，那么，乙企业和丙企业的息税前利润计算如下：

乙企业息税前利润 = 200 000（1 + 10%）(10 - 6）- 300 000 = 580 000（元）
丙企业息税前利润 = 200 000（1 + 10%）(10 - 4.5）- 600 000 = 610 000（元）

此时，乙企业和丙企业的息税前利润增长率分别为：

乙企业息税前利润增长率 =（580 000 - 500 000）/500 000 = 16%
丙企业息税前利润增长率 =（610 000 - 500 000）/500 000 = 22%

可见，在其他条件不变的情况下，息税前利润增长的幅度大于销售量的增长幅度。同理，可以得出，在其他条件不变的情况下，如果销售量下降，息税前利润下降的幅度大于销售量的下降幅度。

这种由于固定成本的存在而使得息税前利润的变动大于销售量变动的效应，称为经营杠杆。借用物理学的杠杆含义，这里“支点”就是固定成本，“作用力”就是销售量变动率，而“重物”就是息税前利润变动率。

（二）经营杠杆的计量

企业只要存在固定经营成本，就存在经营杠杆效应。但不同的企业或同一企业不同销售量基础上的经营杠杆效应的大小是不完全一致的。如上述的乙企业与丙企业，它们由于在成本中固定成本所占比重不同，息税前利润变动的幅度有所不同。因此，有必要对经营杠杆进行计量。

1. 经营杠杆系数

对经营杠杆的计量通常用的指标是经营杠杆程度，亦称经营杠杆系数（Degree of Operating Leverage，DOL）。经营杠杆系数是指息税前利润变动率与销售量变动率之比，即息税前利润变动率相当于销售量变动率的倍数。计算公式为：

$$经营杠杆系数 = \frac{息税前利润变动率}{销售量变动率}$$

$$即\ DOL = \frac{\Delta EBIT/EBIT}{\Delta Q/Q}$$

式中：$\Delta EBIT$：息税前利润变动额；

$EBIT$：变动前息税前利润；

ΔQ：销售变动量；

Q：变动前销售量。

［**例** 2］沿用［**例** 1］的资料，计算乙企业和丙企业的经营杠杆系数。

乙企业经营杠杆系数 = 16% / 10% = 1.6

丙企业经营杠杆系数 = 22% / 10% = 2.2

上述计算公式是根据经营杠杆系数概念而来的理论公式，需要根据息税前利润和销售量变动前后资料才能计算，比较麻烦。为了便于运用，上述公式可以转换为利用基期资料计算的公式（推导略，请读者自行推导）。

$$经营杠杆系数 = \frac{边际贡献}{息税前利润}$$

$$即\ DOL = \frac{M}{EBIT}$$

式中：M：边际贡献。

这表明，经营杠杆系数就是基期边际贡献与基期息税前利润的比率。

在实际运用中，如果企业的成本—销量—利润保持线性关系，变动成本在销售收入中所占的比例不变，固定成本也保持稳定，经营杠杆程度还可以通过销售额和成本来表示。具体又有按销售量和按销售额表达的两种形式：

$$DOL_Q = \frac{Q\ (P-V)}{Q\ (P-V)\ -FC}$$

式中：DOL_Q：销售量为 Q 时的经营杠杆系数；

P：单位售价；

V：单位变动成本；

FC：固定成本总额。

该公式可用于计算单一产品的经营杠杆系数。

$$DOL_S = \frac{S-VC}{S-VC-FC}$$

式中：DOL_S：销售额为 S 时的经营杠杆系数；

S：销售额；

VC：变动成本总额。

该公式还可用于计算多种产品的经营杠杆系数。

[**例** 3] 继续沿用 [**例** 1] 的数据，分别计算乙企业和丙企业销售量为 200 000件、220 000 件、180 000 件时的经营杠杆系数。

销售量为 200 000 件时：

$$乙企业经营杠杆系数 = \frac{200\ 000\ (10-6)}{200\ 000\ (10-6)-300\ 000} = \frac{800\ 000}{500\ 000} = 1.6$$

$$丙企业经营杠杆系数 = \frac{200\ 000\ (10-4.5)}{200\ 000\ (10-4.5)-600\ 000} = \frac{1\ 100\ 000}{500\ 000} = 2.2$$

计算结果与 [**例** 2] 一致，该方法能更清晰地反映某一特定的销售量水平下的经营杠杆系数。

销售量为 220 000 件时：

$$乙企业经营杠杆系数 = \frac{220\ 000\ (10-6)}{220\ 000\ (10-6)-300\ 000} = \frac{880\ 000}{580\ 000} = 1.517\ 2$$

$$丙企业经营杠杆系数 = \frac{220\ 000\ (10-4.5)}{220\ 000\ (10-4.5)-600\ 000} = \frac{1\ 210\ 000}{610\ 000} = 1.983\ 6$$

销售量为 180 000 件时：

$$乙企业经营杠杆系数 = \frac{180\ 000\ (10-6)}{180\ 000\ (10-6)-300\ 000} = \frac{720\ 000}{420\ 000} = 1.714\ 3$$

$$丙企业经营杠杆系数 = \frac{180\ 000\ (10-4.5)}{180\ 000\ (10-4.5)-600\ 000} = \frac{990\ 000}{390\ 000} = 2.538\ 5$$

2. 经营杠杆系数说明的问题

［例 3］的计算说明以下问题：

第一，经营杠杆程度说明了销售量（额）增长或下降所引起的息税前利润增长或下降的幅度。

例如，当销售量为 200 000 件时，乙企业的经营杠杆系数为 1.6，这说明乙企业如果在销售量 200 000 件基础上增长 10%，那么其息税前利润将以 10% 的 1.6 倍，即 16% 的幅度增长，从原来的 500 000 元增长到 500 000（1 + 16%）= 580 000 元。同样，如果乙企业的销售量在 200 000 件的基础上下降 10%，那么其息税前利润将以 10% 的 1.6 倍，即 16% 的幅度下降。丙企业同理，读者可自行验证。

第二，在其他条件相同的情况下，固定成本占成本总额的比重越高，经营杠杆系数越大；反之，固定成本占成本总额的比重越低，经营杠杆系数越小。

例如，上述的乙企业和丙企业，其销售量、单价和总成本都相同时，由于乙企业的固定成本占成本总额的比重（20% = 300 000/1 500 000）低于丙企业（40% = 600 000/1 500 000），因而乙企业的经营杠杆系数低于丙企业。

此外，也可以从 DOL_Q 和 DOL_S 的计算公式中推出：在其他条件不变的情况下，固定成本越大，经营杠杆系数越大；反之，固定成本越小，经营杠杆系数越小。

第三，在其他条件不变的情况下，销售量（额）越大，经营杠杆系数越小；反之，销售量（额）越小，经营杠杆系数越大。

例如上述的乙企业，当销售量为 200 000 件时，其经营杠杆系数为 1.6，而当销售量上升至 220 000 件时，其经营杠杆系数为 1.517 2；相反，当销售量下降到 180 000 时，其经营杠杆系数为 1.714 3。

（三）经营杠杆与经营风险

引起企业经营风险的因素是多样的，主要是市场需求、生产经营及技术状况和成本等因素的不确定性，经营杠杆本身并不是经营利润不稳定的根源，它只是其中的一个组成部分。但是，当销售量增加时，息税前利润将以 DOL 的倍数增加；当销售量减少时，息税前利润将以 DOL 的倍数减少。只要有固定成本存在，DOL 必然大于 1，可见，经营杠杆扩大了市场和生产等不确定因素对经营利润变动的影响。而且经营杠杆程度（系数）高，意味着销售量相对微小的变动就可能导致息税前利润的大幅度变化，在这种条件下，企业的盈利水平对市场销售状况的反应极为敏感，也就意味着企业的经营风险越大。相反，经营杠杆程度（系数）低，意味着销售量相对微小的变动只导致息税前利润的小幅度变化，这样，企业的盈利水平对市场销售状况的反应敏感性较小，也就意味着企业的经营风险越小。所以，企业经营风险的大小和经营杠杆有着重要关系。

经营杠杆效应的大小取决于企业的技术构成，也即固定成本所占的比重。在现代经营环境中，制造业技术构成向着资本密集和技术密集方向发展，许多自动化程度较高的行业如钢铁等，固定资产投资规模大，再如技术更新较快的信息技术产业等，投入的研究开发费用高，相应地它们的固定成本比例也较高，经营杠杆程度（系数）较高，这些行业的共同特征表现为“高风险、高利润”。流通企业和劳动密集行业固定成本比例低，经营杠杆程度（系数）较低，经营风险也相对较小。如上述的乙企业（属于劳动密集型产业）经营杠杆程度小于丙企业（属于技术密集型产业），乙企业的经营风险小于丙企业的经营风险。

企业一般可以通过管理，如增加销售额、降低产品单位变动成本、降低固定成本比重等措施使经营杠杆率下降，降低经营风险。但这往往要受多种非主观因素的制约。

第二节　财务风险与财务杠杆

在企业的经营活动中，除了要面对由于生产经营活动的不确定性而引起的经营风险，可能还要面临因为选择举债而增加的风险。

一、财务风险

财务风险，是指由于负债经营（包括长期借款、发行债券、融资租赁等各种形式）而增加的风险，它会使普通股股东的收益变得不稳定。只要选择负债筹资方式都会存在财务风险，故也称筹资风险。

在负债经营情况下，无论企业经营状况如何，都必须按期向债权人支付按固定利率计算的利息并按约定方式偿还债务本金。一旦企业支付能力不足以偿付债务的本金和利息，企业在法律上就将面临来自债权人索偿的压力，甚至引发严重的财务危机。

如果企业不负债经营，即全部资本都由权益资本提供，则所有的经营风险全部由普通股的全体股东平均负担。但是，如果企业的资本总额不变，部分地以债务性资本取代权益性资本，假设企业30%的资本是长期负债，则持有企业70%资本的普通股股东要承担企业全部的经营风险。这时普通股的风险将比企业全部资本都由权益资本提供时的风险大，这就是由于负债经营而增加的风险。

二、财务杠杆

（一）财务杠杆的概念

不论企业的经营利润（息税前利润）如何，债务的利息通常不随息税前利润变动，属于固定性的财务费用。这样，在其他条件不变的情况下，息税前利润的增加不会改变固定性的财务费用，却使普通股每股收益（EPS）所负担的固定性财务费用相对减少，这就给普通股股东带来更多的收益额。反之，息税前利润减少，普通股每股收益所负担的固定性财务费用就相对增加，这就会大幅度地减少普通股股东的收益额。可见，息税前利润是影响普通股每股收益的重要因素之一，但二者之间并非正比例关系。在其他条件不变的情况下，如果息税前利润增长，普通股每股收益的增长率大于息税前利润的增长率，反之，如果息税前利润下降，普通股每股收益的降低率也大于息税前利润的降低率。

[**例**4] 现有甲、乙、丙、丁四家企业。假设它们的资本总额均为500万元，目前息税前利润均为50万元，所得税税率均为25%。但四家企业的资本结构、负债的利息率不完全相同，其资本结构等资料见表8－2所示：

表8－2　　甲、乙、丙、丁企业资本结构资料表

资本结构	甲企业	乙企业	丙企业	丁企业
普通股（面值1元）（元）	5 000 000	1 250 000	3 000 000	3 000 000
股份数	5 000 000	1 250 000	3 000 000	3 000 000
占资本总额比例（%）	100	25	60	60
长期债券（元）	0	3 750 000	2 000 000	2 000 000
占资本总额比例（%）		75	40	40
利息率（%）		8	8	12.5
资本总额（元）	5 000 000	5 000 000	5 000 000	5 000 000

根据上述资料，计算四家企业普通股每股收益如表8－3所示：

表 8-3　　甲、乙、丙、丁企业普通股每股收益　　单位：元

项　目	甲企业	乙企业	丙企业	丁企业
息税前利润	500 000	500 000	500 000	500 000
利息	0	300 000	160 000	250 000
税前利润	500 000	200 000	340 000	250 000
所得税	125 000	50 000	85 000	62 500
税后利润	373 000	150 000	255 000	187 500
普通股每股收益	0. 075	0. 12	0. 085	0. 062 5

假设息税前利润增长 16%，即息税前利润为 580 000（500 000 + 500 000 ×16%），计算四家企业普通股每股收益如表 8-4 所示：

表 8-4　　甲、乙、丙、丁企业普通股每股收益　　单位：元

项　目	甲企业	乙企业	丙企业	丁企业
息税前利润	580 000	580 000	580 000	580 000
利息	0	300 000	160 000	250 000
税前利润	580 000	280 000	420 000	330 000
所得税	145 000	70 000	105 000	825 000
税后利润	435 000	210 000	315 000	247 500
普通股每股收益	0. 087	0. 168	0. 105	0. 082 5

此时，四家企业普通股每股收益增长率的计算如下：

甲企业普通股每股收益增长率 = （0. 087 - 0. 075）/0. 075 = 14%
乙企业普通股每股收益增长率 = （0. 168 - 0. 12）/0. 12 = 35%
丙企业普通股每股收益增长率 = （0. 105 - 0. 085）/0. 085 = 23. 529%
丁企业普通股每股收益增长率 = （0. 082 5 - 0. 062 5）/0. 062 5 = 32%

可见，甲企业由于没有负债，其普通股每股收益的增长率等于息税前利润的增长率，而乙企业、丙企业和丁企业有负债，存在固定性财务费用，在其他条件不变的情况下，其普通股每股收益的增长率大于息税前利润的增长率。同理，可以得出：乙企业在其他条件不变的情况下，如果息税前利润下降，普通股每股收益的降低率也大于息税前利润的降低率。

这种由于固定性财务费用的存在而使得普通股每股收益的变动大于息税前利润变动的效应，称为财务杠杆。借用物理学的杠杆含义，这里“支点”就是固定性财务费用，“作用力”就是息税前利润变动率，而“重物”就是普通股每股收益变动率。

（二）财务杠杆的计量

只要在企业的筹资方式中有固定性财务支出的负债，就存在财务杠杆的效应。但不同企业或同一企业息税前利润水平不同，财务杠杆效应的大小程度是不完全一致的，为此，需要对财务杠杆进行计量。

1. 财务杠杆系数

对财务杠杆进行计量的最常用指标是财务杠杆程度，亦称财务杠杆系数（Degree of Financial Leverage，DFL）。财务杠杆系数是指普通股每股收益的变动率与息税前利润变动率之比，即普通股每股收益的变动率相当于息税前利润变动率的倍数。其计算公式为：

$$财务杠杆系数=\frac{普通股每股收益变动率}{息税前利润变动率}$$

$$即\ DFL=\frac{\Delta EPS/EPS}{\Delta EBIT/EBIT}$$

式中：ΔEPS：普通股每股收益变动额；

EPS：变动前的普通股每股收益。

［例5］沿用［例4］的资料，计算甲、乙、丙、丁四家企业的财务杠杆系数。

甲企业的财务杠杆系数＝16%/16%＝1

乙企业的财务杠杆系数＝40%/16%＝2.5

丙企业的财务杠杆系数＝23.529%/16%＝1.470 6

丁企业的财务杠杆系数＝32%/16%＝2

上述计算公式是根据财务杠杆程度概念而来的理论公式，需要根据普通股每股收益和息税前利润变动前后资料才能计算，比较麻烦。为了便于运用，在没有优先股和融资租赁的情况下，上述公式可以转换为利用基期资料计算的公式（推导略，请读者自行推导）。

$$财务杠杆系数=\frac{息税前利润}{息税前利润-利息}$$

$$即\ DFL=\frac{EBIT}{EBIT-I}$$

式中：I：负债的利息。

这表明，在没有优先股和融资租赁的情况下，财务杠杆系数就是基期息税前利润与基期税前利润的比率。

在实际运用中，财务杠杆系数还可以转换为按销售量和按销售额表达的两种形式：

$$DFL_Q=\frac{Q\ (P-V)\ -FC}{Q\ (P-V)\ -FC-I}$$

$$DOLs=\frac{S-VC-FC}{S-VC-FC-I}$$

如果有优先股和融资租赁，财务杠杆系数的计算公式为：

$$\text{财务杠杆系数}=\frac{\text{息税前利润}}{\text{息税前利润}-\text{利息}-\text{租金}-\text{优先股股利}/\ (1-\text{所得税税率})}$$

$$\text{即 } DFL=\frac{EBIT}{EBIT-I-L-D/\ (1-T)}$$

式中：L：租金；

D：优先股股利；

T：所得税税率。

［例 6］继续沿用［例 4］的资料，分别计算甲、乙、丙、丁四家企业息税前利润为 500 000 元和 580 000 元时的财务杠杆系数。

息税前利润为 500 000 元时：

$$\text{甲企业的财务杠杆系数}=\frac{500\ 000}{500\ 000-0}=1$$

$$\text{乙企业的财务杠杆系数}=\frac{500\ 000}{500\ 000-300\ 000}=2.5$$

$$\text{丙企业的财务杠杆系数}=\frac{500\ 000}{500\ 000-160\ 000}=1.470\ 6$$

$$\text{丁企业的财务杠杆系数}=\frac{500\ 000}{500\ 000-250\ 000}=2$$

计算结果与［例 5］一致，该方法能更清晰地反映某一特定的息税前利润水平下的经营杠杆系数。

息税前利润为 580 000 元时：

$$\text{甲企业的财务杠杆系数}=\frac{580\ 000}{580\ 000-0}=1$$

$$乙企业的财务杠杆系数=\frac{580\ 000}{580\ 000-300\ 000}=2.071$$

$$丙企业的财务杠杆系数=\frac{580\ 000}{580\ 000-160\ 000}=1.381$$

$$丁企业的财务杠杆系数=\frac{580\ 000}{580\ 000-250\ 000}=1.757$$

2. 财务杠杆系数说明的问题

[例6] 的计算说明了以下问题：

第一，财务杠杆程度说明了息税前利润增长或下降所引起的普通股每股收益的增长或下降的幅度。

例如，当息税前利润为500 000元时，乙企业的财务杠杆系数为2.5，这说明乙企业如果在500 000元息税前利润基础上增长16%，普通股每股收益将以16%的2.5倍，即40%的幅度增长，从原来的每股0.096元增长到每股0.096（1+40%）=0.134 4元。同样，如果乙企业在500 000元息税前利润基础上下降16%，普通股每股收益将以16%的2.5倍，即40%的幅度下降。丙企业、丁企业同理，读者可自行证明。

第二，在资本总额、息税前利润等其他条件相同的情况下，负债比率越高，利息越大，财务杠杆系数越大；反之，负债比率越低，利息越小，财务杠杆系数越小。

例如，上述的乙企业与丙企业，它们除了资本结构不同外，其他条件都相同，乙企业的负债比率比丙企业的负债比率高，利息费用大，乙企业的财务杠杆系数大。另外，丙企业与丁企业比较，虽然它们的资本总额、资本结构和息税前利润都相同，但丁企业的负债利息率比丙企业的高，利息费用大，所以丁企业的财务杠杆系数比丙企业的大。

第三，在其他条件不变的情况下，息税前利润越大，财务杠杆系数越小；反之，息税前利润越小，财务杠杆系数越大。

例如上述的乙企业，当息税前利润为500 000元时，其财务杠杆系数为2.5，而当息税前利润上升至580 000元时，其财务杠杆系数为2.071。丙企业和丁企业也有同样的现象。

第四，财务杠杆有正作用和负作用之分。

所谓正作用就是指企业通过负债的杠杆效应，使得普通股的每股收益大于不使用负债时的收益，即通过负债提高普通股每股收益。如上述的乙企业（见表8-3），尽管企业负债增加了利息负担，并导致税后利润下降，但由于税后利润的下降幅度小于普通股减少的幅度，从而使得每股收益上升。这个问题也可以从资本息税前利润率说明。在乙企业和丙企业，资本利润率为10%

(500 000/5 000 000)，而乙企业和丙企业的负债利息率仅为8%，资本获得的息税前利润率10%按约定的利息率8%给债权人，还有2%（10% −8%）在交纳所得税后可分配给更少的股东，从而使得每股收益上升。因此，只要资本息税前利润率大于负债的利息率，财务杠杆就会产生正作用，对普通股每股收益带来有利的影响。这时，负债比率越高，正作用越大。

所谓负作用就是指企业由于负债，使普通股的每股收益小于不使用负债时的收益，即通过负债没有提高普通股每股收益，反而使普通股每股收益下降。如上述的丁企业（见表8 −3），资本息税前利润率（10%）小于负债利息率（12.5%），债务资本获得的利润率10%还不足给债权人（差2.5%），需要从权益资本获得的利润中拿出一部分，从而使得每股收益下降。因此，只要资本息税前利润率小于负债的利息率，财务杠杆就会产生负作用，对普通股每股收益带来不利的影响。

（三）财务杠杆与财务风险

正如前面所分析，财务风险是企业负债筹资所带来的应由普通股股东承担的附加风险，它是财务杠杆作用的结果。只要有负债，存在固定性财务费用，DFL就一定大于1，而且，财务杠杆程度（系数）越大，意味着息税前利润相对微小的变动就可能导致普通股每股收益的大幅度波动，在这种情况下，普通股股东收益水平对企业盈利状况的反应极为敏感，也即意味着财务风险就越高。相反，财务杠杆程度（系数）越小，意味着息税前利润相对微小的变动只导致普通股每股收益的小幅度变化，这样，普通股股东收益水平对企业盈利状况的反应敏感性较小，也即意味着财务风险就越低。

财务杠杆效应的大小主要取决于企业的资本结构。如果其他条件相同，在资本结构中，负债资本所占的比例越大，财务杠杆效应就越大，财务风险也越大。企业为了取得财务杠杆利益，就要增加负债，一旦息税前利润下降，不足以补偿固定利息支出，就会使企业的普通股每股收益下降得更快，甚至会导致企业破产。

第三节　联合杠杆与企业风险

企业可能同时存在着经营杠杆和财务杠杆，这两种杠杆作用会联合影响企业的生产经营活动。

一、联合杠杆

（一）联合杠杆的概念

如前所述，由于存在固定性经营成本，产生经营杠杆作用，使息税前利润的变动率大于销售量的变动率；同样，由于存在固定性财务费用，产生财务杠杆作用，使普通股每股收益的变动率大于息税前利润的变动率。

从企业利润产生到利润分配的整个过程来看，既存在固定性经营成本，又存在固定性财务费用，那么，经营杠杆和财务杠杆共同起作用，销售量稍有变动就会使得普通股每股收益产生更大的波动。

这种由于固定性经营成本和固定性财务费用的存在，而使得普通股每股收益的变动远远大于销售量的变动的效应，称为联合杠杆，亦称作总杠杆。

［例 7］仍以上述的乙企业为例，即利用表 8－1 和表 8－2 的基本数据，如果乙企业计划期的销售量比基期增长 10%，其他条件，包括售价、单位变动成本、固定成本、资本总额、负债比率、年利息率和所得税税率，均不改变。息税前利润和普通股每股收益的变动前后的情况如表 8－5 所示：

表 8－5　　息税前利润和普通股每股收益的变动情况表

项 目	基 期	计划期	增长率	杠 杆
销售数量（件）	200 000	220 000	10%	经营杠杆
单位销售价格（元）	10	10	—	
销售收入总额（元）	2 000 000	2 200 000	10%	
单位变动成本（元）	6	6	—	
变动成本总额（元）	1 200 000	1 320 000	10%	
边际贡献额（元）	800 000	880 000	10%	
固定成本（元）	300 000	300 000	—	
息税前利润（元）	500 000	580 000	16%	
资本总额（元）	5 000 000	5 000 000	—	
债务资本总额（元）	3 750 000	3 750 000	—	
负债比率（%）	75	75	—	

（续上表）

项 目	基 期	计划期	增长率（%）	杠 杆
年利息额（年利率8%）	300 000	300 000	—	
税前利润总额（元）	200 000	280 000	40%	财务杠杆
所得税（税率40%）	80 000	112 000	40%	
税后利润总额（元）	120 000	168 000	40%	
权益资本总额（元）	1 250 000	1 250 000	—	
普通股股数（1元/股，股）	1 250 000	1 250 000	—	
普通股每股收益（元）	0.096	0.1344	40%	

从表8－5中看到，在联合杠杆的作用下，销售量增加10%，普通股每股收益便增长40%。当然，如果销售量下降10%，普通股每股盈余也会下降40%。

（二）联合杠杆的计量

只要企业同时存在固定性经营成本和固定性财务费用，就会存在联合杠杆的作用。但不同企业或同一企业不同销售量基础上的联合杠杆作用大小是不完全一致的，因此，需要对联合杠杆进行计量。

对联合杠杆进行计量的最常用指标是联合杠杆程度，也称联合杠杆系数（Degree of Combination Leverage，DCL）或总杠杆系数（Degree of Total Leverage，DTL）。联合杠杆系数是指普通股每股收益变动率与销售量变动率之比，即普通股每股收益变动率相当于销售量变动率的倍数。其计算公式为：

$$\text{联合杠杆系数}=\frac{\text{普通股每股收益变动率}}{\text{销售量变动率}}$$

$$\text{即 } DTL=\frac{\Delta EPS/EPS}{\Delta Q/Q}$$

［例8］沿用［例7］的资料，计算乙企业的联合杠杆程度。

乙企业联合杠杆程度＝40%/10%＝4

上述计算公式是根据联合杠杆程度概念而来的理论公式，需要根据普通股每股收益和销售量变动前后资料才能计算，比较麻烦。为了便于运用，在没有优先股和融资租赁的情况下，上述公式可以转换为利用基期资料计算的公式（推导略，请读者自行推导）。

$$联合杠杆系数 = \frac{边际贡献}{息税前利润 - 利息} = \frac{边际贡献}{息税前利润} \times \frac{息税前利润}{息税前利润 - 利息}$$

$$= 经营杠杆系数 \times 财务杠杆系数$$

即 $DCL = \frac{M}{EBIT - I}$

或：$DCL = DOL \times DFL$

这表明，在没有优先股和融资租赁的情况下，联合杠杆系数就是基期边际贡献与基期税前利润的比率。联合杠杆系数也是经营杠杆系数与财务杠杆系数的乘积。

在实际运用中，联合杠杆系数还可以转换为按销售量和按销售额表达的两种形式：

$$DCL_Q = \frac{Q\ (P - V)}{Q\ (P - V)\ - FC - I}$$

$$DCL_S = \frac{S - VC}{S - VC - FC - I}$$

如果有优先股和融资租赁，联合杠杆系数的计算公式为：

$$联合杠杆系数 = \frac{边际贡献}{息税前利润 - 利息 - 租金 - 优先股股利/\ (1 - 所得税税率)}$$

即 $DCL = \frac{M}{EBIT - I - L - D/\ (1 - T)}$

［例 9］ 继续沿用［例 7］的资料，计算乙企业销售量为 200 000 件或销售额为 2 000 000 元或边际贡献为 800 000 元时的联合杠杆系数。

$$乙企业联合杠杆系数 = \frac{200\ 000\ (10 - 6)}{200\ 000\ (10 - 6) - 300\ 000 - 300\ 000}$$

$$= \frac{2\ 000\ 000 - 1\ 200\ 000}{2\ 000\ 000 - 1\ 200\ 000 - 300\ 000 - 300\ 000}$$

$$= \frac{800\ 000}{800\ 000 - 300\ 000 - 300\ 000} = 4$$

$$或：乙企业联合杠杆系数 = \frac{800\ 000}{500\ 000} \times \frac{500\ 000}{500\ 000 - 300\ 000}$$

$$= 1.6 \times 2.5 = 4$$

计算结果与前面［例 7］、［例 8］的方法相同。

这就是说，在这个例子中，乙企业的销售量如果在 200 000 件的基础上增长 10%，普通股每股收益将以 10% 的 4 倍，即 40% 增长，乙企业普通股每股收益从原来的每股 0.096 元，增长到每股 0.096（1 +40%） =0.134 4 元。同样，如果乙企业的销售量下降 10%，其普通股每股收益也将以 10% 的 4 倍，即 40% 下降。读者可自行证明。

可见，在联合杠杆的作用下，企业销售量有一个比较小的增长，普通股每股收益便会大幅度增长；反之，销售量有比较小的下降，普通股每股收益便会大幅度下降。

（三）联合杠杆与企业风险

就企业生产经营过程而言，通常固定成本与固定性财务费用同时存在，相应地，经营杠杆和财务杠杆同时存在，经营杠杆扩大了市场和生产等不确定因素对经营利润变动的影响，经营利润变动又由于财务杠杆的作用使得普通股每股收益以更大幅度变动。因此，企业同时承担经营风险和财务风险。这种在两种杠杆效应联合作用即联合杠杆作用下产生的普通股每股收益的不确定性，就是企业的风险。

从以上分析可以看出，只要存在固定成本与固定性财务费用，DCL 就一定大于 1，而且，联合杠杆程度（系数）越大，意味着销售量相对微小的变动就可能导致普通股每股收益的大幅度波动，在这种情况下，普通股股东收益水平对市场销售状况的反应极为敏感，也即意味着企业风险就越高。相反，联合杠杆程度（系数）越小，意味着销售量相对微小的变动只导致普通股每股收益的小幅度变化，这样，普通股股东收益水平对市场销售状况的反应敏感性较小，也即意味着企业风险就越低。

在联合杠杆的作用下，当企业经济效益好时，每股盈余会大幅度上升，当企业经济效益差时，每股盈余会大幅度下降。企业承受风险的能力有限，在某一联合杠杆水平下，经营杠杆和财务杠杆可以有多种不同的组合，以适应企业的生产经营特点。例如，经营杠杆程度（系数）较高的企业可以在较低程度上利用财务杠杆效应，而经营杠杆程度（系数）较低的企业可以在较高程度上利用财务杠杆效应。

本章小结

自然科学中存在的杠杆效应，在企业财务管理中也存在，其杠杆的支点就是固定的经营成本和固定的筹资成本，重物是息税前利润或每股收益，作用力是销售量变动率或息税前利润变动率。本章主要阐述的内容有：

由于固定成本的存在而使得息税前利润的变动大于销售量变动的效应，称为经营杠杆。经营杠杆系数是计量经营杠杆程度的指标，是指息税前利润变动率相当于销售量变动率的倍数。经营杠杆系数越高，意味着销售量相对微小的变动就可能导致息税前利润的大幅度变化，即意味着企业的经营风险就越大。相反，经营杠杆系数越低，意味着企业的经营风险就越小。

由于固定性财务费用的存在而使得普通股每股收益的变动大于息税前利润变动的效应，称为财务杠杆。财务杠杆系数是计量财务杠杆程度的指标，是指普通股每股收益的变动率相当于息税前利润变动率的倍数。财务杠杆有正作用和负作用之分。财务杠杆系数越大，意味着息税前利润相对微小的变动就可能导致普通股每股收益的大幅度波动，意味着财务风险就越高。相反，财务杠杆系数越小，意味着财务风险就越低。

从企业利润产生到利润分配的整个过程来看，既存在固定性经营成本，又存在固定性财务费用。由于固定性经营成本和固定性财务费用的存在，使得普通股每股收益的变动远远大于销售量的变动的效应，称为联合杠杆。联合杠杆系数是计量联合杠杆程度的指标，是指普通股每股收益变动率相当于销售量变动率的倍数。联合杠杆系数等于经营杠杆系数乘以财务杠杆系数。联合杠杆系数越大，意味着销售量相对微小的变动就可能导致普通股每股收益的大幅度波动，即意味着企业风险就越高。相反，联合杠杆系数越小，意味着企业风险就越低。

主要名词

经营风险　经营杠杆　经营杠杆系数　财务风险　财务杠杆　财务杠杆系数　联合杠杆　联合杠杆系数　企业风险

复习思考题

1. 影响经营风险的因素有哪些？
2. 如何理解财务管理学中的杠杆原理？
3. 经营杠杆如何计量？经营杠杆与经营风险有何关系？
4. 财务杠杆如何计量？财务杠杆与财务风险有何关系？
5. 试举例说明财务杠杆的正作用和负作用。
6. 联合杠杆如何计量？联合杠杆与经营杠杆、财务杠杆有何关系？
7. 联合杠杆与企业风险有何关系？

习题

1. 下面是两家公司的财务数据：

财务数据	SS 公司	YY 公司
销售量（千克）	18 700	2 800
单位售价（元/千克）	32	87.5
单位变动成本（元/千克）	17	40
固定成本总额（元）	163 625	79 800
年利息（元）	26 971	12 277

要求：（1）计算两家公司的经营杠杆系数、财务杠杆系数和联合杠杆系数；

（2）如果销售量下降，哪家公司的息税前利润下降的幅度大？

（3）如果息税前利润下降，哪家公司的每股收益下降的幅度大？

2. 某企业 2006 年销售量为 30 万件，单位售价为 10 元，单位变动成本为 7 元，固定成本总额为 54 万元；该企业负债总额为 100 万元，负债利率为 6%；所得税税率 25%；股数 100 万股。

要求：（1）计算经营杠杆系数、财务杠杆系数和联合杠杆系数；

（2）如果其他条件不变，预计 2007 年企业销售量比 2006 年上升 20%，则息税前利润、每股收益分别上升百分之几？预计息税前利润、每股收益分别可以达到多少？

（3）如果其他条件不变，预计 2007 年企业销售量比 2006 年上升 20%，计算这个销售量水平下的经营杠杆系数、财务杠杆系数和联合杠杆系数。

3. 某企业 2005 年的销售收入为 225 万元，变动成本为 135 万元，经营杠杆系数为 1.5。

要求：（1）计算该企业 2005 年的固定成本。

（2）若 2006 年的固定成本比 2005 年上涨 10%，其他条件不变，计算 2006 年的经营杠杆系数。

（3）若 2007 年的固定成本、单位变动成本及单位售价与 2006 年的相同，该企业要实现息税前利润比 2006 年增长 20%，销售收入必须增长多少？

第九章　财务分析方法

在现代企业制度下，企业的所有者、债权人、经营者和政府经济管理部门都站在各自的立场上，或从各自的目的和利益出发，关注企业的财务状况、经营成果以及现金流量状况。本章将从财务分析的目的、步骤和基本方法说起，在对财务报表进行简要介绍后，对企业的盈利能力、营运能力、偿债能力、现金能力、发展能力以及综合能力进行详细的描述与分析。通过本章的学习，我们需要掌握以下的内容：

1. 财务分析的定义、目的、分析步骤与基本方法。

2. 资产负债表、利润表、现金流量表的定义及它们三者的关系。

3. 企业盈利能力、营运能力、偿债能力、现金能力、发展能力的比率指标与分析。

4. 企业综合财务能力分析的指数综合法、沃尔评分法及其拓展和杜邦财务分析体系。

第一节　财务分析概述

一、财务分析的起源与发展

一般认为，财务分析产生于美国，是美国工业大发展的产物。最早的财务分析是为银行服务的信用分析。在美国工业大发展前，企业的规模较小，银行根据个人信用发放贷款。随着企业规模的扩大和贷款的增加，在 19 世纪末 20 世纪初，美国银行要求申请贷款的企业提供相应的资产负债表。随后，美国银行家亚历山大·沃尔首开财务分析和评价的先河，创立了比率分析体系，对贷款人进行信用调查和分析，来判断客户的偿债能力以防范银行贷款的违约风险。

到了 20 世纪 20 年代，随着资本市场的形成，财务分析从主要为银行的贷款业务服务扩展到为企业的投资人服务。在资本市场上，随着社会筹资范围的扩大，非银行的贷款人和股权投资人的增加，公众开始进入资本市场和债券市场，投资人对财务分析的要求更为广泛，相应地，财务分析也开始对企业的盈利能力、筹资结构、利润分配进行分析，建立起比较完善的外部分析体系。

公司组织发展起来以后，财务报表分析由外部分析扩大到内部分析，以改善内部管理服务。经理人员为改善盈利能力和偿债能力，以取得投资人和债权人的支持，开发了内部分析。内部分析不仅可以使用公开报表的数据，而且可以利用内部的数据进行分析，找出管理行为和报表数据的关系，通过管理来改善未来的财务报表。

从以上财务分析的发展过程来看，目前与企业有着经济利益关系的企业所有者、贷款人、经营者、供应商、客户、政府部门以及潜在的投资者都会站在其各自的立场上对所获得的企业财务信息进行分析，以评价企业的财务状况、经营成果以及现金流量，从而作出有利于其自身利益的决策。因此，财务分析的含义如下：财务分析是以财务报表及其他有关资料为依据，运用专门方法对企业一定时期的财务状况、经营成果和发展趋势进行分析、研究和评价，从而说明原因、划分责任、提出建议和进行决策的一项非常重要的工作，是财务工作的重要环节。从目前来看，企业经营者、投资者与债权人是企业最主要的利益相关者，从这几类利益相关者的决策角度来进行分析具有代表意义，因此，财务分析方法的讲述主要从以上几个利益相关者的角度出发。

二、财务分析的目的

财务分析的一般目的可以概括为：评价过去的经营业绩；衡量现在的财务状况；预测未来的发展趋势。但由于企业对外发布的财务会计报告，是根据全体使用人的一般要求设计的，所以并不适合特定使用人的特殊要求。财务会计报告的使用人要从中选择自己需要的信息，重新排列，并研究其相互关系，使之符合特定决策要求。企业财务会计报告的主要使用人有七种，他们分析的具体目的可以概括如下：

（1）投资者：分析企业的资产和盈利能力，以决定是否投资；分析盈利状况、股价变动和发展前景，以决定是否转让股份；分析资产盈利水平、破产风险和竞争能力，以考查经营者业绩；分析筹资状况，以决定盈利分配政策。

（2）债权人：分析贷款的报酬和风险，以决定是否给企业贷款；分析资产的流动性，以了解债务人的短期偿债能力；分析其盈利状况，以了解债务人的长期偿债能力；评价债权的价值，以决定是否出让债权。

（3）企业内部管理人员：为改善财务决策而进行财务分析，涉及的内容最为广泛，几乎包括外部使用人和内部职工关心的所有问题。

（4）供应商：要通过财务分析，看企业是否能长期合作；了解销售信用水平如何；是否要对企业延长付款期。

（5）政府：要通过财务分析了解企业纳税情况，了解企业遵守法规和市场秩序的情况；职工收入和就业状况。

（6）职工和工会：要通过财务分析判断企业盈利与雇员收入、保险、福利之间是否相适应。

（7）中介机构（注册会计师、咨询人员等）：注册会计师通过财务分析可以确定审计的重点；财务分析领域的逐渐扩展与咨询业的发展有关，在一些国家“财务分析师”已成为专门职业，他们为各类财务会计报告使用人提供专业咨询。

三、财务分析的基本步骤

财务分析是企业财务工作的重要组成部分，而且是一个复杂的过程。分析者必须以具体的分析目的为主线，按照科学的程序，运用适当的方法进行有效的分析，从而保证分析工作有条不紊地进行和分析结果的准确。因此，财务分析的基本程序主要包括以下几个步骤。

1. 明确财务分析的目的，制订分析的工作计划

任何财务分析者在进行财务分析时都带有一定的目的，财务分析的主体不同，财务分析的目的会有很大的差异。如企业管理层想要对企业各方面的情况有深切的了解，其分析目的就要是全方位的，即关注企业的战略决策、解决运营中的主要问题、评估企业内部有关部门和人员的工作绩效。企业债权人分析的目的主要是了解企业的偿债能力、分析企业违约的可能性从而判断贷款风险、决定贷款利率、分析企业的长期盈利能力和对经济环境变化的应变能力。企业投资者分析的目的就在于通过分析企业当前和未来的盈利能力、资本保值增值情况、营运能力和偿债能力以作出投资决策和评估企业的管理绩效。在确定进行财务分析的目的之后，就要制订分析的计划，确定财务分析的具体内容、范围、形式、重点和要求，决定分析工作的组织分工、时间进度等，从而有步骤地开展财务分析工作。

2. 搜集信息资料，掌握财务情况

充分地占有各种相关的信息资料是有效地进行财务分析的前提。企业财务分析的深度、广度以及质量的高低，在很大程度上取决于分析者所能掌握的信息资料的内容与真实性。因此，在搜集信息资料的时候，必须从分析的目的出

发，系统地搜集与财务分析对象有关的内部条件和外部环境的历史、现状、前景等动态变化数据、情报和资料。这些资料一般包括企业的外部公开报表、同行业其他企业的有关资料、企业的日常核算资料以及国家大环境下的各种法规政策等。但是，不同分析者获取信息资料的权限都有所不同，分析者应该在其能力范围内搜集必需的资料以进行分析和作出决策。

3. 整理、分析所搜集到的资料

财务分析必须依据正确和真实的分析资料，才能得出正确的分析结论。为此，在分析前应该对所搜集到的资料进行检查，对于不正确的资料和没有可比性的资料进行剔除或调整，对于需要核实的资料作进一步的核实。为了更好地利用得到的资料，还需要对资料进行整理，如进行归类分组等。在这一阶段必须特别注意资料的可比性问题，在整个财务分析的过程中都要进行各种比较，具体包括同一企业不同时期之比和不同企业同一时期之比，在比较的过程中必须注意比较口径等相关问题。

4. 研究资料，开展财务分析

根据经过检查和整理后的分析资料，按照分析的目的和要求，采用适当的分析方法。通过财务分析指标，从定量分析入手，确定各项分析指标的数值，结合定性分析判断，找出差异及形成的原因。财务分析者要善于透过现象看本质，从每一个指标的分析结论推断对企业财务的整体评价。

5. 得出分析结论，提出分析报告

前面所做的一切工作都是为了对企业整体的财务状况、经营成果和现金流量作一个综合的分析与评价。在财务分析的最后阶段，要把全部的分析资料、观点进行综合的概括和总结，发现企业财务管理中存在的问题，寻找问题存在的原因和确定解决问题的方向，提出改进措施，填写企业财务分析报告。财务分析报告要求观点明确、原因清楚、重点突出、建议可行、言简意赅。

四、财务分析的基本方法

“工欲善其事，必先利其器”，在财务分析过程中，为了揭示财务数据之间的重要联系以获取有助于决策的信息，必须借助一定的技术方法对财务报表的信息进行再加工。以下介绍几种基本的分析方法：

1. 比较分析法

比较分析法，是通过经济指标的对比来揭示经济指标间数量差异的一种最基本的分析方法，是其他分析方法的基础。决策依赖于评价，而评价则建立在比较的基础之上。通过比较，发现矛盾，进而分析矛盾，从而才有助于解决矛盾。

如果按照比较的对象来划分，比较分析法可以分成趋势分析（也叫纵向分析）、横向分析和差异分析三种。将同一企业不同时期的状况进行对比以了解其发展趋势，就属于趋势分析；同一时期不同企业间的经济指标进行对比以发现差距，就属于横向分析；与计划、预算相比以了解计划或预算的完成情况，就属于差异分析。

如果按比较的内容来划分，比较分析法又可以分为比较会计要素总量、比较结构百分比和比较财务比率三种。比较会计要素总量，就是比较报表项目的总金额，从绝对值的角度比较财务要素的增减额变化；比较结构百分比，就是将资产负债表、利润表、现金流量表转换为结构百分比报表，以发现存在问题的相关项目，揭示进一步分析的方向，如比较同一家企业不同时期流动资产占总资产的比重，以揭示企业流动性的变化趋势；比较财务比率，就是比较各会计要素的相关关系，反映不同比较对象的差异，财务能力的分析主要采用这种方法以比较不同实体之间的差异。

比较分析法的运用，最重要的是遵循可比性的原则，相比较的指标在内容、时间、计算方法和计价标准等口径上要保持一致。

2. 趋势分析法

趋势分析法，是将两期或者连续数期财务报告中的相同指标进行对比，确定其增减变动的方向、数额和幅度，以说明企业财务状况或经营成果的变动趋势的一种方法。具体有以下几种趋势分析：

（1）定基趋势分析。它是以某一时期的数值为固定的基期数值而计算出来的动态比率。其计算公式为：

$$\text{定基趋势比率}=\frac{\text{计算期某指标值}}{\text{固定期同指标值}}\times 100\%$$

（2）环比趋势分析。它是以每一分析期的前期数值为基期数值而计算出来的动态比率。其计算公式为：

$$\text{环比趋势比率}=\frac{\text{计算期某指标值}}{\text{上期同指标值}}\times 100\%$$

（3）平均趋势分析。它是指计算连续数期某财务指标的平均趋势比率，以反映该指标平均变动水平的方法。其计算公式为：

$$\text{平均趋势比率}=\sqrt[\text{期数}]{\frac{\text{最后一期某指标值}}{\text{基期同指标值}}}\times 100\%$$

或 $平均趋势比率=\sqrt[期数]{各期环比趋势比率的乘积}\times 100\%$

运用趋势分析法应该注意基期的选择要具有代表性、正常性和可比性，期数的选取还要有意义，并要减小偶然事件对财务数据的影响，当会计方法改变时，注意要先调整再分析。

3. 比率分析法

比率分析法，是将影响财务状况的两个相关因素联系起来，通过计算比率反映它们之间的关系，借以评价企业财务状况和经营成果的一种财务分析方法，也就是利用相对数的形式来对企业的财务状况与经营成果进行考察。运用相对数进行比较，排除了规模的影响，并且具有简单、明了、可比性强的特点，因此在实际财务分析中被广泛运用。但是，必须注意比率分析法的局限性：比率分析法使用历史数据，对预测未来仅有参考价值，并非绝对合理可靠；由于不同企业使用的会计制度可能不同，在不同企业之间比较时必须考虑会计政策差异对可比性的影响。

通常来讲，比率分析法包括结构比率分析和相关比率分析。结构比率分析就是通过某个指标的部分值与该指标的总体值对比，计算出部分占总体的比重，分析构成项目的变化，掌握经济活动的特点及其变化趋势。相关比率分析是指通过不同的但又相互联系的指标之间的对比，计算出另一实际含义的指标。在分析时应该确定不同指标之间客观存在的相互关系，如净资产收益率是反映企业盈利能力的重要指标，该指标是通过净利润与企业净资产进行对比而得到的。但值得注意的是，单个的比率并不能很好地说明问题，只有将比率进行横向及纵向对比，才能较好地发挥比率分析方法的优势。一般来讲，相关比率分析是比率分析的典型方法，在财务分析中占有重要的地位。因此，本章将着重介绍这一方法在财务分析中的应用。

4. 因素分析法

因素分析法，是依据分析指标与其影响因素之间的关系，按照一定的程序和方法，确定各因素对分析指标差异影响程度的一种技术方法。常见的因素分析法有连环替代法和差异分析法两种。

连环替代法是因素分析法的基本形式，它根据分析的目标和财务指标的构成，将分析指标分解为各个可以计量的因素，并根据各个因素之间的依存关系，顺次用各因素的比较值（通常即实际值）替代基准值（通常即标准值或计划值），据以测定各因素对分析指标的影响。

差异分析法是连环替代法的一种简化形式，它是先计算出各因素的实际数和标准数的差额，然后仍按一定的替代程序直接计算出各因素脱离标准对分析对象的影响，但是各因素影响的先后顺序也要按照它们的依存关系来确定。

因素分析法是财务分析中的一种重要方法，特别是在财务分析的综合评价过程中得到广泛应用，杜邦分析法是这种方法一个典型的例子。

总的来说，财务分析的各种基本方法在财务分析的整个过程中都有其不同的作用，如在财务能力的描述与分析过程中会着重运用相关比率的比率分析法，在财务的综合分析与评价过程中会着重应用因素分析法，而比较分析法和趋势分析法则贯穿于财务分析的整个过程，以体现同一项目在横向与纵向方面的差异。要综合分析与评价目标企业的整体情况，必须综合运用各种方法，才可以达到了解企业历史、评价企业现状和预测企业未来的分析目的。

第二节 企业财务分析的资料来源

财务分析能否顺利进行以及分析结果是否可靠，很大程度上取决于分析者根据其分析目的所收集到的信息资料。如前所述，每一个分析者获取信息资料的渠道与权限会有所不同，因此，他们进行财务分析的具体资料基础也就存在一定差异，但有一种信息资料是可以普遍共享的，那就是企业定期公布的财务报告，它是企业财务分析的主要资料来源。

一、财务分析资料的主要来源

财务分析是以财务报表及其他有关资料为依据，运用专门方法对企业一定时期的财务状况、经营成果和发展趋势进行分析、研究和评价，从而说明原因、划分责任、提出建议和进行决策的一项非常重要的工作，是财务工作的重要环节。那么，能够影响分析者对企业的财务状况、经营成果和发展趋势的总体评价的一切资料都可以具体用于财务分析当中。但是不同分析者与企业具有不同的关系，从而导致其所能掌握的资料会有很大差别。一般来说，企业的管理者能最大限度地收集到企业内外部的所有信息；企业的投资者可以通过股东大会、公司公告等途径了解企业的具体情况，但相对而言没有管理者了解的情况多；企业的债权人除了企业的财务报告外，还可以得到关于企业信用评级、偿债情况等资料。

如果分析的对象是上市公司，那么企业公开发布的年度报告及季度报告等资料是财务分析资料的主要来源。企业的年度报告是财务分析者所能获得的最详尽、最方便的分析资料。一份完整的上市公司年度报告应该包括以下几个方面的内容：公司基本情况简介，会计数据及业务数据摘要，股东变动及股东情况，董事、监事、高级管理人员及员工情况，公司治理结构，股东大会简介，董事会报告，监事会报告，重要事项，财务报告，备查文件目录。分析者可以通过公司报告的相关资料对公司的整体情况作一个大概的了解，通过一系列的财务分析方法对企业的财务数据进行剖析，通过不同项目之间的对比来评价企业的总体财务状况与经营成果，在诸多内容中，分析者可以重点关注企业报告中的财务报告。

财务报告是反映企业财务状况和经营成果的书面文件，包括主要财务报表、附表、附注和财务情况说明书。主要财务报表包括资产负债表、利润表、现金流量表；财务报表附表是对主要财务报表的某些重大项目进行补充说明的报表，可以是《企业会计制度》规定编制和报送的附表，如股东权益增减变动表、资产减值准备明细表、利润分配表等，也可以是企业内部管理及外部审计需要编制报送的附表，如企业货币资金的明细表、产品销售利润的明细表等；财务报表附注是企业财务报告不可缺少的部分，是对财务报表本身难以表达或无法表达的内容和项目的说明，通常是以文字和数字的形式作补充说明的详细解释，如不符合基本会计假设的说明、重要会计政策和会计估计及其变动情况、变动原因以及它们对财务状况和经营成果的影响等；财务情况说明书是对一定会计期间内财务、成本情况进行分析总结的书面文字报告，主要包括企业的生产经营情况、利润实现和分配情况、资金增减和周转情况、财务收支情况等。对这些资料进行定性和定量的综合分析，有利于从总体上了解企业的财务状况和经营成果。

企业的财务报表以数据浓缩了企业的财务状况与经营成果情况，财务报表是财务分析资料的直接来源，因此，进行财务分析的前提是正确理解财务报表。企业的财务报表用会计特有的语言描述了企业的基本财务状况、经营成果和现金流量情况。通过对资产负债表、利润表以及现金流量表的阅读，能对企业的财务能力作一个大概的判断，从而有利于后续财务分析工作的进行。

二、资产负债表：企业财务结构的“快照”

资产负债表是反映企业某一特定日期财务状况的会计报表，它根据资产、负债和所有者权益（或股东权益）之间的相互关系，按照一定的分类标准和一定的顺序，把企业一定日期的资产、负债和所有者权益各项目予以适当排列，并且是对日常工作中形成的大量数据进行高度浓缩整理后编制而成的。

资产，是指由过去的交易或事项形成的并由企业拥有或者控制的资源，该资源预期会给企业带来经济利益。资产可以按流动性分为流动资产和非流动资产，在资产负债表中资产是按照流动性排列的，流动性越强的项目就排在越前面，流动性越差的项目就排在越后面。负债，是指过去的交易或事项形成的现时义务，履行该义务预期会导致经济利益流出企业，包括流动负债和长期负债等。在资产负债表中，负债是按照偿还期的长短来排列的，偿还期越短的项目排得越前。所有者权益，是指所有者在企业资产中享有的经济利益，其金额为资产减去负债以后的余额。所有者权益一般不用偿还，在资产负债表中，所有者权益的项目排在负债项目的下面，应当按照实收资本（或股本）资本公积、盈余公积、未分配利润等项目排列。具体各项目的排列见表 9－1。

表 9－1　　　　珠江公司资产负债表

编制单位：珠江公司　　　　2005 年 12 月 31 日　　　　单位：万元

资　产	期末数	期初数	负债及所有者权益	期末数	期初数
流动资产：			流动负债：		
货币资金	26 042	21 439	短期借款	31 000	20 000
短期投资	—	—	应付票据	—	—
应收票据	54 578	17 796	应付账款	2 560	1 686
应收账款	16 963	30 412	预收账款	—	2 121
应收利息	—	—	应付工资	—	—
应收股利	8 956	6 195	应付福利费	1	34
其他应收款	13 083	19 409	应付股利	—	—
预付账款	51 989	35 427	应交税金	11 072	6 770
应收补贴款	—	—	其他应交款	172	65
存货	29 846	15 518	其他应付款	12 741	2 447
待摊费用	—	—	预提费用	—	—
一年内到期的长期债权	—	—	预计负债	—	—
其他流动资产	—	—	一年内到期的长期负债	—	—
流动资产合计	201 457	146 196	其他流动负债	—	—
长期投资：			流动负债合计	57 546	33 123

（续上表）

资　产	期末数	期初数	负债及所有者权益	期末数	期初数
长期股权投资	371 059	375 738	长期负债：		
长期债权投资	—	—	长期借款	13 836	—
长期投资合计	371 059	375 738	应付债券	—	—
固定资产：	—	—	长期应付款	—	—
固定资产原价	41 847	54 961	专项应付款	625	—
减：累计折旧	10 696	26 620	其他长期负债	—	—
固定资产净值	31 151	28 341	长期负债合计	14461	—
减：固定资产减值准备	—	—	递延税项：		
固定资产净额	31 151	28 341	递延税款贷项	—	—
工程物资	—	—	负债合计	72 007	33 123
在建工程	19	1045	股东权益：		
固定资产清理	—	—	股本	79 765	79 765
固定资产合计	31 170	29 386	减：已归还投资	—	—
无形资产及其他资产：			股本净额	79 765	79 765
无形资产	7 217	7 733	资本公积	317 301	317 301
长期待摊费用	—	—	盈余公积	67 844	58 620
其他长期资产	—	—	其中：公益金	29 076	25 386
无形资产及其他长期资产合计	7 217	7 733	未分配利润	73 986	70 244
递延税项：			其中：拟分配的现金股利	3 988	23 929
递延税款借项	—	—	股东权益合计	538 896	525 930
资产合计	610 903	559 053	负债及股东权益合计	610 903	559 053

资产负债表反映了企业在某一特定时点的财务状况，企业过去的经营、投资和筹资等活动的结果都会反映在资产负债表上。在经济社会中，企业每一天都在运转，那么可以认为企业每一天的资产负债表都是不同的，因此，资产负

债表是企业在报表编制日财务结构的“快照”，表明企业在资产负债表编制日所拥有或控制的经济资源、所承担的现有义务和所有者对净资产的要求权，体现了基本的会计恒等式：资产 = 负债 + 所有者权益。

三、利润表：企业一定时期财务成果的计量

利润表是反映企业在一定期间生产经营成果的会计报表。利润表把一定期间的营业收入与同一会计期间相关的营业费用进行配比，以算出企业一定时期的净利润（或净亏损）。通过利润表反映的收入、费用等情况，能够反映企业生产经营的收益和成本耗费情况，表明企业在这样一个特定的时期内的生产经营成果，因此，如果说资产负债表是企业财务结构的“快照”，那么企业的利润表就可以比喻成企业的一盘录像带，可以放映出企业在此期间的生产经营成果。

利润表应当按照各项收入、费用以及构成利润的各个项目分类分项目排列。其中，收入、费用和利润的定义以及排列的原则如下：收入，是指企业在销售商品、提供劳务及让渡资产使用权等日常经营活动中所形成的经济利益的总流入，收入不包括为第三方或者客户代收的款项，在利润表上收入应当按照其重要性分项排列；费用，是指企业为销售商品、提供劳务等日常经营活动所产生的经济利益的流出，在利润表上费用应当按照其性质分类排列；利润，是指企业在一定的会计期间的经营成果，在利润表上利润应当按照营业利润、利润总额和净利润等利润的构成分类分项排列。具体的项目排列见表 9 - 2。

表 9 - 2　　珠江公司利润表

编制单位：珠江公司　　2005 年度　　单位：万元

项　目	2005 年度	2004 年度
主营业务收入	253 498	305 764
减：主营业务成本	220 888	272 339
主营业务税金及附加	599	66
主营业务利润	32 011	33 359
加：其他业务利润	1 163	1 361
减：营业费用	12 395	4 740
管理费用	13 585	18 127

（续上表）

项　目	2005 年度	2004 年度
财务费用	13 13	1 022
营业利润	5 881	10 831
加：投资收益	31 678	29 816
补贴收入	—	—
营业外收入	110	818
减：营业外支出	37	46
利润总额	37 632	41 419
减：所得税	737	1 714
净利润	36 895	39 705

必须注意，利润表是以权责发生制为基础编制的，它是以权责发生及其影响的时间来确认经济业务，收入与现金收入，费用与现金支出在数额、时间上并不等同。以折旧为例，折旧在利润表上表现为一种费用，但是并没有引起现金的实际流出。无论是资产负债表还是利润表，都不能反映一个企业真实的现金流动状况，只有现金流量表才能反映企业真实的现金流量状况。

四、现金流量表：企业现金从何处来，往何处去

现金流量表是反映一定会计期间现金收入和支出情况的动态会计报表。它为会计报表的使用者提供企业在一定会计期间内现金和现金等价物流入和流出的信息，以便于会计报表使用者了解和评价企业获取现金和现金等价物的能力，并据以预测企业未来的现金流量。在现金流量表上，现金的收入和支出具体分为经营活动产生的现金、投资活动产生的现金与筹资活动产生的现金三个方面。经营活动是指企业投资活动和筹资活动以外的所有交易和事项，投资活动是指企业长期资产的购建和不包括在现金等价物范围内的投资及处置活动，筹资活动是指导致企业资本及债务规模和构成发生变化的活动。在现金流量表上，各活动的现金流量应该按照现金流入和现金流出的性质分项目排列。具体的现金流量表排列见表 9 –3。

表 9 - 3 珠江公司现金流量表

编制单位：珠江公司 2005 年 1—12 月 单位：万元

项 目	金额
一、经营活动产生的现金流量	
销售商品、提供劳务收到的现金	136 332
收到的税费返还	118
收到的其他与经营活动有关的现金	911
现金流入小计：	137 361
购买商品、接受劳务支付的现金	96 764
支付给职工以及为职工支付的现金	5 803
支付的各项税费	5 934
支付的其他与经营活动有关的现金	27 032
现金流出小计：	135 533
经营活动产生的现金流量净额	1 828
二、投资活动产生的现金流量	
收回投资所收到的现金	—
取得投资收益所收到的现金	16 246
处置固定资产、无形资产和其他长期资产而收回的现金净额	8 692
收到的其他与投资活动有关的现金	—
现金流入小计：	24 938
购建固定资产、无形资产和其他长期资产所支付的现金	31 632
投资所支付的现金	—
支付的其他与投资活动有关的现金	—
现金流出小计：	31 632
投资活动产生的现金流量净额	- 6 694
三、筹资活动产生的现金流量	
吸收投资所收到的现金	—
借款所收到的现金	54 836
收到的其他与筹资活动有关的现金	2 523

（续上表）

项　目	金额
现金流入小计：	57 359
偿还债务所支付的现金	30 000
分配股利、利润或偿付利息所支付的现金	17 890
支付的其他与筹资活动有关的现金	—
现金流出小计：	47 890
筹资活动产生的现金流量净额	9 469
四、汇率变动对现金的影响	—
五、现金及现金等价物净增加额	4 603

如果把企业比喻成一个活生生的人，那么现金流就好比是人体中的血液，企业最终必须依靠持续经营活动产生的现金流量才可以维持下去。在短期内，企业可以通过筹资活动产生的现金流量满足经营活动和投资活动产生的现金流出量要求，但是从长远来看，只有经营活动产生的现金净流量才可以维持企业的可持续发展。

五、财务报表之间的关系

资产负债表、利润表和现金流量表之间存在密切的钩稽关系。如果单从计算结果上看，现金流量表上的“现金与现金等价物净增加额”就等于资产负债表“货币资金”的期末数与年初数的差额；利润表上的“净利润”加上年初未分配利润，再减去提取的盈余公积等项目就等同于资产负债表上的“未分配利润”；利润表上的“净利润”通过加减一系列不影响现金流量的项目也可以得出现金流量表上的“现金与现金等价物净增加额”。图 9－1 简要列示了这三张报表的关系。

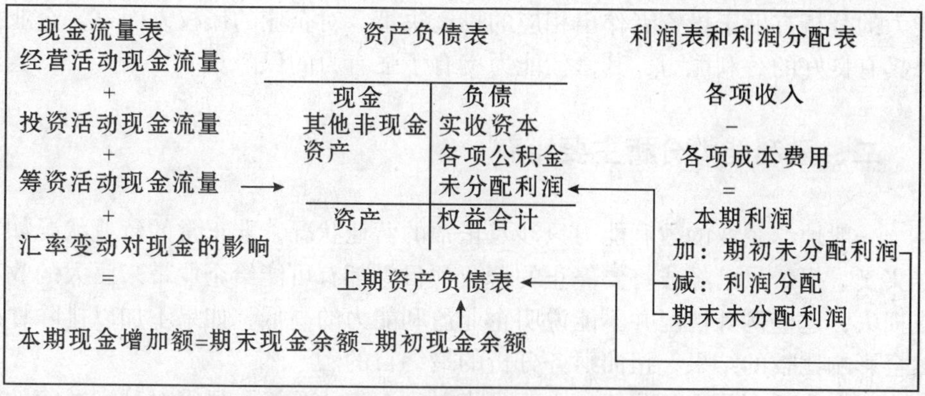

图 9－1　财务报表间的关系

资产负债表、利润表、现金流量表三张报表分别描述了企业的财务状况、经营成果以及现金流量状况，财务分析要达到了解过去、评价现状、预测未来的目的，就不能仅仅局限于对单一报表的理解，必须综合运用三张报表相互核对的财务关系，对企业的总体情况进行综合分析，这样才可以避免陷入“只见树木，不见森林”的困境。

综上所述，财务报表是财务分析资料的主要来源，对三张财务报表以及报表之间内在钩稽关系的解读，有利于理解分析项目及数据的含义及作用。

第三节　企业盈利能力分析

一、企业盈利能力分析的目的

盈利能力通常是指企业在一定时期内赚取利润的能力。盈利能力体现了企业运用其所支配的经济资源，开展某种经营活动，从中赚取利润的能力。企业的经营活动是否具有较强的盈利能力，对企业的生存发展至关重要。

企业的盈利能力对企业的所有利益关系人来说都是非常重要的，但不同使用者对盈利能力的分析有不同的意义。对企业的经理人员而言，进行盈利能力分析可以利用盈利能力相关指标反映和衡量企业的经营业绩，借以评价自身工作的优劣并发现经营管理过程中存在的问题，进而采取相应的改进措施。对企业的投资者而言，良好的盈利能力意味着投资者有相对较高的投资报酬，盈利能力的分析有助于投资者作出相应的投资决策。对企业的债权人而言，企业如果具有良好的盈利能力，其偿债能力就有了强有力的保障。

二、盈利能力分析主要比率

般地，企业的盈利能力只涉及正常的营业状况，非正常的营业状况如证券买卖、捐赠、已经或将要停止的营业项目等都有可能给企业带来巨大的收益或损失，这些例外情况并不能说明企业盈利能力的高低，如果不加以排除，必然会影响比较的结果，扭曲财务分析的最终目的。

对企业盈利能力的分析，主要是指对利润率的分析。尽管对利润总额的分析也可以说明企业财务状况的增减变动状况及其原因，但由于利润总额作为一个绝对指标，受企业规模或投资额的影响较大，不利于不同企业、不同项目之间的对比，因此进行利润率的分析才是盈利能力分析的关键。利润总额的对比分析可以作为盈利能力总体分析与评价的补充。利润率指标可以从不同的角度来分析，主要包括销售净利率、资产净利率、净资产收益率、每股收益以及市盈率几个指标。

1. 销售净利率

销售净利率反映了企业最终的获利能力，表示企业每实现一元的销售收入可以得到多少净利润，表明销售收入的收益水平。其计算公式如下：

$$销售净利率=\frac{净利润}{销售收入}\times 100\%$$

其中，净利润与销售收入的数据都来源于企业的利润表。从指标的相互关系看，销售净利率与企业的净利润成正比关系，与销售收入成反比关系。企业若要保持或提高销售净利率，就必须在增加销售收入的同时减少各项成本费用以提高净利润。因此，企业必须重视在生产经营的每一个环节中开源节流，以达到提高盈利水平的目标。

在运用该指标的时候必须注意，净利润这一数据的得出是企业主营业务利润和一系列的期间费用、其他业务、营业外业务产生的收入、费用相加减的结果，净利润有可能并非是由主营业务创造的，这时候就要分析企业利润的构成。如果在净利润的构成中其他业务利润和投资收益等项目贡献比较大，即使销售净利率很乐观，也不能断定企业的盈利能力就很好，毕竟企业的生存与持续发展要依赖企业的主营业务，偶然的巨额回报并不意味着企业拥有良好的持续的盈利能力。

根据表 9－2 的有关数据，计算珠江公司 2004 和 2005 年度的销售净利率如下：

$$2004\text{ 年度的销售净利率}=\frac{39\ 705}{305\ 764}\times 100\%=12.99\%$$

$$2005\text{ 年度的销售净利率}=\frac{36\ 895}{253\ 498}\times 100\%=14.55\%$$

单单从该结果来看，珠江公司的销售净利率 2005 年比 2004 年有了比较明显的提高，盈利能力增强，但要综合分析就要结合其他相关的指标。

与此相类似，销售毛利率表示每一元销售收入扣除销售成本后有多少钱可以用于各项期间费用和形成盈利，其中毛利为销售收入与销售成本的差额。

其计算公式为：

$$\text{销售毛利率}=\frac{\text{销售收入}-\text{销售成本}}{\text{销售收入}}\times 100\%$$

比率中各指标数据均来源于企业的利润表。销售毛利率是销售净利率的最初基础，没有足够大的毛利率便不能盈利。如果企业的销售毛利率很高，而销售净利率并不理想，有可能反映了企业在期间费用方面还存在很大的改善空间。

根据表 9－2 的有关数据，计算珠江公司 2004 与 2005 年度的销售毛利率如下：

$$2004\text{ 年度的销售毛利率}=\frac{305\ 764-272\ 339}{305\ 764}\times 100\%=10.93\%$$

$$2005\text{ 年度的销售毛利率}=\frac{253\ 498-220\ 888}{253\ 498}\times 100\%=12.86\%$$

从以上结果可以看出，珠江公司 2005 年的销售毛利率比 2004 年有所上升，表明销售收入所创造出来的毛利在弥补期间费用以及形成净利润方面的能力有提高的迹象。这一指标得出的结论与利用销售净利率进行分析得出的结果基本相符。

2. 资产净利率

资产净利率反映企业拥有的全部经济资源的获利能力，表明企业资产的综合运用效果。资产净利率越高，表明企业整体资产的获利能力越好，企业的资产运用效果越好。

其计算公式如下：

$$资产净利率 = \frac{净利润}{平均资产总额} \times 100\%$$

$$平均资产总额 = \frac{期初资产总额 + 期末资产总额}{2}$$

其中，净利润的数据来源于企业的利润表，平均资产总额的数据来源于企业的资产负债表。运用该指标时应该注意，净利润是一个时期指标，而资产总额则是一个时点指标，因此必须将资产总额这一时点指标相应转变为时期指标，也就是以平均资产总额的数据来代替时点的资产总额数据，以保持分子与分母的可比性。在许多比率的运用中都必须注意这种情况。

根据表 9－1 与 9－2 及有关数据，企业 2004 年初资产总额为 571 144 万元，计算珠江公司 2004 和 2005 年度资产净利率如下：

$$2004\text{ 年的资产净利率} = \frac{39\ 705}{(571\ 144 + 559\ 053) \div 2} = 7.03\%$$

$$2005\text{ 年的资产净利率} = \frac{36\ 895}{(559\ 053 + 610\ 903) \div 2} = 6.31\%$$

从这个结果来看，珠江公司的资产净利率 2005 年比 2004 年有所下降，表明其 2005 年的资产应用效果及资产盈利能力略差于 2004 年。

3. 净资产收益率

净资产收益率反映企业所有者投入的资本获取利润的能力，具有较强的综合性（后续章节将对净资产受益率作详细的分析，见杜邦分析体系）。净资产收益率越高，表明企业所有者的投资盈利水平越好，企业的获利能力也相应越强。一般说来，企业的经营者、投资者与债权人都会对该指标给予充分的关注。

其计算公式如下：

$$净资产收益率 = \frac{净利润}{平均净资产} \times 100\%$$

$$平均净资产 = \frac{期初净资产 + 期末净资产}{2}$$

与计算资产净利率指标的数据来源相类似，该指标的分子数据来源于利润表，分母来源于资产负债表。同时，为了保持分子与分母之间的可比性，必须将分母的净资产转变为平均净资产。

根据表 9－1 与 表 9－2 及有关数据，2004 年初净资产为 493 218 万元，那么珠江公司 2004 年与 2005 年的净资产收益率为：

$$2004\text{ 年的净资产收益率} = \frac{39\ 705}{(493\ 218 + 525\ 930) \div 2} = 7.79\%$$

$$2005\text{ 年的净资产收益率} = \frac{36\ 895}{(525\ 930 + 538\ 896) \div 2} = 6.93\%$$

根据以上结果，珠江公司 2005 年度的净资产收益率比 2004 年有轻微的下降，显示了所有者投入资本的盈利水平稍微减弱。如果结合分子与分母的绝对值变动粗略看来，该公司 2005 年的净利润轻微下降，而平均净资产却轻微上升，共同作用使得净资产收益率有了一定程度的下降。

4. 每股收益

每股收益，也被称为每股盈余、每股利润，反映了每股发行在外的普通股所能分摊到的净收益额，并对企业在资本市场上的股价走向产生重要影响，投资者对该指标非常关注。一般来说，每股收益越高，说明企业的盈利能力越强。

其计算公式如下：

$$\text{每股收益} = \frac{\text{净收益} - \text{优先股股利}}{\text{发行在外的普通股加权平均数}}$$

该指标的数据不能从企业的三张会计报表中直接获取，还必须关注企业的报表附注中相关会计项目注释。由于优先股股东对股利分配一般具有优先权，因此在计算普通股每股收益时应当预先扣除优先股股利。如果本期内并没有普通股股数的变动，可以直接采用流通股数作为分母。如果普通股股数发生变动，则公式中分母采用发行在外的普通股加权平均数，这是因为本期内发行在外的普通股股数只能在增加以后这一段时期内产生收益，减少的普通股股数在减少以前的期间内也产生收益，所以必须采用加权平均数来计算以合理反映发行在外的普通股每股享受的盈余。具体计算时可以用月份、季度、天数来做权数。例如，某企业 2000 年初发行在外的普通股份 20 万股，该年 7 月 1 日又增发了 6 万股，并且该年内未发行其他股票，也没有退股的事项，那么该年度普通股流通在外的平均数应为 23 万股（$20 + 6 \times 6/12$）。

根据表 9 - 1 和表 9 - 2 及有关数据，珠江公司共有普通股 79 764.83 万股，期间没有发生普通股增减变动，同时并未发行优先股，则 2004 年度与 2005 年度的每股收益如下：

$$2004\text{ 年度的每股收益} = \frac{39\ 705}{79\ 794.83} = 0.50\text{ 元/股}$$

$$2005\text{ 年度的每股收益} = \frac{36\ 895}{79\ 764.83} = 0.46\text{ 元/股}$$

从以上结果可以看到珠江公司的每股收益也略微下降，显示该公司的盈利水平并没有提高的迹象。目前每股收益已经成为资本市场上非常重要的一项指标，直接反映企业和投资者的获利能力。在其他条件不变的情况下，每股收益越高，企业的获利能力就越强，股价也会相应提高。

5. 市盈率

市盈率，也叫价格与收益比率，反映了普通股的市场价格与当期每股收益之间的关系，可以用来判断企业股票与其他企业股票相比较时潜在的价值。

其计算公式如下：

$$\text{市盈率}=\frac{\text{普通股每股市价}}{\text{每股收益}}$$

该指标的分母每股收益可以利用财务报表中的扣除优先股股利后的净利润与普通股股数计算得到，分子普通股每股市价数据除了可以在财务报表附注中得到以外，还可以在证券市场的公开资料中得到。市盈率表明上市公司普通股一元的收益在股票市场上的价值。通过考察一个企业该指标在几年内的数值，能够分析该企业盈利能力的稳定性，同时也可以在一定程度上分析企业管理部门的经营能力以及企业潜在的成长能力。此外，该指标还反映了目前的股票价格对投资者的吸引力，结合企业所在行业的具体情况比较同一行业内部不同企业的市盈率，对投资者选择投资目标具有一定的帮助。一般说来，市盈率越高，新投资者为谋取既定投资收益所花费的代价越大；市盈率越低，说明企业股票价格的上升空间越大，对投资者的吸引力就越强。

市盈率一直以来都受到资本市场的广泛关注，但是也必须注意其局限性：一是该比率是以某一时点的股票价格与某一时期的每股收益进行比较，两者在时间上的差异给投资分析带来影响；二是该指标不适宜用于不同行业的比较；三是净利润的高低受公司的会计政策的影响继而会影响公司的市盈率，从而使不同公司之间的比较受到限制；四是市盈率的高低受市价变动的影响，因此应当观察该指标的长期趋势。

根据表9－1与表9－2及有关数据，珠江公司在2004年和2005年年末普通股每股价格分别为5.45元和5.28元，则两个年末的市盈率计算如下：

$$\text{2004 年的市盈率}=\frac{5.45}{0.50}=10.9\ (\text{倍})$$

$$\text{2005 年的市盈率}=\frac{5.28}{0.46}=11.48\ (\text{倍})$$

从以上结果来看，珠江公司的市盈率并没有出现明显的变化，投资者必须结合该公司所处行业和其他企业的情况，经综合分析才可以作出有效的决策。

第四节 企业营运能力分析

一、企业营运能力分析的目的

企业的营运能力主要指企业在资产管理方面的能力，以分析企业所拥有资产的周转速度为主。拥有一定经济资源的企业，只有将这些经济资源不断投入到企业的运作当中，使之有效率地周转起来，才可以使这些经济资源最大限度地产生效益。正如人们常说的“货如轮转”，企业的资产在生产经营过程中运转得越快，说明企业利用经济资源的效率越高，企业的营运能力就越好，体现出一个企业整体资产管理的水平。企业的营运能力和企业的盈利能力、偿债能力、现金能力、发展能力都密切相关。

通过对反映企业资产营运效率的财务指标的计算和分析，可以达到以下几个目的：第一，评价企业的资产运营效率；第二，发现企业在资产运营中存在的问题；第三，可以作为企业盈利能力、偿债能力等能力分析的基础和补充；第四，作为对今后工作的一种信息反馈。

二、营运能力分析的主要比率

分析营运能力可以考虑存货周转率、应收账款周转率、营业周期、流动资产周转率和总资产周转率等财务指标。

1. 存货周转率

存货周转率是指企业在一定时期内存货占用资金可周转的次数，或者是存货每周转一次所需要的天数。它是反映存货周转速度的指标，也是衡量企业在采购、生产、销售各环节管理状况的综合性指标。存货周转率快，暗示着企业的销售能力有不错的表现。

其计算公式如下：

$$存货周转率=\frac{销售成本}{存货平均余额}$$

$$存货周转天数=\frac{360}{存货周转率}=\frac{360}{销售成本\div存货平均余额}$$

$$=\frac{存货平均余额\times360}{销售成本}$$

该指标中存货余额数据来源于资产负债表，销售成本来源于利润表。正如前面计算资产净利率时要计算平均资产余额一样，该指标的销售成本也是一个时期指标，计算时要将期末存货余额这一时点指标转化为期初和期末余额的平均数，从而使得分子和分母具有可比性。此外，在一般的财务分析中，为了计算的简便和提高可比性，假定一年的固定天数为 360 天。

一般地，较高的存货周转率表明企业拥有良好的存货管理能力和存货变现能力，追求高的存货周转率必须做好企业内外部存货流程的安排，在购货环节保证有良好的供货源，生产环节畅通，销售环节产品适销对路，供产销环环相扣，才可以提高存货的营运能力。在分析企业的存货周转率时季节性销售的影响较为突出，如工业行业中的空调产业一般会在上半年生产以适应下半年的销售需要，如果产销对路的话就会导致空调生产企业的年初和年末的存货数额比较低，使得企业的年度存货周转率提高，这样的分析对于企业管理存货并不具有太大的意义，必须深入到存货变动迅速的期间内去考虑存货周转率才可以发现问题。此外，还必须结合企业存货的结构分析才能更好地分析企业管理存货的能力，例如，要具体分析存货的保存期限，过期的存货会给企业造成损失，所以要具体分析企业存货中的结构。

根据表 9－1 和表 9－2 及有关数据，2004 年年初的存货余额为 13 683 万元，那么珠江公司 2004 年与 2005 年的存货周转率指标计算如下：

$$2004\text{ 年的存货周转率}=\frac{272\ 339}{(13\ 683+15\ 518)\div 2}=18.65\text{（次）}$$

$$2004\text{ 年的存货周转天数}=\frac{360}{18.65}=19.30\text{（天）}$$

$$2005\text{ 年的存货周转率}=\frac{220\ 888}{(29\ 846+15\ 518)\div 2}=9.74\text{（次）}$$

$$2005\text{ 年的存货周转天数}=\frac{360}{9.74}=36.96\text{（天）}$$

从以上结果看出，珠江公司 2005 年存货周转率明显下降，在存货管理方面出现较大的问题。但是还要结合公司所处行业的大环境来综合分析，如果确实是企业内部存货管理的问题，就要切实加强管理，使存货的流转更为顺畅和快捷。

2. 应收账款周转率

应收账款周转率是反映企业应收账款回收速度和管理效率的指标，表示企业在年度内应收账款转化为现金的平均次数。如同存货周转天数一样，应收账款周转天数也表示企业从产生应收账款到收到现金所需要的平均天数，也叫平均应收账款回收期或平均收现期。

其计算公式如下：

$$应收账款周转率=\frac{销售收入}{应收账款平均余额}=\frac{销售收入}{(期初应收账款余额+期末应收账款余额)\div 2}$$

$$应收账款周转天数=\frac{360}{应收账款周转率}=\frac{应收账款平均余额\times 360}{销售收入}$$

指标中销售收入来源于利润表，应收账款余额来源于资产负债表。从理论上说，为保证分子和分母计算口径的一致性，应收账款周转率公式中的销售收入应该仅指赊销收入净额，但是在市场经济条件下赊销活动属于商业秘密，一般不对外公告，报表的外部使用者很难获取具体数据，即使是企业内部人员也未必很容易就整理出赊销的具体数据，因此，把“现金销售”视为收账时间为零的赊账，也是可以的。只要保持历史的一贯性，使用销售收入净额也不会影响其分析和利用价值。销售收入净额等于销售收入扣除销售退回、折让和折扣之后的余额。

一般地，应收账款周转率越高，平均收账期就越短，说明企业应收账款的回收越快。在当今的企业竞争中，企业的现金就好比企业的生命线，企业对现金的管理十分重要，如果企业的应收账款占用企业过多的时间来转变成现金，会对企业的日常运作产生影响，进而影响企业在竞争中的地位。

使用该指标时应该注意以下两点：一是应收账款的收回与企业的赊销政策、信用政策、付款条件等问题密切相关，如果过分要求顾客付现，很可能会影响产品的销售情况。因此，企业必须根据行业特点以及本企业可以承受的信用政策来对应收账款周转率进行微调，使之达到最佳水平。二是应收账款是企业的顾客群以赊购的方式购买本企业的产品时产生的，在使用该指标时应该密切注意企业产品销售的特点。季节性销售与常年销售、以现金销售为主的销售方式与以赊销为主的销售方式之间的应收账款周转率并不具备可比性。例如，超市企业的应收账款周转率与重工业企业的应收账款周转率之间并不具备可比性，超市企业以现金销售为主，而重工业企业大部分存在赊销或分期付款的情况。因此，在使用该指标时必须切实联系该企业及其所在行业的特点来分析，这样才可以更好地运用该指标。

根据表 9－1 和表 9－2 及有关数据，2004 年年初珠江公司的应收账款余额是 34 759 万元，那么该公司 2004 年与 2005 年度的应收账款周转率指标如下：

$$2004\text{ 年的应收账款周转率}=\frac{305\ 764}{(34\ 759+30\ 412)\div 2}=9.38\text{（次）}$$

$$2004\text{ 年的应收账款周转天数}=\frac{360}{9.38}=38.78\text{（天）}$$

$$2005\text{ 年的应收账款周转率}=\frac{253\ 498}{(30\ 412+16\ 963)\div 2}=10.70\text{（次）}$$

$$2005\text{ 年的应收账款周转天数}=\frac{360}{10.70}=33.64\text{（天）}$$

从以上结果可了解到，由于珠江公司2005年年末的应收账款余额有明显的下降，从而导致珠江公司的应收账款周转率有一定的上升，应收账款周转天数也平均缩短了近五天，表明在2005年度珠江公司提高了收现的能力，但是还必须联系企业的销售收入变动情况进行综合分析，挖掘销售收入变动对应收账款周转率的影响，考虑是否存在企业信用政策变动等原因。

3. 营业周期

营业周期是指从取得存货开始到销售产品并收回现金为止的这段时间。营业周期的长短取决于存货周转天数和应收账款周转天数。一般情况下，营业周期短，说明资金周转速度快；营业周期长，说明资金周转速度慢。

其计算公式如下：

$$\text{营业周期}=\text{存货周转天数}+\text{应收账款周转天数}$$

运用该指标进行不同企业的比较时关键在于考虑行业因素的影响，不同行业的营业周期具有明显的区别，如造船业与食品加工业的营业周期就存在很大差别。即使是食品加工业内部不同类型的食品加工也存在较大的差别，如面点制品企业与酿酒企业的营业周期就存在很大的差别。因此，该指标一般作为分析企业营运能力的笼统指标，从时间上分析企业营业周期的长短，更适合于同一企业不同时期的比较与分析。在分析企业营运能力时，还必须结合其他指标进行综合分析。

根据珠江公司2004年和2005年的存货周转天数和应收账款周转天数，可以得出该公司这两年的营业周期为：

$$2004\text{ 年的营业周期}=19.30+38.78=58.08\text{（天）}$$

$$2005\text{ 年的营业周期}=36.96+33.64=70.6\text{（天）}$$

总体来讲，珠江公司2005年的营业周期比2004年增加了近12天，也就是说，该公司2005年比2004年要多花12天的时间才能将存货变成现金，2005年的资金周转速度减缓。即使该公司2005年的应收账款周转天数有所减少，但是由于其存货周转天数明显增多，也导致整个营业周期增加。因此，该公司只有改善存货的管理水平，才可以提高其资金周转速度。

4. 流动资产周转率

流动资产周转率主要反映企业在管理全部流动资产方面的能力。其计算公式如下：

$$流动资产周转率=\frac{销售收入}{流动资产平均余额}=\frac{销售收入}{（期初流动资产余额+期末流动资产余额）/2}$$

该指标数据可以在企业的资产负债表以及利润表中获得。在一个合理的范围内，企业的流动资产周转率越快，企业的流动资产营运能力就越好，从而企业的流动资产产生的经济效益越多。同时，流动资产周转速度加快，会形成一种相对节约流动资产的结果，等于在某个时段相对扩大了流动资产的投入，增强了企业的营运能力；如延缓周转速度则需要不断补充流动资金，形成资金的浪费，降低资产的使用效果。

流动资产周转率也是受行业因素影响比较大的指标，根据 2002 年按行业划分的人全部国有及规模以上非国有工业企业的主要经济效益指标，流动资产周转率全国总计为 1. 80 次，其中石油加工及炼焦业为 3. 76 次，木材及竹材采运业为 0. 61 次，纺织业为 2. 30 次，普通机械制造业为 1. 32 次，因此行业因素在比率分析中的影响不容忽视。

根据表 9－1 和表 9－2 及有关数据，珠江公司 2004 年年初的流动资产余额是 145 834 万元，那么珠江公司 2004 年同 2005 年的流动资产周转率如下：

$$2004\ 年的流动资产周转率=\frac{305\ 764}{（145\ 834+146\ 196）\div 2}=2.09（次）$$

$$2005\ 年的流动资产周转率=\frac{253\ 498}{（146\ 196+201\ 457）\div 2}=1.46（次）$$

从以上结果看出，珠江公司的流动资产周转率有一定程度的下降，表明该公司管理流动资产的能力也有降低的趋势。结合前面的存货周转率和应收账款周转率分析，存货和应收账款作为流动资产的重要组成部分，正是由于该公司存货管理水平的下降，导致该公司管理流动资产的水平也下降。

5. 总资产周转率

总资产周转率代表了企业整体资产的有效利用程度。其计算公式如下：

$$总资产周转率=\frac{销售收入}{平均资产总额}=\frac{销售收入}{（期初资产余额+期末资产余额）\div 2}$$

总资产周转率反映了企业全部资产在一个会计期间内的周转次数以及企业运转全部资产方面的效率。在应用该指标进行分析时，同样要注意诸如行业因素、季节性销售等影响其他营运能力指标的因素的影响。

此外，可以将总资产周转率的计算公式进行如下分解：

$$\text{总资产周转率}=\frac{\text{销售收入}}{\text{平均资产总额}}$$
$$=\frac{\text{销售收入}}{\text{流动资产平均余额}}\times\frac{\text{流动资产平均余额}}{\text{平均资产总额}}$$
$$=\text{流动资产周转率}\times\text{流动资产占总资产的比重}$$

可见，总资产周转率的变动取决于流动资产周转率和流动资产占总资产的比重两个因素。要提高总资产周转率，一方面可以提高流动资产的周转率，提高销售收入，减少流动资产的平均占用；另一方面可以调整资产内部结构，提高流动资产占总资产的比重，也就是提高资产的总体流动性。

根据表 9－1 和表 9－2 及有关数据，2004 年珠江公司年初资产余额是 571 144万元，那么该公司这两年的总资产周转率计算如下：

$$\text{2004 年珠江公司的总资产周转率}=\frac{305\ 764}{(571\ 144+559\ 053)\div 2}=0.54\text{（次）}$$
$$\text{2005 年珠江公司的总资产周转率}=\frac{253\ 498}{(559\ 053+610\ 903)\div 2}=0.43\text{（次）}$$

从以上结果可看出，珠江公司 2005 年的总资产周转率比 2004 年有一定程度的下降，表明在 2005 年珠江公司的总资产营运能力水平有所下降。结合该公司的流动资产周转率分析，可以发现该公司 2005 年的流动资产周转率比 2004 年有明显的下降（2004 年以及 2005 年的流动资产周转率分别为 2. 09 以及 1. 46），而 2005 年流动资产占总资产比重的轻微上升抵消了流动资产周转率明显下降的部分影响（2004 以及 2005 年的流动资产占总资产比重分别为 0. 26 以及 0. 30），但是在总体上 2005 年的总资产周转率比 2004 年的要差。

第五节　企业偿债能力分析

一、企业偿债能力分析的目的

企业的偿债能力是指企业偿还到期债务的能力，维持适当的偿债能力是企业生存和发展的需要。企业的负债是企业所承担的能以货币计量、需以资产或劳务偿付的债务，分为流动负债和长期负债两种。流动负债是将在一年或者超过一年的一个营业周期内偿还的债务，包括短期借款、应收账款、预收账款、应付工资、预提费用等几个主要项目。一般来说，流动负债应该由企业流动性较强的资产来偿还和保障。长期负债是偿还期在一年或超过一年的一个营业周期以上的债务，包括长期借款、应付债务、长期应付款等项目，具有金额大、偿还期长的特点，一般需要长期资产作为保障。因此，企业的偿债能力分析通常可以分为短期偿债能力分析和长期偿债能力分析两种。

对企业的偿债能力进行分析，对企业的投资者、经营者和债权人都有着十分重要的意义与作用。对于投资者来说，分析企业的偿债能力可以帮助投资者了解企业的资本结构、支付能力以及财务风险，以便作出正确的投资决策。对于经营者来说，企业偿债能力的强弱直接影响企业筹集资金的能力，良好的偿债能力预示着企业经营各环节资金流通的顺畅，在一般情况下，当需要筹集资金来发展一个重要项目时，通过债务筹集资金会比通过股权筹集资金的成本更低。对于债权人来说，分析企业的偿债能力更为重要，能够在限期内收回本金并获取利息是债权人发放贷款的目的，债权人会根据企业的偿债能力结合其他各方面的盈利能力等来作出正确的借贷决策。良好的偿债能力预示着债权人收回本金和利息的风险很低，企业的财务状况良好。

二、偿债能力分析的主要比率

分析企业短期偿债能力的比率主要有营运资金、流动比率、速动比率和现金比率。分析企业长期偿债能力的比率主要有资产负债率、产权比率、所有者权益比率、已获利息倍数等几种。总的来说，分析企业偿债能力指标的数据来源通常都是企业的资产负债表，而已获利息倍数指标则要在企业的利润表中获取数据。

1. 营运资金

营运资金主要反映企业的流动资产在抵补流动负债后的余额。

其计算公式如下：

$$营运资金 = 流动资产 - 流动负债$$

一般说来，企业流动负债的偿还通常由流动资产来保障，营运资金越多，表明企业在偿还流动负债后可控制的资金就越多，企业的短期偿债能力就越强。如果营运资金为负数，则表明企业在偿付短期内到期的债务本金和利息方面存在很大的困难。营运资金作为一个绝对数指标，由于不同企业间规模的巨大差异，难以在不同企业间进行恰当比较，因此必须运用其他相对数指标来进行具体分析，在分析企业偿债能力时该指标一般起到辅助性的作用。

根据表9－1和表9－2的有关数据，2004年年末和2005年年末珠江公司营运资金的情况如下：

2004 年年末营运资金 = 146 196 − 33 123 = 113 073（万元）

2005 年年末营运资金 = 201 457 − 57 546 = 143 911（万元）

从以上结果来看，珠江公司 2004 年年末和 2005 年年末的营运资金状况良好，企业在 2005 年年末可以控制更多的营运资金。

2. 流动比率

流动比率表明企业每一元的流动负债有多少流动资产作为偿付担保，反映企业流动资产在短期负债到期以前可变现并用于偿还流动负债的能力。

其计算公式如下：

$$流动比率 = \frac{流动资产}{流动负债}$$

站在债权人的角度，企业的流动比率越高越好，比率越高表明债权人借出的资金越有保障。站在企业经营管理的角度，流动比率并非越高越好，流动比率应该保持在一个适合本企业发展的水平。过高的流动比率预示着流动资产占用资金过多，会影响企业资金的使用效率和获利能力。同时，过高的比率也可能是因为应收账款和存货数额过大的结果，相对来说这两项流动资产的变现能力较弱，对流动负债的保障也受到影响。但是，过低的流动比率就表明企业将难以偿还到期的债务，不利于企业的生存和发展。

在实际中一般认为流动比率维持在 2 的水平比较合理，因为在流动资产中变现能力最差的存货等金额约占流动资产总额的一半，剩下的流动性较强的流动资产至少要等于流动负债，企业的偿债能力才有保障。但是在实际比较不同企业的情况时，具体运作要根据企业的经营性质、经营周期、行业特点和企业本身信用评估等级而进行。根据有关财经统计资料显示，我国国有企业 2000 年到 2002 年的流动比率分别是 1.052 倍、1.044 倍、1.047 倍，这表明我国国有企业的财务状况当中流动资产对流动负债的保障程度并不理想，企业的债权人面临的风险较大。

根据表 9－1 和表 9－2 的有关数据，珠江公司 2004 年年末和 2005 年年末的流动比率计算如下：

$$2004\ 年年末的流动比率 = \frac{146\ 196}{33\ 123} = 4.41\ （倍）$$

$$2005\ 年年末的流动比率 = \frac{201\ 457}{57\ 546} = 3.50\ （倍）$$

从以上结果看出，珠江公司2004和2005年两个年度年末的流动比率都超过标准数值2，企业的短期流动偿债能力良好，但是2005年年末的流动比率有所下降，短期偿债能力有所降低。结合营运资金这一指标具体分析，可看出两个指标的分析结果是不同的，如果采用营运资金这一指标进行比较，则会得到珠江公司2005年年末偿债能力更好的结果；如果采用流动比率分析，得到的结果就相反。事实上，采用流动比率分析的结果更为合理，原因如下：营运资金是绝对数的指标，不适用于不同规模的企业或本企业不同时期的比较，当流动资产和流动负债等额增加时营运资金不变，而当流动资产的增加数大于流动负债的增加数时营运资金增加，但这并不意味着企业偿债能力的改善，存在企业营运资金的增加而流动比率反而下降的情况，这是绝对数指标和相对数指标的最主要差别所造成的。营运资金仅表示企业的流动资产在偿付完所有流动负债后企业所拥有的数额，采用流动比率反映企业的偿债能力比营运资金更合理。

3. 速动比率

速动比率，也叫酸性测试比率，反映企业在扣除变现能力较差的流动资产项目后余下的流动资产数额对企业流动负债的保障能力。

速动资产是指能够迅速变现的流动资产。对于速动资产的具体内容，目前主要有以下几种看法：一是速动资产等于流动资产减去存货，因为存货的变现速度相对缓慢，其中可能含有不适销或已损失报废而尚未处理的部分，有一部分存货可能已经用作抵押品，也有可能存在成本与市价差异悬殊的现象，因此速动资产一般不包括存货。二是除了扣除存货外，速动资产还不包括待摊费用和预付账款，因为这两个项目并不增加企业未来的现金流入，故不应该计入速动资产。三是速动资产等于货币资金、短期投资、应收票据和应收账款之和，因为这几项是企业主要的、重要的、流动性比较强的项目。在这三种计算方法中，最后一种方法在理论上应该是最合理的，而第一种则计算最为简便，在实际中也得到广泛使用。

由于扣除了部分变现能力较弱的资产项目，速动比率指标比流动比率指标能更加准确、可靠地评价公司资产的流动性及其偿还短期债务的能力。根据传统经验，类似于流动比率的最佳标准是2，速动比率以1为最佳标准。但是还必须结合企业及其所在行业的特点，对具体问题作具体分析。

根据表9-1和表9-2的有关数据，珠江公司2004年年末和2005年年末的速动比率计算如下（采用速动资产等于流动资产减去存货的方法）：

$$2004\text{年年末的速动比率}=\frac{146\ 196-5\ 518}{33\ 123}=3.95\text{（倍）}$$

$$2005\text{ 年年末的速动比率}=\frac{201\ 457-29\ 846}{57\ 546}=2.98\text{（倍）}$$

从该结果看出，珠江公司这两年的速动比率都高于 1 的理论标准，同时 2005 年年末的短期偿债能力弱于 2004 年年末，这与通过流动比率分析得到的结果是相吻合的。

4. 现金比率

现金是企业用来偿付债务的直接来源，也是企业债务尤其是短期负债最强的保障。现金比率是企业现金类资产与流动负债之间的比率，通常有两种计算方法：一是利用货币资金与流动负债之比计算的现金比率，也叫货币资金率。其计算公式是：

$$\text{货币资金率}=\frac{\text{货币资金}}{\text{流动负债}}$$

二是按现金及等价物与流动负债之比计算的现金比率，现金和现金等价物具体包括货币资金和短期有价证券。

其计算公式是：

$$\text{现金比率}=\frac{\text{现金}+\text{短期有价证券}}{\text{流动负债}}$$

由于现金的直接偿付性，现金比率是评价公司短期偿债能力最可信的指标，对于企业的债权人来说，现金比率越高，公司的短期偿债能力就越强，反之则越低。一般来说，现金比率在 0.20 以上为好。站在企业的角度，现金比率并不是越高越好，因为过多的现金闲置意味着企业并没有很好的运营资本能力，导致资本成本和机会成本的增加，这不利于企业未来的发展。因此，企业必须制定适应企业目前和未来发展的现金持有政策，在保证现金最低持有量的情况下最大限度地提高现金类资产的使用效率。

根据表 9－1 和表 9－2 的有关数据计算珠江公司 2004 年年末和 2005 年年末的现金比率如下（采用第一种计算方法）：

$$2004\text{ 年年末的现金比率}=\frac{21\ 439}{33\ 123}=0.65\text{（倍）}$$

$$2005\text{ 年年末的现金比率}=\frac{36\ 042}{57\ 546}=0.45\text{（倍）}$$

从以上结果可看出，珠江公司两年的现金比率都有良好的表现，表明该公司在这两个年度年末所拥有的现金额对公司的流动负债偿付有较好的保障，公司的短期偿债能力不错。

5. 资产负债率

资产负债率主要反映在企业的总资产当中有多少比例的资产是通过负债提供的，以及企业资产对债权人收回本金和利息的保障程度，是衡量企业长期偿债能力的重要指标。

其计算公式如下：

$$资产负债率 = \frac{负债总额}{资产总额} \times 100\%$$

对于债权人来说，资产负债率越低，表明企业债务偿还的稳定性、安全性越大，收回本金和利息的风险就越低，企业的长期偿债能力越强。对于投资者来说，资产负债率并不是越低越好，投资者最关心的是投资收益率，在全部资产的投资收益率高于借款的资金成本时，企业适当的债务经营将会产生财务上的杠杆作用，使企业创造更大的财富。当投资收益率低于借款的资金成本时企业的经营风险就会增大，这同时会影响投资者的投资收益。对于经营者来说，借款一方面可以筹集资金进行投资以扩大企业的规模，也可以利用财务杠杆作用增强投资的获利能力；另一方面也要注意到在增加借款的同时会增加企业偿还到期债务本息的压力，增大企业的财务风险。在公司提高盈利能力的前提下，搞好负债经营对于企业来说是很有利的。因此，资本负债率的控制必须根据本企业的特点确定在一个企业可以接受的水平之内，以求得风险和收益的最佳组合。按照一般经验，如果资产负债率不高于50%，就会有利于风险和收益的平衡；如果该指标大于100%，则说明企业已经资不抵债，面临破产。根据2002年我国按行业分国有及规模以上非国有工业企业的主要经济效益指标统计显示，资产负债率平均为58.72%，表明我国国有企业与规模以上的非国有工业企业的负债水平也处于一个略高的水平。在国际化水平进一步加快的情况下，欠佳的偿债能力状况会影响企业整体的竞争力，从而不利于我国经济的发展，因此，必须理顺各种关系来增强我国企业的整体偿债能力。

根据表9-1和表9-2的有关数据，珠江公司2004年年末和2005年年末的资产负债率计算如下：

$$2004年年末的资产负债率 = \frac{33\ 123}{559\ 053} \times 100\% = 5.92\%$$

$$2005年年末的资产负债率 = \frac{72\ 007}{610\ 903} \times 100\% = 11.79\%$$

从以上结果可看出，珠江公司的资产负债率指标远低于50%，在这两年内公司拥有资产对于企业的负债有很强的保障能力。在2004年年末，公司没有长期债务，仅担负33 123万元的流动负债；在2005年增加了14 461万元的长期债务。从另一个侧面看，珠江公司可能没有最大限度地利用负债经营的好处，相对于股权筹资而言，债务筹集资金的成本相对较低。如果拥有具有投资潜力的项目并希望筹集资金时，珠江公司则应适当根据自身经营特点增加债务筹资的份额，以充分发挥负债的财务杠杆作用。

6. 产权比率

产权比率也叫做净资产负债率，在企业资本总额当中，反映由债权人提供的资本与股东提供的资本之间的相对关系，也就是企业在清算时对债权人权益的保障程度，同时也反映企业的基本财务结构是否处于稳定的状况。

其计算公式如下：

$$产权比率 = \frac{负债总额}{所有者权益总额} \times 100\%$$

从债权人的角度来看，产权比率越低越好，因为比率越低就表示所有者权益对企业偿还债务的保障越高，债权人收回本息的风险就越低。从企业投资者和经营者的角度来看，过低的产权比率预示着企业并没有很好地运用负债经营的好处，适当的负债经营有利于企业扩大规模和取得财务杠杆利益。从理论上讲，如果资产负债率的最佳标准是50%，那么产权比率被认为是100%最适宜。

根据表9－1和表9－2的有关数据，计算珠江公司2004年年末和2005年年末的产权比率如下：

$$2004年年末的产权比率 = \frac{33\ 123}{525\ 930} \times 100\% = 6.30\%$$

$$2005年年末的产权比率 = \frac{72\ 007}{538\ 896} \times 100\% = 13.36\%$$

从以上结果可看出，珠江公司的产权比率处于较低的水平，公司的长期偿债能力很强。这与资产负债率比率分析的结果是一致的，该公司的负债经营还有潜力可挖。

7. 所有者权益比率

所有者权益比率主要反映在企业的总资产中有多大的比例是由所有者的投入资本提供的，它从一个侧面反映了企业资产对债权人的保障程度。所有者权益比率越高，对企业债权人的保障程度就越高。

其计算公式如下：

$$所有者权益比率 = \frac{所有者权益总额}{资产总额} \times 100\%$$

从以上的计算公式可看出，因为“资产 = 负债 + 所有者权益”，所以资产负债率和所有者权益比率之和为 1。所有者权益比率提高，资产负债率降低，就意味着企业的财务风险降低，长期偿债能力增强。

所有者权益比率的倒数叫做权益乘数。权益乘数表示企业的资产总额相当于所有者权益的倍数，乘数越大，表明投资人投入资本在资产总额中所占比例越小，企业的负债经营程度越高，企业的财务风险越大。

其计算公式是：

$$权益乘数 = \frac{1}{所有者权益比率} = \frac{资产总额}{所有者权益总额}$$

权益乘数在财务分析中是一个重要的指标，是杜邦分析体系中的重要组成部分，在后续的章节中会作详细的介绍。

根据表 9－1 的有关数据，计算珠江公司 2004 年年末和 2005 年年末的所有者权益比率和权益乘数如下：

$$2004\ 年年末的所有者权益比率 = \frac{525\ 930}{559\ 053} \times 100\% = 94.08\%$$

$$2005\ 年年末的所有者权益比率 = \frac{538\ 896}{610\ 903} \times 100\% = 88.21\%$$

$$2004\ 年年末的权益乘数 = \frac{559\ 053}{525\ 930} = 1.06$$

$$2005\ 年年末的权益乘数 = \frac{610\ 903}{538\ 896} = 1.13$$

从以上结果可看出，珠江公司的资产总额主要由所有者投入的资本形成，公司的负债经营程度较低，财务风险比较小，具有比较好的长期偿债能力。

8. 利息保障倍数

利息保障倍数，也叫已获利息倍数、利息赚取倍数，用来衡量企业支付借款利息的能力。

其计算公式如下：

$$利息保障倍数 = \frac{息税前利润}{利息费用}$$

公式中的“息税前利润”等于交纳所得税之前的利润总额与企业利息费用之和，利息费用包括企业本期发生的所有应付利息，即应计入财务费用的利息和已经资本化的利息。除了反映企业的长期偿债能力以外，利息保障倍数还反映出企业盈利能力对偿债能力的影响。企业的盈利能力越强，在利息税前利润增加幅度大于利息费用的增长幅度时，利息保障倍数就会增大，体现了企业偿债能力的增强。利息保障倍数越大，说明企业支付利息的能力越强，反之则说明企业支付利息的能力较弱。一般认为利息保障倍数至少要大于1，在3到4倍时较为安全。

根据表9－2及有关数据，珠江公司2004年同2005年的利息费用分别是1 022万元和1 313万元。如果没有资本化的利息，那么计算这两年珠江公司的利息保障倍数如下：

$$2004\text{年的利息保障倍数}=\frac{41\ 419+1\ 022}{1\ 022}=41.53\ \text{（倍）}$$

$$2005\text{年的利息保障倍数}=\frac{37\ 632+1\ 313}{1\ 313}=29.66\ \text{（倍）}$$

从以上结果可看出，尽管珠江公司2005年的利息保障倍数比2004年有明显的下降，但是总体上讲，这两年的利息保障倍数相当乐观，公司有充足的利润来弥补应付的利息，公司的长期偿债能力很好。但是结合到企业相对低的资产负债率来分析，企业的负债规模本身就不大，也就是说企业的利息支出在企业的费用中所占比重不大，相对企业增长的盈利能力来说，企业并不存在偿付利息的压力。

第六节 企业现金能力分析

一、企业现金能力分析的目的

现金能力是指企业经营活动产生现金的能力。在当今社会激烈的市场竞争中，“现金为王”的观念已被企业所接受，在企业的日常运营当中，每一个环节都需要现金的支持。企业从购买原材料投入生产直到最后产品销售收回现金，才可以说是真正实现盈利。在会计的权责发生制原则下，收入的确认基于以下四个条件：一是企业已将商品所有权上的主要风险和报酬转移给买方；二是企业既没有保留通常与所有权相联系的继续管理权，也没有对已售出的商品实施控制；三是与交易相关的经济利益能够流入企业；四是相关的收入和成本能够可靠地计量。只要符合这四个条件，企业就可以确认为收入，成为企业盈利能力的反映。但是在现实的企业中，在账面上有巨额利润的企业都会存在破产的危机，难道单单是因为其在会计上做假吗？其实这可能是企业管理者没有重视现金理念所造成的。企业只有收到现金才可以说是真正实现盈利，如果没有收到现金，利润表中即使有巨额的净利润，也只能是“纸上利润”，对企业的可持续发展没有一点好处。因此，现金能力是企业经营活动产生的现金流对整个企业运营的保障能力。

如前所述，企业的现金流就好比一个人身体中的血液，只有循环周转顺畅，能够自我造血和修复，才可以提高人体的免疫力，维持生命的延续。同样，一个企业只有通过自身的生产经营活动产生出正的现金净流量，才可以提高抗御风险的能力，实现真正的盈利，从而发展壮大并为股东创造财富。对于投资者来说，企业具有良好的现金能力，才能开展系列的生产经营投资活动，才有现金来支付股利给投资者。对于债权人来说，企业的现金流顺畅，才可以保证企业最后的还本付息，因为债务的偿付是通过现金而非账面上的利润来完成的。对于经营者来说，企业顺畅的现金流动意味着产供销环节的协调，大额的经营现金净流入可以提高企业抵御风险的能力。

二、现金能力分析的主要比率

在介绍主要的现金能力比率以前，需要注意以下两个方面：一方面，分析企业的现金能力主要采用企业经营活动现金流量净额，而该指标在企业不同的生命周期有明显的区别，如果企业正处于转型时期，该指标的数据可能会有很大差别，这就要注意企业发展阶段对可比性的影响；另一方面，现金流量净额有可能出现负数，比如在企业的初创期与成长期，在这种情况下不适宜采用比率分析法来分析企业的现金能力，可以采用其他财务分析方法对企业的现金能力进行总体的分析。现金能力的分析主要包括现金到期债务比、现金债务总额比、销售现金比、每股营业现金净流量、全部资产现金回收率、现金满足投资比率、现金股利保障倍数、净利润现金含量等几个比率。

1. 现金到期债务比

现金到期债务比反映企业的经营活动现金流量净额对本期到期债务偿还的保障程度，是从现金的角度来衡量企业资产流动性的指标。真正能用于偿债的是企业的现金流量，企业只能通过自身的经营活动产生足够的现金净流入，才可以真正地满足企业偿还债务的需要并为企业的债权人提供保障。

其计算公式为：

$$现金到期债务比=\frac{经营活动现金流量净额}{本期到期债务}$$

指标中分子经营活动现金流量净额来源于企业的现金流量表，而分母本期到期债务数据来源于企业的资产负债表，是指本期到期的长期债务和本期的应付票据，通常这两种债务是不能展期的，必须如数偿还。具体数值可以根据资产负债表中的一年内到期的长期负债和本期应付票据之和来计算。其实，在企业偿债能力的描述与分析中应用到的现金比率也可以用来衡量企业现金能力的流动性，实质上也反映了企业经营活动产生的现金流量净额对企业债务的保障能力。

珠江公司 2004 年与 2005 年的资产负债表中本期到期债务均为 0，计算该比率是没有意义的。

2. 现金债务总额比

现金债务总额比反映企业经营活动现金流量净额对企业债务总额的保障程度，这个比率越高，企业承担债务的能力就越强。

其计算公式是：

$$\text{现金债务总额比}=\frac{\text{经营活动现金流量净额}}{\text{债务总额}}$$

在计算该比率时债务总额应该取平均值，使得债务总额数据变成时期指标，保持比率的合理性。但是应该看出，该指标中分子经营活动现金流量净额是在一个会计期间内产生的数据，而分母债务总额则有可能包括在未来几个会计期间内负担的债务。从这个角度考虑，只有经营活动现金流量净额在未来持续增长，才可以真正地对债务总额起到保障作用。可以考虑对该比率作趋势分析，以分析在一个较长时期内企业现金能力对债务偿付的保障程度。

根据表 9－1 与 表 9－3 及有关数据，珠江公司 2004 年年初债务总额为 77 926万元，计算珠江公司 2004 年与 2005 年的现金债务总额比如下：

$$\text{2004 年珠江公司的现金债务总额比}=\frac{15\ 468}{(77\ 926+33\ 123)\div 2}=0.28$$

$$\text{2005 年珠江公司的现金债务总额比}=\frac{1\ 828}{(33\ 123+72\ 007)\div 2}=0.03$$

从以上结果可以看出，珠江公司 2005 年的现金债务总额比有明显的下降，每 1 元的债务只有 0.03 元的经营活动现金流量净额作保障，企业依靠自身产生现金流入来偿还债务的压力比较大。但是，如果对两个年度比率的分子与分母数额进行比较，可以发现主要原因是 2005 年的经营活动现金流量净额比 2004 年明显减少，这就要找出深层次的原因。根据珠江公司 2005 年与 2004 年的现金流量表整理出以下数据（表 9－4）：

表 9-4　　珠江公司经营活动现金流量净额变动分析表

项　目	2005 年（万元）	2004 年（万元）	变动额（万元）
销售商品、提供劳务收到的现金	136 332	131 283	5 049
收到的税费返还	118	—	118
收到的其他与经营活动有关的现金	911	1 026	-115
现金流入小计：	137 361	132 309	5 052
购买商品、接受劳务支付的现金	96 764	106 391	-9 627
支付给职工以及为职工支付的现金	5 803	4 758	1 045
支付的各项税费	5 934	2 564	3 370
支付的其他与经营活动有关的现金	27 032	3 128	23 904
现金流出小计：	135 533	116 841	18 692
经营活动产生的现金流量净额	1 828	15 468	-13 640

经营活动产生的现金流量净额等于现金流入小计减去现金流出小计，从上表可以看出，由于2005年的现金流入小计比2004年增加了5 052万元，而现金流出小计却比2004年同样增加了18 692万元，两者共同使得现金流量净额减少了13 640万元。详细分析每个项目，还可以发现其中具体的原因，最明显的变动就是支付的其他与经营活动有关的现金数据的变动，企业要着重找出变动的主要原因，以解决这个问题，提高企业经营活动产生的现金流量净额。

3. 销售现金比率

销售现金比率衡量企业每实现1元的销售收入实际上可以收到多少元的经营活动现金净额。

其计算公式为：

$$\text{销售现金比率}=\frac{\text{经营活动现金流量净额}}{\text{销售收入}}$$

该指标中销售收入数据来源于利润表中主营业务收入项目的数据。该指标越大，表明企业经营活动产生的现金净流入能力越强。

根据表9-2与表9-3的有关数据，珠江公司2004年与2005年的销售现金比率计算如下：

$$2004\text{ 年珠江公司的销售现金比率}=\frac{15\ 468}{305\ 764}=0.051$$

$$2005\text{ 年珠江公司的销售现金比率}=\frac{1\ 828}{253\ 498}=0.007$$

从以上结果可以看出，由于珠江公司 2005 年经营活动现金流量净额变动的重大影响，导致了销售现金比率即使在分母销售额下降的情况下也明显下降，表明企业每实现 1 元的销售收入能实现的经营活动现金净流入减少。

4. 每股营业现金净流量

每股营业现金净流量主要反映企业每一股的普通股享有的经营活动现金净额数值。

其计算公式为：

$$\text{每股营业现金净流量}=\frac{\text{经营活动现金流量净额}}{\text{普通股股数}}$$

该指标反映了企业最大的分派股利的能力，超过这一限度，企业就必须通过借款等其他途径筹集资金来分红。如果公司分析期内普通股股数存在变动的情况，公式的分母就必须采用加权平均的数据。

珠江公司 2004 年与 2005 年的普通股为 79 764.83 万股，如果这期间没有发生普通股增减变动，那么该公司这两年的每股营业现金净流量计算如下：

$$2004\text{ 年珠江公司的每股营业现金净流量}=\frac{15\ 468}{79\ 764.83}=0.194\text{（元/股）}$$

$$2005\text{ 年珠江公司的每股营业现金净流量}=\frac{1\ 828}{79\ 764.83}=0.023\text{（元/股）}$$

从以上结果可以看出，由于珠江公司 2005 年的经营活动的现金流量净额有明显的下降，导致 2005 年的每股营业现金净流量也有明显的下降情况。

5. 全部资产现金回收率

全部资产现金回收率反映了企业全部资产产生的经营活动现金净流入的能力，该比率越大，说明企业资产运营的情况越好，资产经营的效率与效益让人满意。

其计算公式如下：

$$\text{全部资产现金回收率}=\frac{\text{经营活动现金流量净额}}{\text{企业资产总额}}$$

同样，该公式中的企业资产总额在计算时也要取平均值。根据表 9－1 与表 9－3 及有关数据，该公司 2004 年年初的资产总额为 571 144 万元，计算珠江公司2004年与2005年的全部资产现金回收率如下：

$$2004\text{年珠江公司的全部资产现金回收率}=\frac{15\ 468}{(571\ 144+559\ 053)\div 2}=0.027$$

$$2005\text{年珠江公司的全部资产现金回收率}=\frac{1\ 828}{(559\ 053+610\ 903)\div 2}=0.003$$

单就这两个结果相比，珠江公司2005年资产产生现金的能力已明显减弱。

6. 现金满足投资比率

现金满足投资比率是衡量企业财务弹性的指标。财务弹性是指企业适应经济环境变化和利用投资机会的能力，这种能力来源于现金流量与支付现金需要之间的比较，如果现金流入超过支付的需要，有剩余的现金，适应能力就强，就能够适时地利用一切机会来扩大企业的生产经营规模，抑或是利用适当的投资机会来获取投资收益。

现金满足投资比率通常用近五年的经营活动现金流量净额与近五年资本支出、存货增加和现金股利之和的对比来表示。通常这些数据并不能直接从企业的三张主要报表中取得，应该在企业内部整理的明细表中取得。

现金满足投资比率越大，说明资金的自给率就越高，如果该指标值达到1，说明企业可以用经营活动获取的现金满足企业扩充所需资金，如果该指标值小于1，则说明企业必须靠外部融资来补充企业扩充所需要的资金。

假设珠江公司近五年的经营活动现金流量净额为8 000万元，平均资本支出为7 000万元，存货平均增加1 000万元，现金股利平均每年是200万元，那么，

$$\text{该公司的现金满足投资比率}=\frac{8\ 000}{7\ 000+1\ 000+200}=0.976$$

这表明该公司近年来创造的经营活动现金流量净额基本上可以满足企业投资的需要，企业的自我成长性比较好。

7. 现金股利保障倍数

现金股利保障倍数反映企业每股经营活动现金流量净额对企业支付的每股现金股利的保障程度。

其计算公式为：

$$\text{现金股利保障倍数}=\frac{\text{每股经营活动现金流量净额}}{\text{每股现金股利}}$$

该比率越大，说明企业支付现金股利的能力越强。

珠江公司2004年与2005年的现金股利分别为0.01元/股和0.005元/股，

那么珠江公司的现金股利保障倍数计算如下：

$$珠江公司2004年的现金股利保障倍数=\frac{0.194}{0.01}=19.4\ (倍)$$

$$珠江公司2005年的现金股利保障倍数=\frac{0.023}{0.005}=4.6\ (倍)$$

由于珠江公司2004年减少了现金股利的发放，从而导致其现金股利保障没有降到小于1的水平。公司在2005年的经营现金流量净额大量减少，应该谨慎地制定股利支付政策，避免靠借款来发放股利的危机。

8. 净利润现金含量

净利润现金含量是衡量企业经营活动产生的现金流量净额与企业净利润之间相互关系的指标。由于企业的利润表上体现的是权责发生制，而现金流量表上体现的是收付实现制，两者的最大区别在于收入与费用的确认时点上的差异，由此造成了净利润与经营活动现金流量净额之间的不相等。但是只有实际收到现金才可以说是实现真正的盈利，该指标反映了企业的净利润当中实际收现的能力。

其计算公式如下：

$$净利润现金含量=\frac{经营活动现金流量净额}{净利润}$$

一般说来，该指标越大，表明企业的净利润质量越高，企业的经营活动产生现金净流入的能力越强，企业发展的前景越好。

根据表9-2与表9-3的有关数据，计算珠江公司2004年与2005年的净利润现金含量比率如下：

$$2004年净利润现金含量=\frac{15\ 468}{39\ 705}=0.39\ (倍)$$

$$2005年净利润现金含量=\frac{1\ 828}{36\ 895}=0.05\ (倍)$$

从以上结果可以看出，由于珠江公司2005年度的经营现金流量净额明显减少，导致2005年该公司的比率表现明显差于2004年。

第七节 企业发展能力分析

一、企业发展能力分析的目的

发展能力是企业未来生产经营的发展趋势、发展水平以及企业在持续发展中的整体协调能力。发展能力分析的目的主要体现在两个层面：

一是传统领域的资产、销售额与利润等的增长，体现在企业规模的扩大以及企业整体的发展趋势与发展水平。对于这方面的分析着重从动态角度预测企业未来各方面的变化，力图通过比率分析揭示出企业的资产、销售收入、利润等的发展趋势以及发展水平。

二是企业与各利益相关者的协调发展，反映企业在一个协调的环境中如何实现发展目标，如何构架这种协调平衡的发展环境。一般意义的利益相关者主要包括投资者、债权人、管理者、员工、顾客、供应商、政府以及社区，企业的经营离不开投资人、债权人以及管理者，企业在社会大环境中开展生产经营活动，其产供销环节就与员工、顾客以及供应商产生密切的联系，企业要塑造社会公民的良好形象就必须依法纳税以及积极参与公益活动，这必然又与政府与社区产生联系。可见，与利益相关者协调关系从而营造一个和谐的发展环境是企业发展能力的一个重要体现。该部分发展能力的分析主要集中在企业协调各利益相关者关系过程中的各种投入。

值得注意的是，企业的发展能力是盈利能力、偿债能力、营运能力和现金能力的综合体现，企业的发展不单体现了资产、销售、收益的发展，还体现一种协调发展能力。这种协调不仅体现在企业与各利益相关者之间的协调，更体现在企业各个财务能力的综合协调。企业只有在全局上得到发展，才能避免陷入顾此失彼的困境。因此，企业必须从战略角度对整个发展方向进行总体部署，做到运筹帷幄，才可以实现真正意义上的可持续发展。

二、发展能力分析的主要比率

既然发展能力体现在两个层面上，对应的财务比率也应该分为两类：一是涉及企业资产、销售和利润的增长的比率，主要包括资产增长率、销售增长率、收益增长率和可持续增长率；二是企业与各利益相关者协调能力的分析方面，主要包括资本保值增值率、社会贡献率等比率。

发展能力分析的数据资料来源不同于其他几项能力，分析资产、销售和利润的增长所采用的数据可以直接从企业的财务报表上得到，但是分析企业与利益相关者的协调发展问题必须采用很多定性的和企业内部的材料，单单依赖一份财务报告并不能很好地实现分析目的。因此，本章只针对能在财务报告中获取相关数据的比率进行介绍，对于某些需要内部数据的比率只作简要的阐述，不再举例说明。

1. 资产增长率

在经营效益和资产周转次数不变的情况下，企业的新增利润主要来源于新增的资产，因此企业的发展能力首先体现在企业投资规模的增加上。一个健康成长的企业其投资规模应该呈现不断增加的趋势。资产增长率是用来衡量企业资产规模增长幅度的财务指标，资产增长率为正数，则表明企业本年度的资产规模增加；资产增长率为负数，则表明企业本年度的资产规模减少；资产增长率为零，则表明企业本年度的资产规模既没有增加也没有减少。该指标的计算公式如下：

$$资产增长率=\frac{本年度资产增加额}{上年资产总额}\times 100\%$$

利用该指标分析企业在资产方面的发展能力时应该注意以下的问题：一是分析企业的资产增长幅度是否恰当。资产规模并非越大越好，必须与企业生产经营的内外部环境相适应，同时配合企业的销售、利润增长幅度分析来判断。只有当销售增长率和利润增长率高于资产增长率时，这种资产增长才是效益型增长，才是恰当的、正常的。二是分析企业资产增长的主要来源。企业资产的来源有负债和所有者权益两个方面，适当的举债经营有利于企业发挥财务杠杆的作用，为企业创造更多的财富；要结合企业的资本结构和抵御风险的能力，具体分析企业资产增长来源的合理性。三是分析企业资产增长的趋势是否稳定。一个健康成长的企业的资产规模应该是逐年增长的，如果规模的变动无规律可循，则表明企业的经营业务很不稳定，同时也说明企业并没有良好的增长能力。

珠江公司 2004 年年初、2005 年年初、2005 年年末的资产总额分别为 571 144万元、559 053 万元、610 903 万元，计算该公司 2004 年与 2005 年的资产增长率如下：

$$珠江公司2004年的资产增长率=\frac{559\ 053-571\ 144}{571\ 144}\times 100\%=-2.12\%$$

$$\text{珠江公司 2005 年的资产增长率} = \frac{610\ 903 - 559\ 053}{559\ 053} \times 100\% = 9.27\%$$

单从这两个结果看，珠江公司的资产增长率有所反复，表明企业的经营政策在这两年内很不稳定，因此必须加强对这一问题的关注。

2. 资本积累率

资本积累率是衡量企业所有者权益增长幅度的指标。

其计算公式如下：

$$\text{资本积累率} = \frac{\text{本年所有者权益增加额}}{\text{年初所有者权益}} \times 100\%$$

资本积累率是分析资产增长率的辅助性指标，在某个范围内，资本积累率越高，表明企业本年度所有者权益增加得越多，企业资产增长状况良好；反之，资本积累率越低，表明企业本年度所有者权益增加的减少，企业资产增长状况欠佳。

珠江公司 2004 年年初、2005 年年初、2005 年年末的所有者权益总额分别为 493 218 万元、525 930 万元、538 896 万元，计算 2004 年与 2005 年的资本积累率如下：

$$\text{珠江公司 2004 年的资本积累率} = \frac{525\ 930 - 493\ 218}{493\ 218} \times 100\% = 6.63\%$$

$$\text{珠江公司 2005 年的资本积累率} = \frac{538\ 896 - 525\ 930}{525\ 930} \times 100\% = 2.47\%$$

从以上结果可以看出，珠江公司 2004 年的资本积累率高于资产增长率，而 2005 年的资本积累率则低于资产增长率，表明 2005 年的资产增加来源主要为负债而非所有者权益，该问题必须与企业资本结构变动一并考虑。结合前面的偿债能力分析可以得知珠江公司的资产负债率比较低。2005 年资产的增长主要来源于负债的增长，反映企业在负债经营方面有对应的举措。

3. 销售增长率

市场是企业生存和发展的空间，企业良好的销售势头意味着企业产品的市场份额不断扩大，企业的整体成长性增强。因此，销售增长率是反映企业发展能力的基本指标。

其计算公式如下：

$$\text{销售增长率} = \frac{\text{本年销售增长额}}{\text{上年销售总额}} \times 100\%$$

公式中的销售总额采用利润表中的销售净额数，也就是主营业务收入扣减折扣、折让和销售退回后的净额。一般而言，处于成长期的企业销售会持续增长，表明企业的竞争力不断得到改进和增强。

在分析该指标时，应该注意以下几个问题：第一，配合企业的资产增长率和利润增长率的分析，判断企业销售增长的效益性。只有在销售增长率高于资产增长率的情况下，其增长才是效益性的增长，这说明销售的增长并不依赖于资产的增长来取得。如果利润增长率高于销售增长率，就更能说明企业在开源节流、扩大销售、减少成本方面取得实效。第二，在分析该比率时要注意进行同一企业不同时期的比较，发现企业销售变动的趋势，排除偶然因素与非正常因素的影响，才可以对企业在销售方面的发展能力做中肯的评估。第三，如果掌握企业各产品的销售状况，可以进一步分析各产品的销售增长率。一个有持续增长能力的企业，其产品组合应该处于产品生命周期的不同阶段，在销售增长率上呈现不均衡的状况，形成“成熟一代、生产一代、储备一代、开发一代”的产品组合结构，这样对企业的整体发展才是有利的。

根据珠江公司的有关数据，该公司2003、2004、2005三年的主营业务收入净额分别为273 989万元、305 764万元、253 498万元，珠江公司这两个年度的销售增长率计算如下：

$$\text{珠江公司2004年的销售增长率}=\frac{305\ 764-273\ 989}{273\ 989}\times 100\%=11.60\%$$

$$\text{珠江公司2005年的销售增长率}=\frac{253\ 498-305\ 764}{305\ 764}\times 100\%=-17.09\%$$

从以上结果可以看出，珠江公司这两年的销售增长率如同资产增长率一样出现反复，与资产增长率进行对比，可知2004年的销售增长属于效益性的增长；2005年在资产大幅度增加的情况下销售额却明显减少，必须查明出现该问题的原因，分析企业的销售环节和资产管理能力是否出现问题。

4. 收益增长率

收益增长率是衡量企业收益增长幅度的比率。企业只有创造出利润才有存在的可能性和必要性，因此分析企业的收益增长率也是分析企业发展能力的重要方面。收益具体可以采用主营业务利润和净利润两个指标，同样地，收益增长率能表示为主营业务利润增长率和净利润增长率两种。

其计算公式如下：

$$\text{主营业务利润增长率}=\frac{\text{本年主营业务利润增长额}}{\text{上年主营业务利润}}\times 100\%$$

$$\text{净利润增长率}=\frac{\text{本年净利润增长额}}{\text{上年净利润}}\times 100\%$$

在分析这两个指标的时候必须考虑以下几个问题：第一，应该联系企业的销售增长率进行分析，如果收益增长率大于销售增长率，表明企业的产品正处于成长期，盈利能力有所增强。第二，要进行收益增长率的趋势分析，以排除偶然性因素的影响，这样才可以对企业在收益方面的发展能力作中肯的分析。

根据珠江公司的有关数据，2003、2004、2005 年公司的主营业务利润分别为 36 158 万元、33 359 万元、32 011 万元，这三年的净利润分别为 61 784 万元、39 705 万元、36 895 万元，公司的收益增长率如下：

$$\text{珠江公司 2004 年的主营业务利润增长率} = \frac{33\,359 - 36\,158}{36\,158} \times 100\% = -7.74\%$$

$$\text{珠江公司 2005 年的主营业务利润增长率} = \frac{32\,011 - 33\,359}{33\,359} \times 100\% = -4.04\%$$

$$\text{珠江公司 2004 年的净利润增长率} = \frac{39\,705 - 61\,784}{61\,784} \times 100\% = -35.74\%$$

$$\text{珠江公司 2005 年的净利润增长率} = \frac{36\,895 - 39\,705}{39\,705} \times 100\% = -7.08\%$$

从以上数据可以看出，珠江公司的收益增长呈现不断下降的趋势，公司必须深入到企业内部找出收益下降的原因并加强管理，或者是根据内外部环境调整公司政策，扭转收益下降的趋势。

5. 可持续增长率

企业实现增长的方式主要有三种，一是完全依靠内部资金增长，靠企业的内部积累来扩大投资，这种方式往往会限制企业的正常发展；二是主要依赖外部资金来实现增长，这种方式难以持久而且风险也比较大；三是实现平衡增长，按照可持续增长率来增长。可持续增长率是企业在不增发新股并保持目前的经营效率和财务政策的条件下企业销售所能增长的最大比率。

实现可持续增长率的增长，必须满足以下几个假设条件：企业想以市场允许的速度尽快发展；企业不增加外部权益，也就是不发行新股；企业拟维持目前的资本结构和股利政策；企业拟维持目前的销售净利率；企业拟维持目前的资产周转率。

在这些假设条件下，企业的收益要想以过去的增长速度持续增长，就必须增加销售收入，而在企业的总资产周转率不变的条件下，增加销售收入就必须依赖于企业资产的相应增加。要增加资产，在不对外进行权益资本融资的条件下，其来源渠道不外乎企业内部积累和对外进行债权融资两个途径。在不改变企业目标资本结构的情况下，债务的增加又取决于企业自身积累的多少，而企业内部积累的数量又取决于其本身的盈利能力和既定的股利政策。因此，可持续增长率的计算公式可以表示为：

$$可持续增长率 = 净资产收益率 \times (1 - 股利支付率)$$

股利支付率是企业支付的股利占企业净利润的比值，从上面的公式可以看出，企业的可持续增长率的最大限度是企业的净资产收益率，在企业不支付股利的条件下，企业的可持续增长率就是净资产收益率。

根据珠江公司的有关数据，公司2005年的股利支付率为35%，如公司的净资产收益率为6.93%，那么公司2005年的可持续增长率计算如下：

$$珠江公司2005年的可持续增长率 = 6.93\% \times (1 - 35\%) = 4.50\%$$

6. 资本保值增值率

资本保值增值率是企业期末所有者权益和期初所有者权益的比率。

其计算公式为：

$$资本保值增值率 = \frac{期末所有者权益}{期初所有者权益} \times 100\%$$

如果资本保值增值率等于100%，说明资本保值；如果资本保值增值率大于100%，则表明资本增值。对于企业的所有者特别是我国的国有资产管理者来说，该比率十分重要。投资者对企业进行投资，目的就在于获得股利和实现投资资本的保值增值，企业经营最主要的目的就是为企业的投资者创造财富，实现股东财富的最大化，提高资本保值增值率是一个不断追求的目标。在国有资产的管理中，讲求国有资本的保值增值是一贯的原则，因此该比率是衡量企业效益和企业发展能力的重要指标。

根据珠江公司的有关数据，该公司2004年年初、2005年年初、2005年年末的所有者权益余额分别为493 218万元、525 930万元、538 896万元，计算珠江公司2004年与2005年的资本保值增值率如下：

$$珠江公司2004年的资本保值增值率 = \frac{525\ 930}{493\ 218} \times 100\% = 106.63\%$$

$$珠江公司2005年的资本保值增值率 = \frac{538\ 896}{525\ 930} \times 100\% = 102.47\%$$

从以上结果可看出，珠江公司这两年的资本都有一定的增值，即使该公司的资产、销售和收益的增长率出现反复，但还是有一定的发展潜力的。资本的增值表明企业在为股东创造财富方面有良好的表现。此外，这也暗示了企业管理者管理公司资产的不俗能力以及公司所有者权益的增加对企业债权人的保障能力。

7. 社会贡献率

社会贡献率主要反映企业占用社会经济资源所产生的社会经济效益的大小，是政府经济管理部门进行资源有效配置的基本依据。

其计算公式如下：

$$社会贡献率=\frac{企业社会贡献总额}{资产总额}\times 100\%$$

在公式中，社会贡献总额，包括工资（含奖金、津贴等工资性收入）、劳保退休养老统筹及其他社会福利支出、利息支出净额、已交或应交的各项税费及各项附加等。在实际计算中，企业社会贡献总额可采用应交税金、应付工资、应付福利费、财务费用四个项目之和来代替。计算社会贡献率更合理的做法是，取得企业在一个年度内所有已经支付的和未支付的工资、福利费、利息收支净额、各项税费，计算出更全面的社会贡献总额，再除以企业的平均资产总额来计算社会贡献率。社会贡献率是衡量一个企业对社会所作贡献的程度的比率，换个角度看，就是测度企业对其员工、国家税收部门、债权人的支付程度。该比率越大，表明企业的整体协调发展能力越强。

根据表9－1与表9－2的有关数据，计算出珠江公司2004年与2005年的社会贡献总额为：

2004年：34＋6 770＋1 022＝7 826万元

2005年：1＋11 072＋1 313＝12 386万元

$$2004年的社会贡献率=\frac{7\ 826}{559\ 023}\times 100\% =1.40\%$$

$$2005年的社会贡献率=\frac{12\ 386}{610\ 903}\times 100\% =2.03\%$$

从以上结果可以看出，珠江公司2005年的社会贡献率高于2004年，表明该公司对员工等利益相关者的贡献程度有所上升。

值得注意的是，既然社会贡献率包含了企业对员工、债权人、政府税收部门、社区等的贡献，那么可以将社会贡献额分解成针对每一个利益相关者的部分，继而计算每一部分的比率，分别反映企业针对每一个利益相关者的贡献程度，例如：

$$员工所得率=\frac{支付给职工的工资及福利}{企业资产总额}\times 100\%$$

$$政府所得率=\frac{各种税款}{企业资产总额}\times 100\%$$

$$债权人所得率 = \frac{利息总额}{企业资产总额} \times 100\%$$

$$社区所得率 = \frac{捐赠及赞助费用}{企业资产总额} \times 100\%$$

其实，这些比率的数据一般不能在财务报告中明确获得，而要在企业内部资料中收集整理得到。对这些指标进行分析，可以评价企业的生产经营所得成果对各利益相关者的贡献能力，进而反映了企业在利益相关者之间的协调发展能力，因此具有一定的意义。

第八节　企业综合财务能力分析

前几节，我们主要利用比率分析法，分别用不同的财务指标对企业的盈利能力、营运能力、偿债能力、现金能力以及发展能力进行分析。但每一项财务分析指标都只能从某一特定的角度就企业某一方面的经营活动作出分析，它们都不能全面评价企业的整体财务状况和经营业绩。为此，我们还需选取有关指标并按其内在联系结合起来，形成指标体系，以全面反映企业整体财务状况及经营业绩，进行综合财务能力分析，并对企业进行总体评价。综合财务能力分析方法有很多，本节主要介绍指数综合评分法、沃尔评分法及其拓展和杜邦分析体系。

一、指数综合评分法

指数综合评分法主要是指选取一系列有代表性的影响企业财务状况与经营成果的因素指标，分别给予相应的权重，并通过同一企业不同时期之间的指标值对比，评价企业整体的财务状况与经营成果。财务人员应基于各自的评价目的挑选部分指标，并依据各个指标的变动对企业整体财务状况变动的影响程度赋予其相应的权重，进而得出各个指标指数的综合分值，用以评价企业综合财务状况总变动以及各指标变动对其的影响程度。

根据珠江公司的情况，我们以2004年作为基期，运用指数综合评分法对2005年企业的财务状况与经营成果进行评价，得出的分值表（表9－5）如下：

表9-5　　　　指数综合评分法分值表

指　标	比　重 (1)	基期值 (2)	实际值 (3)	指　数 (4)=(3)÷(2)	评　分 (1)×(4)
流动比率/流动负债	10	4.41	3.50	0.79	7.94
净资产/负债	15	15.88	7.48	0.47	7.07
资产/固定资产	5	19.02	19.60	1.03	5.15
销售成本/存货	5	17.55	7.40	0.42	2.11
销售额/应收账款	5	19.70	14.94	0.76	3.79
销售额/固定资产	5	10.41	8.13	0.78	3.90
销售额/净资产	5	0.58	0.47	0.81	4.05
净利润/销售收入	15	0.13	0.15	1.12	16.80
净利润/净资产	10	0.078	0.069	0.89	8.90
销售现金比率	10	0.051	0.007	0.14	1.37
全部资产现金回收率	5	0.027	0.003	0.11	0.56
可持续增长率	10	0.051	0.045	0.88	8.82
合计	100	—	—	—	70.46

从上表我们可以看出，珠江公司2005年的分值为70.46分，业绩并不理想，除了销售净利率提高了以外，其余的指标都有所下降，说明其综合财务能力不升反降。

在应用指数综合评分法时应注意以下几点：①指标和权重的选择是影响评分质量的主要因素，企业可以根据德尔菲法，选择对企业财务状况变动有重要影响的指标，并赋予恰当的权重。②基期值的选择是影响评分质量的重要因素，基期值如果过低，就算企业的业绩一般甚至不好也可能得到较好的分数；如果过高，企业的业绩可能很好，但是从分数上体现不出来。一般可以选用本企业历史平均水平或历史最高水平，视具体情况而定。③各企业由于基期值的数据不一样，得出的分值缺乏可比性。下面介绍的沃尔评分法可以解决这个问题。

二、沃尔评分法及其拓展

1. 沃尔评分法

财务状况综合评价的先驱者之一是亚历山大·沃尔。他在20世纪初出版的《信用晴雨表研究》和《财务报表比率分析》中提出了信用能力指数的概念，把若干个财务比率用线性关系结合起来，以此评价企业的信用水平。他选择了7种财务比率，分别给定了其在总评价中占的比重，总和为100分。然后，确定标准比率并与实际比率相比较，评出每项指标的得分，最后求出总评分，从而对企业的综合业绩进行评价。我们用沃尔评分法给珠江公司的财务状况评分的结果见表9－6：

表9－6　沃尔评分法

指　标	比　重 (1)	实际值 (2)	标准值 (3)	指　数 (4)＝(3)÷(2)	评　分 (1)×(4)
流动比率	25	2.00	3.50	1.75	43.75
净资产/负债	25	1.50	7.48	4.99	124.75
资产/固定资产	15	2.50	19.60	7.84	117.6
销售成本/存货	10	8	7.40	0.93	9.3
销售额/应收账款	10	6	14.94	2.49	24.9
销售额/固定资产	10	4	8.13	2.03	20.3
销售额/净资产	5	3	0.47	0.16	0.8
合计	100				341.4

从以上数据可看出，根据沃尔评分法，珠江公司2005年的财务业绩处于令人满意的状况。结合企业的主要报表以及财务能力分析可以发现以下几点：一是从标准比率与实际比率的对比来看，珠江公司的流动比率、净资产/负债较高，说明负债比率相对比较低，偿债能力让人满意，即资产/固定资产、销售额/应收账款、销售额/固定资产都有很好的表现。这是因为公司资产管理方面的能力强，利用经济资源的效率高。二是销售额/净资产比率的分值很低，降低了公司的评分水平，而销售成本/存货比率也尚未达到标准比率，原因可能是企业的销售收入水平降低，不过也要考虑可能是因为企业没有很好地利用

负债经营的杠杆效应。

从目前人们对沃尔评分法的评价来看，该评分法的弱点在于不能证明为什么选择这7个指标而非其他指标，以及未能证明每个指标所占比重的合理性。但在实践中该评分法已被广泛使用。财务分析是基于财务分析人员对一个企业经营状况、财务成果和现金流量状况进行的综合评价，每一个分析者都会基于其各自的不同目的对目标企业的财务业绩的不同方面进行关注，因此该评分法仅仅是对企业综合财务状况的普遍评价，只能说是企业财务状况是否达标的一个基本的门槛，各种具体能力的分析还要有待于分析者对问题进行深入挖掘。此外，该评分法只提供了评价企业的财务业绩的基本方向，告诉使用者可以从这个途径来进行综合分析，因此，在实践中具体指标的选用和比重的确定可以由分析者根据分析的目标、企业的发展阶段和行业的环境进行确定，而不用固守原始的比重与比率。

沃尔评分法从技术上看还存在一个问题，就是当某一个指标严重异常时会对综合指数产生不合逻辑的重大影响，这个缺陷是由相对比率与比重相“乘”而引起的，财务比率提高一倍，其综合指数增加100%；财务比率减少一半，其综合指数只减少50%。这个问题可以通过计算方法上的改进来解决，后面介绍的杜邦分析体系可以解决这个问题。

2. 沃尔评分法的拓展

沃尔评分法拓展的主要特点是给出了行业的最高比率，同时规定了各个指标分数的上限和下限，以减小个别指标异常对总分造成不合理的影响。上限可以定为正常评分值的1.5倍，下限定为正常评分值的1/2。此外，给分时不用“乘”的关系，而采用“加”或“减”的关系来处理，以克服沃尔评分法的缺点。例如，总资产净利率的标准值为10%，标准评分为1%，标准评分为20分；行业的最高比率是20%，最高评分是30分，则每分的财务比率差为1% [(20% -30%) ÷ (30分-20分)]。总资产净利率每提高1%，多给1分，但该项得分不超过30分。

下面选择了一些有关企业盈利能力、偿债能力、成长能力的指标，设计沃尔评分法分值表（表9-7）。企业可以根据自己的需要选择恰当的指标和赋予各指标恰当的权重。

表9-7　沃尔评分拓展法分值表

指　标	评分值	标准值（%）	行业最高值（%）	最高评分（%）	最低评分（%）	每分比率的差（%）
盈利能力：						
总资产净利率	20	10	20	30	10	1
销售净利率	20	4	20	30	10	1.6
净值报酬率	10	16	20	15	5	0.8
偿债能力：						
自有资本比率	8	40	100	12	4	15
流动比率	8	150	450	12	4	75
应收账款周转率	8	600	1 200	12	4	150
存货周转率	8	800	1 200	12	4	100
成长能力：						
销售增长率	6	15	30	9	3	5
净利增长率	6	10	20	9	3	3.3
可持续增长率	6	10	20	9	3	3.3
合计	100			150	50	

根据这种方法，对珠江公司的财务情况进行综合分析，得89.04分（见表9-8），是一个中等偏下的水平。这与前面沃尔评分法的结论不一致，一方面是因为所选择的指标和各自权重不同；另一方面可能是因为沃尔评分拓展法规定了上限和下限，减少了个别指标异常对总分造成的不合理影响。

表9-8　珠江公司沃尔评分拓展法评分

指　标	实际值（%）	标准值（%）	差异	每分比率的差	调整分	标准评分值	得　分
盈利能力：							
总资产净利率	6.31	10	-3.69	1	-3.69	20	16.31
销售净利率	14.55	4	10.55	1.6	6.59	20	26.59
净值报酬率	6.93	16	-9.07	0.8	-11.34	10	-1.34

(续上表)

指 标	实际值(%)	标准值(%)	差异	每分比率的差	调整分	标准评分值	得 分
偿债能力:							
自有资本比率	88	40	48	15	3.20	8	11.20
流动比率	350	150	200	75	2.67	8	10.67
应收账款周转率	1070	600	470	150	3.13	8	11.13
存货周转率	974	800	174	100	1.74	8	9.74
成长能力:							
销售增长率	-17.09	15	-32.09	5	-6.42	6	-0.42
净利增长率	-7.08	10	-17.08	3.3	-5.18	6	0.82
可持续增长率	4.5	10	-5.5	3.3	-1.67	6	4.33
合计	100			150	50	100	89.05

正如前面对沃尔评分法的评价一样，沃尔评分法的拓展关键也在于对“标准评分值”的确定和“标准比率”的建立，因此也要根据企业自身的发展和外部环境的变化适当进行调整，才可以得出对企业财务状况合理的评价。

三、杜邦分析体系

1. 杜邦财务分析体系概述

杜邦财务分析体系，是指根据各主要财务比率指标之间的内在联系，建立财务分析指标体系，综合分析企业财务状况的方法。这种方法最初由美国杜邦公司率先应用，又称杜邦系统。其主要特点是将若干个反映企业盈利能力、营运能力和偿债能力的比率按照其内在联系有机地结合起来，形成一个完整的指标体系，并最终通过净资产收益率这一核心指标来综合反映。该指标结构体系具体如下：

$$\text{净资产收益率}=\frac{\text{净利润}}{\text{净资产}}$$

$$=\frac{\text{净利润}}{\text{总资产}}\times\frac{\text{总资产}}{\text{净资产}}=\text{资产净利率}\times\text{权益乘数}$$

$$=\frac{\text{净利润}}{\text{销售收入}}\times\frac{\text{销售收入}}{\text{总资产}}\times\frac{\text{总资产}}{\text{净资产}}$$

$$=\text{销售净利率}\times\text{总资产周转率}\times\text{权益乘数}$$

以珠江公司2005年的财务指标为例，将其用杜邦分析图（图9－2）来列示，可以直观地看出该企业的财务状况和经营成果的总体面貌。

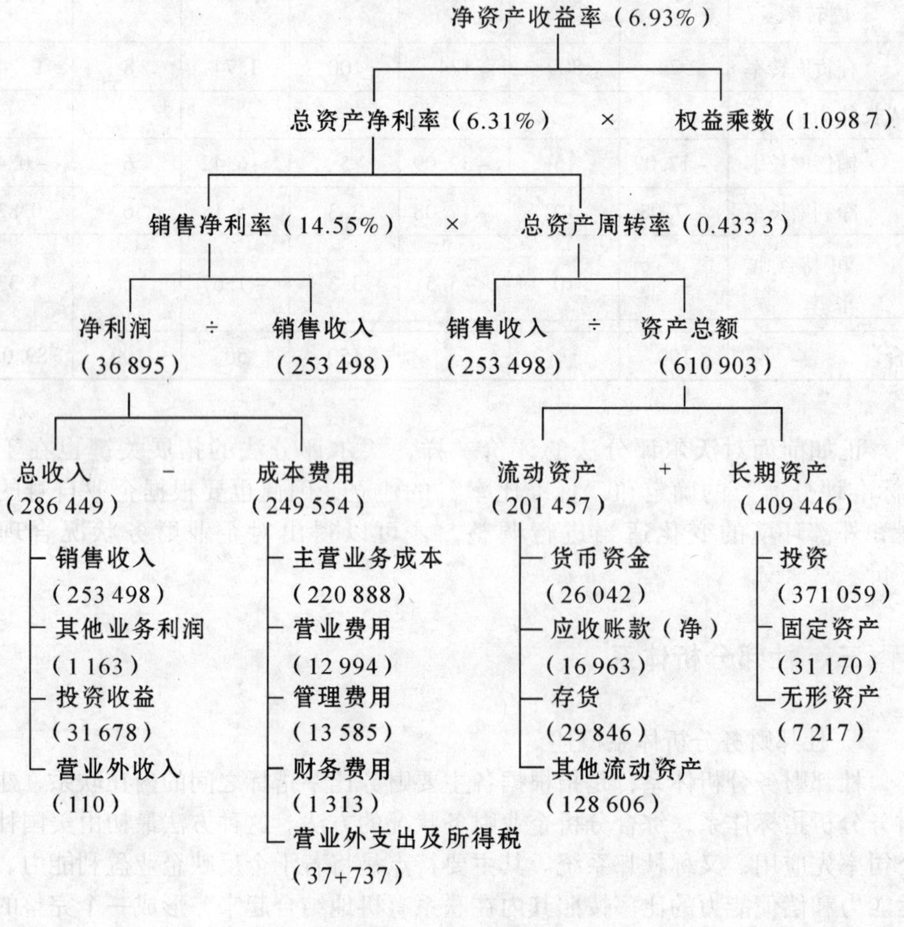

图9－2　杜邦分析图

从上图可以看出，采用因素分解可以将净资产收益率层层分解到财务报表上的各个项目，从上到下分析出最基本的影响因素，找出解决问题最基本的方向。自下向上逐层归结，形成了一个互相钩稽的财务因素系统。

将净资产收益率分解为销售净利率、总资产周转率与权益乘数三个因素，就相应地体现了企业的盈利能力，营运能力与偿债能力，从更深的层次看，它们分别反映了企业的经营活动、投资活动与筹资活动的状况。也就是说，净资产收益率作为一个综合性最强的指标，综合体现了企业的盈利能力、营运能力和偿债能力，任何一个能力的变动都会对其产生相应的影响。从这个角度看，要维持适当的净资产收益率必须讲求财务能力之间的互相促进与协调发展。企业要维持一定的净资产收益率，可以通过分析企业这三个财务能力并最终从财务报表上的项目入手，制定相应的对策来实现目标。

2. 进一步的分析

在杜邦分析体系中，净资产收益率分解为若干因素的乘积，因此，我们可以通过因素分析法分别计算各因素变动对该指标差异的影响程度。对珠江公司的有关数据整理如下，以说明因素分析法在企业综合财务分析中的应用（表9-9）。

表9-9　　　　　　珠江公司财务状况杜邦分析表

指标	2005年	2004年	差异
净资产收益率	6.93%	7.79%	-0.86%
销售净利率	14.55%	12.99%	1.56%
总资产周转率	0.433 3	0.541 1	-0.107 8
权益乘数	1.098 7	1.109 0	-0.010 3

说明：（1）为了计算的精确，总资产周转率和权益乘数取四位小数；

（2）在杜邦系统中运用的权益乘数采用平均资产总额与平均净资产之比，而非两者期末数之比，因此

2004年的权益乘数 $=\frac{(559\ 053+571\ 144)\div 2}{(493\ 218+525\ 930)\div 2}=1.109\ 0$，2005年的权益乘数 $=\frac{(610\ 903+559\ 053)\div 2}{(538\ 896+525\ 930)\div 2}=1.098\ 7$。

下面分析净资产收益率的变动如何受销售净利率、总资产周转率、权益乘数三个因素变动的影响。

2005 年净资产收益率 = 14.55% × 0.433 3 × 1.098 7 = 6.93%

2004 年净资产收益率 = 12.99% × 0.541 1 × 1.109 0 = 7.79%

净资产收益率变动 = 6.93% − 7.79% = −0.86%

可以看到，影响净资产收益率变动的不利因素是总资产周转率和权益乘数的下降，有利因素是销售净利率的提高。利用连环分析法可以定量分析它们对权益变动的影响程度：

2004 年：12.99% × 0.541 1 × 1.109 0 = 7.79%

以 2005 年销售净利率替代：14.55% × 0.541 1 × 1.109 0 = 8.73%

以 2005 年总资产周转率替代：14.55% × 0.433 3 × 1.109 0 = 6.99%

2005 年：14.55% × 0.433 3 × 1.098 7 = 6.93%

因此，销售净利率变动的影响为 8.73% − 7.79% = 0.94%

总资产周转率变动的影响为 6.99% − 8.73% = −1.74%

权益乘数变动的影响为 6.93% − 6.99% = −0.06%

可见，珠江公司 2005 年净资产收益率的下降主要是由总资产周转率的下降引起的，总资产周转率下降的影响使净资产收益率下降了 1.74%，销售净利率上升的影响使净资产收益率上升了 0.94%，而权益乘数的轻微变动也使净资产收益率轻微下降 0.06%。这表明公司营运能力的减弱冲销了盈利能力提高的效果，因此，公司应该加强资产管理能力。

3. 杜邦财务分析体系的应用要点

利用杜邦体系进行分析时必须注意以下几点：

（1）资产收益率是一个综合性比较强的财务分析指标，是杜邦体系的核心。实现企业股东价值最大化是财务管理的目标之一，而净资产收益率就是反映企业投资者投入的资本是否能够获利的最主要的指标，它综合反映了企业在筹资、投资与经营各个环节的效率和效益，因此企业的各方都对该指标很重视。从以上的公式分解看出，影响该指标的因素具体可以分解为销售净利率、总资产周转率与权益乘数。企业要提高净资产收益率，可以从这三个主要因素入手，也同样可以对这三个因素进行分解来寻找该指标变动的具体原因。

（2）销售净利率是衡量企业经营盈利能力的一个基本指标，在杜邦体系中分析该指标必须着眼于企业的销售收入和成本费用的变动方面。一方面要分析企业的销售变动情况，了解企业的销售环境和产品情况；另一方面要从企业的销售成本、销售费用、管理费用、财务费用、税金等项目入手，发现企业在产销环节的问题，开源节流，提高企业的销售净利率。

（3）总资产周转率的变动也是影响企业净资产收益率的重要原因。提高总资产的运营效果是提高该指标的一个途径。企业的资产由流动资产和长期资产组成，由货币资金、有价证券、应收款项、预付款项、存货等组成的流动资产直接体现了企业的偿债能力和变现能力，但相对来讲该类资产的盈利能力较弱，而由固定资产、长期投资、无形资产和递延资产组成的长期资产则体现了企业的经营规模和发展潜力，相对来讲有较强的盈利能力。因此，企业要提高资产的运营效果，就要分析资产内部结构对企业的盈利能力、偿债能力和营运能力的综合影响，以及分析企业资产的质量，并根据企业不同的发展阶段和战略适时调整企业的资产结构。

（4）权益乘数主要受到资产负债率指标的影响，体现了企业资本经营的能力。负债比率越高，权益乘数就越大，说明企业有较高的负债程度，能给企业带来较大的杠杆效应，同时也带来较大的财务风险。因此，在分析企业的净资产收益率变动的影响因素时，如果企业的权益乘数很高，就意味着企业面对很大的债务风险，此时必须结合企业自身和所在行业的特点进行综合分析，在企业可以承受的情况下充分利用负债的财务杠杆效应。

本章小结

企业进行财务分析是为了评价企业过去的经营业绩，衡量企业当前的财务状况，预测企业未来的发展趋势。财务分析的主要方法包括比较分析法、趋势分析法、比率分析法和因素分析法。财务报表是财务分析资料的直接来源，因此，正确理解财务报表是进行财务分析的前提。利用比率分析法可以分析企业的盈利能力、营运能力、偿债能力、现金能力以及发展能力，直接了解企业各主要方面的财务状况。在此基础上，通过综合能力分析，可以系统考察企业的财务状况。常用的综合能力分析方法有指数综合评分法、沃尔评分法及其拓展和杜邦分析体系。

主要名词

财务分析　比较分析法　比率分析法　趋势分析法　因素分析法　资产负债表
利润表　现金流量表　盈利能力　营运能力　偿债能力　现金能力　发展能力
指数综合评分法　沃尔评分法　沃尔评分法的拓展　杜邦分析体系

复习思考题

1. 进行财务分析有什么意义？

2. 财务分析方法主要有哪几种？

3. 试述财务比率分析的原则。

4. 是否会出现某公司的资产净利率为26%，却不能偿还债务的情况？试分析原因。

5. 试分析企业五个财务能力的定义及它们之间的关系。

6. 指数综合评分法与沃尔评分法有什么异同点？

7. 什么是杜邦分析体系？如何运用？

习题

1. 某公司××年度简化的资产负债表如下：

资产负债表

××公司　　××年度12月31日　　单位：万元

资产		负债及所有者权益	
货币资金	50	应付账款	100
应收账款		长期负债	
存货		实收资本	100
固定资产		留存收益	100
资产合计		负债及所有者权益合计	

其他有关财务指标如下：

(1) 长期负债与所有者权益之比：0.5；

(2) 销售毛利率：10%；

(3) 存货周转率（存货按年末数计算）：9次；

(4) 平均收现期（应收账款按年末数计算，一年按360天计算）：18天；

(5) 总资产周转率（总资产按年末数计算）：2.5次；

要求：利用上述资料，计算填充该公司资产负债表中的空白部分，并列示计算过程。

2. ABC 公司近三年的主要财务数据和财务比率如下：

	2004 年	2005 年	2006 年
销售额（万元）	4 000	4 300	3 800
总资产（万元）	1 430	1 560	1 695
普通股（万元）	100	100	100
留存收益（万元）	500	550	550
所有者权益合计	600	650	650
流动比率	1.19	1.25	1.20
平均收现期（天）	18	22	27
存货周转率	8.0	7.5	5.5
债务/所有者权益	1.38	1.40	1.61
长期债务/所有者权益	0.5	0.46	0.46
销售毛利率	20.0%	16.3%	13.2%
销售净利率	7.5%	4.7%	2.6%
总资产周转率	2.80	2.76	2.24
总资产净利率	21%	13%	6%

假设该公司没有营业外收支和投资收益，所得税率不变。

要求：（1）分析说明该公司运用资产获利能力的变化及其原因。

（2）分析说明该公司资产、负债和所有者权益的变化及其原因。

（3）假如你是该公司的财务经理，在 2007 年应从哪些方面改善公司的财务状况和经营业绩？

3. 某企业的流动负债为 200 万元，流动资产为 400 万元，其中：应收票据为 50 万元，存货为 90 万元，待摊费用为 2 万元，预付账款为 7 万元，应收账款为 200 万元（坏账损失率为 5‰）。求这个企业的流动比率和速动比率。

4. 某企业 2001 年有关财务资料如下：年末流动比率为 2.1，年末速动比率为 1.2，存货周转率为 5 次。年末资产总额为 160 万元（年初 160 万元），年末流动负债为 14 万元，年末长期负债为 42 万元，年初存货成本为 15 万元，2000 年销售收入为 128 万元，管理费用为 9 万元，利息费用为 100 万元，所得税率为 33%。

要求：（1）计算该企业 2001 年年末的流动资产总额、年末资产负债率、权益乘数和总资产周转率。

（2）计算该企业2001年年末存货成本、销售成本、净利润、销售净利润率和净资产收益率。

5. 分析资料如下：

（1）利润表有关数据（单位：元）

销售收入净额90 000元，现销收入10 000元，利息费用4 500元，产品销售成本41 130元，利润总额18 800元，净利润6 204元

（2）资产负债表资料如下：

资　产	年初数	年末数	负债和所有者权益	年初数	年末数
流动资产：			流动负债：		
货币资金	12 500	3 750	短期借款	9 162.5	15 725
			应付账款	5 000	10 252
应收账款净额	21 250	18 750	流动负债合计	14 162.5	26 250
存货	1 612.5	18 750	长期负债	15 000	18 750
流动资产合计	35 362.5	41 250	所有者权益：		
			股本	11 250	11 250
			资本公积	13 500	13 625
固定资产净值	31 000	41 250	盈余公积	6 450	6 475
			未分配利润	6 000	6 150
			所有者权益合计	37 200	37 500
资产总计	66 362.5	82 500	负债与所有者权益	66 362.5	82 500

要求：根据上述资料计算该公司2000年下列动态和静态指标：①流动比率；②速动比率；③现金比率；④应收账款周转次数；⑤存货周转天数；⑥资产负债率；⑦产权比率；⑧利息保障倍数。

6. 某商业2000年销售收入净额为2 000万元，销售成本为1 600万元，年初、年末应收账款分别为200万元和400万元，年初、年末存货余额分别为200万元和600万元，年末速动比率为1.2，年末现金流动负债比率（现金流动负债比率＝流动负债/现金）为0.7。假定该企业流动资产由速动资产和存货组成，速动资产由应收账款和现金资产组成，一年按360天计算。

要求：（1）计算2000年应收账款周转天数；

（2）计算2000年存货周转天数；

（3）计算2000年年末流动负债余额和速动资产余额；

（4）计算2000年年末流动比率。

7. 某公司2005年度有关财务资料如下：

（1）资产负债表资料如下：

资　产	年初数	年末数	负债和所有者权益	年初数	年末数
现金及有价证券	51	65	负债总额	119	134
应收账款	23	28	所有者权益总额	123	173
存货	16	19			
其他流动资产	21	14			
长期资产	131	181			
总资产	242	307	负债及所有者权益	242	307

（2）利润表资料如下：全年实现销售净收入326万元；销售成本263万元，管理费用14万元，销售费用6万元，财务费用18万元，其他业务利润6万元；所得税税率33%。

（3）2004年有关财务指标如下：销售年利率11.23%，总资产周转率1.31，权益乘数1.44。

要求：（1）运用杜邦财务分析体系，计算2005年该公司的权益净利率；

（2）综合分析权益净利率指标变动的原因。

第十章　财务预测方法

公司理财离不开财务预测，本章简要论述财务预测的基本知识，即财务预测概念、三项基本功能、五个组成要素、执行的步骤以及财务预测的基本内容。在实践中可以采用多种定性和定量方法来进行财务预测，本章主要介绍比较常用的财务比率预测法、静态财务预测法和动态财务预测法，分析各种方法各自的特点和适用条件，并通过实例说明如何应用这些方法进行财务预测。

通过本章的学习，我们要掌握和了解如下内容：

1. 财务预测的意义；
2. 财务预测方法的种类及其特点；
3. 财务预测的比率预测法；
4. 如何选择和应用财务静态和动态预测方法。

第一节　财务预测概述

一、财务预测的意义

现代企业是在充分发达的市场经济条件下进行高度社会化生产经营的组织，由于经济环境和内部条件的不断变化，企业在生产活动与财务活动中经常会遇到各种需要预测的问题，财务预测便是其中的重要问题。例如，企业要了解自身将在市场竞争中的地位，就需要作市场变化预测、同行势态预测、自身经营能力与财务能力预测等；企业要按照财务目标进行财务决策和财务预算，首先就必须作静态财务预测（往往服务于年度的全面财务预算）和动态财务预测（往往服务于长期的目标财务预算）。所以，理财者必须掌握财务预测方法。

1. 财务预测的概念

所谓预测是根据事物过去发展变动的客观过程和某些规律性，参照当前已经出现和正在出现的各种可能性，运用数学和统计的方法，对事物未来可能出现的趋势或可能达到的水平进行的科学推测。

财务预测是预测方法与技术在财务领域中的应用，它是指理财者为了合理的财务决策，根据财务主体财务活动发展变化的历史数据资料，考虑已经出现、正在出现和将要出现的变化因素，运用预测方法和技术，对财务主体未来的财务活动及其结果的变动趋势作出科学推测，并发现、掌握财务活动发展过程中固有的规律性。对于财务预测我们应注意以下四点：

（1）财务预测本身不是目的，因为预测的目的是为了降低决策失误的概率，所以财务预测仅仅是财务决策、财务预算过程中一个必要的环节，是提高决策科学性的手段；

（2）财务预测应在占有详细资料的基础上进行，所谓资料主要是指财务数据资料，这是预测的依据，只有深入细致地了解企业财务活动的过去和现在，才有可能较准确地判断它的未来；

（3）财务预测应是在利用现代科学方法对过去和现在的资料进行详细分析的基础上得出的，而不应当仅凭个人的主观判断进行臆测；

（4）财务预测的结果与实际事实之间肯定存在一定的误差，它是决策的主要参考资料之一，但并不是唯一的依据。

任何预测都存在一定的误差，财务预测亦如此。然而，在信息飞速发达的今天，财务预测在财务决策中的作用越来越大，成功的财务预测会给企业带来丰厚的利润回报。当然，失败的财务预测将会给企业带来巨大的损失。所以，作为公司的决策者、高级管理者以及一般的管理人员，熟练掌握各种财务预测技术尤其是定量预测技术就显得极为重要了。在过去，许多管理者在作出决策时更相信他们自己的主观判断，但在今天，财务活动中存在着非常多的不确定因素，再加上信息技术日新月异、数据存储技术及处理技术发展速度惊人，定量预测方法日益重要。当然，在强调定量预测在决策中越来越重要的同时，并不是说决策者的主观判断没有用处，在数据量不足或者要预测长期趋势的情况下，可以适当地使用各种主观预测法。其实，在实际预测中，应很好地把两者结合起来，使决策的程序更加合理、更加科学，把决策的误差降到最小。

在建立社会主义市场经济体制和转换企业经营机制的新形势下，以事中、事后管理为主的传统财务管理，受到了严峻的挑战。复杂多变的现代市场经济，要求企业财务工作能够预测市场需求和企业环境的变化，针对种种不确定风险，及时做出财务预测分析，为企业战略性的经营决策提供依据。

2. 财务预测的功能

在充满竞争、风险和变化发展的市场环境中，财务预测作为企业财务管理的重要环节之一，其功能与影响力日益突出。企业财务预算管理体系是企业内部财务管理体系的重要组成部分。根据企业业务数据和市场数据，通过财务预算管理体系确定的一系列财务预测，可以展示企业未来某一特定期间内全部经营活动的各项目标及其资源配置的定量趋势；可以按照规定的目标和内容把企业在未来销售、生产、现金流量等有关方面以计划的形式具体地、系统地反映出来，并使企业内部各项复杂工作得到有机的结合；可以发挥各级预测责任部门和预测管理部门的职能，有效地组织与协调企业的全部生产经营活动，以预测目标的实现情况为绩效考核指标，对企业经营运作的全过程进行监控和管理，使企业的各项资源获得充分的利用。这样，企业就可以提高经营效益、优化管理水平和实现企业长期战略发展目标。具体地说，财务预测有以下功能：

（1）财务预测的推断功能。

财务预测最基本的功能就是推断功能，这是实现其他功能的基础。财务预测由多个预测子系统有机构成，主要包括销售预测子系统、生产预测子系统和资本需要量预测子系统等，并由此形成财务预测体系，对企业经营与财务活动作全面预测。其中：销售预测子系统的重点是对销售量、销售收入、销售成本和销售利润进行预测；生产预测子系统的重点是对生产量、原料采购、制造费用和生产成本进行预测；资本预测子系统的重点则是结合销售预测和生产预测的结果，对企业实现一系列既定目标所需发生的现金流量和资本需求量进行预测。只有掌握合适的财务预测方法，对各方面的财务发展情况作出比较准确的事前推断，才能以此为基础进一步进行企业的各项财务预算，实现有序、有度、有效的财务管理。

（2）财务预测的分析功能。

分析功能是财务预测最重要的扩展功能，其核心是差异分析。通过分析预测指标的实际发生数和预测发生数的差异，有利于帮助揭示企业各项经营管理工作方面存在的问题，以利于寻找解决这些问题的途径，提高经营管理水平；通过分析不同预测模型预测结果之间的差异，比较各备选方案预期经济效益的大小，有利于企业管理者针对决策目标寻找最优的实施方案，提高决策水平；通过分析本期执行情况与前期预测情况之间的差异，有利于发现企业既定战略的优缺点，及时调整企业相关战略，在保证战略严肃性的同时，提高企业战略的适应性。

（3）财务预测的业绩评价功能。

业绩评价功能是财务预测的深化功能，是以预测导向为考核和评价各部门与个人工作业绩提供一个适当的尺度和准绳。将预测作为一种行为规范导向，就是要求各部门和个人处理好行为要求和行为控制之间的关系。预测导向的行为要求包括：①预测制定阶段的实事求是和合理的预见性；②预测执行阶段的反应速度和对不可控事件的处理；③预测调整阶段的全局观念。财务预测的行为导向就是对以上三个方面进行严格控制，据此明确相应的业绩要求。随着预测管理水平的提高，可逐步提高“战略性预测目标的实现百分比”、“对不可控事件的反应速度”和“预测执行精度”在业绩考核中的权数，对高层决策人员和企业整体，主要考核“战略性预测目标的实现百分比”；对中层管理人员和主要的利润实现部门，主要考核“对不可控事件的反应速度”；对基层管理人员和组织，主要考核“预测执行精度”。

但必须认识到，财务预测是为财务管理服务的，财务预测的功能能否恰当地发挥，取决于财务预测的质量以及人们对其的理解与利用水平，不能随意滥用或盲目轻信财务预测的结果。在财务管理领域中，影响事物未来发展的因素很多，有主观方面的，也有客观方面的，很难作出绝对准确的判断，特别是外部因素、宏观形式的变化，对企业财务活动影响很大，容易造成预测的偏差。此外，有时由于所掌握的资料不够完整和准确，整理资料和分析资料的方法不够恰当，也会影响预测的精确度。因此，企业要在实践中不断研究改进财务预测的方法，尽量减少预测的误差，以提高预测的可靠性。

3. 财务预测的原则

公司财务活动和资金运动牵涉到公司整个经营过程的各个方面，是一个复杂的动态过程。但在这个复杂的动态过程中所发生的种种事件，客观上存在着质量上或数量上的相互联系，运用预测科学和一系列定性、定量方法对收集到的资料进行整理分析，也可以找出它们之间存在的关系，确定其内在规律，由此预测公司未来经营活动中所需的资金数量、资金流转速度、资金分布状况、筹资成本等财务信息。在财务预测中，一般应遵循以下四条基本原则。

（1）连续性原则。在经济发展过程中，各种经济因素往往遵循着连续性的发展规律，就是在过去和现在的经济活动中存在着某种惯性，只要周围环境不发生重大改变，原本的活动就会持续下去，从而把未来视为历史的延伸。财务活动也不例外，因为从时间上看，财务活动在连续不断地进行着，将来的财务状况是过去和现在财务状况的继续。财务活动的这种连续性正是基于这一项原则而形成的。因此，财务预测首先必须从搜集过去和现在的资料开始，如财务报表、财务报表分析等，采用一定的方法对这些资料进行整理分析，然后推测出未来的财务状况、资金需要量和资金运动变化情况等。后面所介绍的动态财务预测方法就是基于这一原则而建立起来的。

（2）相关性原则。在财务活动中，影响公司资金运动的各种因素之间存在着一定的相互依存、相互制约的因果关系，即相关性。这些因素有的是微观的，如公司内部管理制度的变化、生产技术水平的变化；有些是宏观的，如市场条件变化、金融体制变化。因此，在进行财务预测时，我们可以利用这些因素之间的相互关系进行分析研究，找出导致这些因素变化的另一些深层因素的发展规律性，从而进行财务预测。财务因果预测方法就是基于这一原则而建立的。根据相关性原则，公司财务的预测不能孤立地进行，必须与公司的其他各种预测结合起来进行。另外，各种财务预测如资金预测、费用预测、利润预测也不宜单独进行，而应结合起来进行。

（3）相似性原则。在经济发展过程中，许多经济变量所遵循的发展规律，有时具有惊人的相似性，从而规定了经济预测工作中的相似性原则。这就是，根据财务工作中某一项活动或某一类指标的发展变化规律，推出其他财务活动或财务指标的发展规律。例如，根据销售收入增长指标推出资金需要量增长指标，根据成本费用降低水平推出资金节约量指标。

（4）数理性原则。在财务活动中，对于某个变量作一次观察的结果往往是随机的，但多次观察的结果却具有某种统计规律性。财务变量的这种规律性是应用概率论及数理统计的方法进行财务预测的基础。

必须指出：在财务活动中，财务变量发展的规律性以及财务变量之间的关系是极其复杂的，往往是多种规律同时作用的结果，这就决定了财务预测工作的复杂性，因此，常常需要同时运用上述原则进行财务预测。

二、财务预测的内容

1. 财务预测要素

任何财务预测的内容都可归为五个要素：

（1）财务预测的目标。未来财务活动的发展趋势和可能达到的水平就是财务预测的目标，这是预测要达到的结果。财务预测的结果必须用明确的数据表示出来，只有根据这种数量界限才能作出可行或不可行的抉择，才能作为业绩评价的标准。

（2）财务预测的对象。预测人员要研究的事物就是财务预测的对象。财务预测的对象包括企业的销售系统、生产系统、资金运作系统等，涉及销售量、销售收入、销售利润、生产成本、制造费用、资金筹集、资金投放等经营管理的各个方面。

（3）财务预测的根据。企业财务活动发展变化的历史情况就是财务预测的根据，一般是通过数据资料来反映的。财务预测根据的特点在于，以历史的和现实的财务信息为主要的信息依据，兼及其他经济信息，其中企业的财务报告占有重要的地位。

（4）财务预测的条件。当前已经出现和正在出现的经济环境和业务经营的变化因素就是预测的条件。财务预测条件的特点在于，以与企业的筹资、投资、收益分配活动有密切关系的金融环境变化为主，同时也包括企业供产销等生产经营条件的变化。

（5）财务预测的方法。科学的预测不能单纯依靠人们主观的感性推理、思维判断来确定，还要运用科学的预测方法，把过去的基础、变化的条件和未来可能达到的目标用数学模型恰当地描绘出来，据以推知未来。财务预测方法的建立和运用，要充分体现企业财务活动的规律性，充分反映企业财务活动中各因素的内在联系。

科学的财务预测必须具备上述五个要素，缺一不可，否则财务预测就是不完备的，当然也就不可能得到准确的预测结果。

2. 财务预测的具体内容

财务预测的对象是企业经营管理和理财活动中的资本运动，其具体的内容很多，涉及面广，但一定是发生于企业内部和外部环境之中的。因此，企业的财务预测就是联系理财的内部和外部环境，对企业资本运动中的各种财务状况进行静态和动态的预测，具体内容主要有以下几个方面：

（1）投资预测。进行投资预测，就要研究公司所处的投资环境，这些投资有的是内部的，有的是外部的；预测投资项目所能达到的规模和所能达到的技术水平；估计投资额的各项投放数，投资的回收期限，各项的投资回收额，分析比较各种不确定因素对投资效益的影响。

（2）销售收入预测。进行销售收入预测，就要预测影响销售价格和销售数量的各种因素，研究公司各种收款方针对销售收入的影响，以及比较各种不确定因素对投资效益的影响，进而预测公司的现金注入量和流入速度变化情况。

（3）成本费用预测。进行成本预测，就要预测公司在现有生产技术水平下能够达到的成本水平，各种技术改造措施对降低成本的影响，各种合理化建议对成本工作的促进作用，加上对原料市场的变化情况的了解，进而预测公司的现金注入量和流入速度变化情况。

（4）利润及其分配预测。利润分配是公司资金流出的一个重要方面，公司的利润分配要受到公司税前盈利水平、国家税收政策和公司税后利润分配方针等到多种因素的影响。利润是销售收入和成本费用相配比的产物，因此，税前利润的预测实际上就是销售收入和成本费用预测。国家税收政策要受到国家宏观经济和产业政策的影响。公司的税后利润分配方针受制于公司的长期发展战略，如果公司要想不断扩大生产规模，开拓经营范围，就应少分多留；如果公司要满足投资者的眼前利益，或许要将税后利润尽数分配给投资者后方能解决。

（5）筹资预测。在进行上述现金流入量和流出量的预测之后，公司必须根据现有的管理水平，结合存货储备要求和利润商业信用的情况综合平衡，预测公司各种资金的动态需要量和期末的应有数额，作出是否筹资的决策。进行筹资预测时，要对各种筹资渠道和筹资方式、筹资时机和期限、筹资的成本和风险、筹资环境等进行分析研究，预测公司的理想资本结构。

三、财务预测的方法

1. 财务预测方法的归类

财务预测的基本方法大致可以分为财务比率预测法、静态财务预测法和动态财务预测法。

（1）财务比率预测法是一种比较传统的财务预测方法。它是通过测度某些重要财务指标的量值以及相应的比例关系，而对需要预测的财务现象做等比例的推算。其优点是简便易行，不需要复杂的数学公式和计算工具；其缺点是无法测定和了解预测结果的精确度和把握度。

（2）静态财务预测法是根据相关的财务数据资料，运用一定的数学或统计方法建立量化模型，对静态性的财务问题进行推断的方法，由此揭示财务因素间的关联性和规律性。例如，对企业综合财务能力进行推断的平均水平预测法；对各财务因素（指标）间的数量规律性进行测算的因果预测法等。

（3）动态财务预测法是根据不同时间的财务数据资料，运用一定的数学或统计方法建立量化模型，对动态性的财务问题进行推断的方法，由此估计出财务现象未来发展变化的趋势。例如，企业长远发展战略与财务目标引导下的某种财务问题的长期趋势预测；反映企业财务在不同时间段发展变动特征的财务季节预测与财务周期预测等。

2. 财务预测的精确度

众所周知，预测的结果与实际情况不可能完全一致，误差的存在是必然的，况且实际中在做一个预测项目时可以用多个预测模型，一个模型中可能有多种预测参数，模型和参数上的差异也会产生误差。一般来说，预测误差最小的预测模型是最好的，那么作为预测项目的执行者和预测资料的使用者，了解测度预测误差的一些基本方法就显得尤为重要。衡量预测模型误差大小的常用指标，有平均误差、平均绝对误差、均方差、标准差及平均绝对百分误差。这些指标越小，说明预测的误差越小，即预测的精确度越高，反之亦然。下面就这几个指标的计算方法及优缺点作出简单说明。

（1）平均误差。平均误差（Mean Error）是实际值与预测值离差的平均数。其公式为：

$$ME=\frac{1}{n}\sum_{i=1}^{n}e_i$$

其中：e_i 为各实际值与预测值离差；n 为观察值的个数

因为 e_i 有正有负，正负互相抵消，此时无法通过 ME 的大小判断预测误差的大小。当然，如果 e_i 基本上都为正数或负数，则其不失为一个简单、实用的测量预测误差的指标，但在实际中用得不多。

（2）平均绝对误差。平均绝对误差（Mean Absolute Error）是实际值与预测值离差绝对值的平均数，它克服了平均误差的缺点。其公式为：

$$MAE=\frac{1}{n}\sum_{i=1}^{n}|e_i|$$

（3）均方差。均方差（Mean Squared Error）是实际值与预测值离差平方和的平均数。其公式为：

$$MSE=\frac{1}{n-1}\sum_{i=1}^{n}e_i^2$$

（4）标准差。标准差（Standard Deviation of Error）是均方差的平方根。其公式为：

$$SDE=\sqrt{\frac{1}{n-1}\sum_{i=1}^{n}e_i^2}$$

以上四个测定财务预测精确度的指标，都是绝对指标，其计量单位与预测对象的计量单位相同。它们越小，说明财务预测的误差越小、精度越高，在实际运用中并没有对其下限作出明确的规定。它们越大，说明财务预测的误差大，即精度小。当其大到一定程度时，财务预测将失去意义，即对财务预测误差要有上限规定。但具体运作时应根据财务预测目标和财务预测对象的不同而定，目前还没有一个统一的评判误差上限的标准。

（5）平均绝对百分误差。平均绝对百分误差（Mean Absolute Percentage error）是用百分数表示的预测误差指标，它等于实际值与预测值离差除以实际值的比值的绝对数的平均数。其计算公式为：、

$$MAPE=\frac{1}{n}\sum_{i=1}^{n}|P_{ei}|$$

其中：$P_{ei}=\frac{e_i}{Y_i}=\frac{Y_i-F_i}{Y_i}\times 100\%$；$Y_i$ 为第 i 期实际值；F_i 为第 i 期预测值。*MAPE* 越小，说明预测的精度越高。

四、财务预测的程序

无论采用何种财务预测方法，财务预测分析一般可按下列步骤进行。

1. 确定预测的对象

预测对象是预测时首先应该明确的。预测的对象应当尽可能具体、详尽，避免含糊、抽象，因为这既关系到整个财务预测活动的成败，又关系到财务预测其他步骤的顺利进行。预测对象的确定主要依据财务管理、财务决策的需要，预测对象不同，所需的资料和采用的预测方法也不尽相同。例如，对某产品的销售情况进行预测，既可以预测期销售总额，也可以预测期销售量；预测的指标有月度的、季度的和年度的；预测的时间有短期的，也有中期和长期的。只有明确了预测的对象，才能据此搜集相应的统计资料和选用合适的预测方法。

2. 收集相关的资料

根据预测的对象和要求收集大量的、全面的、准确的统计资料是财务预测的基础。为保证统计资料的准确性，还必须对统计资料进行审核、调整和推算。然后对调整后的数据进行初步的分析，画出统计图形，以观察统计数据的分布特点，作为选择适当预测模型的依据。在财务预测中，大部分依据的数字是次级资料，即已经经过加工整理、由个体过渡到总体，能够在一定程度上说明总体现象的统计资料。次级资料据其来源可分为内部资料和外部资料，内部资料是指企业内部的生产部门、财务部门、营销部门、人力资源部门及总经理办公室等企业内部机构产生的资料；外部资料包括政府部门、新闻媒体、行业及其他公共机构公布的统计资料、科研单位的研究报告以及数据供应商提供的统计资料。

3. 选择适当的预测模型和预测方法

预测的进行需要运用不同的预测模型，而预测模型的选用是否得当将直接影响预测结果的可靠性和精确度。一种预测模型可能有多种预测方法，而一种预测方法也可能用于多种预测模型。即使运用不同的预测方法对同一个预测对象进行预测，其预测结果也可能会大相径庭。因而，选择预测方法的时候不仅要考虑预测对象的特点，还要考虑预测方法本身的特征和适用条件。一般来说，在实际应用时，应尽可能对同一预测对象采用不同的预测方法，对其所产生的不同预测结果进行比较、分析，最终选择一个最有效的预测方法。

4. 分析预测的误差

选择了适当的预测模型和方法后，需要根据历史数据对模型中的有关参数进行估计。但是，不同的参数可能造成不同的预测结果，也就产生了不同的预测误差。通过计算和分析各自的误差，选择误差比较小的作为预测模型的参数。

5. 评价预测的效果

作出预测以后，随着时间的推移，应将实际的情况与预测的结果及时地进行比较，分析其可能产生的差异，找出原因，以便及时修订预测数据和预测方法，提高预测的正确性和可靠性。有时一个预测对象的预测方法需要通过多次评价和测试后才能确定，只有不断地预测分析，总结经验，才能找到适合自己情况的预测方法。

第二节 财务比率预测法

融资需求预测往往是财务预测的重点。融资需求预测需要企业首先预测出未来的销售收入和销售利润，继而预测出企业内部已有的资金来源、负债的自发增长和内部提供的资金来源，从而得到企业的融资需求。融资需求预测最常见的一种做法就是财务比例预测法。该方法是一种传统的财务预测方法，它的基本应用是通过直接比例法来预测销售利润，以及通过销售百分比法来预测资金需要量。

一、直接比例法

直接比例法是比率预测法最直接、最简单也最常用的方法。使用直接比例法预测销售利润，就是在计算本期各种利润率指标的基础上预测未来销售利润的方法，常见的利润率指标有销售利润率、成本利润率和产值利润率等。下面以销售利润率为例预测未来销售利润。

[例 1] 假设长城公司 2007 年的销售收入为 720 000 元，销售利润为 198 750元，预计下年度的销售收入为 900 000 元，试预测其 2008 年度的销售利润。

解：首先计算本年的销售利润率：

$$本期销售利润率=\frac{本期销售利润}{本期销售收入}=\frac{198\ 750}{720\ 000}=0.276$$

然后，根据预测销售收入预测下期销售利润：

预计销售利润 = 预计销售收入 × 本期销售利润率 = 900 000 × 0.276 = 248 400（元）

但是应当注意，直接比例法是一种比较简单粗糙的预测方法，只适合于该种与销售利润密切相关的指标在各期比较稳定，并且该指标的利润率也比较稳定的情况下使用。就本例而言，只适合于销售收入在各期变化不大，以及各期的销售利润率比较稳定的情况下使用。如果各期的销售利润率变化较大，则可计算多期的平均销售利润率，继而用预计销售收入来预测未来销售利润。

二、销售百分比法

财务预测销售百分比法首先假设收入、费用、资产、负债与销售收入存在稳定的百分比，根据预计销售额和相应的百分比预计资产、负债和所有者权益，然后利用会计等式确定融资需求。其基本假设前提是：①假定财务报表中各项目与销售紧密相关，其比率已知且固定不变；②假定对未来的销售预测已经完成。下面结合实例来阐述销售百分比法。

[例 2] SM 公司 2007 年资产负债表及损益表如表 10－1 和表 10－2 所示，假定公司现在还有剩余生产能力，即增加销售收入不需要进行固定资产方面的投资，预计下年度留存收益的比例为 40%，下年度的销售收入预计为 900 000 元，那么企业需要筹措多少资金用作投资呢？试通过销售百分比法计算公司 2008 年度的资金需要量。

表 10－1 SM 公司 2007 年末实际资产负债表

项 目	金额（元）	项 目	金额（元）
资产		应付账款	330 000
现金	30 000	应付票据	75 000
应收账款	270 000	应付工资	60 000
存货	480 000	流动负债小计	465 000
流动资产小计	780 000	长期借款	63 000

（续上表）

项目	金额（元）	项目	金额（元）
固定资产净值	693 000	负债合计	528 000
		实收资本	345 000
		留存收益	60 0000
资产合计	1 473 000	负债及所有者权益合计	1 473 000

表 10－2　　SM 公司 2007 年实际损益表

项目	金额（元）
销售收入	720 000
减：销售成本	453 000
销售费用	68 250
销售利润	198 750
减：管理费用	15 000
财务费用	6 750
利润总额	177 000
减：所得税（33%）	58 410
税后利润	118 590

其计算步骤如下：

确定损益表各项目与实际销售额之间的百分比；表中有些项目与销售并无多大的关系，用“N/A”表示，意为不相关；根据预计年度销售收入预计数，乘以损益表各项目与实际销售额之间的销售百分比；确定预计年度损益表各个项目的预计数，编制成销售百分比损益表（见表 10－3）。

表 10－3　　预计 SM 公司 2008 年度损益表

项目	销售百分比	预计金额（元）
销售收入	100.000%	900 000
减：销售成本	62.917%	566 253
销售费用	9.479%	85 311

（续上表）

项　目	销售百分比	预计金额（元）
销售利润	27.604%	248 436
减：管理费用	2.083%	18 747
财务费用	0.938%	8 442
利润总额	24.583%	221 247
减：所得税（33%）	N/A	73 011.51
税后利润		148 235.50
预计留存收益（40%）		59 294.20

将资产负债表中预计随销售变动而变动的项目分离出来，并相应计算其销售百分比；另一些资产及负债项目与销售变化无多大关系，仍用“N/A”（不相关）表示。在财务上，一般将那些与销售同步变化的项目称为敏感资产项目和敏感负债项目，而那些与销售变化无关的项目则称为非敏感项目。根据预计年度销售收入数，乘以敏感项目的销售百分比，而非敏感项目的数字暂且照抄，确定预计年度资产负债表各项目的预计数，编制销售百分比资产负债表（见表10－4）。

表10－4　　预计SM公司2008年度资产负债表

项　目	销售百分比	预计金额（元）
资产		
现金	4.167%	37 503
应收账款	37.500%	337 500
存货	66.667%	600 003
流动资产小计	108.333%	975 006
固定资产净值	N/A	693 000
资产合计		1 668 006
应付账款	45.833%	412 497
应付票据	10.417%	93 753
应付工资	8.333%	7 4997
流动负债小计	64.583%	581 247
长期借款	N/A	63 000

（续上表）

项　目	销售百分比	预计金额（元）
负债合计		64 4247
实收资本	N/A	345 000
留存收益	N/A	659 294. 20
追加筹资额（资金缺口）		19464. 8
负债及所有者』权益合计		1 668 006

从表 10－4 中可以看出，在资产方面除固定资产外，其他资产都随着销售增加而增加；在权益方面，应付账款、应付费用也会随着销售增加而增加。而长期负债、实收资本等项目不会相应自动增加，公司的盈余如果不全部分配给股东，那么留存收益也会随销售收入的增加而增加。由于公司资产总额的增加和融资结果的变化，造成了资金缺口，这就使企业需要增加投资额，需要从内部和外部安排筹资，以确保公司财务的平衡。公司内部资金来源即是预计留存收益增加额，总资金缺口扣除预计留存收益以后的余额即对外筹资额。为简便起见，我们也可利用下面的公式来计算：

$$D = \Delta s\ (\Sigma a - \Sigma b) - \Delta E$$

式中：D 表示对外筹资额；Δs 表示预计年度销售增加额；Σa 表示敏感资产项目销售百分比之和；Σb 表示敏感负债项目销售百分比之和；ΔE 表示预计年度留存收益增加数。

因此，预计年度对外筹资额 =（900 000 － 720 000）×（108. 333% － 64. 583%）－59 294. 20≈19 464. 8（元）

在考察了销售百分比法的运用过程后可以发现，该方法及时反映了公司预计年度的资金缺口，这个资金缺口可以通过内部筹资来源来解决，不足之处再对外追加筹资。该方法不但使用成本低，而且也便于了解主要变量之间的关系，是一种比较简单实用的方法。

三、资金需求增长预测

由于公司要谋求在未来有长远的发展，销售增长和对资金需求的不断增加是任何公司都无法回避的问题。公司增长的财务意义是资金增长。在销售增长时公司往往需要补充充分的资金，才能真正为公司的持续发展提供保障，这主要是因为销售增加通常会引起存货和应收账款等资产的增加。销售增长得越多，需要的资金越多。

1. 销售增长与资金需求的关系

公司的发展与增长，很大程度表现在其销售的增长规模上，而公司销售规模的增长必然会导致公司资金需求的增加。从资金来源上看，公司增长的实现方式有三种。

（1）外延式增长，即主要依靠追加外部资金来实现公司的增长。从外部筹资，包括增加债务和股东投资，可以提高增长率。然而主要依靠外部资金实现增长是不可能长久的，增加负债会使公司的财务风险增加，筹资能力下降，最终会使借款能力完全丧失；增加股东投入资本，不仅会分散控制权，而且会稀释每股盈余，除非追加股资有更高的回报率，否则不能增加股东财富。

（2）内涵式增长，即完全依靠内部资金的积累来实现增长。如有些小公司无法取得必要的借款，或有些大公司不愿意借款等原因，它们都主要是依靠内部积累实现增长。内部的财务资源是有限的，往往会限制公司的发展，无法充分利用扩大公司财富的机会。

（3）平衡式增长，即保持目前的财务结构和适度的财务风险，将外部融资和内部资金积累相结合来满足公司增长的方式。一般按照股东权益的增长比例增加借款，以此支持销售增长。这种增长率一般不会消耗公司的财务资源，是一种可持续的增长。

公司无论采取哪种增长方式，首先都必须明确在一定销售增长的前提下，公司资金需求的增长量和筹集的形式，如采取外部筹资、内部积累的筹资或两者兼而有之。这里主要讨论在不同筹资方式下，公司的销售增长与其内外部筹资的对应关系，为公司有效的资金预测提供依据。

2. 外延式增长

既然销售增长会带来资金需求的增加，那么销售增长和外部筹资需求之间就会有函数关系，根据这种关系，就可以直接计算特定增长下的筹资需求。假设它们成正比例，两者之间有稳定的百分比，即销售额每增长 1 元需要追加的外部筹资额，可将其称为“外部筹资额占销售增长的百分比”，简称“外部筹资销售增长率”。

其计算方法是：首先计算出在一定销售增长状况下公司需要的外部筹资额，然后再根据其计算出相应的外部筹资销售增长率。

根据公司一定时期销售增长、资产和负债的销售百分比和公司预期的股利支付率等，就能测算出公司一定时期在特定销售增长下所需的外部筹资额，计算公式如下：

外部筹资额 =（资产销售百分比 × 新增销售额）－（负债销售百分比 × 新增销售额）－ 销售净利率 × 计划销售额 ×（1 － 股利支付率）

［例3］ 某公司相关资料如下：

年度资产销售百分比：60%

年度负债销售百分比：20%

公司销售净利率：5%

公司销售增长率：25%（基期2 000万元，报告期2 500万元）

预计股利支付率：30%

可计算确定公司的外部筹资额如下：

外部筹资额 =（60% ×500）－（20% ×500）－［5% ×2 500 ×（1 －30%）］=300 －100 －87.5 =112.5（万元）

根据上述公式的计算，进一步引进基期销售额和销售增长率，就能得出下列公式：

外部筹资销售额 =（基期销售额 × 销售增长率 × 资产销售百分比）－（基期销售额 × 销售增长率 × 负债销售百分比）－ 销售净利率 × 基期销售额 ×（1 + 销售增长率）×（1 － 股利支付率）

两边同除以"基期销售额 × 销售增长率"，得出下列公式：

外部筹资销售增长率 = 资产销售百分比 － 负债销售百分比 － 销售净利率 ×（1 + 销售增长率）÷ 销售增长率 ×（1 － 股利支付率）

根据上述资料进行计算，便可得出公司当时的"外部筹资销售增长率"。计算如下：

外部筹资销售增长率 =60% －20% －5% ×（1.25 ÷0.25）×（1 －30%）=40% －17.5% =22.5%

将该外部筹资销售增长率乘以预计销售增长额，就能计算出外部筹资额，并与上述计算结果核对，说明在一定销售增长状态下，公司资金增长的实际金额。

外部融资额 = 销售增长额 × 外部筹资销售增长率 =500 ×22.5% =112.5（万元）

如果公司实际销售增长水平发生变化，那么这种外部筹资的销售增长率指标和外部增长额也作出相应的变化和反映。

如果公司预期销售增长 250 万元，即销售增长率为 12.5%，就会发生如下变化：

外部筹资额 =（60% ×250）-（20% ×250）-［5% ×2 250 ×（1 -30%）］=150 -50 -78.75 =21.25（万元）

外部筹资销售增长率 =60% -20% -5% ×（1.125 ÷0.125）×（1 -30%）=40% -31.5% =8.5%

用外部筹资销售增长率与销售增长额之乘积进行检验，得出的结果是相同的。

外部筹资额 =250 ×8.5% =21.25（万元）

3. 内涵式增长

销售额增加引起的资金需求增长，有两种途径来满足：一是内部保留盈余的增加，二是外部融资，包括借款和股权融资，不包括负债的自然增长。如果公司暂时不能从外部筹资获得资金，或由于公司特殊的财务状况和资金管理要求不打算从外部进行筹资，那么公司就必须通过内部积累资金来解决销售增长所造成的资金需求增长问题，但这在一定程度上会限制公司销售的增长，减弱其发展能力。

公司的销售在保持原来盈利率和股利分配率的状态下，如果公司将对外筹资额确定为零，即不对外筹集资金，而此时公司的销售仍能保持一定的增长率，那么此销售增长率称为“内涵增长率”。因为它无须对外扩大筹资，仅靠其销售利润的积累就能满足其销售的增长。

计算的基本原理是将公式中的外部筹资销售增长率设为零，其对应的销售增长率就是零对外筹资下的销售增长率，也即内涵增长率。

外部筹资销售增长率 =60% -20% -5% ×（1 +销售增长率）÷销售增长率 ×（1 -30%）=0

计算得出：销售增长率 =9.59%，此时对外筹资额为 0。

除了上述通过销售利润的留存来保持公司的增长率外，公司也可以通过其他多种内部资金的积累和效率的提高来实现其增长和发展的目的。例如，公司一定时期折旧资金的沉淀就是公司能将其作为增长所需发展资金的重要来源；又如，公司通过提高生产和管理的效率，提高劳动生产率和降低成本，就能适度降低公司的资产销售百分比，降低公司的生产成本和资金成本，公司就必然会积累剩余资金进一步增加公司的发展能力。另外，不断提高公司的资金周转率，提升公司资金的利用水平，这样就能使公司在同样资金规模下不断扩大销售规模和提升销售增长率，它也是增强公司内涵增长率水平的重要方法。

关于内涵增长率的计算公式，其与前述将公司外部筹资设为0的公式是一样的，如果公司既要保持一定的销售增长率，又决定不对外增加筹资额，那就只能通过内部增加积累才能满足公司资本增长的要求。如果公司不能对外筹资，那么这项资金的缺口额就必须通过内部资金的积累来完成，这同样也可以计算出内部筹资销售增长率和相应的指标。如公司预期在不对外筹资的基础上，公司将保持20%的增长率，计算如下：

内部筹资额＝(60%×400)－(20%×400)－[5%×2 400×(1－30%)]＝240－80－84＝76（万元）

内部筹资销售增长率＝60%－20%－5%×(1.20÷0.20)×(1－30%)＝40%－21%＝19%

内部筹资额＝400×19%＝76（万元）

第三节 静态财务预测法

前面我们讲述了对建立在销售收入上的销售利润和筹资需求等的预测。那么，销售收入该如何预测呢？另外，企业还要关心成本和利润分配等一系列指标，这些指标又该如何预测呢？其实，这些项目的预测一般离不开一种实用的方法，即静态财务预测法。静态财务预测法，是指使用静态预测方法来对财务指标进行预测。那么，是否存在一种与静态财务预测法相对应的方法呢？的确存在，它就是动态财务预测法。在下一节中，我们将详细介绍这种方法。静态财务预测法和动态财务预测法之分在于该预测方法是动态的还是静态的，而不在于财务指标本身。通常情况下，一项财务指标的预测可以使用静态财务预测方法，也可以使用动态财务预测方法。例如，对下一年销售收入的预测，我们可以使用主观概率法等静态财务预测方法来预测其平均水平，也可使用财务趋势预测等动态财务预测方法来预测其未来走势。静态财务预测方法有财务水平预测法和财务因果预测法。

一、财务平均水平预测法

财务水平是指财务指标在某时期或时点所能达到的状态，包括财务总水平和财务平均水平，如明年年底的销售收入总水平、明年的应收账款平均水平等。在这里我们只介绍财务平均水平预测。

财务平均水平预测法的常见做法，就是估计出可能发生某种情况的概率及其相对应的水平来计算其数学期望，从而预测出某项指标的未来值。

主观概率是一种心理评价，判断中具有明显的主观性。主观概率的测定因人而异，受人的心理影响较大。谁的判断更接近实际，主要取决于预测者的经验、知识水平和对预测对象的把握程度。

一般情况下，对主观概率的预测，我们通常使用专家预测法。

专家预测法，主要是指依靠经验丰富的专业人士和专家学者凭借个人或集体的经验和判断能力，并根据有关资料和数据作出判断而进行预测的方法。这里所说的专家，是指本专业中有较高理论水平或有丰富实践经验的人，如教授、会计师、经理等。专家的人数可多可少，经验表明预测小组的专家人数一般以 10 ~ 50 人左右为宜，具体要视预测问题的规模来定。

专家预测法最常用的方式有头脑风暴法和德尔菲法。

头脑风暴法是由奥斯邦（A. F. Osborn）于 1957 年提出的，提出后很快就得到广泛的应用。我国是改革开放以后引入此法的，之后很快就得到有关方面的重视。头脑风暴法是通过一组专家共同开会讨论，进行信息交流和互相启发，从而激发出专家们的创造性思维，以达到互相补充，并产生“组合效应”的预测方法。它既可以获取所要预测事件的未来信息，也可以分析清楚一些问题的影响，特别是一些交叉事件的相互影响。

德尔菲法（Delphi Method）是对头脑风暴法的发展和完善。它是以匿名方式，通过多轮函询专家对预测事件的意见，由组织者进行集中汇总，最终得出较为一致的专家预测意见的一种经验判断法。

当然，除了上述的两种方法外，我们还可以利用其他的方法来预测出主观概率。

预测出可能出现的某种情况的概率和水平后，我们便可以将二者相乘，再求和，从而计算出综合预测值。

例如，某企业召集专家使用头脑风暴法对明年销售收入进行预测，认为可能出现三种情况，即情况良好、情况一般和情况糟糕。情况良好时，销售收入为 100 万元，主观概率为 0.3；情况一般时，销售收入为 50 万元，主观概率为 0.5；情况糟糕时，销售收入为 10 万元，主观概率为 0.1。那么，明年销售收入预测值为：$100 \times 0.3 + 50 \times 0.5 + 10 \times 0.2$（万元）

但这仍是不够的，因为我们还需要知道预测的偏差是多少，以便对我们的综合预测值进行修正。一般地，描述平均偏差程度的指标主要是方差与标准差。方差和标准差的计算在这里不再赘述。

根据上面公式计算出平均偏差程度后，我们便可以利用它来对综合预测值进行修正。具体的做法可见下面的例子。

［例4］ FMH 公司欲对 2008 年首季度空调产品的销售额进行预测，且预测工作主要由市场营销部和投资计划部来完成。运用主观概率加权平均法对 FMH 公司 2008 年第一季度的空调产品销售量进行预测。

首先，要确定主观概率。这是指以主观概率为权数，计算两部门预测人员的最高销售、最低销售和最可能销售的加权算术平均数，作为预测期望值。如表 10－5 所示：

表 10－5 FMH 公司市场营销部对空调销售量预测表

预测专家	估计	销售额（万元）	主观概率	销售×概率
甲	最高销售	1 100	0. 2	220
	最可能销售	900	0. 5	450
	最低销售	700	0. 3	210
	期望值			880
乙	最高销售	1 000	0. 2	200
	最可能销售	800	0. 6	480
	最低销售	600	0. 2	120
	期望值			800
丙	最高销售	900	0. 3	270
	最可能销售	700	0. 4	280
	最低销售	500	0. 3	150
	期望值			700

如预测员甲的期望值为：

$$\frac{1\ 100 \times 20 + 900 \times 50 + 700 \times 30}{100} = 880\text{（万元）}$$

其次，以主观概率为权数，计算每人期望值的平均数。如果三位预测人员的判断能力不相上下，其主观概率各为 1/3，则三人的平均销售额为：

$$\frac{880 + 800 + 700}{3} = 793.33\text{（万元）}$$

同理，如果投资计划部预测员甲的期望值为 950 万元，乙的期望值为 750

万元，二人的主观概率各为50%，则投资计划部预测员预测的平均销售额为：

$$\frac{950+750}{2}=850\text{（万元）}$$

如果投资计划部预测人员的主观概率为60%，市场营销部预测人员的主观概率为40%，则该公司下一年首季的预测销售额为：

$$\frac{793.33\times 60+850\times 40}{100}=816\text{（万元）}$$

上述每人期望值的主观概率，主要根据过去预测的准确程度来确定。

最后，计算平均偏差程度，校正预测结果。这是指将过去若干季的实际数和预测数进行对比，计算比率、平均比率和平均偏差程度。

假设过去8个季度的实际数与预测数之比，如表10－6所示：

表10－6　　8个季度的实际数与预测数之比

季次	1	2	3	4	5	6	7	8	平均比率（%）
实际数/预测数	0.98	1.03	1.02	0.86	0.97	1.02	0.93	1.04	0.98

平均比率是各季比率的简单算术平均数，为98%，就是说实际数比预测数有高有低，但平均为98%；同时也表明，平均偏差程度为2%，即实际数比预测数平均低2%。因此，应将预测数扣除2%后再进行校正。经校正后，该公司下一年首季预测销售额为：

$$816\times 98\%=799.68\text{（万元）}$$

二、财务因果预测法

我们可以从另外一个角度来考虑诸如销售收入预测等预测问题。生产成本离不开生产量，利润分配离不开销售利润，它们之间构成了因果关系。因此，我们可以使用销售成本数据来对销售收入进行预测，事实上，在财务活动中，影响公司资金运动的各种因素之间存在着一定的相互依存、相互制约的因果关系，因此在进行财务预测时，我们可以利用这些因素之间的相互关系进行分析研究，找出导致这些因素变化的另一些深层因素的发展规律性，从而进行财务预测。即使用影响了目标财务指标的另一些财务指标的历史数据来协助该指标的预测，这就是财务因果预测方法。其实，它是一种通过寻找财务预测对象与影响因素之间的因果关系来建立回归模型进行预测的方法。其特点是，将影响财务预测对象的因素进行分解，在考察各个因素的变动中估计预测对象未来的数量状况。

毫无疑问，影响某一财务指标的因素可能不止一个。如果只考虑目标财务指标的一个影响因素来对目标财务指标进行预测，就叫做财务单因素预测法，否则叫财务多因素预测法。由于财务多因素预测法的原理与财务单因素预测法的类似，而且财务多因素预测法的计算比较复杂，所以在此只介绍财务单因素预测法。

财务单因素预测法通过建立目标财务指标和财务影响因素之间的模型来预测目标财务指标的未来值。具体的做法可见下例。

［**例5**］已知CKF公司微波炉的有关历史资料如表10－7，又假设该公司2008年第一季度的微波炉销售量为2 200台。试预测该公司2008年第一季度的微波炉销售成本。

表10－7　**CKF公司微波炉历史销售利润表**

年份	季度	销售量（台）	销售收入（元）	销售成本（元）	销售利润（元）
2005	1	1 922	961 000.00	518 822.60	442 177.40
2005	2	1 314	657 000.00	380 674.40	276 325.60
2005	3	1 755	912 600.00	530 248.40	382 351.60
2005	4	1 123	58 3960.00	349 293.20	234 666.80
2006	1	989	494 500.00	325 095.60	169 404.40
2006	2	1 050	525 000.00	348 573.40	176 426.60
2006	3	1 274	637 000.00	392 620.40	244 379.60
2006	4	1 401	672 480.00	461 488.80	210 991.20
2007	1	1 992	956 160.00	673 076.40	283 083.60
2007	2	2 066	1 033 000.00	672 310.20	360 689.80
2007	3	2 307	1 107 360.00	702 812.40	404 547.60
2007	4	2 030	1 015 000.00	650 875.00	36 4125.00
合计	—	19 223	9 555 060.00	6 005 890.60	3 549 169.20

解：预测模型为 $\hat{Y}_i = a + bX_i$，其中，以销售量为自变量，销售成本为因变量。通过最小二乘法可得到：

$$\{a=\bar{y}-b\bar{x}\}=11\ 815.08$$

$$b=\frac{\sum_{i=1}^{n}(x_i-\bar{x})(y_i-\bar{y})}{\sum_{i=1}^{n}(x_i-\bar{x})^2}=305.06$$

因此，销售成本的预测方程为：

y（预测销售成本）$=11\ 815.08+305.06X$（销售量）

从而可以得到该公司 2008 年第一季度的微波炉销售成本为：

$y=11\ 815.08+305.06\times 2\ 200=682\ 947.08$（元）

第四节　动态财务预测法

当然，我们也可以不用借助其他财务影响因素，而直接使用目标财务指标的历史数据来对其未来值进行预测。例如，我们可以不必使用生产量数据来协助生产成本的预测，而直接使用生产成本的数据来对其进行预测。根据过去的生产量，找到其未来发展的规律，以推断生产成本的未来数值，这就要使用动态财务分析方法。其立足的基本假设是：过去的变化规律会持续到未来，即未来是过去的延伸。考虑到有些财务指标具有季节变动规律而另一些则没有，如生产冷饮食品的企业每年夏季的销售收入一般都比冬季的要高。因此，动态财务预测方法只有两种，一种是财务趋势预测法，即根据财务指标的连续时期或时点的历史数据来对该财务指标未来值进行预测；另一种方法则考虑财务季节变动，叫财务季节变动预测法。

一、财务趋势预测法

通常我们可以看到，许多企业在一段较长的时间内某些财务指标会呈现出持续增长或持续下降的基本趋势。这样的例子很多。例如，处于发展期的企业其销售收入往往在较长的一段时间内呈持续增长的趋势，而处于衰退期的企业则很有可能相反。这样我们便可以观察目标财务指标的时序趋势，测定其内在的规律性，从而达到预测其未来值的目的，这就使用到了财务趋势预测法。

财务趋势预测法的核心思想是消除不规则因素的影响，从而可以观察到时序的长期趋势，以对目标财务指标做出预测。通常使用下列几种方法来消除不规则因素的影响：①时距扩大法；②移动平均法；③指数平滑法。除此之外，还有其他方法，如最小平方法等，由于篇幅所限，我们只介绍前面三种方法。

［例 6］已知 DCB 公司 1993—2007 年服装销售情况如表 10－8，试用财务趋势预测法来预测该公司 2008 年的销售收入。

表 10－8　　DCB 公司 1993—2007 年服装销售收入表　　单位：百万元

年份	年次	销售收入
1993	1	10
1994	2	11
1995	3	13.5
1996	4	13
1997	5	16
1998	6	18.5
1999	7	25.8
2000	8	30
2001	9	34
2002	10	50
2003	11	52.2
2004	12	51
2005	13	52.6
2006	14	53
2007	15	53.4

解：①我们可以考虑将该公司历年销售时间收入序列中若干时期加以合并，即扩大时距，以消除较小时距单位所受到的不规则变动影响，得到的便是时间序列的长期变化趋势，以便利用该趋势来预测财务指标的未来值。我们现将时距扩大为 3 年，其情况如表 10－9：

表 10－9　　服装销售收入时距扩大表　　单位：百万元

年份	1993—1995	1996—1998	1999—2001	2002—2004	2005—2007
销售收入	34.5	47.5	89.8	153.2	159

从表 10 - 9 可以看出，该公司的销售收入呈现出不断增长的趋势。

②另外，我们也可以使用移动平均的方法来消除不规则因素的影响，从而得到时间序列的长期趋势。假设步长为 3，对上例使用移动平均法，其情况如表 10 - 10：

表 10 - 10　　移动平均法预测 DCB 公司 2008 年的销售收入

年份	年次	销售收入	3 期移动平均
1993	1	10	—
1994	2	11	—
1995	3	13. 5	11. 5
1996	4	13	12. 5
1997	5	16	14. 2
1998	6	18. 5	15. 8
1999	7	25. 8	20. 1
2000	8	30	24. 8
2001	9	34	29. 9
2002	10	50	38
2003	11	52. 2	45. 4
2004	12	51	51. 1
2005	13	52. 6	51. 9
2006	14	53	52. 2
2007	15	53. 4	53
2008	16	—	

注：最后一列第一个数据 11. 5 = （10 + 11 + 13.5）/3，第二个 12. 5 = (11 + 13. 5 + 13）/3，以此类推即可。

因此，DCB 公司 2008 年的销售收入为 5 300 万元。

③ 除了前种方法之外，我们还可以使用指数平滑法来消除不规则因素的影响。表 10 - 11 列示了该种方法（选取权系数 $\alpha = 0.8$）：

表 10－11　　指数平滑法预测 DCB 公司 2008 年的销售收入

年份	年次	销售收入	一次指数平滑值 $S_t^{(1)}$	趋势预测值
1993	1	10	10.3	—
1994	2	11	10.86	10.3
1995	3	13.5	12.97	10.86
1996	4	13	12.99	12.97
1997	5	16	15.40	12.99
1998	6	18.5	17.88	15.40
1999	7	25.8	24.22	17.88
2000	8	30	28.84	24.22
2001	9	34	32.97	28.84
2002	10	50	46.59	32.97
2003	11	52.2	51.08	46.59
2004	12	51	51.02	51.08
2005	13	52.6	52.28	51.02
2006	14	53	52.86	52.28
2007	15	53.4	53.29	52.86
				53.29

注：第四列第一个数据计算公式（$10+11+13.5)\div 3\times 0.2+10\times 0.8=10.3$，其余的运用公式 $S_t^{(1)}=ay_t+(1-a)s_{t-1}^{(1)}$ 便可计算得出。

二、财务季节变动预测法

由于自然条件、社会条件的影响，有一些企业的财务指标在一年内会随着季节的转变而发生周期性的变化。如生产季节性商品的企业，它的销售收入等财务指标会有明显的规律性，而且年复一年地呈现出这种规律性。因此，我们可以利用这种季节变动的规律性来对目标财务指标的未来值进行预测，这就是财务季节变动预测法。

［例 7］已知 MCY 冷冻食品公司 2004 年至 2007 年各季销售冰激凌资料（如表 10－12），试预测该公司 2008 年各季的销售量。

表 10－12　　MCY 冷冻食品公司 2004—2007 年各季销售冰激凌资料表　　单位：十万只

年 / 季	1	2	3	4
2004	4	30	17	2
2005	4.2	34	16	1.8
2006	4	39	18	2.3
2007	5	45	20	3

解：从上表可以看出，MCY 冷冻食品公司 2004 年至 2007 年冰激凌销售量带有季节规律性，因此我们可以使用财务季节变动预测法来对该公司 2008 年各季的冰激凌销售量进行预测（见表 10－13）。

表 10－13　　冰激凌销售量直线模型计算表

时间	时间 x	销售量 y	X^2	xy	趋势值 T	Y/T
2004.1	－15	4	225	－60	13.5	0.30
2004.2	－13	30	169	－390	13.74	2.18
2004.3	－11	17	121	－187	13.98	1.22
2004.4	－9	2	81	－18	14.22	0.14
2005.1	－7	4.2	49	－29.4	14.46	0.29
2005.2	－5	34	25	－170	14.7	2.31
2005.3	－3	16	9	－48	14.94	1.07
2005.4	－1	1.8	1	－1.8	15.18	0.12
2006.1	1	4	1	4	15.42	0.26
2006.2	3	39	9	117	15.66	2.49
2006.3	5	18	25	90	15.9	1.13
2006.4	7	2.3	49	16.1	16.14	0.14
2007.1	9	5	81	45	16.38	0.31
2007.2	11	45	121	495	16.62	2.71

（续上表）

时间	时间 x	销售量 y	X^2	xy	趋势值 T	Y/T
2007.3	13	20	169	260	16.86	1.19
2007.4	15	3	225	45	17.1	0.18
合计	0	245.3	1360	167.9	244.8	16.03

从而可以求出：

$$a=\frac{\sum y}{n}=\frac{245.3}{16}=15.3$$

$$b=\frac{\sum xy}{\sum x^2}=\frac{167.9}{1360}=0.12$$

长期趋势直线模型：$T_x=15.3+0.12x$

将天数 x 代入上面这个模型，即可求出各季长期趋势值 T 和 2008 年的各季预测长期趋势值。2008 年各季冰激凌销售量长期趋势预测值（见表 10-14）。

表 10-14　　2008 年各季冰激凌销售量长期趋势预测值

	2008.1	2008.2	2008.3	2008.4
长期趋势预测值	17.34	17.58	17.82	18.06

另外，根据表 10-14 可以求出各个季节指数（见表 10-15）。

表 10-15　　季节指数计算表

年份	1	2	3	4	合计
2004	0.3	2.18	1.22	0.14	—
2005	0.29	2.31	1.07	0.12	—
2006	0.26	2.49	1.13	0.14	—
2007	0.31	2.71	1.19	0.18	—
同期平均	0.290	2.423	1.153	0.145	4.01
季节指数	0.289	2.416	1.150	0.145	4

用季节指数乘以长期趋势预测值，便可预测出2008年各季冰激凌销售量（见表10－16）。

表10－16　2008年各季冰激凌销售量

时间	季节指数	长期趋势预测值	销售预测值
2008. 1	0. 289	17. 34	5. 01
2008. 2	2. 416	17. 58	42. 47
2008. 3	1. 150	17. 82	20. 49
2008. 4	0. 145	18. 06	2. 62

本章小结

财务预测是预测的一个分支，是指从事财务活动的个人或组织为了减少其决策的失误，根据财务主体财务活动发展变化的历史数据资料，考虑当前已经出现和正在出现的变化因素，运用经济数学方法和现代计算技术，发现并掌握财务活动发展过程固有的规律性，对财务主体未来的财务活动趋势作出科学推测。

财务预测主要具有预测、分析及业绩评价三项功能。在财务预测中，一般应遵循以下四条基本原则，即连续性原则、相关性原则、相似性原则和数理性原则。财务预测的内容通常包括：投资预测，销售收入预测，成本预测，利润分配预测和筹资预测。它一般可按以下几个步骤进行：①确定预测的对象；②收集相关资料；③选取适当的预测模型和预测方法；④分析预测的误差；⑤评价预测的效果。预测的结果与实际情况不可能完全一致，即误差的存在是必然的。衡量预测模型误差大小的常用指标有平均误差，平均绝对误差，均方差，标准差及平均绝对百分误差。

常用的财务定量预测法主要包括财务比率预测法、静态财务预测法和动态财务预测法。其中，财务比率预测法最常见的应用是通过直接比例法来预测销售利润，以及通过销售百分比法来预测资金需要量。静态财务预测法主要包括财务水平预测法和财务因果预测法，动态财务预测法主要包括财务趋势预测法和财务季节变动预测法。

主要名词

财务预测　财务比率预测法　静态财务　动态财务　财务水平预测法
财务因果预测法　财务趋势预测法　财务季节变动预测法　预测误差

复习思考题

1. 试述财务预测的三项基本功能。
2. 试述财务预测的基本内容。

习题

1. 利用下表的数据，分别采用移动平均法和指数平滑法分析 K&E 公司 2008 年 1 月等离子电视机的销售量。其中，移动平均法分别选用 $T=3$、$T=5$ 进行计算；指数平滑法以 2007.1 的实际观察值为初始值，并分别采用 $a=0.3$、$a=0.5$ 为平滑系数进行计算。

年份	月份	销售量（台）
2007	1	203
2007	2	214
2007	3	229
2007	4	223
2007	5	220
2007	6	198
2007	7	207
2007	8	228
2007	9	206
2007	10	226
2007	11	247
2007	12	259
合计	—	2660

2. 某公司2007年末简要资产负债表如下：

某公司2007年末实际资产负债表

资产	金额（元）	负债及所有者权益	金额（元）
		应付账款	17 610
现金	6 000	应付票据	10 000
应收账款	24 000	短期借款	31 490
存货	40 000	应付费用	900
		长期负债	40 000
固定资产净值	130 000	实收资本	60 000
		资本公积	20 000
		留存收益	20 000
资产合计	200 000	负债及所有者权益合计	200 000

该公司2007年的销售收入为300 000元，销售净利率为10%，如果2008年的销售收入为400 000元，公司的利润分配给投资人的比率为50%。该公司流动资产和固定资产都随正比例变动；负债与所有者权益方，应付款和应付费用也会随销售的增加而增加；而其他负债项目和所有者权益项目与销售无关。

要求：（1）根据销售总额确定从公司外部融资需求；

（2）根据销售增加量确定从公司外部融资需求；

（3）计算“外部融资销售增长率”及2006年的外部融资额；

（4）计算“仅靠内部融资的增长率”。

3. 某公司某种产品产量与单位成本资料如下：

某公司某种产品产量与单位成本资料表

年份	1999	2000	2001	2002	2003	2004	2005	2006
产品产量（万件）	2	3	4	3	4	5	6	7
单位成本（元/件）	73	72	71	73	69	68	66	65

已知2007年产量为7万件，试选用适当的预测方法对该公司2007年的单位成本进行预测。

附　录

附表一　　复利终值系数表　　$(F/P, i, n) = (1+i)^n$

n \ i	1%	2%	3%	4%	5%	6%	7%	8%	9%	10%
1	1.0100	1.0200	1.0300	1.0400	1.0500	1.0600	1.0700	1.0800	1.0900	1.1000
2	1.0201	1.0404	1.0609	1.0816	1.1025	1.1236	1.1449	1.1664	1.1881	1.2100
3	1.0303	1.0612	1.0927	1.1249	1.1576	1.1910	1.2250	1.2597	1.2950	1.3310
4	1.0406	1.0824	1.1255	1.1699	1.2155	1.2625	1.3108	1.3605	1.4116	1.4641
5	1.0510	1.1041	1.1593	1.2167	1.2763	1.3382	1.4026	1.4693	1.5386	1.6105
6	1.0615	1.1262	1.1941	1.2653	1.3401	1.4185	1.5007	1.5809	1.6771	1.7716
7	1.0721	1.1487	1.2299	1.3159	1.4071	1.5036	1.6058	1.7138	1.8280	1.9487
8	1.0829	1.1717	1.2668	1.3686	1.4775	1.5938	1.7182	1.8509	1.9926	2.1436
9	1.0937	1.1951	1.3048	1.4233	1.5513	1.6895	1.8385	1.9990	2.1719	2.3579
10	1.1046	1.2190	1.3439	1.4802	1.6289	1.7908	1.9672	2.1589	2.3674	2.5937
11	1.1157	1.2434	1.3842	1.5395	1.7103	1.8983	2.1049	2.3316	2.5804	2.8531
12	1.1268	1.2682	1.4258	1.6010	1.7959	2.0122	2.2522	2.5182	2.8127	3.1384
13	1.1381	1.2936	1.4685	1.6651	1.8856	2.1329	2.4098	2.7196	3.0658	3.4523
14	1.1495	1.3195	1.5126	1.7317	1.9799	2.2609	2.5785	2.9372	3.3417	3.7975
15	1.1610	1.3459	1.5580	1.8009	2.0789	2.3966	2.7590	3.1722	3.6425	4.1772

（续上表）　　$(F/P, i, n) = (1+i)^n$

n \ i	1%	2%	3%	4%	5%	6%	7%	8%	9%	10%
16	1.1726	1.3728	1.6047	1.8730	2.1829	2.5404	2.9522	3.4259	3.9703	4.5950
17	1.1843	1.4002	1.6528	1.9479	2.2920	2.6928	3.1588	3.7000	4.3276	5.0545
18	1.1961	1.4282	1.7024	2.0258	2.4066	2.8543	3.3799	3.9960	4.7171	5.5599
19	1.2081	1.4568	1.7535	2.1068	2.5270	3.0256	3.6165	4.3157	5.1417	6.1159
20	1.2202	1.4859	1.8061	2.1911	2.6533	3.2071	3.8697	4.6610	5.6044	6.7275
21	1.2324	1.5157	1.8603	2.2788	2.7860	3.3996	4.1406	5.0338	6.1088	7.4002
22	1.2447	1.5460	1.9161	2.3699	2.9253	3.6035	4.4304	5.4365	6.6586	8.1403
23	1.2572	1.5769	1.9736	2.4647	3.0715	3.8197	4.7405	5.8715	7.2579	8.2543
24	1.2697	1.6084	2.0328	2.5633	3.2251	4.0489	5.0724	6.3412	7.9111	9.8497
25	1.2824	1.6406	2.0938	2.6658	3.3864	4.2919	5.4274	6.8485	8.6231	10.835
26	1.2953	1.6734	2.1566	2.7725	3.5557	4.5494	5.8074	7.3964	9.3992	11.918
27	1.3082	1.7069	2.2213	2.8834	3.7335	4.8823	6.2139	7.9881	10.245	13.110
28	1.3213	1.7410	2.2879	2.9987	3.9201	5.1117	6.6488	8.6271	11.167	14.421
29	1.3345	1.7758	2.3566	3.1187	4.1161	5.4184	7.1143	9.3173	12.172	15.863
30	1.3478	1.8114	2.4273	3.2434	4.3219	5.7435	7.6123	10.063	13.268	17.449
40	1.4889	2.2080	3.2620	4.8010	7.0400	10.286	14.794	21.725	31.408	45.259
50	1.6446	2.6916	4.3839	7.1067	11.467	18.420	29.457	46.902	74.358	117.39
60	1.8167	3.2810	5.8916	10.520	18.679	32.988	57.946	101.26	176.03	304.48

（续上表）　　　　$(F/P,\ i,\ n) = (1+i)^n$

n \ i	12%	14%	15%	16%	18%	20%	24%	28%	32%	36%
1	1.1200	1.1400	1.1500	1.1600	1.1800	1.2000	1.2400	1.2800	1.3200	1.3600
2	1.2544	1.2996	1.3225	1.3456	1.3924	1.4400	1.5376	1.6384	1.7424	1.8496
3	1.4049	1.4815	1.5209	1.5609	1.6430	1.7280	1.9066	2.0872	2.3000	2.5155
4	1.5735	1.6890	1.7490	1.8106	1.9388	2.0736	2.3642	2.6844	3.0360	3.4210
5	1.7623	1.9254	2.0114	2.1003	2.2878	2.4883	2.9316	3.4360	4.0075	4.6526
6	1.9738	2.1950	2.3131	2.4364	2.6996	2.9860	3.6352	4.3980	5.2899	6.3275
7	2.2107	2.5023	2.6600	2.8262	3.1855	3.5832	4.5077	5.6295	6.9826	8.6054
8	2.4760	2.8526	3.0590	3.2784	3.7589	4.2998	5.5895	7.2058	9.2170	11.703
9	2.7731	3.2519	3.5179	3.8030	4.4355	5.1598	6.9310	9.2234	12.166	15.917
10	3.1058	3.7072	4.0456	4.4114	5.2338	6.1917	8.5944	11.806	16.060	21.647
11	3.4785	4.2262	4.6524	5.1173	6.1759	7.4301	10.657	15.112	21.199	29.439
12	3.8960	4.8179	5.3503	5.9360	7.2876	8.9161	13.215	19.343	27.983	40.037
13	4.3635	5.4924	6.1528	6.8858	8.5994	10.699	16.386	24.759	36.937	54.451
14	4.8871	6.2613	7.0757	7.9875	10.147	12.839	20.319	31.691	48.757	74.053
15	5.4736	7.1379	8.1371	9.2655	11.974	15.407	25.196	40.565	64.359	100.71
16	6.1304	8.1372	9.3576	10.748	14.129	18.488	31.243	51.923	84.954	136.97
17	6.8660	9.2765	10.761	12.468	16.672	22.186	38.741	66.461	112.14	186.28
18	7.6900	10.575	12.375	14.463	19.673	26.623	48.039	86.071	148.02	253.34

（续上表） $(F/P,\ i,\ n) = (1+i)^n$

n \ i	12%	14%	15%	16%	18%	20%	24%	28%	32%	36%
19	8.6128	12.056	14.232	16.777	23.214	31.948	59.568	108.89	195.39	344.54
20	9.6463	13.743	16.367	19.461	27.393	38.338	73.864	139.38	257.92	468.57
21	10.804	15.668	18.822	22.574	32.324	46.005	91.592	178.41	340.45	637.26
22	12.100	17.861	21.645	26.186	38.142	55.206	113.57	228.36	449.39	866.67
23	13.552	20.362	24.891	30.376	45.008	66.247	140.83	292.30	593.20	1178.7
24	15.179	23.212	28.625	35.236	53.109	79.497	174.63	374.14	783.02	1603.0
25	17.000	26.462	32.919	40.874	62.669	95.396	216.54	478.90	1033.6	2180.1
26	19.040	30.167	37.857	47.414	73.949	114.48	268.51	613.00	1364.3	2964.9
27	21.325	34.390	43.535	55.000	87.260	137.37	332.95	784.64	1800.9	4032.3
28	23.884	39.204	50.066	63.800	102.97	164.84	412.86	1004.3	2377.2	5483.9
29	26.750	44.693	57.575	74.009	121.50	197.81	511.95	1285.6	3137.9	7458.1
30	29.960	50.950	66.212	85.850	143.37	237.38	634.82	1645.5	4142.1	10143
40	93.051	188.83	267.86	378.72	750.38	1469.8	5455.9	19427	66521	*
50	289.00	700.23	1083.7	1670.7	3927.4	9100.4	46890	*	*	*
60	897.60	2595.9	4384.O	7370.2	20555	56348	*	*	*	*

*>99999

附表二　　复利现值系数表　　$(P/F, i, n) = (1+i)^{-n}$

n \ i	1%	2%	3%	4%	5%	6%	7%	8%	9%	10%
1	0.9901	0.9804	0.9709	0.9615	0.9524	0.9434	0.9346	0.9259	0.9174	0.9091
2	0.9803	0.9712	0.9426	0.9246	0.9070	0.8900	0.8734	0.8573	0.8417	0.8264
3	0.9706	0.9423	0.9151	0.8890	0.8638	0.8396	0.8163	0.7938	0.7722	0.7513
4	0.9610	0.9238	0.8885	0.8548	0.8227	0.7921	0.7629	0.7350	0.7084	0.6830
5	0.9515	0.9057	0.8626	0.8219	0.7835	0.7473	0.7130	0.6806	0.6499	0.6209
6	0.9420	0.8880	0.8375	0.7903	0.7462	0.7050	0.6663	0.6302	0.5963	0.5645
7	0.9327	0.8606	0.8131	0.7599	0.7107	0.6651	0.6227	0.5835	0.5470	0.5132
8	0.9235	0.8535	0.7874	0.7307	0.6768	0.6274	0.5820	0.5403	0.5019	0.4665
9	0.9143	0.8368	0.7664	0.7026	0.6446	0.5919	0.5439	0.5002	0.4604	0.4241
10	0.9053	0.8203	0.7441	0.6756	0.6139	0.5584	0.5083	0.4632	0.4224	0.3855
11	0.8963	0.8043	0.7224	0.6496	0.5847	0.5268	0.4751	0.4289	0.3875	0.3505
12	0.8874	0.7885	0.7014	0.6246	0.5568	0.4970	0.4440	0.3971	0.3555	0.3186
13	0.8787	0.7730	0.6810	0.6006	0.5303	0.4688	0.4150	0.3677	0.3262	0.2897
14	0.8700	0.7579	0.6611	0.5775	0.5051	0.4423	0.3878	0.3405	0.2992	0.2633
15	0.8613	0.7430	0.6419	0.5553	0.4810	0.4173	0.3624	0.3152	0.2745	0.2394
16	0.8528	0.7284	0.6232	0.5339	0.4581	0.3936	0.3387	0.2919	0.2519	0.2176
17	0.8444	0.7142	0.6050	0.5134	0.4363	0.3714	0.3166	0.2703	0.2311	0.1978
18	0.8360	0.7002	0.5874	0.4936	0.4155	0.3503	0.2959	0.2502	0.2120	0.1799

（续上表）　　$(P/F, i, n) = (1+i)^{-n}$

n \ i	1%	2%	3%	4%	5%	6%	7%	8%	9%	10%
19	0.8277	0.6864	0.5703	0.4746	0.3957	0.3305	0.2765	0.2317	0.1945	0.1635
20	0.8195	0.6730	0.5537	0.4564	0.3769	0.3118	0.2584	0.2145	0.1784	0.1486
21	0.8114	0.6598	0.5375	0.4388	0.3589	0.2942	0.2415	0.1987	0.1637	0.1351
22	0.8034	0.6468	0.5219	0.4220	0.3418	0.2775	0.2257	0.1839	0.1502	0.1228
23	0.7954	0.6342	0.5067	0.4057	0.3256	0.2618	0.2109	0.1703	0.1378	0.1117
24	0.7876	0.6217	0.4919	0.3901	0.3101	0.2470	0.1971	0.1577	0.1264	0.1015
25	0.7798	0.6095	0.4776	0.3751	0.2953	0.2330	0.1842	0.1460	0.1160	0.0923
26	0.7720	0.5976	0.4637	0.3604	0.2812	0.2198	0.1722	0.1352	0.1064	0.0839
27	0.7644	0.5859	0.4502	0.3468	0.2678	0.2074	0.1609	0.1252	0.0976	0.0763
28	0.7568	0.5744	0.4371	0.3335	0.2551	0.1956	0.1504	0.1159	0.0895	0.0693
29	0.7493	0.5631	0.4243	0.3207	0.2429	0.1846	0.1406	0.1073	0.0822	0.0630
30	0.7419	0.5521	0.4120	0.3083	0.2314	0.1741	0.1314	0.0994	0.0754	0.0573
35	0.7059	0.5000	0.3554	0.2534	0.1813	0.1301	0.0937	0.0676	0.0490	0.0356
40	0.6717	0.4529	0.3066	0.2083	0.1420	0.0972	0.0668	0.0460	0.0318	0.0221
45	0.6391	0.4102	0.2644	0.1712	0.1113	0.0727	0.0476	0.0313	0.0207	0.0137
50	0.6080	0.3715	0.2281	0.1407	0.0872	0.0543	0.0339	0.0213	0.0134	0.0085
55	0.5785	0.3365	0.1968	0.1157	0.0683	0.0406	0.0242	0.0145	0.0087	0.0053

（续上表）　　　　$(P/F, i, n) = (1+i)^{-n}$

n \ i	12%	14%	15%	16%	18%	20%	24%	28%	32%	36%
1	0.8929	0.8772	0.8696	0.8621	0.8475	0.8333	0.8065	0.7813	0.7576	0.7353
2	0.7972	0.7695	0.7561	0.7432	0.7182	0.6944	0.6504	0.6104	0.5739	0.5407
3	0.7118	0.6750	0.6575	0.6407	0.6086	0.5787	0.5245	0.4768	0.4348	0.3975
4	0.6355	0.5921	0.5718	0.5523	0.5158	0.4823	0.4230	0.3725	0.3294	0.2923
5	0.5674	0.5194	0.4972	0.4762	0.4371	0.4019	0.3411	0.2910	0.2495	0.2149
6	0.5066	0.4556	0.4323	0.4104	0.3704	0.3349	0.2751	0.2274	0.1890	0.1580
7	0.4533	0.3996	0.3759	0.3538	0.3139	0.2791	0.2218	0.1776	0.1432	0.1162
8	0.4039	0.3506	0.3269	0.3050	0.2660	0.2326	0.1789	0.1388	0.1085	0.0854
9	0.3606	0.3075	0.2843	0.2630	0.2255	0.1938	0.1443	0.1084	0.0822	0.0628
10	0.3220	0.2697	0.2472	0.2267	0.1911	0.1615	0.1164	0.0847	0.0623	0.0462
11	0.2875	0.2366	0.2149	0.1954	0.1619	0.1346	0.0938	0.0662	0.0472	0.0340
12	0.2567	0.2076	0.1869	0.1685	0.1373	0.1122	0.0757	0.0517	0.0357	0.0250
13	0.2292	0.1821	0.1625	0.1452	0.1163	0.0935	0.0610	0.0404	0.0271	0.0184
14	0.2046	0.1597	0.1413	0.1252	0.0985	0.0779	0.0492	0.0316	0.0205	0.0135
15	0.1827	0.1401	0.1229	0.1079	0.0835	0.0649	0.0397	0.0247	0.0155	0.0099
16	0.1631	0.1229	0.1069	0.0980	0.0709	0.0541	0.0320	0.0193	0.0118	0.0073
17	0.1456	0.1078	0.0929	0.0802	0.0600	0.0451	0.0259	0.0150	0.0089	0.0054
18	0.1300	0.0946	0.0808	0.0691	0.0508	0.0376	0.0208	0.0118	0.0068	0.0039
19	0.1161	0.0829	0.0703	0.0596	0.0431	0.0313	0.0168	0.0092	0.0051	0.0029
20	0.1037	0.0728	0.0611	0.0514	0.0365	0.0261	0.0135	0.0072	0.0039	0.0021

（续上表） $(P/F, i, n) = (1+i)^{-n}$

n \ i	12%	14%	15%	16%	18%	20%	24%	28%	32%	36%
21	0.0926	0.0638	0.0531	0.0443	0.0309	0.0217	0.0109	0.0056	0.0029	0.0016
22	0.0826	0.0560	0.0462	0.0382	0.0262	0.0181	0.0088	0.0044	0.0022	0.0012
23	0.0738	0.0491	0.0402	0.0329	0.0222	0.0151	0.0071	0.0034	0.0017	0.0008
24	0.0659	0.0431	0.0349	0.0284	0.0188	0.0126	0.0057	0.0027	0.0013	0.0006
25	0.0588	0.0378	0.0304	0.0245	0.0160	0.0105	0.0046	0.0021	0.0010	0.0005
26	0.0525	0.0331	0.0264	0.0211	0.0135	0.0087	0.0037	0.0016	0.Q007	0.0003
27	0.0469	0.0291	0.0230	0.0182	0.0115	0.0073	0.0030	0.0013	0.0006	0.0002
28	0.0419	0.0255	0.0200	0.0157	0.0097	0.0061	0.0024	0.0010	0.0004	0.0002
29	0.0374	0.0224	0.0174	0.0135	0.0082	0.0051	0.0020	0.0008	0.0003	0.0001
30	0.0334	0.0196	0.0151	0.0116	0.0070	0.0042	0.0016	0.0006	0.0002	0.0001
35	0.0189	0.0102	0.0075	0.0055	0.0030	0.0017	0.0005	0.0002	0.0001	*
40	0.0107	0.0053	0.0037	0.0026	0.0013	0.0007	0.0002	0.0001	*	*
45	0.0061	0.0027	0.0019	0.0013	0.0006	0.0003	0.0001	*	*	*
50	0.0035	0.0014	0.0009	0.0006	0.0003	0.0001	*	*	*	*
55	0.0020	0.0007	0.0005	0.0003	0.0001	*	*	*	*	*
	*<0.0001									

附表三　　年金终值系数表　$(F/A, i, n) = [\frac{(1+i)^n - 1}{i}]$

n \ i	1%	2%	3%	4%	5%	6%	7%	8%	9%	10%
1	1.0000	1.0000	1.0000	1.0000	1.0000	1.0000	1.0000	1.0000	1.0000	1.0000
2	2.0100	2.0200	2.0300	2.0400	2.0500	2.0600	2.0700	2.0800	2.0900	2.1000
3	3.0301	3.0604	3.0909	3.1216	3.1525	3.1836	2.2149	3.2464	3.2781	3.3100
4	4.0604	4.1216	4.1836	4.2465	4.3101	4.3746	4.4399	4.5061	4.5731	4.6410
5	5.1010	5.2040	5.3091	5.4163	5.5256	5.6371	5.7507	5.8666	5.9847	6.1051
6	6.1520	6.3081	6.4684	6.6330	6.8019	6.9753	7.1533	7.3359	7.5233	7.7156
7	7.2135	7.4343	7.6625	7.8983	8.1420	8.3938	8.6540	8.9228	9.2004	9.4872
8	8.2857	8.5830	8.8923	9.2142	9.5491	9.8975	10.260	10.637	11.028	11.436
9	9.3685	9.7546	10.159	10.583	11.027	11.491	11.978	12.488	13.021	13.579
10	10.462	10.950	11.464	12.006	12.578	13.181	13.816	14.487	15.193	15.937
11	11.567	12.169	12.808	13.486	14.207	14.972	15.784	16.645	17.560	18.531
12	12.683	13.412	14.192	15.026	15.917	16.870	17.888	18.977	20.141	21.384
13	13.809	14.680	15.618	16.627	17.713	18.882	20.141	21.495	22.953	24.523
14	14.947	15.974	17.086	18.292	19.599	21.015	22.550	24.214	26.019	27.975
15	16.097	17.293	18.599	20.024	21.579	23.276	25.129	27.152	29.361	31.772
16	17.258	18.639	20.157	21.825	23.657	25.673	27.888	30.324	33.003	35.950
17	18.430	20.012	21.762	23.698	25.840	28.213	30.840	33.750	36.974	40.545
18	19.615	21.412	23.414	25.645	28.132	30.906	33.999	37.450	41.301	45.599

（续上表） $(F/A, i, n) = [\frac{(1+i)^n - 1}{i}]$

n \ i	1%	2%	3%	4%	5%	6%	7%	8%	9%	10%
19	20. 811	22. 841	25. 117	27. 671	30. 539	33. 760	37. 379	41. 446	46. 018	51. 159
20	22. 019	24. 297	26. 870	29. 778	33. 066	36. 786	40. 995	45. 752	51. 160	57. 275
21	23. 239	25. 783	28. 676	31. 969	35. 719	39. 993	44. 865	50. 423	56. 765	64. 002
22	24. 472	27. 299	30. 537	34. 248	38. 505	43. 392	49. 006	55. 457	62. 873	71. 403
23	25. 716	28. 845	32. 453	36. 618	41. 430	46. 996	53. 436	60. 883	69. 532	79. 543
24	26. 973	30. 422	34. 426	39. 083	44. 502	50. 816	58. 177	66. 765	76. 790	88. 497
25	28. 243	32. 030	36. 459	41. 646	47. 727	54. 863	63. 249	73. 106	84. 701	98. 347
26	29. 526	33. 671	38. 553	44. 312	51. 113	59. 156	68. 676	79. 954	93. 324	109. 18
27	30. 821	35. 344	40. 710	47. 084	54. 669	63. 706	74. 484	87. 351	102. 72	121. 10
28	32. 129	37. 051	42. 931	49. 968	58. 403	68. 528	80. 698	95. 339	112. 97	134. 21
29	33. 450	38. 792	45. 219	52. 966	62. 323	73. 640	87. 347	103. 97	124. 14	148. 63
30	34. 785	40. 568	47. 575	56. 085	66. 439	79. 058	94. 461	113. 28	136. 31	164. 49
40	48. 886	60. 402	75. 401	95. 026	120. 80	154. 76	199. 64	259. 06	337. 88	442. 59
50	64. 463	84. 579	112. 80	152. 67	209. 35	290. 34	406. 53	573. 77	815. 08	1163. 9
60	81. 670	114. 05	163. 05	237. 99	353. 58	533. 13	813. 52	1253. 2	1944. 8	3034. 8

（续上表）　　$(F/A, i, n) = [\frac{(1+i)^n - 1}{i}]$

n \ i	12%	14%	15%	16%	18%	20%	24%	28%	32%	36%
1	1.0000	1.0000	1.0000	1.0000	1.0000	1.0000	1.0000	1.0000	1.0000	1.0000
2	2.1200	2.1400	2.1500	2.1600	2.1800	2.2000	2.2400	2.2800	2.3200	2.3600
3	3.3744	3.4396	3.4725	3.5056	3.5724	3.6400	3.7776	3.9184	3.0624	3.2096
4	4.7793	4.9211	4.9934	5.0665	5.2154	5.3680	5.6842	6.0156	6.3624	6.7251
5	6.3528	6.6101	6.7424	6.8771	7.1542	7.4416	8.0484	8.6999	9.3983	10.146
6	8.1152	8.5355	8.7537	8.9775	9.4420	9.9299	10.980	12.136	13.406	14.799
7	10.089	10.730	11.067	11.414	12.142	12.916	14.615	16.534	18.696	21.126
8	12.300	13.233	13.727	14.240	15.327	16.499	19.123	22.163	25.678	29.732
9	14.776	16.085	16.786	17.519	19.086	20.799	24.712	29.369	34.895	41.435
10	17.549	19.337	20.304	21.321	23.521	25.959	31.643	38.593	47.062	57.352
11	20.655	23.045	24.349	25.733	28.755	32.150	40.238	50.398	63.122	78.998
12	24.133	27.271	29.002	30.850	34.931	39.581	50.895	65.510	84.320	108.44
13	28.029	32.089	34.352	36.786	42.219	48.497	64.110	84.853	112.30	148.47
14	32.393	37.581	40；505	43.672	50.818	59.196	80.496	109.61	149.24	202.93
15	37.280	43.842	47.580	51.660	60.965	72.035	100.82	141.30	198.00	276.98
16	42.753	50.980	55.717	60.925	72.939	87.442	126.01	181.87	262.36	377.69
17	48.884	59.118	65.075	71.673	87.068	105.93	157.25	233.79	347.31	514.66
18	55.750	68.394	75.836	84.141	103.74	128.12	195.99	300.25	459.45	770.94
19	63.440	78.969	88.212	98.603	123.41	154.74	244.03	385.32	607.47	954.28
20	72.052	91.025	102.44	115.38	146.63	186.69	303.60	494.21	802.86	1298.8

（续上表） $(F/A,\ i,\ n) = [\frac{(1+i)^n - 1}{i}]$

n \ i	12%	14%	15%	16%	18%	20%	24%	28%	32%	36%
21	81.699	104.77	118.81	134.84	174.02	225.03	377.46	633.59	1060.8	1767.4
22	92.503	120.44	137.63	157.41	206.34	271.03	469.06	812.00	1401.2	2404.7
23	104.60	138.30	159.28	183.60	244.49	326.24	582.63	1040.4	1850.6	3271.3
24	118.16	158.66	184.17	213.98	289.49	392.48	723.46	1332.7	2443.8	4450.0
25	133.33	181.87	212.79	249.21	342.60	471.98	898.09	1706.8	3226.8	6053.0
26	150.33	208.33	245.71	290.09	405.27	567.38	1114.6	2185.7	4260.4	8233.1
27	169.37	238.50	283.57	337.50	479.22	681.85	1383.1	2798.7	5624.8	11198.0
28	190.70	272.89	327.10	392.50	566.48	819.22	1716.1	3583.3	7425.7	15230.3
29	214.58	312.09	377.17	456.30	669.45	984.07	2129.0	4587.7	9802.9	20714.2
30	241.33	356.79	434.75	530.31	790.95	1181.9	2640.9	5873.2	12941	28172.3
40	767.09	1342.0	1779.1	2360.8	4163.2	7343.2	2729	69377	*	*
50	2400.0	4994.5	7217.7	10436	21813	45497	*	*	*	*
60	7471.6	18535	29220	46058	*	*	*	*	*	*
	*>99999									

附表四 年金现值系数表 $(P/A, i, n) = [\frac{1-(1+i)^{-n}}{i}]$

n \ i	1%	2%	3%	4%	5%	6%	7%	8%	9%
1	0. 9901	0. 9804	0. 9709	0. 9615	0. 9524	0. 9434	0. 9346	0. 9259	0. 9174
2	1. 9704	1. 9416	1. 9135	1. 8861	1. 8594	1. 8334	1. 8080	1. 7833	1. 7591
3	2. 9410	2. 8839	2. 8286	2. 7751	2. 7232	2. 6730	2. 6243	2，5771	2. 5313
4	3. 9020	3. 8077	3. 7171	3. 6299	3. 5460	3. 4651	3. 3872	3. 3121	3. 2397
5	4. 8534	4. 7135	4. 5797	4. 4518	4. 3295	4. 2124	4. 1002	3. 9927	3. 8897
6	5. 7955	5. 6014	5. 4172	5. 2421	5. 0757	4. 9173	4. 7665	4. 6229	4. 4859
7	6. 7282	6. 4720	6. 2303	6. 0021	5. 7864	5. 5824	5. 3893	5. 2064	5. 0330
8	7. 6517	7. 3255	7. 0197	6. 7327	6. 4632	6. 2098	5. 9713	5. 7466	5. 5348
9	8. 5660	8. 1622	7. 7861	7. 4353	7. 1078	6. 8017	6. 5152	6. 2469	5. 9952
10	9. 4713	8. 9826	8. 5302	8. 1109	7. 7217	7. 3601	7. 0236	6. 7101	6. 4177
11	10. 3676	9. 7868	9. 2526	8. 7605	8. 3064	7. 8869	7. 4987	7. 1390	6. 8052
12	11. 2551	10. 5753	9. 9540	9. 3851	8. 8633	8. 3838	7. 9427	7. 5361	7. 1607
13	12. 1337	11. 3484	10. 6350	9. 9856	9. 3936	8. 8527	8. 3577	7. 9038	7. 4869
14	13. 0037	12. 1062	11. 2961	10. 5631	9. 8986	9. 2950	8. 7455	8. 2442	7. 7862
15	13. 8651	12. 8493	11. 9379	11. 1184	10. 3797	9. 7122	9. 1079	8. 5595	8. 0607
16	14. 7179	13. 5777	12. 5611	11. 6523	10. 8378	10. 1059	9. 4466	8. 8514	8. 3126
17	15. 5623	14. 2919	13. 1661	12. 1657	11. 2741	10. 4773	9. 7632	9. 1216	8. 5436
18	16. 3983	14. 9920	13. 7535	12. 6896	11. 6896	10. 8276	10. 0591	9. 3719	8. 7556

（续上表） $(P/A, i, n) = [\frac{1-(1+i)^{-n}}{i}]$

n \ i	1%	2%	3%	4%	5%	6%	7%	8%	9%
19	17.2260	15.6785	14.3238	13.1339	12.0853	11.1581	10.3356	9.6036	8.9601
20	18.0456	16.3514	14.8775	13.5903	12.4622	11.4699	10.5940	9.8181	9.1285
21	18.8570	17.0112	15.4150	14.0292	12.8212	11.7641	10.8355	10.0168	9.2922
22	19.6604	17.6580	15.9369	14.4511	13.1630	12.0416	11.0612	10.2007	9.4424
23	20.4558	18.2922	16.4436	14.8568	13.4886	12.3034	11.2722	10.3711	9.5802
24	21.2434	18.9139	16.9355	15.2470	13.7986	12.5504	11.4693	10.5288	9.7066
25	22.0232	19.5235	17.4131	15.6221	14.0939	12.7834	11.6536	10.6748	9.8226
26	22.7952	20.1210	17.8768	15.9828	14.3752	13.0032	11.8258	10.8100	9.9290
27	23.5596	20.7059	18.3270	16.3296	14.6430	13.2105	11.9867	10.9352	10.0266
28	24.3164	21.2813	18.7641	16.6631	14.8981	13.4062	12.1371	11.0511	10.1161
29	25.0658	21.8444	19.1885	16.9837	15.1411	13.5907	12.2777	11.1584	10.1983
30	25.8077	22.3965	19.6004	17.2920	15.3725	13.7648	12.4090	11.2578	10.2737
35	29.4086	24.9986	21.4872	18.6646	16.3742	14.4982	12.9477	11.6546	10.5668
40	32.8347	27.3555	23.1148	19.7928	17.1591	15.0463	13.3317	11.9246	10.7574
45	36.0945	29.4902	24.5187	20.7200	17.7741	15.4558	13.6055	12.1084	10.8812
50	39.1961	31.4236	25.7298	21.4822	18.2559	15.7619	13.8007	12.2335	10.9617
55	42.1472	33.1748	26.7744	22.1086	18.6335	15.9905	13.9399	12.3186	11.0140

（续上表）　　　　$(P/A,\ i,\ n) = [\frac{1-(1+i)^{-n}}{i}]$

n \ i	10%	12%	14%	15%	16%	18%	20%	24%	28%	32%
1	0.9091	0.8929	0.8772	0.8696	0.8621	0.8475	0.8333	0.8065	0.7813	0.7576
2	1.7355	1.6901	1.6467	1.6257	1.6052	1.5656	1.5278	1.4568	1.3916	1.3315
3	2.4869	2.4018	2.3216	2.2832	2.2459	2.1743	2.1065	1.9813	1.8684	1.7663
4	3.1699	3.0373	2.9173	2.8550	2.7982	2.6901	2.5887	2.4043	2.2410	2.0957
5	3.7908	3.6048	3.4331	3.3522	3.2743	3.1272	2.9906	2.7454	2.5320	2.3452
6	4.3553	4.1114	3.8887	3.7845	3.6847	3.4976	3.3255	3.0205	2.7594	2.5342
7	4.8684	4.5638	4.2882	4.1604	4.0386	3.8115	3.6046	3.2423	2.9370	2.6775
8	5.3349	4.9676	4.6389	4.4873	4.3436	4.0776	3.8372	3.4212	3.0758	2.7860
9	5.7590	5.3282	4.9164	4.7716	4.6065	4.3030	4.0310	3.5655	3.1842	2.8681
10	6.1446	5.6502	5.2161	5.0188	4.8332	4.4941	4.1925	3.6819	3.2689	2.9304
11	6.4951	5.9377	5.4527	5.2337	5.0286	4.6560	4.3271	3.7757	3.3351	2.9776
12	6.8137	6.1944	5.6603	5.4206	5.1971	4.7932	4.4392	3.8514	3.3868	3.0133
13	7.1034	6.4235	5.8424	5.5831	5.3423	4.9095	4.5327	3.9124	3.4272	3.0404
14	7.3667	6.6282	6.0021	5.7245	5.4675	5.0081	4.6106	3.9616	3.4587	3.0609
15	7.6061	6.8109	6.1422	5.8474	5.5755	5.0916	4.6755	4.0013	3.4834	3.0764
16	7.8237	6.9740	6.2651	5.9542	5.6685	5.1624	4.7296	4.0333	3.5026	3.0882
17	8.0216	7.1196	6.3729	6.0472	5.7487	5.2223	4.7746	4.0591	3.5177	3.0971
18	8.2014	7.2497	6.4674	6.1280	5.8178	5.2732	4.8122	4.0799	3.5294	3.1039

（续上表）　　　　$(P/A, i, n) = [\frac{1-(1+i)^{-n}}{i}]$

n \ i	10%	12%	14%	15%	16%	18%	20%	24%	28%	32%
19	8.3649	7.3658	6.5504	6.1982	5.8775	5.3162	4.8435	4.0967	3.5386	3.1090
20	8.5136	7.4694	6.6231	6.2593	5.9288	5.3527	4.8696	4.1103	3.5458	3.1129
21	8.6487	7.5620	6.6870	6.3125	5.9731	5.3837	4.8913	4.1212	3.5514	3.1158
22	8.7715	7.6446	6.7429	6.3587	6.0113	5.4099	4.9094	4.1300	3.5558	3.1180
23	8.8832	7.7184	6.7921	6.3988	6.0442	5.4321	4.9245	4.1371	3.5592	3.1197
24	8.9847	7.7843	6.8351	6.4338	6.0726	5.4509	4.9371	4.1428	3.5619	3.1210
25	9.0770	7.8431	6.8729	6.4641	6.0971	5.4669	4.9476	4.1474	3.5640	3.1220
26	9.1609	7.8957	6.9061	6.4906	6.1182	5.4804	4.9563	4.1511	3.5656	3.1227
27	9.2372	7.9426	6.9352	6.5135	6.1364	5.4919	4.9636	4.1542	3.5669	3.1233
28	9.3066	7.9844	6.9607	6.5335	6.1520	5.5016	4.9697	4.1566	3.5679	3.1237
29	9.3696	8.0218	6.9830	6.5509	6.1656	5.5098	4.9747	4.1585	3.5687	3.1240
30	9.4269	8.0552	7.0027	6.5660	6.1772	5.5168	4.9789	4.1601	3.5693	3.1242
35	9.6442	8.1755	7.0700	6.6166	6.2153	5.5386	4.9915	1.1644	3.5708	3.1248
40	9.7791	8.2438	7.1050	6.6418	6.2335	5.5482	4.9966	4.1659	3.5712	3.1250
45	9.8628	8.2825	7.1232	6.6543	6.2421	5.5523	4.9986	4.1664	3.5714	3.1250
50	9.9148	8.3045	7.1327	6.6605	6.2463	5.5541	4.9995	4.1666	3.5714	3.1250
55	9.9471	8.3170	7.1376	6.6636	6.2482	5.5549	4.9998	4.1666	3.5714	3.1250

附表五　　标准正态分布曲线的面积（单边）

Z	0. 00	0. 01	0. 02	0. 03	0. 04	0. 05	0. 06	0. 07	0. 08	0. 09
0. 00	0. 0	0. 0040	0. 0080	0. 0120	0. 0160	0. 0199	0. 0239	0. 0279	0. 0319	0. 0359
0. 10	0. 0398	0. 0438	0. 0478	0. 0517	0. 0557	0. 0596	0. 0636	0. 0675	0. 0714	0. 0753
0. 20	0. 0793	0. 0832	0. 0871	0. 0910	0. 0948	0. 0987	0. 1026	0. 1064	0. 1103	0. 1141
0. 30	0. 1179	0. 1217	0. 1255	0. 1293	0. 1331	0. 1368	0. 1406	0. 1443	0. 1480	0. 1517
0. 40	0. 1554	0. 1594	0. 1628	0. 1661	0. 1700	0. 1736	0. 1772	0. 1808	0. 1844	0. 1879
0. 50	0. 1915	0. 1950	0. 1985	0. 2010	0. 2054	0. 2088	0. 2123	0. 2157	0. 2190	0. 2224
0. 60	0. 2257	0. 2291	0. 2324	0. 2357	0. 2389	0. 2422	0. 2454	0. 2486	0. 2517	0. 2549
0. 70	0. 2580	0. 2611	0. 2642	0. 2673	0. 2703	0. 2734	0. 2764	0. 2793	0. 2823	0. 2852
0. 80	0. 2881	0. 2910	0. 2939	0. 2967	0. 2995	0. 3023	0. 3051	0. 3078	0. 3106	0. 3133
0. 90	0. 3159	0. 3186	0. 3212	0. 3238	0. 3264	0. 3289	0. 3315	0. 3340	0. 3365	0. 3389
1. 00	0. 3413	0. 3438	0. 3461	0. 3485	0. 3508	0. 3531	0. 3554	0. 3577	0. 3599	0. 3621
1. 10	0. 3643	0. 3665	0. 3686	0. 3703	0. 3729	0. 3749	0. 3770	0. 3790	0. 3810	0. 3830
1. 20	0. 3849	0. 3869	0. 3888	0. 3907	0. 3925	0. 3943	0. 3962	0. 3980	0. 3997	0. 4015
1. 30	0. 4032	0. 4049	0. 4066	0. 4082	0. 4099	0. 4115	0. 4115	0. 4147	0. 4162	0. 4177
1. 40	0. 4192	0. 4207	0. 4222	0. 4236	0. 4251	0. 4265	0. 4279	0. 4292	0. 4306	0. 4319
1. 50	0. 4332	0. 4345	0. 4357	0. 4370	0. 4382	0. 4394	0. 4406	0. 4418	0. 4429	0. 4441
1. 60	0. 4452	0. 4463	0. 4474	0. 4484	0. 4495	0. 4550	0. 4515	0. 4525	0. 4535	0. 4545
1. 70	0. 4554	0. 4564	0. 4573	0. 4582	0. 4591	0. 1599	0. 4608	0. 4616	0. 4625	0. 4633
1. 80	0. 4641	0. 4649	0. 4656	0. 4664	0. 4671	0. 4678	0. 4686	0. 4693	0. 4699	0. 4706
1. 90	0. 4713	0. 4719	0. 4726	0. 4732	0. 4738	0. 4744	0. 4750	0. 4756	0. 4761	0. 4767

参考文献

1. ［美］Arthur J. Keown 等．现代财务管理基础．朱武祥译．北京：清华大学出版社，1997.

2. ［美］詹姆斯·C. 范霍恩等．现代财务管理．郭浩等译．北京：经济科学出版社，1998.

3. 王自强，亦然．新编财务管理基础．北京：中国审计出版社，1998.

4. 王庆成．财务管理理论探索．北京：中国人民大学出版社，1999.

5. 胡玉明．企业财务管理原理．广州：暨南大学出版社，1999.

6. 陆正飞．财务管理学．南京：南京大学出版社，2000.

7. 汤谷良．企业财务管理．杭州：浙江人民出版社，2000.

8. 冯健．财务学原理．北京：高等教育出版社，2000.

9. 宋献中，熊楚熊．企业理财．杭州：浙江人民出版社，2000.

10. 杨淑娥，胡之本．财务管理学研究．北京：经济科学出版社，2002.

11. 胡玉明．公司理财．大连：东北财经大学出版社，2002.

12. 张先治．财务分析．大连：东北财经大学出版社，2002.

13. 樊莹，罗淑贞．财务学原理．广州：暨南大学出版社，2002.

14. 财政部注册会计师考试委员会办公室．财务成本管理．北京：经济科学出版社，2006.

15. 张先治．财务学概论．大连：东北财经大学出版社，2006.

16. 财政部会计资格评价中心．财务管理．北京：中国财政经济出版社，2007.

17. 吉金贵．现代财务管理原理．北京：中国轻工业出版社，1995.

18. 齐寅峰．公司财务学．北京：中国物价出版社，1996.

19. 王永海．公司理财通论．武汉：武汉大学出版社，1996.

20. ［美］周首华，杨济华．当代西方财务管理．大连：东北财经大学出版社，1996.

21. ［美］詹姆斯·范霍恩．财务管理与政策教程．宋逢明等译．北京：华夏出版社，2000.